普通高等教育"十三五"规划教材

# 汽车工程材料

杨保成　主　编
姜　巍　副主编

化学工业出版社
·北京·

本书以汽车制造、运行、维修过程所使用的各种材料及其成形加工为主线，介绍了材料的成分、性能、加工方法及各种材料在汽车上的应用。本书主要内容包括：绪论、金属材料的性能与组织结构、汽车常用黑色金属材料、汽车常用有色金属材料、汽车金属加工、汽车用非金属材料、汽车运行材料等。

本书有配套的电子教案，可在化学工业出版社的官方网站上免费下载。

本书可作为高等院校车辆工程专业、汽车服务工程专业等汽车工程类专业的教材，也可作为汽车工程行业的专业技术人员的参考用书。

### 图书在版编目（CIP）数据

汽车工程材料/杨保成主编．—北京：化学工业出版社，20 9.8（2023.1重印）

普通高等教育"十三五"规划教材
ISBN 978-7-122-34562-2

Ⅰ.①汽⋯　Ⅱ.①杨⋯　Ⅲ.①汽车-工程材料-高等学校-教材　Ⅳ.①U465

中国版本图书馆CIP数据核字（2019）第101708号

---

责任编辑：高　钰　　　　　　　　　　文字编辑：陈　喆
责任校对：王鹏飞　　　　　　　　　　装帧设计：刘丽华

---

出版发行：化学工业出版社（北京市东城区青年湖南街13号　邮政编码100011）
印　装：北京印刷集团有限责任公司
787mm×1092mm　1/16　印张16½　字数428千字　2023年1月北京第1版第4次印刷

---

购书咨询：010-64518888　　　　　　　售后服务：010-64518899
网　　址：http://www.cip.com.cn
凡购买本书，如有缺损质量问题，本社销售中心负责调换。

---

定　价：49.00元　　　　　　　　　　　　　　　　版权所有　违者必究

# 前 言

随着汽车工业的快速发展，汽车新工艺、新材料更新加快，对汽车设计与制造行业、汽车服务行业的人才要求也相应提高。为了满足应用型本科院校汽车服务工程、车辆工程等汽车类专业的教学要求，使学生及有关技术人员能更全面系统地掌握有关汽车工程材料的基本知识，我们编写了《汽车工程材料》这本书。

本书注重汽车工程材料基本知识的学习，简要介绍了金属材料的性能与组织结构，系统介绍了各种汽车制造材料和汽车运行材料的类型、性能及应用，并结合现代汽车工业的发展，介绍了国内外汽车新材料的应用和发展趋势。本书内容包括：绪论、金属材料的性能与组织结构、汽车常用黑色金属材料、汽车常用有色金属材料、汽车金属加工、汽车用非金属材料、汽车运行材料等。本书编写追求知识的系统性、完整性、科学性，突出实用性。

本书的内容已制作成用于多媒体教学的 PPT 课件，并将免费提供给采用本书作为教材的院校使用。如有需要，请发电子邮件至 cipedu@163.com 获取，或登录 www.cipedu.com.cn 免费下载。

本书由杨保成副教授担任主编，负责第 1、4、6、7 章的编写；由姜巍担任副主编，负责第 2、3 章的编写；左克生老师负责第 5 章的编写。

本书在编写过程中参阅了部分文献资料，在此向参考资料的原著者表示感谢。由于编者水平有限，书中难免有不妥和不足之处，敬请读者批评指正。

编者
2019 年 3 月

# 目 录

## 第1章 绪论
1.1 汽车材料的类型 ................................................................ 1
1.2 汽车零件的正确选材 ............................................................ 3
1.3 汽车材料现状及发展方向 ........................................................ 4
复习思考题 ......................................................................... 7

## 第2章 金属材料的性能与组织结构
2.1 金属材料的性能 ................................................................ 8
　2.1.1 金属材料的机械性能 ........................................................ 8
　2.1.2 金属材料的工艺性能 ....................................................... 13
2.2 金属的组织结构 ............................................................... 14
　2.2.1 晶体结构的基本知识 ....................................................... 14
　2.2.2 合金的晶体结构与结晶 ..................................................... 19
　2.2.3 铁碳合金组织与铁碳合金相图 ............................................... 20
复习思考题 ........................................................................ 24

## 第3章 汽车常用黑色金属材料
3.1 钢的热处理 ................................................................... 25
　3.1.1 钢的热处理原理 ........................................................... 25
　3.1.2 钢的退火与正火 ........................................................... 29
　3.1.3 钢的淬火 ................................................................. 30
　3.1.4 钢的回火 ................................................................. 32
　3.1.5 钢的表面热处理与化学热处理 ............................................... 33
　3.1.6 金属的时效 ............................................................... 36
　3.1.7 热处理新技术简介 ......................................................... 37
3.2 钢 ........................................................................... 38
　3.2.1 碳素钢 ................................................................... 38
　3.2.2 合金钢 ................................................................... 43
3.3 铸铁 ......................................................................... 54
　3.3.1 铸铁的石墨化及影响因素 ................................................... 54
　3.3.2 铸铁的分类及性能 ......................................................... 55
　3.3.3 常用铸铁 ................................................................. 55
3.4 钢铁材料在汽车上的应用 ....................................................... 62

3.4.1　汽车用钢材的种类 ………………………………………………………………… 62
　　3.4.2　高强度钢板及应用 …………………………………………………………………… 64
　　3.4.3　汽车零部件结构及加工工艺特点对材料的技术要求 ……………………………… 65
　　3.4.4　汽车主要零件的选材 ………………………………………………………………… 67
复习思考题 …………………………………………………………………………………………… 69

## 第4章　汽车常用有色金属材料

4.1　铝及铝合金 ……………………………………………………………………………………… 71
　　4.1.1　工业纯铝 ……………………………………………………………………………… 71
　　4.1.2　铝合金 ………………………………………………………………………………… 72
　　4.1.3　铝合金材料在汽车上的应用 ………………………………………………………… 76
4.2　铜及铜合金 ……………………………………………………………………………………… 78
　　4.2.1　工业纯铜 ……………………………………………………………………………… 78
　　4.2.2　铜合金 ………………………………………………………………………………… 79
4.3　滑动轴承合金 …………………………………………………………………………………… 83
　　4.3.1　滑动轴承合金的性能及组织 ………………………………………………………… 83
　　4.3.2　常用滑动轴承合金 …………………………………………………………………… 84
4.4　钛、镁、锌及其合金 …………………………………………………………………………… 86
　　4.4.1　镁及镁合金 …………………………………………………………………………… 86
　　4.4.2　钛及钛合金 …………………………………………………………………………… 87
　　4.4.3　锌及锌合金 …………………………………………………………………………… 88
复习思考题 …………………………………………………………………………………………… 89

## 第5章　汽车金属加工

5.1　铸造 ……………………………………………………………………………………………… 90
　　5.1.1　合金的铸造性能 ……………………………………………………………………… 91
　　5.1.2　砂型铸造 ……………………………………………………………………………… 94
　　5.1.3　铸造工艺设计简介 …………………………………………………………………… 100
　　5.1.4　铸件的结构工艺性 …………………………………………………………………… 106
　　5.1.5　特种铸造 ……………………………………………………………………………… 110
　　5.1.6　铸造工艺在汽车上的应用 …………………………………………………………… 114
5.2　锻压 ……………………………………………………………………………………………… 115
　　5.2.1　锻造 …………………………………………………………………………………… 116
　　5.2.2　冲压 …………………………………………………………………………………… 126
　　5.2.3　锻压工艺在汽车上的应用 …………………………………………………………… 130
5.3　焊接 ……………………………………………………………………………………………… 131
　　5.3.1　焊接的分类及应用 …………………………………………………………………… 131
　　5.3.2　常用的焊接方法 ……………………………………………………………………… 132
　　5.3.3　常用金属材料的焊接 ………………………………………………………………… 145
　　5.3.4　焊接工艺在汽车上的应用 …………………………………………………………… 148
5.4　金属切削加工 …………………………………………………………………………………… 151
　　5.4.1　金属切削加工基础知识 ……………………………………………………………… 151
　　5.4.2　车削加工 ……………………………………………………………………………… 156
　　5.4.3　铣削加工 ……………………………………………………………………………… 159

  5.4.4 刨削加工 ································································································· 164
  5.4.5 磨削加工 ································································································· 166
  5.4.6 钻削加工 ································································································· 169
  5.4.7 机加工工艺在汽车上的应用 ········································································· 171
 复习思考题 ··········································································································· 173

## 第6章 汽车用非金属材料

 6.1 高分子材料 ····································································································· 176
  6.1.1 橡胶 ······································································································· 177
  6.1.2 塑料 ······································································································· 179
  6.1.3 合成化学纤维 ···························································································· 184
  6.1.4 胶黏剂 ····································································································· 185
  6.1.5 摩擦材料 ································································································· 190
 6.2 陶瓷材料 ········································································································· 192
  6.2.1 陶瓷的分类及性能 ····················································································· 192
  6.2.2 常用精细陶瓷 ···························································································· 193
  6.2.3 精细陶瓷在汽车上的应用 ············································································ 194
 6.3 汽车玻璃 ········································································································· 198
  6.3.1 玻璃的性能特点 ························································································ 198
  6.3.2 玻璃的种类及应用 ····················································································· 198
  6.3.3 汽车玻璃的应用与发展 ··············································································· 200
 6.4 复合材料 ········································································································· 201
  6.4.1 复合材料的分类 ························································································ 201
  6.4.2 复合材料的性能特点 ·················································································· 201
  6.4.3 常用复合材料 ···························································································· 202
  6.4.4 复合材料在汽车上的应用及前景 ··································································· 204
 6.5 汽车涂装材料 ·································································································· 205
  6.5.1 涂料的作用及组成 ····················································································· 206
  6.5.2 汽车涂装材料的类型及应用 ········································································ 207
 复习思考题 ··········································································································· 210

## 第7章 汽车运行材料

 7.1 汽车燃料 ········································································································· 211
  7.1.1 汽油 ······································································································· 211
  7.1.2 柴油 ······································································································· 215
  7.1.3 代用燃料 ································································································· 220
 7.2 汽车润滑油料 ·································································································· 222
  7.2.1 发动机润滑油 ···························································································· 223
  7.2.2 齿轮油 ····································································································· 229
  7.2.3 液力传动油 ······························································································ 232
  7.2.4 润滑脂 ····································································································· 234
 7.3 汽车工作液 ····································································································· 237
  7.3.1 汽车制动液 ······························································································ 237
  7.3.2 发动机冷却液 ···························································································· 239

  7.3.3 汽车减振器油 ·············································································· 241
  7.3.4 汽车空调制冷剂和冷冻润滑油 ······················································ 241
 7.4 **汽车轮胎** ·································································································· 245
  7.4.1 轮胎的结构组成 ·········································································· 245
  7.4.2 轮胎的分类 ················································································· 246
  7.4.3 轮胎的主要尺寸 ·········································································· 248
  7.4.4 轮胎的标志与规格 ······································································ 248
  7.4.5 常用汽车轮胎 ············································································· 250
  7.4.6 轮胎的选用原则 ·········································································· 251
  7.4.7 轮胎的合理使用 ·········································································· 252
  7.4.8 新型轮胎 ···················································································· 252
 **复习思考题** ······································································································ 254

## 参考文献

# 第1章 绪论

1. 了解国内外汽车材料现状及发展方向。
2. 理解各种汽车材料的相关知识。
3. 掌握汽车工程材料的类型及应用。

汽车是一个复杂的机械系统。通常,一辆汽车是由几百种、数万个零部件组装而成。汽车上的零部件是用上千种不同的材料制成的,如钢、铸铁、铜、铝及其合金、塑料、橡胶、玻璃、胶黏剂等。在汽车零件加工制造过程中,还需要采用各种加工方法,如铸造、压力加工、热处理、焊接和金属切削加工等。除此以外,汽车运行时需要使用燃料作为其动力源。运行中,为减少各相互运动零件的摩擦和磨损,延长其使用寿命,降低汽车功率消耗,必须采用各种润滑油料。为使汽车行驶平稳,安全可靠,还要使用各种工作液,如制动液、防冻液和液力传动油等。因此,从汽车的设计、选材、加工制造,到汽车的使用、维修和养护无一不涉及材料。

## 1.1 汽车材料的类型

汽车材料是指汽车制造及运行过程中所用到的材料,一般包括汽车金属材料、汽车非金属材料、汽车运行材料和其他材料,如图1-1所示。按照质量来换算,一辆轿车所用各种材料的比例为:钢材占汽车自重的55%~60%,铸铁占5%~12%,有色金属占6%~10%,塑料占8%~12%,橡胶占4%,玻璃占3%,其他材料(油漆、各种液体等)占6%~12%。

(1) 汽车金属材料

汽车金属材料可分为黑色金属材料和有色金属材料两大类。黑色金属材料指铁及铁基合金材料,即钢铁材料,它占金属材料总量的95%以上。钢铁材料又分为钢与铸铁两种,其中钢占90%以上。有色金属材料指除铁基合金之外的所有金属及其合金材料(又称非铁合金)。它又可分为轻金属(如铝、镁、钛)、重金属(如铅、锑)、贵金属(如金、银、镍、铂)和稀有金属等。

相对于有色金属和塑料而言,钢铁具有成本低、强度高、加工难度小、生产工艺成熟、容易回收再利用等优点,成为汽车制造中的最重要的

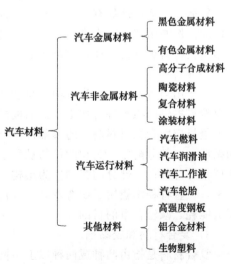

图1-1 汽车材料的分类

材料。近年来，有色金属材料在汽车制造业中应用的范围越来越广泛，其中以铝及其合金、铜及其合金在汽车上用途最广。

1) 黑色金属材料

按照是否含有合金元素分类，钢可分为碳素钢和合金钢。碳素钢按照冶炼质量又可分为普通碳素钢、优质碳素钢和高级优质碳素钢。合金钢包括合金结构钢、合金工具钢和特殊性能合金钢。特殊钢是指具有特殊用途的钢，汽车发动机和传动系统的许多零件均使用特殊钢制造，如弹簧钢、渗碳钢、调质钢、非调质钢、齿轮钢、易切削钢、不锈钢等。钢板在汽车制造中占有重要的地位，轿车钢板用量占全车钢材消耗量的70%左右，载货汽车钢板用量占50%左右。按加工工艺分类，钢板可分为冷冲压钢板、热轧钢板、涂镀层钢板等。

铸铁由于价格低廉，并具有良好的铸造性能、切削加工性能、耐磨性能等优点，被广泛用于汽车制造业。随着铸造和热处理技术的发展，汽车中许多零件采用铸铁制造，这样既可以降低成本，又可以保证使用效果。近几年，合金铸铁和球墨铸铁制造的凸轮轴，在某些性能方面甚至优于钢制的凸轮轴。

2) 有色金属材料

有色金属由于具有材质轻、导电性好等特性，在汽车制造上的用量逐年上升。有色金属包括铝、镁、钛等材料。铝、镁、钛合金材料是实际应用中的轻金属结构材料，其中镁合金是现用所有金属材料中密度最小的轻金属材料（镁的密度只有$1.174\times 10^3 kg/m^3$，比钢约小77%，比铝合金约小36%，比锌合金约小73%），因而成为汽车减轻质量、提高节能性和环保性的首选材料。另外，铝、镁、钛合金材料还具有比强度和比刚度均高，易加工成型，阻尼减振性和电磁屏蔽性强，废料易回收等特点。铝、镁、钛合金材料的特性满足了人们对汽车安全、节能和环保越来越高的要求，受到了汽车制造业的高度重视。

(2) 汽车非金属材料

非金属材料包括塑料、橡胶、玻璃、陶瓷、复合材料、胶黏剂、摩擦材料、涂装材料等，它们在汽车上的应用呈逐年增长的趋势。

1) 车用橡胶和塑料

汽车用橡胶具有高弹性、高耐磨性等特点，主要用于制造汽车轮胎、内胎、防振橡胶、软管、密封带、输送带等零部件。汽车用工程塑料主要用于制造某些机器零件或构件，具有强度、韧性和耐磨性较好，以及价廉、耐腐蚀、降噪声、美观、质轻等特点，对汽车的安全性、舒适性、经济性等有较大的改善，因而在结构件、饰件等方面的应用日趋广泛，用量逐年增高。例如用塑料制作汽车保险杠、高档车用安全玻璃、汽车内饰件、仪表板等零部件，比用钢铁材料更具安全性，并可降低成本。

2) 陶瓷

汽车用陶瓷大致可分为结构材料和功能材料。陶瓷属于无机非金属材料，是人类最早利用自然界提供的原料进行加工制造而成的材料，具有耐高温、硬度高、脆性大等特点。在汽车上最早应用陶瓷材料制造的零部件是火花塞、车窗玻璃。现代汽车中陶瓷的用途得到大大的拓展。一部分陶瓷作为功能材料被用于制作各种传感器，如爆燃传感器、氧传感器、温度传感器等部件；一部分陶瓷则作为结构材料，替代金属材料制作发动机和热交换器零件。近年来，一些特种陶瓷用于制造发动机部件或整机、气体涡轮部件等，可以达到提高热效率、降低能耗、减轻自重的目的。

3) 复合材料和胶黏剂

复合材料是指由两种或两种以上不同材料组合而成的材料，是一种新型的、具有很大发展前途的工程材料，它在强度、刚度、耐蚀性等方面比单纯的金属材料、陶瓷材料和聚合物材料等都优越。近年来，随着对汽车轻量化、高性能要求的推进，复合材料在汽车工业中的用途越来越广泛。例如，采用纤维增强复合材料（FRP）制造车身外装板件，如车顶导流板、风窗窗框等，具有质轻、耐冲击、便于加工异形曲面、美观等优点；采用纤维增强金属（ERM）制造柴油发动机的活塞顶、连杆、缸体等零件，可提高零件的耐磨性、热传导性和耐热性，并减小热膨胀等。其他高分子材料在汽车上也有较广泛的应用，如胶黏剂能把两种材料粘接在一起，并具有密封作用；合成纤维主要用于制造座垫、安全带、内饰等。

4）摩擦材料

汽车摩擦材料是汽车制动器、离合器和摩擦传动装置中的主要材料，它将汽车运动的动能转化为热能和其他形式的能量。因此，它的性能好坏直接关系到系统运行的可靠性和稳定性。随着各发达国家汽车工业的发展和现代社会人们的环保意识的不断提高，对摩擦材料的运行条件和性能的要求也越来越高，包括要有稳定的摩擦系数，动、静摩擦系数之差小；要有良好的导热性、较大的热容和高温机械强度；要有良好的耐磨性和抗黏着性，无噪声，低成本，对环境无污染等。

如今，国内外广泛开展了芳纶、钢纤维/芳纶、矿物纤维、植物纤维等增强型摩擦材料的开发。从发展方向看，钢纤维增强的无石棉半金属基摩擦材料将是主要的使用材料。

(3) **汽车运行材料**

汽车运行材料指汽车运行过程中使用的燃料（汽油、柴油、替代燃料）、润滑材料（发动机润滑油、润滑脂、齿轮油）、轮胎、工作液（制动液、冷却液、制冷剂）等。

据统计，在汽车运输成本中，汽车运行材料消耗所占比例最高，达到40%以上。其中，燃料消耗约占运输成本的20%～30%；润滑材料约占1%～3%；轮胎约占10%～15%。汽车运行材料关系到汽车的动力性、燃油经济性、操纵稳定性、行驶平顺性、制动安全性、排放性等性能。合理使用汽车运行材料，可以维持汽车正常工作和良好技术状况，保证汽车使用安全可靠，延长汽车使用寿命。因此，必须了解汽车运行材料的性能和特点，合理选择和使用汽车运行材料，以提高汽车的使用经济性，降低运输成本，节约宝贵的自然资源。若汽车运行材料使用不当，汽车将出现早期损坏，造成资源浪费、环境污染。

## 1.2 汽车零件的正确选材

汽车零件的正确选材，一般遵循以下几个原则。

(1) **使用性能原则**

用所选材料制造的汽车零件在使用过程中应具有良好的工作性能。

使用性能主要是指零件在使用状态下材料应该具有的性能，包括机械性能、物理性能和化学性能。对大部分汽车零件和部件，主要考虑机械性能。对一些特殊条件下工作的零件，则必须根据要求考虑材料的物理、化学性能。材料的使用性能应满足使用要求。

通过对汽车零件的工作条件和失效形式的全面分析，确定零件对使用性能的要求；利用使用性能与实验室性能的相应关系，将使用性能具体转化为实验室机械性能指标；根据零件的几何形状、尺寸及工作中所承受的载荷，计算出零件中的应力分布；由工作应力、使用寿命或安全性与实验室性能指标的关系，确定对实验室性能指标要求的具体数值；利用手册，根据使用性能选材。常用零件的工作和失效形式如表1-1所示。

表 1-1 常用零件的工作和失效形式

| 零件名称 | 工作条件 | | | 常见的失效形式 | 要求的主要机械性能 |
|---|---|---|---|---|---|
| | 应力种类 | 载荷性质 | 受载状态 | | |
| 紧固螺栓 | 拉、剪应力 | 静载 | — | 过量变形、断裂 | 强度、塑性 |
| 传动轴 | 弯、扭应力 | 循环、冲击 | 轴颈摩擦、振动 | 疲劳断裂、过量变形、轴颈磨损 | 综合机械性能：强度、韧性、局部表面耐磨性 |
| 传动齿轮 | 压、弯应力 | 循环、冲击 | 摩擦、振动 | 齿折断、磨损、疲劳断裂、接触疲劳（麻点） | 心部强度、韧性、表面高强度及疲劳极限、耐磨性 |
| 弹簧 | 扭、弯应力 | 交变、冲击 | 振动 | 弹性失稳、疲劳破坏、断裂 | 弹性极限、屈强比、疲劳极限 |
| 冷作模具 | 复杂应力 | 交变、冲击 | 强烈摩擦 | 磨损、脆断 | 硬度、足够的强度、韧性 |

**(2) 工艺性能原则**

工艺性能是指机械零件在加工制造过程中，材料所具备的适应能力。汽车材料的工艺性能应满足生产工艺的要求，所选材料能够确保零件便于加工，这是选材必须考虑的问题。

1) 车用橡胶和塑料零件选材的工艺性能原则

工程橡胶和工程塑料的切削加工性能较好，与金属基本相同。不过它的导热性差，在切削过程中不易散热，易使工件温度急剧升高，使其变焦（热固性塑料）或变软（热塑性塑料）。

2) 陶瓷材料零件选材的工艺性能原则

陶瓷材料加工的工艺路线也比较简单，主要工艺就是成形，其中包括粉浆成形、压制成形、挤压成形、可塑成形等。陶瓷材料成形后，除了可以用碳化硅或金刚石砂磨加工外，几乎不能进行任何其他加工。

3) 金属材料零件选材的工艺性能原则

金属材料加工的工艺路线远较工程橡胶、工程塑料和陶瓷材料复杂，而且变化多，不仅影响零件的成形，还大大影响其最终性能。

**(3) 经济性原则**

所选材料能使产品具有较低的总成本。

1) 材料的价格

汽车零件材料的价格无疑应该尽量低。汽车材料的价格在产品的总成本中占有较大的比重，据有关资料统计，在汽车工业中可占产品价格的 30%～50%，因此设计人员要十分关心材料的市场价格。

2) 零件的总成本

汽车零件选用的材料必须保证其生产和使用的总成本最低。汽车零件的总成本与其使用寿命、质量、加工费用、研究费用、维修费用和材料价格有关。

3) 国家的资源等因素

随着工业的发展，资源和能源的问题日渐突出，选用材料时必须对此有所考虑，特别是对于大批量生产的零件，所用材料应该来源丰富并顾及我国资源状况。另外，还要注意生产所用材料的能源消耗，尽量选用耗能低的材料。

## 1.3 汽车材料现状及发展方向

随着科学技术的飞速发展，现代汽车制造材料的构成发生了较大的变化，高密度材料的比例下降，低密度材料有较大幅度的上升，从20世纪90年代开始，汽车材料就向轻量化、节省资源、高性能和高功能方向发展。

**(1) 国外汽车材料现状及发展方向**

轻量化与环保是当今汽车材料发展的主要方向，减轻汽车自重是降低汽车排放、提高燃油经济性的最有效措施之一。尽管近阶段钢铁材料仍保持主导地位，但各种材料在汽车上的应用比例正在发生变化，主要变化趋势是高强度钢和超高强度钢、铝合金、镁合金、塑料和复合材料的用量将有较大的增长，铸铁和中、低强度钢的比例将会逐步下降，但载货汽车的用材变化不如轿车明显；轻量化材料技术与汽车产品设计、制造工艺的结合将更为密切，汽车车身结构材料将趋向多材料设计方向；更重视汽车材料的回收技术；电动汽车、代用燃料汽车专用材料以及汽车功能材料的开发和应用工作不断加强。

1) 汽车运行材料的发展及应用

运行材料已成为汽车技术的重要组成部分，也是汽车技术管理的主要内容，正按照国际有关标准迅速步入标准化、系列化、高档化的发展轨道。运行材料必须与汽车同步发展并升级换代，未来燃料将呈现出汽油、柴油、天然气、液化石油气、电能、氢气、醇类以及生物能（生物柴油等）等多种燃料活跃的多极模式，润滑剂和特种液将向安全、环保、节能、长效等方向发展。

2) 铝、镁合金材料的发展及应用

铝合金在汽车上的用量已有明显增加，汽车用铝增长率超过80％，2002年北美平均每辆车的用铝量已达124kg。根据世界铝协统计，在1991~1999年间，铝在汽车上的应用量翻了一番。目前汽车上的铝合金零件主要是壳体类铸件，如缸体、缸盖、变速器壳体、气门室罩盖等，还有就是变形铝合金生产的车身系统、热交换器系统、厢式车厢及其他系统的零部件。在材料方面，铸造铝合金大多为共晶和亚共晶的铝硅合金，少数零件（如缸体）传统的材料为过共晶铝硅合金，也因其铸造性能和机加工性能较差，逐渐改用低硅或中硅的亚共晶铝硅合金；车身用的铝合金板材料的牌号主要有2000（Al-Cu）、5000（Al-Mg）、6000（Al-Mg-Si）和7000（Al-Mg-Si-Ti）等系列。为了满足汽车用材的需要，国外还开发了快速凝固铝合金、超塑性铝合金、粉末冶金铝合金等新材料。

镁是比铝更轻的金属材料，它可在铝减重基础上再减轻15％~20％。尽管目前全球每辆汽车镁合金的平均用量只有2.3kg，但镁合金的开发与应用已成为汽车材料技术发展的重要方向，汽车用镁正以年均增长20％的速度迅速发展。世界各大汽车公司都把已采用镁合金零件的数量作为自身产品技术领先的标志，福特汽车公司计划在20年内将镁合金用量提高到113kg/辆。汽车上有60多种零件可采用镁合金生产，如仪表盘骨架、缸体、缸盖、进气歧管、车轮、壳体类零件等。同铝合金一样，目前应用的镁合金材料主要为铸造镁合金。AM、AZ、AS系列为传统的铸造镁合金，其中，AZ91D用量最大。近年来为适应发动机零件高温工作的需要，欧美国家先后开发出了AE、Mg-Al-Ca、Mg-Al-Ca-Re、Mg-Al-Sr等抗蠕变镁合金，以及最近的ZAC8506（Mg-8Zn-5Al-0.6Ca）。变形镁合金新材料有美国开发的ZH60变形镁合金，日本开发的IM Mg-Y系变形镁合金以及可以进行冷加工的镁合金板材等。为进一步扩大镁合金的应用，国外又在开发耐蚀性好的镁合金及其表面处理技术。

3) 塑料及其复合材料的发展及应用

塑料及其复合材料是另一类重要的汽车轻质材料，它不仅可减轻零部件约40％的质量，而且还可使成本降低40％左右。近年来，塑料在汽车中的用量迅速上升。据统计，世界汽车平均每辆塑料用量在2000年就已达105kg，约占汽车总质量的8%～12%。塑料在轿车中的用量较高，如奥迪A2型轿车，塑料件总质量达220kg，占总用材的24.6%。发达国家车用塑料现已占塑料总消耗量的7%～11%，预计不久将升至10%～11%。目前车用塑料居前七位的品种与所占比例大体为：聚丙烯（PP）21%、聚氨酯（PUR）19.6%、聚氯乙烯（PVC）12.2%、热固性复合材料10.4%、ABS 8%、尼龙（PA）7.8%、聚乙烯6%。国外汽车的内饰件已基本实现塑料化，如今塑料在汽车中的应用范围正在由内装件向外装件、车身和结构件扩展，今后的重点发展方向是开发结构件、外装件用的增强塑料复合材料、高性能树脂材料与塑料，并对材料的可回收性予以高度关注。从品种上看，聚烯烃材料因密度小、性能较好且成本低，近来有将汽车内饰和外装材料统一到聚烯烃材料的趋势，因此其用量会有较大的增长。预计聚丙烯和聚氯乙烯今后分别可保持8%和4%的年增长率，聚乙烯的增长势头也比较强劲。

4）高强度材料的发展及应用

为了应对来自轻质材料的挑战，钢铁企业将开发的重点放在了高强度材料上，先后开发出了高强度钢（屈服强度大于210MPa）、超高强度钢（屈服强度大于550MPa）和先进的高强度钢（统称为高强度钢），取得了良好的减重效果。目前汽车使用的高强度钢主要为板材与管材，它取代普通的钢材、铸铁用于车身零件和其他结构件，如高强度钢制成的传动轴可减重约10%。北美开发的PNGV-Class轿车，其车身全部采用高强度钢，质量只有218kg，与全铝车身相当。事实上，高强度钢已成为颇具竞争力的汽车轻量化材料。最新的应用情况表明，有些铝、镁合金零件，如保险杠、车轮、骨架、前门、后门、横梁等，又转而采用高强度钢设计。高强度钢是汽车钢铁材料今后的主要发展方向之一。现在各国均加速了高强度钢在汽车车身、底盘、悬架和转向等零件上的应用。以北美为例，从1997～2002年，高强度钢在轿车中应用的比例已由6%上升到45%，今后将会得到更进一步的发展。因此，高强度钢的用量将会逐年上升，而中、低强度钢和铸铁的用量将呈现下降趋势。

在合金化方面，主要是利用V、Ti、Nb、B等微量元素，向低合金化或碳钢化方向发展。为提高汽车用钢质量和生产率，各国都在冶炼设备和技术上下功夫，如真空除气、炉外精炼、成分微调、连铸连轧、新型热处理等，使得汽车用齿轮钢、轴承钢、弹簧钢的纯净度、成分精度、渗透性、稳定性、疲劳强度等都有很大提高。

5）环保材料的发展及应用

环保是当今汽车材料技术发展的又一重大方向，一是材料本身的环保性，二是材料的可回收性。国外由于对环保十分重视，已不再使用容易对环境造成污染的材料，如致力于无石棉摩擦材料的研究与应用，先后开发出了半金属、玻璃纤维、碳纤维、有机纤维摩擦材料，进而实现摩擦材料无石棉化；广泛使用水性涂料、高固体涂料及粉末涂料等低公害和无公害的汽车涂料；开发了环保的水基黏结剂并用于生产。在汽车材料的回收方面，发达国家已建立了完善的法律法规和回收体系，并掌握了汽车材料回收的关键技术，其回收率现已达85%，并在不断提高。除材料开发外，近年来国外还开发了一系列与新材料应用有关的新工艺，如激光拼焊、液压成形、半固态金属加工、喷射成形，不同种类材料的焊接、粘接与铆接技术，塑料制品的低压注射成形、气体辅助注射成形技术等。

(2) 汽车材料的发展方向

汽车材料总的发展趋势是：结构材料中钢铁材料所占比例将逐步下降，有色金属、陶瓷材料、复合材料、高分子材料等新型材料的用量有所上升。在性能可靠的条件下，将尽可能多地采用铝合金、复合材料等轻型、新型材料取代钢铁材料。

**复习思考题**

1. 汽车材料分为哪几大类？各有什么用途？
2. 零件选材的经济性能原则的主要内容是什么？
3. 当前世界汽车材料技术朝哪些方向发展？
4. 我国汽车材料技术存在哪些不足？

# 第2章 金属材料的性能与组织结构

**学习目标**

1. 理解金属材料性能的有关概念。
2. 了解金属的结构特点,能够利用 Fe-Fe$_3$C 相图分析铁碳合金的组织状态及性能。

金属材料是目前汽车应用最广泛的材料。金属材料种类繁多,可分为黑色金属(钢铁材料)和有色金属,其中钢铁约占汽车自身质量(不包括油料)的80%左右,因此,钢铁材料依然是现代汽车制造的主要材料。有色金属具有质轻、导电性好等优良性能,在汽车上的用量呈逐年增加的趋势。特别是轿车制造业,采用铝、镁、钛等轻金属代替钢铁材料来减轻汽车质量、降低油耗,已成为轿车轻量化的一个重要手段。

汽车上使用的各种金属材料具有各自不同的性能,能满足汽车上各种结构零件的性能要求。金属材料的性能主要取决于其化学成分和组织结构。了解金属材料的内部组织结构,认识影响金属组织和性能的各种因素,对于合理选材,充分发挥材料的潜力是非常重要的。

## 2.1 金属材料的性能

金属材料的性能决定着材料的适用范围及应用的合理性。金属材料的性能包括使用性能和工艺性能。使用性能是指在正常使用条件下保证零件安全、可靠工作所必备的性能,其中包括材料的机械性能、工艺性能等。金属材料的使用性能决定了零件的使用范围和寿命。对于大多数金属材料,机械性能是最重要的使用性能。工艺性能是指材料的可加工性能,包括锻造性能、铸造性能、焊接性能、热处理性能及切削加工性能等。

### 2.1.1 金属材料的机械性能

机械零件在使用过程中受到各种载荷的作用,材料在载荷作用下所反映出来的性能,称为机械性能,也叫力学性能。汽车零部件在使用过程中,必然受到各种外力的作用,如发动机上的连杆在工作时不仅受拉力、压力的作用,还要承受冲击力的作用。这些外力作用对材料有一定的破坏性,这就要求材料必须具有一种抵抗外力作用而不致被破坏的能力,这就是材料的机械性能。材料的机械性能是设计和制造汽车零件的重要依据,也是控制质量的重要参数。材料的机械性能通常用强度、塑性、硬度、韧性、疲劳强度等性能指标来衡量。

**(1) 强度**

强度表征材料在外力(载荷)作用下抵抗永久变形和破坏的能力。根据外力的性质和作用方式不同,载荷可分为静载荷、冲击载荷和交变载荷。静载荷指大小和作用方向不变或变动非常缓慢的载荷,如汽车静止时车身对车架的压力;冲击载荷指突然增加或变动很大的载荷,如路面颠簸不平时车身对悬架的冲击力;交变载荷指大小和方向发生周期性变化的载荷，亦称循环载荷，如汽车运行时发动机曲轴、齿轮等零部件所承受的载荷。载荷按其作用形式不同，又可分为拉伸载荷、压缩载荷、剪切载荷、扭转载荷、弯曲载荷等。

金属材料在外载荷作用下，其几何尺寸和形状所产生的变化称为变形，分为弹性变形和塑性变形两种。随外力作用而产生并随外力的去除而消失的变形称为弹性变形（在外力作用下物体发生形状和尺寸的变化，当外力卸除后又恢复原来形状和尺寸的特性称为弹性）；当物体在外力作用下产生变形后，不能随着外力的去除而消失的变形称为塑性变形，又称永久变形。

按照载荷作用方式，强度可分为抗拉强度、抗压强度、抗剪强度、抗扭强度、抗弯强度等，应用中多用抗拉强度。金属材料的抗拉强度和塑性指标可以通过拉伸试验测定。

1) 拉伸试样

国家标准对拉伸试样的形状、尺寸及加工要求均有明确规定，通常采用圆柱形拉伸试样。如图 2-1 所示，$L_0 = 10d_0$ 时称为长试样，$L_0 = 5d_0$ 时称为短试样。

2) 拉伸过程分析

将试样装夹在拉伸试验机上，逐渐加大拉伸载荷 $F$，试样将出现弹性变形、屈服变形、冷变形强化、缩颈与断裂几个阶段，如图 2-2 所示。

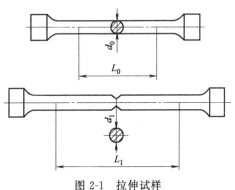

图 2-1 拉伸试样

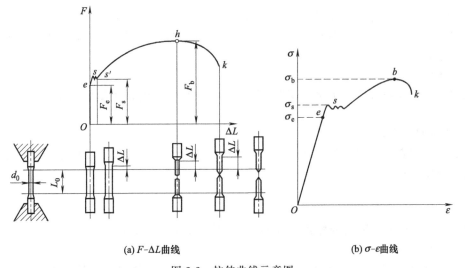

(a) $F$-$\Delta L$曲线     (b) $\sigma$-$\varepsilon$曲线

图 2-2 拉伸曲线示意图

载荷 $F$ 与伸长量 $\Delta L$ 之间的关系曲线称为力-伸长曲线。金属材料受外力作用时，其单位横截面上的内力称为应力，用 $\sigma$ 表示；其单位伸长量称为应变，用 $\varepsilon$ 表示。因此，金属材料的力-伸长曲线也可用 $\sigma$-$\varepsilon$ 曲线（应力-应变曲线）表示。

① $Oe$——弹性变形阶段。此阶段伸长量 $\Delta L$ 与拉伸力 $F$ 成正比，去除拉伸力后试样完全恢复到原来的形状和尺寸，表现为弹性变形。$F_e$ 为试样保持完全弹性变形的最大拉伸力。

② $es$——屈服变形阶段。当拉伸力不断增加，超过 $F_e$ 再卸载时，弹性变形消失，一部分变形被保留下来，即试样不能恢复原来的形状和尺寸，产生塑性变形。当拉伸力继续增加到 $F_s$ 时，拉伸曲线出现平台，即在拉伸力基本不变的情况下，试样的伸长量继续增加，

这种现象称为屈服，$F_s$ 为屈服拉伸力。

③ sb——冷变形强化阶段。屈服后，试样开始出现明显的塑性变形。随着塑性变形量的增加，试样抵抗变形的能力也逐渐增加，这种现象称为冷变形强化。此阶段拉伸曲线表现为一段上升曲线，试样的变形是均匀发生的。$F_b$ 为试样断裂前所能承受的最大拉伸力。

④ bk——缩颈与断裂阶段。当拉伸力达到 $F_b$ 时，试样上某个部位的截面发生局部收缩，产生"缩颈"现象。由于局部截面积减小，试样变形所需的拉伸力也随之降低，变形主要集中在缩颈部位，试样最终被拉断。该阶段的力-伸长曲线表现为一段下降的曲线。

汽车上使用的金属材料通常没有明显的屈服现象。有些脆性材料不仅没有屈服现象，而且也不产生"缩颈"现象，如高碳钢、铸铁等材料。

3) 强度指标

金属材料常用的强度指标有弹性极限、弹性模量、屈服点、抗拉强度等。

① 弹性极限 $\sigma_e$ 和弹性模量 $E$。材料产生完全弹性变形时所能承受的最大应力 $\sigma_e$ 为弹性极限。弹性模量 $E$ 为弹性变形的应力与应变的比值，表示金属材料抵抗弹性变形的能力。

弹性零件的工作应力不能大于其弹性极限，否则将导致零件失效或损坏。因此，弹性极限是汽车弹性零部件（如弹簧）设计和选材的主要依据。

② 屈服点 $\sigma_s$。材料产生屈服现象时所承受的应力为屈服点。同一材料的 $\sigma_s$ 与 $\sigma_e$ 在数值上很接近。由于脆性材料没有明显的屈服现象，规定将试样标距部分的残余伸长量（塑变量）为试样标距长度的 0.2% 时的应力值作为屈服强度，用 $\sigma_{0.2}$ 表示。

零件工作时不允许产生明显的塑性变形，因此 $\sigma_s$ 和 $\sigma_{0.2}$ 是汽车零件设计和选材的主要依据。

③ 抗拉强度 $\sigma_b$。材料在拉断前所承受的最大应力。零件在拉伸条件下所承受的应力超过抗拉强度时将断裂报废，因此它是汽车零件设计和选材的重要依据，也是判断金属材料性能的重要参数。

**(2) 塑性**

塑性是金属在断裂前产生永久变形而不被破坏的能力，通常用断后伸长率或断面收缩率表示。

1) 断后伸长率 $\delta$

断后伸长率 $\delta$ 是反映材料塑性变形能力大小的指标，为试样拉断后标距的伸长量与原始标距的百分比，可用下式表示：

$$\delta = \frac{l_k - l_0}{l_0} \times 100\%$$

式中，$l_k$ 为试样拉断后的标距，mm；$l_0$ 为试样原始标距，mm。

2) 断面收缩率 $\psi$

断面收缩率 $\psi$ 也是反映材料塑性变形能力的一个指标，为试样拉断后缩颈处横截面积的最大缩减量与原始横截面积的百分比，可用下式表示：

$$\psi = \frac{A_0 - A_k}{A_0} \times 100\%$$

式中，$A_k$ 为试样断口处最小截面积，mm$^2$；$A_0$ 为试样的原始截面积，mm$^2$。

断面收缩率 $\psi$ 代表材料的收缩变形能力，而断后伸长率 $\delta$ 则表示材料的伸长变形能力。$\delta$ 和 $\psi$ 值越大，说明材料的塑性越好，越容易进行压力加工，如铜、铝、低碳钢等。大多数零件除要求材料具有较高的强度外，还要求其具有一定的塑性，以提高安全系数。

**(3) 硬度**

硬度是金属材料抵抗局部变形或破坏的能力，特别是抵抗塑性变形、压痕或划痕的能力。它是衡量金属材料软硬程度的一项性能指标，也是评定材料力学性能的重要指标之一。

硬度是强度的局部反映，强度高，硬度也高。测试硬度的方法很多，最常用的有布氏硬度试验法、洛氏硬度试验法和维氏硬度试验法。

1) 布氏硬度

布氏硬度（HB）指在布氏硬度试验机上测得的材料硬度。如图 2-3 所示，使用一定直径的硬质合金球作为压头，在规定载荷作用下压入被测金属的表面，按规定保持一定时间后卸除载荷，金属表面留下的球面压痕单位面积上所受的平均压力即为材料的布氏硬度，用符号 HBW 表示。

布氏硬度所测数值准确、稳定，因所测压痕面积较大，易损伤成品件表面，因而适用于测量组织粗大或组织不均匀的材料（如铸铁），常用于测定退火、正火、调质钢、铸铁及非铁金属等原材料或半成品的硬度，不宜测定成品和薄小的金属件。当被测样品过小或者布氏硬度（HB）大于 450 时，就改用洛氏硬度计量。

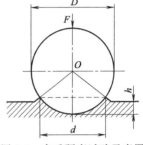

图 2-3 布氏硬度试验示意图

2) 洛氏硬度

洛氏硬度（HR）指在洛氏硬度试验机上测得的材料硬度。如图 2-4 所示，以顶角为 120°的金刚石圆锥体或直径为 1.588mm 的淬火钢球作为压头，在初试验力 $F_0$ 和主试验力 $F_1$ 的先后作用下压入材料表面，保持规定时间后卸除主试验力 $F_1$，在保留初试验力 $F_0$ 的情况下，根据测得的压痕深度计算得到材料的

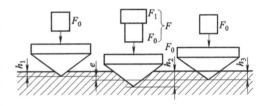

图 2-4 洛氏硬度试验示意图

洛氏硬度值，并规定每压入 0.002mm 压痕深度为一个硬度单位，用符号 HR 表示。洛氏硬度没有单位，可直接从硬度计的刻度盘上读出。

为了测定不同金属材料的硬度值，需采用不同的压头与试验力组成不同的硬度标尺，常用 HRA、HRB 和 HRC 表示。HRA 是采用 60kg 载荷和钻石锥压入器求得的硬度，用于硬度较高的材料，例如钢材薄板、硬质合金。HRB 是采用 100kg 载荷和直径 1.588mm 淬火钢球求得的硬度，用于硬度较低的材料，例如软钢、有色金属、退火钢等。HRC 是采用 150kg 载荷和钻石锥压入器求得的硬度，用于硬度较高的材料，例如淬火钢、铸铁等。

洛氏硬度试验的优点是：操作简单迅速，压痕较小，有利于保护成品件的表面，且硬度测试范围广，可测试很薄、极软和极硬的金属材料，且在测试时不必查表或计算即可直接读出硬度值。其缺点是：精确度较差，重复性差，通常要求在同一零件多个表面进行测试，取其平均值作为该零件的硬度值。

3) 维氏硬度

维氏硬度（HV）测试原理与布氏硬度相同，也是根据压痕单位面积所承受的试验力计算硬度值，但压头采用的是两相对面夹角为 136°的正四棱锥体金刚石。如图 2-5 所示，在选定的载荷 F 作用下，将压头压入试样表面，保持规定时间后卸除载荷，其压痕为四方锥形，测量压痕对角线的平均长度 d，进而计算出压痕的表面积 S，最后求出压痕表面积上的平均压力，以此作为被测试金属的维氏硬度值。维氏硬度用符号 HV 表示，通常也可根据压痕对角线的平均长度查表获得。

维氏硬度试验的优点是：试验时所加载荷小，压入深度浅，故适用于测试零件表面淬硬层及化学热处理的表面层（如渗碳层、渗氮层等）。载荷 F 可在 49.03~980.7N 范围内，根

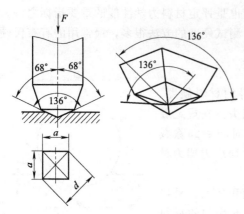

图 2-5 维氏硬度试验示意图

据试样大小、厚薄和其他条件进行选择。同时，维氏硬度是一个连续一致的标尺，试验时可任意选择，而不影响其硬度值的大小，因此可测定从极软到极硬的各种金属材料的硬度，测量精度高。其缺点是：操作较复杂，测量工作效率低于洛氏硬度测量。

(4) 韧性

强度、塑性、硬度是在静载荷作用下测得的材料性能指标。但在实际工作条件下，汽车零部件（如曲轴、连杆、齿轮、弹簧等）经常承受冲击载荷，如汽车发动机中的曲轴、活塞、活塞销、连杆等零件在气缸中受气体燃烧膨胀时产生的气体压力作用，这种气体燃烧膨胀产生的外载荷就是突然的冲击载荷。又如汽车起步、加速、紧急制动、停车时，变速器中的齿轮、传动轴、后桥中的半轴、差速器齿轮等零件受到的载荷均属于冲击载荷。由于冲击载荷所引起的应力和变形大于静载荷引起的应力和变形，其破坏能力远远大于静载荷，所以在零件设计时必须充分考虑材料抵抗冲击载荷的能力。材料抵抗冲击载荷而不致破坏的性能，称为冲击韧性。

材料韧性的好坏可用冲击韧度衡量，也可视为材料强度和塑性二者综合性能的反映。冲击韧度越大，韧性越好。目前常采用一次摆锤冲击弯曲试验测定材料的韧性，其原理如图 2-6 所示。

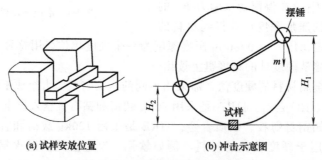

(a) 试样安放位置　　(b) 冲击示意图

图 2-6 材料韧性的测量示意图

试验时，将按规定制作的标准冲击试样的缺口（脆性材料不开缺口）背向摆锤摆动方向放在冲击试验机工作台上，如图 2-6（a）所示。将质量为 $m$ 的摆锤升起到规定高度 $H_1$ 后，使其自由落下将试样冲断。由于存在惯性，摆锤又继续上升到某一高度 $H_2$。根据能量守恒原理，冲断试样所消耗的冲击功 $A_k = mg(H_1 - H_2)$，$A_k$ 又称为冲击吸收功，可直接读出。

试样上断裂处的横截面 $S$ 与 $A_k$ 的比值，称为该材料的冲击韧性，用 $a_k$ 表示，计算公式为：

$$a_k = A_k/S$$

按照标准试样的缺口形式（V 形或 U 形），材料抗冲击韧度指标以 $a_{kV}$ 和 $a_{kU}$ 表示。一般来说，材料强度大、塑性高，其冲击韧性大。冲击韧性除了与材料的化学成分和显微组织有关外，还与材料的表面质量、加载速度、试验时的温度及冶金质量有关。材料的表面质量越差、加载速度越高、试验时温度越低及冶金质量越差，测定的冲击韧性越低。

**(5) 疲劳强度**

某些汽车零件,如曲轴、连杆、轴承、弹簧等,在工作过程中各点的应力随时间做周期性变化,这种随时间做周期性变化的应力,称为交变应力(也称作循环应力)。虽然零件所承受的应力低于材料的屈服强度,但在交变应力作用下,经过较长时间工作将产生裂纹或突然发生断裂等破坏,这种现象称为材料的疲劳。

疲劳破坏通常没有明显的征兆,具有较大的突发性和危害性,汽车上的齿轮、弹簧、缸盖、轴颈等零部件的损坏多属于疲劳破坏。疲劳破坏的原因主要是零件表面或内部存在缺陷(如划痕、硬伤、夹渣等),或横截面面积发生突变以及夹角部位在工作时产生应力集中等,致使局部应力超过材料的屈服点,从而造成局部永久变形;或是存在的微小裂纹随应力交变循环次数增加,使裂纹逐渐加大以致断裂。

实践证明,零件在交变载荷作用下,所承受的载荷大小与断裂前的载荷循环周次有关。交变载荷越大,断裂前的载荷循环周次就越小。如图 2-7 所示,将交变应力 $\sigma$ 与断裂前的应力循环周次 $N$ 的关系绘制成图,便可得 $\sigma$-$N$ 曲线图(或称为疲劳曲线图)。由图可知,当承受的交变应力 $\sigma$ 越大,应力循环周次 $N$ 值就越小,应力循环周次 $N$ 随承受的交变应力下降而增加。当交变应力低于某一值时,应力循环周次可达无限多次而不发生疲劳断裂。所谓疲劳强度是指金属材料在无限多次交变载荷作用下,而不致发生断裂的最大应力,又称为疲劳极限。

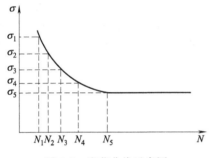

图 2-7 疲劳曲线示意图

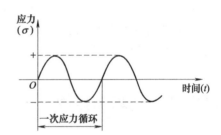

图 2-8 对称循环交变应力

金属材料的疲劳强度试验不可能在无限多次交变载荷下进行,实际使用中也不必在无限多次应力循环周次 $N$ 下工作,只要求能经受一定周次的应力循环,就能满足汽车零件的使用寿命。所以试验时规定:钢在经受 $10^5 \sim 10^7$ 次,有色金属在经受 $10^7 \sim 10^8$ 次交变载荷作用时不产生断裂的最大应力作为疲劳强度。实际上,交变应力分为对称循环交变应力与非对称循环交变应力两类。对称循环交变应力如图 2-8 所示,而非对称循环交变应力作用下的疲劳强度较多。对称循环交变应力作用下的疲劳强度用"$\sigma_{-1}$"表示。

金属材料的疲劳强度大小常受许多因素的影响,如工作条件、材料的本质、表面质量状态以及内部存在的残余内应力等。所以,降低零件表面的粗糙度,避免断面形状上出现应力集中,对零件表面进行表面淬火、喷丸处理等强化手段,均可有效地提高零件的疲劳强度。

## 2.1.2 金属材料的工艺性能

工艺性能是指机械零件在加工制造过程中,材料所具备的适应能力,它是决定材料能否进行加工或如何进行加工的重要因素。材料工艺性能的好坏,会直接影响机械零件的工艺方法、加工质量、制造成本等。材料的工艺性能主要包括铸造性能、锻造性能、焊接性能、热处理性能、切削加工性能等。

1) 铸造性能

铸造性能是指材料易于铸造成型并获得优质铸件的能力，衡量材料铸造性能的指标主要有流动性、收缩性等。流动性是指熔融材料的流动能力，主要受化学成分和浇注温度的影响，流动性好的材料容易充满铸型型腔，从而获得外形完整、尺寸精确、轮廓清晰的铸件。收缩性是指铸件在冷却凝固过程中其体积和尺寸减小的现象，铸件收缩不仅影响其尺寸，还会使铸件产生缩孔、疏松、内应力、变形和开裂等缺陷。

2) 锻造性能

锻造性能是指材料是否容易进行压力加工的性能。它取决于材料的塑性和变形抗力的大小，材料的塑性越好，变形抗力越小，锻造性能越好。如纯铜在室温下有良好的锻造性能，碳钢的锻造性能优于合金钢，铸铁则不能锻造。

3) 焊接性能

焊接性能是指材料是否易于焊接并能获得优质焊缝的能力。碳钢的焊接性能主要取决于钢的化学成分，特别是钢的碳含量影响最大。低碳钢具有良好的焊接性能，而高碳钢、铸铁等材料的焊接性能较差。

4) 热处理性能

热处理性能是指材料进行热处理的难易程度。热处理可以提高材料的力学性能，充分发挥材料的潜力。

5) 切削加工性能

切削加工性能是指材料接受切削加工的难易程度，主要包括切削速度、表面粗糙度、刀具的使用寿命等。一般来说，材料的硬度适中（180~220HB），其切削加工性能良好，所以灰铸铁的切削加工性能比钢好，碳钢的切削加工性能比合金钢好。改变钢的成分和显微组织可改善钢的切削加工性能。

## 2.2 金属的组织结构

不同的金属材料具有不同的性能，同一金属材料在不同条件下的性能也有所不同。金属材料的性能差异取决于金属内部的组织结构。

### 2.2.1 晶体结构的基本知识

**(1) 晶体结构的基本概念**

1) 晶体和非晶体

根据物质原子的排列特征，固态物质可分为晶体和非晶体两类。

① 晶体。内部质点（原子、离子或分子）呈规律性和周期性排列的物质称为晶体，如石墨、金刚石及一般的金属材料等都是晶体。晶体通常具有固定的熔点和几何外形，并具有各向异性特征。

② 非晶体。内部质点无规律排列的物质称为非晶体，如玻璃、沥青、石蜡等材料均是非晶体。非晶体内部原子为无规律杂乱堆积，无固定外形，无固定熔点，呈各向同性。

固态金属都是晶体，金属晶体除具有上述晶体的共性外，还具有特殊的金属光泽，良好的导电性、导热性和塑性，这是金属晶体和非金属晶体的根本区别。

2) 晶格和晶胞

① 晶格。为了描述晶体中原子的排列规律，将其原子按一定规律、一定几何规则排列的空间格架形状称为晶格，如图2-9所示。

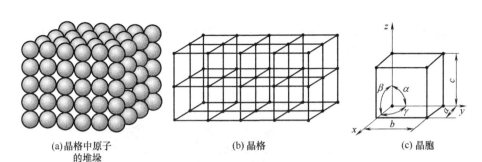

图 2-9　晶格与晶胞示意图

② 晶胞。由晶格中取出的，并能够完整地反映出晶格排列特征的最小几何单元为晶胞。晶胞的大小和形状由三个棱边长度 $a$、$b$、$c$ 和棱边与棱边之间的夹角 $\alpha$、$\beta$、$\gamma$ 表示与度量，其中棱边长度称为晶格常数，如图 2-9（c）所示。当晶格常数 $a=b=c$，棱边夹角 $\alpha=\beta=\gamma=90°$ 时，这种晶胞称为简单立方晶胞。

3）晶面和晶向

在晶格中由一系列原子所构成的平面称为晶面。晶格中两个或两个以上原子中心的连线（直线），代表晶格空间的一定方位，晶格中各原子列的位向称为晶向。为了便于研究各种晶面和晶向，了解其在形变、相变以及断裂等过程中所起的不同作用，按照一定规则将晶格任意一个晶面或晶向确定出特定的表征符号，表示出它们的方位或方向，这就是晶面指数或晶向指数。

图 2-10 所示的晶面（010）、（110）、（111）是立方晶格中最重要的三种晶面。图 2-11 所示的晶向 $OC$ [100]、$OB$ [110]、$OA$ [111] 是立方晶格中最重要的三种晶向。

由于晶格类型和晶格常数不同，因此各种晶体呈现出不同的物理、化学及力学性能。

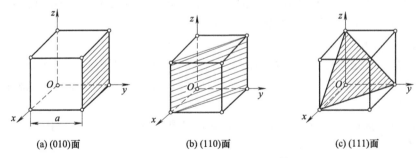

图 2-10　立方晶格中三种重要晶面

**（2）金属晶格的基本类型**

晶体的原子排列形式有 14 种晶格类型。金属是晶体，通过 X 射线结构分析对金属进行测定的结果表明：除少数金属元素外，绝大多数的金属都为三种典型的、紧密的且简单的体心立方、面心立方和密排六方结构。

1）体心立方晶格

它的晶胞为一个正六面体，即 $a=b=c$，棱边夹角 $\alpha=\beta=\gamma=90°$，8 个顶角和立方体中心各分布 1 个原子，如图 2-12（a）所示。因为每个顶角上的原子同时为周围 8 个晶胞所共有，所以每个体心立方晶格的实际原子数

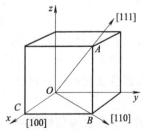

图 2-11　立方晶格中三种重要晶向

为：$1/8 \times 8 + 1 = 2$（个）。

晶体中的原子按这种晶格类型排列的金属元素有：铬（Cr）、钨（W）、钒（V）、钼（Mo）以及912℃以下的纯铁（α-Fe）等。

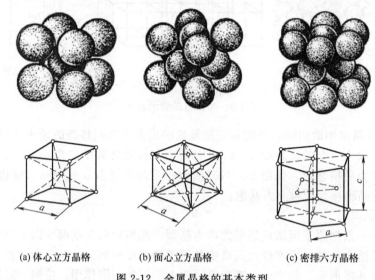

(a) 体心立方晶格　　(b) 面心立方晶格　　(c) 密排六方晶格

图2-12　金属晶格的基本类型

2）面心立方晶格

它的晶胞是一个立方体，8个顶角和6个表面的中心各分布着1个原子，如图2-12（b）所示。因每个顶角上的原子同时为周围8个晶胞所共有，6个表面中心的原子同时为2个晶胞所共有，所以每个面心立方晶格的实际原子数为：$1/8 \times 8 + 1/2 \times 6 = 4$（个）。

晶体中的原子按这种晶格类型排列的金属元素有：铝（Al）、铜（Cu）、铅（Pb）、金（Au）以及在912～1394℃之间的纯铁（γ-Fe）等。

3）密排六方晶格

它的晶胞是一个正六棱柱体，柱体的12个顶角及上下表面中心各有1个原子，晶体内部还有按等边三角形分布的3个原子，如图2-12（c）所示。每个密排六方晶格的实际原子数为：$1/6 \times 12 + 1/2 \times 2 + 3 = 6$（个）。

晶体中的原子按这种晶格类型排列的金属元素有：镁（Mg）、铍（Be）、镉（Cd）、钛（Ti）、锌（Zn）等。

当金属的晶格类型和晶格常数发生变化时，金属的性能也会随之发生相应的变化。金属元素铁晶体中的原子排列形式有两种，所以其性质不相同。

**(3) 实际金属的晶体结构**

内部晶格位向（原子排列方向）完全一致的晶体称为单晶体。如图2-13（a）所示。在单晶体中，由于各个方向上的原子密度不同，所以不同方向上的物理、化学和力学性能不同，即具有各向异性。单晶体除具有各向异性以外，还有较高的强度、耐蚀性、导电性和其他特性。单晶体通过特殊方法才能获得，如单晶硅。目前单晶体材料在半导体元件、磁性材料、高温合金材料等方面已得到开发和应用。单晶体金属材料是今后金属材料的发展方向之一。

测定实际金属的性能时，在各个方向上的数值基本一致，即具有各向同性。这是因为实际金属并非单晶体，而是由许多位向不同的微小晶体组成的多晶体，如图2-13（b）所示。

这些呈多面体颗粒状的小晶体称为晶粒，晶粒与晶粒间的边界称为晶界。晶粒的大小与金属的制造及处理方法有关，其直径一般在 0.001～1mm。一个晶粒的各向异性在许多位向不同的晶粒之间可以互相抵消或补充，所以实际金属呈现出各向同性。工程上使用的金属材料大多数是多晶体。

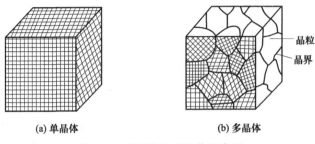

图 2-13　单晶体和多晶体示意图

在晶界上原子的排列不像晶粒内部那样有规则，存在着多种晶体缺陷，会对金属的性能产生很大影响。根据晶体缺陷存在的几何形式，可分为点缺陷、线缺陷和面缺陷三类。这些缺陷对金属的使用性能有显著的影响。

1) 点缺陷

晶体中呈点状（在三维方向上尺寸很小）的晶体缺陷为点缺陷，常见的是晶格空位和间隙原子，如图 2-14 所示。

在晶格空位和间隙原子附近，由于原子间作用力的平衡被破坏，其周围的原子都离开了原来的平衡位置，这种现象称为晶格畸变。晶体的点缺陷会使金属的屈服点升高，塑性下降。

2) 线缺陷

在三维空间的一个方向尺寸很大，其余两个方向尺寸很小的晶体缺陷为线缺陷，主要是指各种类型的位错。位错是指晶格中一列或若干列原子发生了某种有规律的错排现象，如图 2-15 所示。位错造成金属晶格畸变，对金属的强度、塑性、疲劳等性能，以及原子扩散、相变过程等产生重要影响。

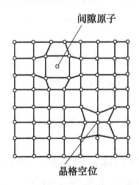

图 2-14　晶格空位和间隙原子示意图

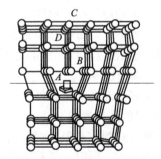

图 2-15　刃型位错示意图

3) 面缺陷

面缺陷是指一块晶体常常被一些界面分隔成许多较小的畴区，畴区内具有较高的原子排列完整性，畴区之间的界面附近存在着较严重的原子错排。这种发生于整个界面上的广延缺陷被称作面缺陷。在工程材料学中，面缺陷是指二维尺度很大而第三维尺度很小的缺陷。

在多晶体中，由于晶粒的取向不同，晶粒间存在分界面，该分界面称为晶界，如图2-16

所示。因为晶界连接着不同排列方向的晶粒，从一种排列方向过渡到另一种排列方向，晶界处的原子排列是不规则的，所以晶界上的原子往往比晶粒内的原子具有更高的能量，晶粒间位向差别越大，在晶界处的原子排列就越不规则。

面缺陷对金属材料的性能影响很大，由于晶界处原子呈不规则排列，使晶格处于畸变状态，金属材料的塑性变形抗力增大，其强度和硬度有所提高。

(4) 金属的结晶

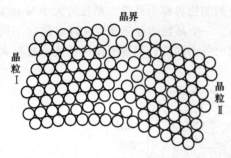

图 2-16　晶界原子排列

金属从液态转变为固态的过程，即原子由不规则排列的液体状态逐步过渡到原子做规则排列的晶体状态的过程称为结晶。通常把金属从液态转变为固态的过程称为一次结晶，而金属从一种固体晶态转变为另一种固体晶态的过程称为二次结晶或重结晶。液态金属结晶后得到的组织称为铸态组织，对金属材料的性能有直接影响。

1) 纯金属的冷却曲线和过冷度

纯金属都有一个固定的结晶温度（凝固点），其结晶过程是在恒定温度下进行的，图 2-17 所示为纯金属的冷却曲线。

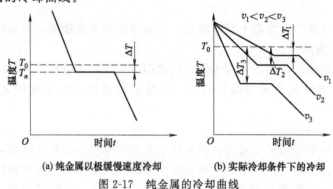

(a) 纯金属以极缓慢速度冷却　　(b) 实际冷却条件下的冷却

图 2-17　纯金属的冷却曲线

从纯金属的冷却曲线可以看出，随着冷却时间的延长，金属液温度不断下降，当冷却到某一温度时，冷却曲线出现一个平台，此温度即为纯金属的理论结晶温度（$T_0$）。在 $T_0$ 温度时，金属液中的原子结晶速度与晶体上的原子熔入到金属液中的速度相等，晶体与液体处于平衡状态。实际上，由于冷却速度较快，金属液在 $T_0$ 以下的某一温度 $T_n$ 才开始结晶，$T_n$ 称为实际结晶温度。实际结晶温度 $T_n$ 低于理论结晶温度 $T_0$ 的现象称为过冷现象，$T_0$ 与 $T_n$ 的差值称为过冷度。

过冷是金属结晶的必要条件。金属结晶时的冷却速度越快，则过冷度越大。

2) 纯金属的结晶过程

液态金属在达到结晶温度时，首先形成一些极细小的微晶体，即晶核，随着时间的推移，晶核不断长大。同时，又有新的晶核形成和长大，直到液态金属完全结晶。每一个晶核长成一个晶粒，结晶后的金属即成为由许多晶粒组成的多晶体，如图 2-18 所示。

图 2-18　纯金属的结晶过程

金属结晶时，冷却速度越快，晶粒越细小，金属的强度和硬度越高，塑性和韧性越好，细化晶粒是强化金属材料的一个有效途径。

## 2.2.2 合金的晶体结构与结晶

大多数纯金属的强度、硬度等力学性能都较低，制造成本较高，不能满足汽车工业对金属材料多品种、高性能的要求，因此工程上采用的金属材料多为不同成分的合金材料。

**(1) 合金的基本概念**

1) 合金

合金是指两种或两种以上的金属元素，或金属与非金属元素组成的具有金属特性的物质。合金除具有金属的基本特征外，还具有优良的力学性能及某些特殊的物理性能。应用最普遍的碳素钢和铸铁就是由铁和碳组成的铁碳合金。

2) 组元

组成合金最基本的、独立的物质称为组元，简称元。组元可以是金属、非金属，也可以是稳定的化合物。由两个组元组成的合金称为二元合金，由多个组元组成的合金称为多元合金。根据组元数目不同，合金可分为二元合金、三元合金和多元合金。

3) 合金系

由两个或两个以上组元按不同比例配制成一系列成分不同的合金，构成了一个合金系统，简称合金系。在同一合金系中，组元的含量不同，组成的合金力学性能也不同。例如：铜和镍组成一系列不同成分的合金，称为铜-镍合金系。

4) 相

相是指合金中化学成分、晶体结构和物理性能相同的组分。液态物质称为液相，固态物质称为固相。在固态下，物质可以是单相，也可以是多相。如铁碳合金中的 α-Fe 为一个相，$Fe_3C$ 为一个相；水和冰各为一个相。

5) 组织

组织泛指用金相观察方法看到的由形态、尺寸不同和分布方式不同的一种或多种相构成的总体。在光学显微镜或电子显微镜下观察到的组织称为显微组织，用肉眼或放大镜观察到的组织称为宏观组织。显微组织对合金的性能起决定的作用。

**(2) 合金的结构**

根据合金中各组元间的相互作用不同，合金中的相结构可分为固溶体、金属化合物和机械混合物三类。

1) 固溶体

固溶体是指合金组元在液态和固态下均能相互溶解，形成的均匀一致的固态合金。固溶体组元分为溶剂和溶质，通常把形成固溶体后晶格保持不变的组元称为溶剂，而把溶入溶剂、晶格消失的组元称为溶质。

固溶体保留了溶剂金属的晶格类型，由于溶质原子的加入，其晶格发生了畸变，导致其滑移困难，从而提高了金属材料的永久变形抗力，使其硬度、强度得到提高，但塑性和韧性有所降低。

晶格的畸变程度随着溶质原子溶入浓度的增大而加大，并使金属材料的强度、硬度也随之升高，这种现象称为固溶强化。固溶强化是提高金属材料力学性能的重要方法之一，适当控制固溶体中的溶质含量，不但能显著地提高金属材料的强度和硬度，还可保持良好的塑性和韧性。因此，在工业生产中对综合性能要求较高的结构材料，一般都是以固溶体为基体的合金。

2) 金属化合物

金属化合物是指由组成合金的组元相互化合而成的,晶格类型和特性完全不同于其任一组元的新的固体物质(如 $Fe_3C$)。金属化合物晶体结构复杂,其力学性能具有明显的改变(硬度、熔点高,塑性、韧性差)。

金属材料中的化合物,可分为金属化合物与非金属化合物两类。凡是有相当程度的金属键结合,并具有明显金属特性的化合物称为金属化合物。由于金属化合物硬而脆,所以单相金属化合物的合金很少使用。当金属化合物细小均匀分布在固溶体基体上时,能显著提高合金的强度、硬度和耐磨性,这种现象称为弥散强化。金属化合物通常是碳素钢、合金钢、硬质合金和有色金属的重要组成相及强化相。

3) 机械混合物

机械混合物是指组成合金的元素或化合物在固态下互不溶解,不能形成化合物,而是处于机械混合状态的物质。工业上大多数合金都属于机械混合物,如钢、生铁、铝合金等。

注意:机械混合物虽是一种金相组织,但它不是"相",各组元仍保持着原晶体的结构与性能,其性能为各组元的综合值,并与各相的形状、大小及分布有关。

**(3) 合金的结晶**

合金的结晶与纯金属有相似之处,结晶过程同样包括晶核形成和长大两个过程,结晶过程有潜热放出,也需要一定的过冷度,结晶结束后形成多晶粒晶体。不同之处是纯金属结晶在某一恒温下进行,合金通常在某一温度范围内进行,如图 2-19 所示。

合金的结晶过程中各相成分还发生变化,所以合金的相结构比纯金属复杂。合金的结晶与纯金属的不同之处有以下几点。

① 合金的结晶绝大多数在一个温度范围内进行,结晶的开始温度与终止温度不同。

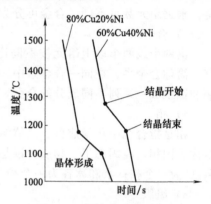

图 2-19 铜镍合金冷却曲线

② 合金在结晶过程中,局部范围内各相的化学成分(浓度)有变化;结晶终止后,整个晶体的平均化学成分与原合金化学成分相同。

③ 合金的结晶过程中经常发生固相转变,即由一种固相转变为另一种固相。合金结晶后不是单相,一般有三种情况:第一种是形成单相固溶体;第二种是形成单相金属化合物或同时结晶出两相机械混合物(如共晶体);第三种是结晶开始形成单相固溶体或金属化合物,剩余液体又同时结晶出两相机械混合物。

合金的结晶过程是合金的组织结构随温度、成分变化而变化的过程,常用合金相图来反映。合金相图表明了在平衡状态下(在极缓慢的加热或冷却条件下),合金的相结构随温度、成分发生变化的情况,又称为合金状态图或平衡图。铁碳相图就是典型应用的合金相图。

## 2.2.3 铁碳合金组织与铁碳合金相图

钢和铸铁是汽车工业中极为重要的金属材料。碳钢、铸铁最基本的组成是铁和碳两种元素,铁和碳的合金称为铁碳合金。碳钢、铸铁均属于铁碳合金范畴,而合金钢、合金铸铁则是加入合金元素的铁碳合金。

**(1) 铁碳合金的基本组织**

碳元素在铁碳合金中具有两种存在形式,即碳与铁的化合物 $Fe_3C$ 以及碳溶于铁中形成的固溶体。铁碳合金中的基本相和组织有液相、铁素体、奥氏体、渗碳体、珠光体和莱氏体。

1) 铁素体（F）

纯铁在912℃以下为具有体心立方晶格的α-Fe。碳溶于α-Fe中形成的间隙固溶体称为铁素体，常用符号F或α表示。铁素体在形成单相组织时，铁素体的显微组织和力学性能与纯铁相近。铁素体单相为不规则多边形晶粒，其力学性能是具有良好的塑性、韧性和强度，但硬度较低。

2) 奥氏体（A）

纯铁在912~1394℃之间为面心立方晶格的γ-Fe。碳溶于γ-Fe中形成的间隙固溶体称为奥氏体，常用符号A或γ表示。奥氏体在727℃以上的高温下才存在，是铁碳合金中主要的高温相结构，其强度、硬度不高，但塑性良好，无磁性。由于钢在奥氏体状态时具有很好的塑性加工性能，所以，对钢进行塑性加工时，应将钢加热至上述温度范围。

3) 渗碳体（$Fe_3C$）

渗碳体是铁与碳形成的金属化合物，具有复杂的晶格结构，分子式为$Fe_3C$。其强度低，如$\sigma_b$=300MPa，硬度很高，可达800HBW，脆性也很大，而塑性、韧性近于零。在一定条件下渗碳体可分解为铁和石墨，这一分解过程对铸铁的性能影响极大，在铸造生产中正是充分利用了这一特点，才获得了性能良好的灰铸铁和球墨铸铁。

4) 珠光体（P）

奥氏体冷却至727℃时，在恒温下转变而成的铁素体和渗碳体的机械混合物称为珠光体，通常用P表示。珠光体的力学性能介于铁素体和渗碳体之间，其强度、硬度高于铁素体，塑性和韧性低于铁素体。

5) 莱氏体（Ld）

在1148℃时，液体同时结晶出来奥氏体和渗碳体的机械混合物，称为高温莱氏体，用符号Ld表示。其在727℃时又转变为珠光体和渗碳体的机械混合物，称为低温莱氏体，用

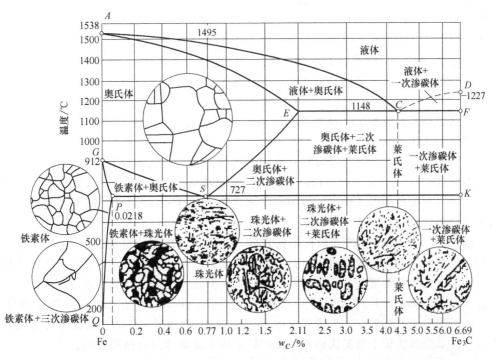

图2-20 Fe-$Fe_3C$相图

符号 Ld′ 表示。莱氏体的力学性能与渗碳体相近,塑性、韧性很差,硬度很高。

**(2) 铁碳合金相图**

铁碳合金相图是指在极缓慢的加热或冷却条件下,铁碳合金的成分、组织状态与温度的关系及其变化规律的图形。由于碳质量分数 $w_C>6.69\%$ 的铁碳合金硬而脆,机加工困难,在机械工程上极少采用,在此只分析 Fe-Fe$_3$C 相图,如图 2-20 所示。

铁碳合金相图的横坐标表示碳的质量分数,纵坐标表示温度,图中任一点均对应着两个基本坐标参数:纵坐标上的投影温度和横坐标上的投影成分,其位置反映出所处的组织状态。横坐标上左端原点 $w_C=0$,即纯铁;右端点 $w_C=6.69\%$,即 Fe$_3$C。

1) 铁碳合金相图中的特性点和特性线

① 特性点。铁碳合金温度、成分及其组织变化的转变点为特性点,见表 2-1。

表 2-1　Fe-Fe$_3$C 相图特性点

| 特性点 | 温度 $T/℃$ | 碳的质量分数/% | 意　义 |
|---|---|---|---|
| A | 1538 | 0 | 纯铁的熔点或结晶温度 |
| C | 1148 | 4.3 | 共晶点 $[L_C \xrightleftharpoons{1148℃} Ld(A_E+Fe_3C)]$ |
| D | 1227 | 6.69 | 渗碳体的熔点 |
| E | 1148 | 2.11 | 碳在 γ-Fe 中的最大溶解度,为钢与铁的分界点 |
| F | 1148 | 6.69 | 共晶渗碳体的化学成分点 |
| G | 912 | 0 | 纯铁的同素异构转变点($\alpha$-Fe $\xrightleftharpoons{912℃}$ γ-Fe) |
| S | 727 | 0.77 | 共析点,发生共析转变 $[A_S \xrightleftharpoons{727℃} P(F_P+Fe_3C)]$ |
| P | 727 | 0.0218 | 碳在 α-Fe 中的最大溶解度 |

② 特性线。

a. 液相线 ACD。此线以上区域的合金为液态(即液相 L)。$w_C<4.30\%$ 的合金冷却至 AC 温度线时开始结晶出奥氏体(A);$w_C>4.30\%$ 的合金冷却至 CD 温度线时开始结晶出渗碳体,称为一次渗碳体,以 Fe$_3$C$_I$ 表示。

b. 固相线 AECF。液态合金冷却至此温度线以下完成结晶,全部转变为固体状态。

c. AE 线。合金完成结晶全部转变为奥氏体的温度线。

d. 共晶线 ECF。共晶线是一条水平恒温线,$w_C$ 为 2.11%~6.69% 的液态合金冷却至此温度线(1148℃)时发生共晶转变,液体中同时结晶出奥氏体和渗碳体形成的机械混合物——高温莱氏体(Ld)。

e. ES 线。碳在奥氏体中的溶解度曲线,用 $A_{cm}$ 表示。碳的溶解度是随温度而变化的,其最大溶解度为 E 点($w_C=2.11\%$)。随着温度的降低,碳在奥氏体中的溶解度逐渐减小,多余的碳将以渗碳体的形式析出,称为二次渗碳体(Fe$_3$C$_{II}$),用以区别于直接由液相中结晶出来的渗碳体 Fe$_3$C$_I$。

f. GS 线。冷却时奥氏体开始析出铁素体,向铁素体转变的温度线,用 $A_3$ 表示。这是发生同素异构转变的终止温度线,也是加热时铁素体转变为奥氏体的终了线。当铁中溶入碳后,其同素异构转变温度随含碳量的增加而降低,并在一定温度范围内进行。

g. 共析线 PSK。共析线也是一条水平恒温线,用 $A_1$ 表示。缓慢冷却至此线温度(727℃)时将发生共析转变,生成珠光体 P。$w_C$ 为 0.0218%~6.69% 的铁碳合金均要发生共析转变。珠光体实质上是奥氏体中析出的铁素体和渗碳体的机械混合物。

h. PQ 线。碳在铁素体中的溶解度曲线。碳在铁素体中最大溶解度在 P 点($w_C=$

0.0218%），随着温度的降低，铁素体中的碳含量将沿此线逐渐减少，当温度降至 600℃时，碳在铁素体中的溶解度为 0.0057%。自 727℃冷却至室温的过程中，铁素体内多余的碳以渗碳体的形式析出，称为三次渗碳体，用 $Fe_3C_{III}$ 表示。因其数量很少，对钢的影响不大，故忽略不计。

2）铁碳合金的分类

根据铁碳合金相图中各区域组织转变的特点和室温下组织的不同，铁碳合金可分为工业纯铁、钢和白口铸铁（生铁），见表 2-2。

表 2-2 铁碳合金及室温平衡组织

| 合金种类 | 工业纯铁 | 钢 | | | 白口铸铁(生铁) | | |
|---|---|---|---|---|---|---|---|
| | | 亚共析钢 | 共析钢 | 过共析钢 | 亚共晶白口铸铁 | 共晶白口铸铁 | 过共晶白口铸铁 |
| $w_C/\%$ | ≤0.0218 | 0.0218～2.11 | | | 2.11～6.69 | | |
| | | 0.0218～0.77 | 0.77 | 0.77～2.11 | 2.11～4.3 | 4.3 | 4.3～6.69 |
| 室温平衡组织 | F | F+P | P | P+$Fe_3C_{III}$ | Ld′+$Fe_3C_{II}$ | Ld′ | Ld′+$Fe_3C_I$ |

① 工业纯铁。指 P 点左侧 $w_C$≤0.0218%的铁碳合金，其室温组织为铁素体。

② 钢。指 P、E 点之间 $w_C$ 为 0.0218%～2.11%的铁碳合金，其高温固态组织为塑性良好的奥氏体，适于塑性加工。相图中的 S 点将钢分为三类：

a. 共析钢。指 S 点 $w_C$=0.77%的钢，其在室温下为珠光体组织。

b. 亚共析钢。指 S 点左侧 $w_C$ 为 0.0218%～0.77%的钢，其室温下的组织为珠光体＋铁素体。

c. 过共析钢。指 S 点右侧 $w_C$ 为 0.77%～2.11%的钢，其室温下组织为珠光体＋二次渗碳体。

③ 白口铸铁。指 E 点右侧 $w_C$ 为 2.11%～6.69%的铁碳合金。根据相图中 C 点成分，可分为共晶白口铸铁（C 点）、亚共晶白口铸铁（C 点左侧）和过共晶白口铸铁（C 点右侧）三类。白口铸铁具有较好的铸造性能，但高温时组织中性硬脆的渗碳体较多，故不能进行塑性加工。

3）含碳量对铁碳合金组织及性能的影响

碳是影响铁碳合金组织与性能的主要元素，铁碳合金在缓慢冷却条件下的结晶过程及最终得到的室温平衡组织随碳含量的不同而改变。

铁碳合金的平衡组织由铁素体和渗碳体两相组成。铁素体中的碳溶入量很小，其具有良好的塑性与韧性，是钢中的软韧相；渗碳体是硬而脆的金属化合物，是钢的强化相。随着含碳量的增加，铁素体数量逐渐减少，渗碳体数量逐渐增多，钢的力学性能将发生明显变化。当 $w_C$<0.9%时，钢的强度和硬度提高，塑性和韧性降低；当 $w_C$>0.9%时，二次渗碳体数量增多，导致强度、塑性和韧性不断下降；当 $w_C$>2.11%之后，钢的强度已降至很低，若含碳量继续增加，则合金的基体将成为脆性很高的渗碳体。工业用钢的含碳量一般不超过 1.3%～1.4%。含碳量超过 2.11%的白口铸铁，因组织中出现了大量的渗碳体和莱氏体，故工业上使用不多。

**(3) Fe-$Fe_3C$ 相图的应用**

Fe-$Fe_3C$ 相图不仅反映了铁碳合金的组织、性能、成分（碳质量分数）和温度的变化规律，还为机械制造行业钢铁材料的选用及制定锻压、铸造、焊接、热处理工艺提供了可靠的理论依据，如图 2-21 所示。依据相图可以确定铸造的熔化温度、浇注温度，确定锻造加热温度及始锻、终锻温度范围，确定热处理的加热温度范围等。其应用如下：

1) 钢铁材料选用

钢铁材料根据 Fe-Fe₃C 相图分为三大类，同时表明了铁碳合金的组织、性能随成分与温度的变化规律，为钢铁材料的选用提供了依据。汽车上的各种零件和其他机器零件需用强度、塑性和韧性较好的材料，应选用含碳适中的中碳钢；电磁铁的铁芯等零件，因需高磁导率、低矫顽力的软磁材料，则可选用工业纯铁等。

2) 铸造工艺

如图 2-21 所示，首先按 Fe-Fe₃C 相图确定合金的合适浇注温度，其次可根据 Fe-Fe₃C 相图确定出纯铁或共晶白口铁的铸造性能最好。因为它们的凝固温度区间最小、流动性好、分散缩孔少，可以获得致密性好的铸件，所以共晶成分附近的合金应用较多。

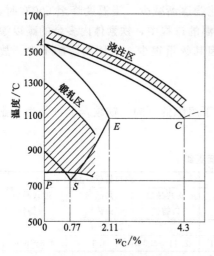

图 2-21 Fe-Fe₃C 相图与铸、锻工艺间的关系

3) 热锻、热轧工艺

钢处于奥氏体状态时，强度较低，塑性较好，这样便于产生塑性变形，所以钢在热锻、热轧时的温度选择在奥氏体均匀单相区内。但钢在高温下易氧化和沿晶界局部熔化，故选用原则是：开始热锻、热轧的温度不得过高，一般在固相线以下 100~200℃ 范围内；而终锻、终轧温度不能过低，以免钢材因塑性差而导致裂纹。但也不能过高，否则再结晶后会因奥氏体晶粒粗大而降低机械性能，所以终锻、终轧温度在 750~850℃ 左右，如图 2-21 所示。

4) 热处理工艺

应根据材料使用性能的要求不同，合理地选用不同的热处理加热温度，Fe-Fe₃C 相图是钢铁材料进行热处理的理论根据。

5) 焊接工艺

由 Fe-Fe₃C 相图可知，不同的加热温度，可以获得不同的组织。焊接时，从焊缝到母材的各区域的加热温度是不同的，随后冷却又将出现不同的组织。为了改善焊缝的质量，焊后应采用不同的热处理方法。

## 复习思考题

1. 试解释金属材料的有关概念和定义。
2. 金属材料有哪些力学性能？
3. 金属晶粒的大小对力学性能有何影响？
4. 金属的结晶是如何进行的？
5. 控制金属晶粒大小的方法有哪些？
6. 纯金属与合金的结晶过程各有何特点？
7. 试说明铁碳合金中的基本相和组织。
8. 绘制 Fe-Fe₃C 相图，并分析其作用。

# 第3章 汽车常用黑色金属材料

1. 了解钢的各种热处理方法及目的和作用，能够分析其对钢的性能的影响。
2. 掌握各种碳钢、合金钢、铸铁的种类、牌号、性能特点，能根据汽车零件的工作条件和要求选用适宜的钢铁材料及热处理方法。
3. 熟悉钢铁材料在汽车上的实际应用。
4. 了解汽车钢铁材料的发展趋势。

## 3.1 钢的热处理

热处理是采用适当方式对固态金属或合金进行加热、保温和冷却，以改变其内部组织结构，从而获得预期性能的一种工艺。热处理的主要对象是钢制零件，所以常称为"钢的热处理"。

钢的热处理在机械制造业中具有十分重要的地位。80%左右的汽车零件需要进行热处理，所有的刀具、模具、量具、滚动轴承等均需进行热处理。通过适当的热处理，可以充分发挥钢材的潜力，显著提高力学性能，延长零件使用寿命，消除铸、锻、焊等热加工造成的各种缺陷，并为后续工序做好组织准备。

根据热处理的目的及其加热和冷却方式的不同，热处理工艺可分为以下几类：
① 普通热处理：又称整体热处理，包括退火、正火、淬火和回火、调质、稳定化处理、固溶热处理和时效处理等。
② 表面热处理：主要是表面淬火和回火、物理气相沉积、化学气相沉积、等离子化学气相沉积等。
③ 化学热处理：包括渗碳、渗氮、碳氮共渗、渗硼、渗硫、渗金属、多元共渗等。
④ 其他热处理：包括真空热处理、形变热处理、激光淬火、电子束淬火等。

### 3.1.1 钢的热处理原理

实际上，所有的金属都可以进行热处理。任何热处理过程都由加热、保温和冷却三个阶段组成，其主要工艺参数是加热温度、保温时间和冷却速度。处理工艺一般采用一定的速度将钢加热到一定温度，保温一段时间，再以适当的速度冷却到室温，这就构成了热处理工艺曲线，如图3-1所示。通过改变工艺规范，可以获得不同的组织，以满足不同零件的性能要求。

钢在固态下缓慢加热和冷却时发生组织转变的

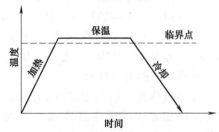

图3-1 热处理工艺曲线

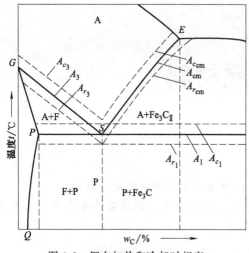

图 3-2 钢在加热和冷却时相变临界点的实际位置

相变临界点分别以 Fe-Fe₃C 相图中的 $A_1$（$PS$ 线）、$A_3$（$GS$ 线）、$A_{cm}$（$ES$ 线）表示。但在实际生产中，加热和冷却时发生组织转变的临界点均滞后于相图中的平衡临界点，即发生过热和过冷现象，而且加热和冷却速度越快，实际相变温度偏离程度越大。为了与相图上的平衡临界点加以区别，将实际加热时的临界点用 $A_{c_1}$、$A_{c_3}$、$A_{c_{cm}}$ 表示，将实际冷却时转变临界点用 $A_{r_1}$、$A_{r_3}$、$A_{r_{cm}}$ 表示，如图 3-2 所示。

**(1) 钢在加热时的组织变化**

1) 奥氏体的形成

由铁碳相图可知，共析钢在加热至 $A_{c_1}$ 温度以上时，内部组织由珠光体（P）转变为细小的奥氏体（A）晶粒；亚共析钢加热到 $A_{c_3}$，铁素体完成向奥氏体的转变；过共析钢加热到 $A_{c_{cm}}$ 以上时，二次渗碳体完成向奥氏体的溶解。形成奥氏体的过程称为奥氏体化，热处理加热就是为了获得均匀细小的奥氏体组织，为冷却时的组织转变做准备。

保温可使奥氏体内部成分趋向均匀一致，经过缓慢冷却即可获得细小的珠光体晶粒，从而获得较高的强度、塑性和冲击韧性，使其力学性能大大高于原来粗大晶粒的组织。

2) 加热速度、原始组织及成分对组织变化的影响

加热速度越快，奥氏体晶粒越细小；原始组织越细小，相的界面越多，奥氏体晶核数目也越多，有利于获得细小组织；奥氏体中碳的质量分数越大，则越有利于奥氏体晶粒长大，但当奥氏体晶界上存在未溶碳化物时，将阻碍晶粒的长大，奥氏体的实际晶粒仍然比较细小。除锰、磷少数元素外，大多数合金元素都阻碍奥氏体晶粒的长大，即合金钢在同样的加热条件下易获得细晶组织。

3) 加热温度、保温时间与组织变化的关系

加热温度过高，保温时间过长，将使奥氏体晶粒急剧长大形成粗大的晶粒，导致弹性和韧性较大幅度下降，其力学性能亦随之大大降低。若加热温度高至接近固相线时，将使晶粒边界发生氧化、烧熔、脱碳，导致零件报废。加热温度低于规定温度时，则不能充分奥氏体化，尚未转变为奥氏体的珠光体将保存在淬火后的组织中，降低了淬火硬度。所以，淬火时必须按照规定温度进行加热。

**(2) 钢在冷却时的组织变化**

1) 冷却方式与冷却介质对钢的组织变化的影响

同一化学成分的钢材，加热到奥氏体状态后，若采用不同的冷却方式和冷却速度进行冷却，将得到形态不同的组织，从而获得不同的性能。例如，含碳量为 0.77% 的共析钢加热至 780℃ 时，在不同的冷却方式下所获得的硬度也不同：随炉缓冷为 15HRC；空冷为 30HRC；水冷为 60HRC。表 3-1 为 $w_c$=0.45% 的非合金钢加热到 840℃，以不同的方式冷却后得到不同的力学性能。

冷却是热处理的关键工序，冷却方式、冷却速度及冷却介质是决定钢的性能的关键因素。冷却方式包括等温冷却与连续冷却两种，冷却介质包括空气、水、油和盐碱溶液等。

表 3-1　$w_c = 0.45\%$ 的非合金钢加热到 840℃ 冷却后的力学性能

| 冷却方式 | $\sigma_b$/MPa | $\sigma_s$/MPa | $\delta$/% | $\psi$/% | 硬度 |
|---|---|---|---|---|---|
| 炉内缓冷 | 530 | 280 | 32.5 | 49.3 | 160~200HBW |
| 空气冷却 | 670~720 | 340 | 15~18 | 45~50 | 170~240HBW |
| 水中冷却 | 1000 | 720 | 7~8 | 12~14 | 52~58HRC |

由上可知，同一钢件在加热条件相同的情况下，由于冷却条件不同，所获得的性能有着明显的差别。这是由于钢经加热所获得的是奥氏体组织，在热处理过程中，其在临界点温度 $A_1$ 以下是不稳定的，具有自发转变的倾向。但并非冷却到 $A_1$ 温度以下会立即发生转变，而是仍处于奥氏体状态，这种在 $A_1$ 温度以下暂时存在的奥氏体称为"过冷奥氏体"。过冷奥氏体冷却转变方式有两种：等温转变和连续冷却转变，其等温冷却和连续冷却曲线如图 3-3 所示。

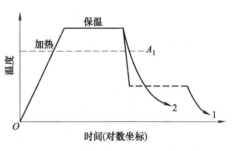

图 3-3　等温冷却和连续冷却曲线
1—等温冷却；2—连续冷却

2) 钢在冷却时的组织转变

现以共析钢为例，说明奥氏体的等温冷却转变和连续冷却转变过程，以及不同温度区域内组织转变的产物及其特性，如图 3-4 所示。

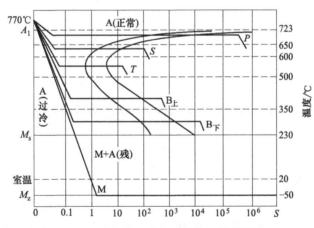

图 3-4　共析钢过冷奥氏体等温转变曲线

① 奥氏体的等温转变

a. 高温转变区域。550~720℃ 为高温转变区，在此温度下，等温冷却所产生的组织结构是珠光体，粗、细珠光体均为铁素体与渗碳体的层片状组织，本质上无区别。但珠光体晶粒越小，钢的强度、硬度和韧性越高。在此温度范围内，等温冷却产生的组织及其性能见表 3-2。

表 3-2　高温转变区域等温冷却产生的组织及其性能

| 转变区域/℃ | 产物 | 层间距离/μm | 硬度/HRC |
|---|---|---|---|
| 727~650 | 珠光体 | 0.4~0.5 | 15 |
| 650~600 | 细珠光体 | 0.25 | 30 |
| 600~550 | 极细珠光体 | 0.1 | 38 |

b. 中温转变区域。其转变温度区域为 350~550℃ 时形成的贝氏体称为上贝氏体（$B_上$）；

在 230 ($M_s$)～350℃温度范围内形成的贝氏体称为下贝氏体（$B_下$）。在此温度范围内，等温冷却产生的组织及其性能见表 3-3。

表 3-3　中温转变区域等温冷却产生的组织及其性能

| 转变区域/℃ | 产物 | 硬度/HRC | 特性 |
|---|---|---|---|
| 550～350 | 羽毛状的上贝氏体（$B_上$） | 40～45 | 塑性很差，无实用价值 |
| 350～230 | 黑色竹叶状的下贝氏体（$B_F$） | 45～55 | 韧性、塑性较上贝氏体好 |

② 过冷奥氏体的连续冷却转变。这一转变过程常用等温转变曲线进行分析，如图 3-5 所示。根据表示连续冷却时的"时间-温度"关系冷却曲线与奥氏体等温转变图相交的位置，即可大致判断出在连续冷却过程中的组织转变情况。图中曲线 $V_1$、$V_2$、$V_3$、$V_4$ 表示热处理中四种常用的连续冷却方法。$V_1$ 曲线对应的过程相当于随炉冷却。奥氏体将在 $A_1$ 以下附近温度进行转变，得到的是较粗大的珠光体组织。$V_2$ 曲线对应的过程相当于在空气中冷却，可估计出其转变的组织是索氏体组织。$V_3$ 曲线对应的过程相当于在油中冷却，奥氏体将在"鼻尖"附近分解为一小部分托氏体，其余的奥氏体则转变为托氏体和马氏体混合组织。$V_4$ 曲线对应的过程相当于在水中冷却，该曲线不与奥氏体等温转变图相交，奥氏体将继续冷却至 $M_s$ 以下进行马氏体转变。共析钢获得的组织及硬度见表 3-4。

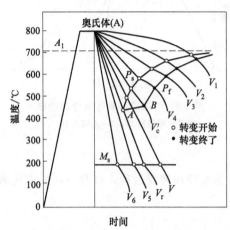

图 3-5　用等温转变曲线分析过冷奥氏体的连续冷却转变

表 3-4　共析钢过冷奥氏体连续冷却获得的组织与硬度

| 冷却曲线 | 冷却方式 | 转变后的组织 | 符号 | 硬度 |
|---|---|---|---|---|
| $V_1$ | 随炉冷却 | 珠光体 | P | 170～220HBW |
| $V_2$ | 在空气中冷却 | 索氏体 | S | 25～35HRC |
| $V_3$ | 在油中冷却 | 托氏体+马氏体 | T+M | 45～55HRC |
| $V_4$ | 在水中冷却 | 马氏体+残余奥氏体 | M+A | 55～65HRC |

随炉冷却（退火）时，转变的产物是珠光体；在空气中冷却（正火）时，转变的产物是细珠光体；在水中冷却时，因冷却速度快，奥氏体来不及发生分解，被过冷至 230℃以下向马氏体转变；在油中冷却时，一部分过冷奥氏体转变为极细珠光体，另一部分来不及分解，被过冷至 230℃以下向马氏体转变，获得的是极细珠光体（托氏体）与马氏体的混合组织。马氏体为 α-Fe 中的过饱和固溶体，由于溶入过多的碳使其晶格严重歪曲，从而增加了抵抗塑性变形的能力而具有高的硬度。

③ 马氏体的转变。奥氏体在连续冷却过程中不发生分解，当全部冷却到 $M_s$（马氏体转变温度）以下则向马氏体转变，全部转变为马氏体的最小冷却速度称为临界冷却速度（$v_k$）。当冷却速度大于 $v_k$ 时，奥氏体则很快地冷却至 $M_s$ 以下，迫使 γ-Fe 晶格迅速向 α-Fe 晶格转变，由于温度很低，钢中的碳原子不能扩散，被迫全部保留在 α-Fe 晶格中，大大超过了碳在 α-Fe 中的正常溶解能力，形成了过饱和固溶体，将碳溶于 α-Fe 的过饱和固溶体称为马氏体。由于溶入了过多的碳，导致其晶格畸变严重，从而增加了塑性变形的抗力，使马氏体具有高的硬度。含碳量越多，晶格畸变越严重，马氏体的硬度越高。含碳量较高的钢

($w_C>1.096\%$)淬火后,获得的马氏体基本形态呈片状,亦称为高碳马氏体,其硬度高,脆性大,无实用价值;含碳量较低的钢($w_C<0.2\%$)淬火后,获得的马氏体基本形态呈板条状,称为低碳马氏体,具有良好的综合力学性能(硬度较高,强度有所提高,以及具有良好的塑性、韧性),因此获得了广泛的应用。碳质量分数在二者之间的钢淬火后,获得的是两种马氏体的混合组织,具有二者的综合性能。

马氏体转变具有如下特点:

a. 马氏体转变是在一定温度范围内进行的,马氏体的数量随温度下降而增多。

b. 马氏体转变的速度极快,转变时会产生很大的内应力。

c. 马氏体转变不能进行彻底,即使冷却至室温以下,仍有少量奥氏体存在,这部分未发生马氏体转变的奥氏体称为残余奥氏体。为了减少残余奥氏体的量,需将淬火后的工件继续冷却至0℃以下进行深冷处理,以达到稳定组织的目的。

### 3.1.2 钢的退火与正火

退火与正火是钢材常用的两种基本热处理工艺方法,主要用于钢制毛坯件(铸件、锻件和焊件)的预备热处理,目的在于消除热加工过程中产生的某些缺陷,改善组织及加工性能,为以后切削加工和最终热处理做组织准备。

**(1) 退火**

将钢加热至适当温度,保温一段时间,然后缓慢冷却至室温的热处理工艺称为退火。根据钢材化学成分和退火目的的不同,退火常分为完全退火、球化退火、去应力退火等。在机械零件的制造过程中,一般将退火安排在铸造或锻造等工序之后、粗切削加工之前,用来消除前一工序产生的某些缺陷,为后续工序做组织准备。常用退火与正火的加热温度范围和热处理工艺曲线见图3-6。

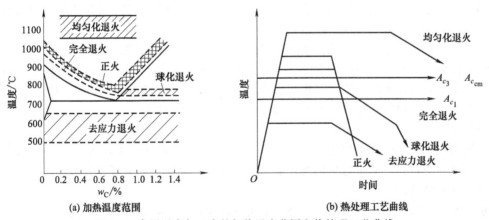

图3-6 常用退火与正火的加热温度范围和热处理工艺曲线

1) 退火的目的

① 细化晶粒,均匀钢的成分与组织,改善钢的力学性能或为以后的热处理做准备。

② 降低硬度,提高塑性,以利于切削加工及冷变形加工。

③ 消除前道工序(如铸造、锻造、轧制)中产生的内应力。

2) 常用的退火方法

① 完全退火是将钢加热至$A_{c_3}$以上30～50℃,保温一段时间后,随炉缓慢冷却到600℃以下,再出炉空冷的退火工艺。在此加热过程中,钢的组织全部转变为奥氏体,退火后获得的是接近平衡状态的组织(珠光体+铁素体),从而降低钢的硬度,细化晶粒,并可充分消

除内应力。完全退火时间长，工效低。

完全退火主要用于亚共析钢的中碳结构钢及低、中碳合金结构钢的铸件、锻件、热轧型材或焊接件，其退火温度不可高于规定温度，保温时间不得过长，否则将使钢的奥氏体晶粒粗大，致使性能变坏。

注意：完全退火工艺不适用于过共析钢，因其加热到 $A_{c_{cm}}$ 以上缓冷时，渗碳体将以网状形式沿奥氏体晶界析出，导致韧性显著降低，致使再次淬火时产生裂纹。

② 等温退火是将钢加热至 $A_{c_3}$ 以上 20～50℃（亚共析钢）或 $A_{c_{cm}}$ 以上（亚共析钢、过共析钢），保温一定时间后，较快冷却至 $A_{r_1}$（或 $A_{r_{cm}}$）以下温度，等温一定时间，使奥氏体发生珠光体转变，再空冷至室温的退火工艺。

等温退火用于奥氏体较稳定的合金钢和大型碳钢工件，目的与完全退火相同，但大大缩短了退火时间，而且工件内外温度一致，易于控制转变产物，可获得均匀组织。

③ 球化退火是将钢加热至 $A_{c_1}$（727℃）以上 20～30℃，保温一段时间后，以不大于 50℃/h 的冷却速度缓慢冷却至 600℃以下，再出炉空冷，以获得球状珠光体组织的退火工艺。

在低温下短时间加热和缓慢冷却，目的是使渗碳体均呈球（粒）状均布于铁素体中，从而消除或改善片状渗碳体的不良影响。共析钢、过共析钢在淬火前必须进行球化退火。

球化退火适用于过共析钢中的碳素工具钢、合金刃具钢、轴承钢的退火。对于锻造、轧制件经空冷后所导致工件存在的硬度较高（因其渗碳体呈片状，珠光体为细片状）、切削加工困难、淬火易产生裂纹等现象，可采用球化退火予以克服。对于网状渗碳体较为严重的钢，可在球化退火前先进行一次正火处理，使网状组织破碎，从而提高球化退火效果。

④ 均匀化退火是将钢加热至 $A_{c_3}$ 以上 150～200℃，保温较长时间（10～15h），继而缓慢冷却的退火工艺。其目的在于消除偏析和组织不均匀现象，主要用于对质量要求高的优质合金钢，特别是高合金钢的钢锭、锻坯和铸件。为了细化晶粒，均匀化退火后应再进行一次完全退火。

⑤ 去应力退火（低温退火）是将钢加热至低于 $A_{c_1}$ 以下某一温度（一般为 500～650℃），保温一段时间后缓冷至 200℃，再出炉空冷的一种退火工艺。在此过程中，钢的组织不发生变化，仅是消除内应力与稳定尺寸。对铸、锻、焊、热轧、冷拉及切削加工的工件采取去应力退火，可防止零件的变形与尺寸的变化，提高其使用性能。

(2) 正火

将钢加热到 $A_{c_3}$ 或 $A_{c_{cm}}$ 以上 30～50℃，保温一段时间，随后取出置于静止空气中冷却的工艺过程称为正火。对于力学性能要求不高的普通结构件，正火可作为最终热处理或重要结构件的预备热处理。

退火与正火的目的基本相同，均是为了改善低碳钢、低碳合金钢的切削性能，并消除网状渗碳体，改善力学性能，为以后的热处理做好准备，生产中按照使用性能及切削性能的需要进行选择。退火与正火主要区别是冷却速度不同。正火的冷却速度稍快于退火，因其过冷度较大，所得组织较为细密，强度、硬度较高。

### 3.1.3 钢的淬火

将钢加热到 $A_{c_3}$ 或 $A_{c_1}$ 以上 30～50℃，保温一段时间，随后用大于临界冷却速度的方式进行冷却，以获得马氏体（或贝氏体）组织的热处理方法称为淬火。

淬火实际上是为工件最终热处理（回火）所进行的组织准备。由于大多数工件淬火后的马氏体性能尚不能满足使用要求，故淬火后必须回火。

**(1) 淬火加热温度**

依据铁碳相图即可确定钢的淬火加热温度，如图 3-7 所示。若加热温度低于规定温度，淬火后的组织中除了马氏体外还有铁素体，致使淬火硬度不足；若加热温度过高，将使奥氏体晶粒粗大，淬火后获得的马氏体晶粒也必然粗大，因而导致钢的脆性增大，强度降低，甚至引起氧化、脱碳，或因内应力增大而出现变形、裂纹。

**(2) 淬火冷却介质**

常用的冷却介质有水和矿物油及盐、碱溶液。为了保证淬火后得到马氏体组织，并尽量减少淬火内应力，以确保淬火质量，必须正确选用冷却介质。

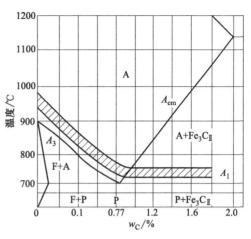

图 3-7 钢的淬火加热温度范围

水在 550~650℃ 范围冷却速度快，在 200~300℃ 范围冷却速度也很快，但对工件会造成很大的应力，从而导致其变形或开裂。因此，水冷一般用于形状简单的碳钢件。

矿物油在 200~300℃ 范围冷却速度慢，可防止工件的变形与开裂，但在 550~650℃ 范围内，因冷却速度太慢，只能得到硬度低的珠光体和铁素体，故不能用于钢的淬火，一般用于合金钢件的淬火。

盐、碱溶液可增大 550~650℃ 范围冷却速度，从而消除水在淬火时因温度升高导致该温度范围内冷却能力降低的缺点，可防止淬火后出现软点。

**(3) 常用淬火冷却方法**

常用的淬火方法有单液淬火、双液淬火、马氏体分级淬火和贝氏体等温淬火，如图 3-8 所示。在满足技术要求的前提下，应尽量选择简便、经济的淬火方法。

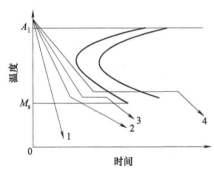

图 3-8 常用淬火方法工艺曲线
1—单液淬火；2—双液淬火；3—马氏体分级淬火；4—贝氏体等温淬火

① 单液淬火。将高温钢件（已奥氏体化）放入一种冷却介质中，冷却至组织转变完全结束为止，这种方法称为单液淬火。一般用于形状简单、变形要求不高的工件的淬火，如碳钢在水中淬火，合金钢在油中淬火。这种淬火方法操作简便，易于实现机械化、自动化，但淬火产生的应力较大。

② 双液淬火。将加热至淬火温度的钢件先在冷却速度较大的介质（如水，盐、碱溶液）中连续冷却至 300℃ 左右取出，并迅速放入冷却能力较弱的介质（如油）中冷却，这种方法称为双液淬火。双液淬火能够减少淬火内应力，工件不易变形与开裂，主要用于中等复杂形状的高碳工具钢和较大尺寸的合金钢工件。

常用的方法是水淬油冷，其优点是利用了两种介质的特点，能获得较理想的冷却条件。其缺点是操作复杂，需要有实践经验。

③ 马氏体分级淬火。将加热至奥氏体化温度的工件直接放入 $M_s$ 附近恒温液态介质（150~260℃ 的盐浴或碱浴）内淬火，停留 1~2min，待工件表面和心部温度基本一致时取出空冷，从而获得马氏体组织的淬火方法称为马氏体分级淬火。马氏体分级淬火的工件内外温差小，组织的内应力小，不易变形或开裂。但由于此类介质冷却能力小，碳钢淬火后易出

现硬度较低的珠光体组织,故分级淬火只适用于尺寸较小、形状复杂或截面不均匀的碳钢及合金钢工件。

④ 贝氏体等温淬火。将加热至奥氏体化温度的工件,放入已加温至贝氏体转变温度区域(260~350℃)的硝盐浴池中,停留较长时间,从而获得具有较高硬度和韧性的下贝氏体组织,这种淬火方法称为贝氏体等温淬火。贝氏体等温淬火工件的淬火内应力很小,不易变形,适用于形状复杂,要求强度、塑性、韧性及尺寸精度高的工件,如模具、成型刀具、小齿轮等。

⑤ 深冷处理。将工件淬火冷却至室温后,继续在0℃以下的介质中进行冷却的热处理工艺称为深冷处理。其目的是稳定工件尺寸,消除或减少残余奥氏体,以获得更多的马氏体。通常,量具、精密轴承、精密丝杠、精密刀具等精密零件均需在淬火后进行深冷处理。

(4) 淬火后常见的缺陷

① 硬度不足。硬度不足一般是加热温度低、保温时间不足或冷却速度慢造成的,但可通过重新热处理予以消除。若因材料内部组织不均匀,淬火后出现软点,造成局部硬度不足,可采用正火或退火使其组织均匀。

② 过热与过烧。加热温度过高或在高温下保温时间过长,将使奥氏体晶粒显著增大,导致强度、塑性和韧性降低,这种现象称为"过热"。过热可采用正火或退火予以消除。

若加热温度接近熔化温度,奥氏体晶粒不仅更加粗大,而且在晶界处产生氧化或熔化,这种现象称为"过烧"。过烧的工件只能报废。

③ 变形与开裂。变形与开裂的主要原因是淬火内应力过大。若淬火内应力超过了材料的屈服点即产生变形,若淬火内应力超过了材料的强度极限则零件会开裂。因此,必须严格按照工艺要求进行淬火。

### 3.1.4 钢的回火

将淬火后的工件加热至低于$A_1$的某一温度,保温一段时间,然后冷却至室温的工艺过程称为回火。淬火后的组织虽然具有高的硬度和高的强度,但淬火马氏体与残余奥氏体均属于不稳定组织,同时内部存在着很大的淬火内应力,故脆性很大,不能承受冲击载荷,无法满足使用要求。为此,必须经过回火处理才能使零件获得理想的力学性能。

(1) 回火的目的

① 减少或消除淬火内应力,防止工件在使用过程中产生变形与开裂。

② 提高韧性,调整强度与硬度,以满足工件的使用要求。

③ 稳定组织,使零件在使用过程中不发生组织或形状、尺寸的变化,从而保持零件的精度。

(2) 淬火钢回火时组织与性能的转变

淬火获得的马氏体和残余奥氏体为不稳定组织,并具有向稳定组织转变的趋势,回火可促使这一转变的完成。回火时的组织转变过程分为以下四个阶段:

① 80~200℃马氏体分解。淬火马氏体为碳在α-Fe中的过饱和固溶体,当加热至80~200℃进行回火时,其内部原子活动能力有所增加,马氏体开始分解,其中的碳以碳化物的形式析出,使固溶体的过饱和程度有所降低,晶格畸变程度减弱,内应力亦随之变小,淬火组织则转变为回火马氏体,从而使钢的硬度稍有下降,内应力有所减小,韧性获得改善。

② 200~300℃残余奥氏体的转变。在马氏体继续分解的同时,残余奥氏体转变为回火马氏体。

③ 300～400℃渗碳体的形成。由于析出的碳化物转变为极细的粒状渗碳体颗粒,获得的组织是铁素体和微粒状渗碳体的混合组织,称为回火托氏体。

④ 400℃以上渗碳体聚集长大。随着回火温度的升高,渗碳体颗粒将合并长大,且温度越高颗粒越大。在500～600℃时,形成的组织是细粒状渗碳体和铁素体的混合组织,称为回火索氏体。

由上可知,在回火过程中,由于组织发生了变化,材料的性能必然随之变化。随着回火温度的升高,强度、硬度降低,塑性、韧性增高,其变化规律如图3-9所示。

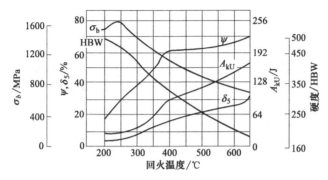

图3-9 40钢回火时力学性能与温度的关系

**(3) 回火的分类与应用**

回火是最终热处理,根据钢材在回火过程中的温度范围,可将回火分为低温回火、中温回火和高温回火三类。

1) 低温回火

低温回火(150～250℃)获得的是回火马氏体组织,硬度高(58～64HRC),耐磨性好,内应力降低,塑性、韧性提高,主要用于要求高硬度、高耐磨性的零件及工具淬火后的处理,如活塞销、齿轮、凸轮、曲轴、锉刀、钻头、铰刀等。

2) 中温回火

中温回火(350～500℃)获得的是回火托氏体组织,具有较高的弹性极限和屈服点,韧性较好,硬度为35～50HRC。中温回火主要用于各种弹性零件(气门弹簧、减振弹簧、离合器弹簧、钢板弹簧等)以及要求具有中等强度和硬度的零件(如齿轮轴等)。

3) 高温回火

高温回火(500～650℃)获得的是回火索氏体组织,淬火应力完全消除,具有良好的综合力学性能:强度较高,塑性、韧性提高,硬度为200～330HBW。高温回火亦称"调质处理",主要用于要求具有良好综合力学性能的零件,如气缸盖螺栓、曲轴、连杆螺栓、齿轮、水泵轴等。一般情况下,汽车的重要零件均需进行调质处理。

调质处理一般作为最终热处理,但由于调质处理后钢的硬度不高,便于切削加工,并能得到较好的表面质量,故也作为表面淬火和化学热处理的预备热处理。

## 3.1.5 钢的表面热处理与化学热处理

对于要求高疲劳强度,心部具有足够高的强度、塑性、韧性,表面具有高硬度、高耐磨性(如活塞销、转向节主销等),以及在冲击载荷、交变载荷及表面摩擦条件下工作的零件,必须进行表面热处理或化学热处理才能满足使用性能的要求。

**(1) 表面热处理**

表面热处理是为改变工件表面的组织和性能,仅对其表面进行热处理的工艺,其中表面淬火是最常用的表面热处理方法。表面淬火是指仅对工件表层进行淬火的工艺，其目的是使工件表面获得高硬度和高耐磨性，而心部保持较好的塑性和韧性，以延长其在扭转、弯曲等循环应力或在摩擦、冲击、接触应力等工作条件下的使用寿命。表面淬火不改变工件表面化学成分，而是采用快速加热方式，使工件表层迅速奥氏体化，使心部仍处于相变点以下，并随之淬火，从而使工件表面硬化。

按加热方式不同，表面淬火方法主要有：感应加热表面淬火、火焰加热表面淬火、接触电阻加热表面淬火及电解液表面淬火等，目前生产中应用最多的是感应加热表面淬火。

1) 感应加热表面淬火

如图3-10所示，将工件置于感应圈内，通以一定频率的交流电，在磁场作用下工件产生感应电流（涡流），由于涡流在工件截面上分布不均匀，主要集中在表层，致使表层被迅速加热至淬火温度，而心部温度依然很低，随后即快速冷却，从而达到表面淬火的目的，这种方法称为感应加热表面淬火。

感应加热表面淬火可采用改变交流电频率的方法控制淬火层深度，从而获得不同厚度且硬度均匀的淬硬层。其加热速度快，生产效率高，工件变形小，淬火质量高，不易出现过热、过烧等现象，适宜于大批量生产且对表面使用性能要求不高的轴套类等零件，但不适宜于不同尺寸或异形零件的小批量生产。

2) 火焰加热表面淬火

利用氧-乙炔焰或氧-煤气焰对零件表面进行加热，将表面迅速加热至淬火温度，并使心部依然保持很低的温度，随后立即喷射冷却介质，使零件表面迅速冷却，从而淬成高硬度马氏体组织，而心部

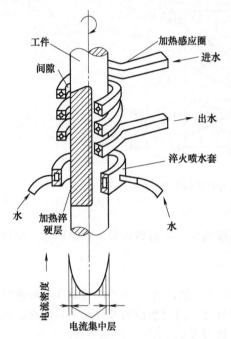

图3-10 感应加热表面淬火示意图

组织仍保持不变，这种热处理方法称为火焰加热表面淬火。火焰加热表面淬火的方法如图3-11所示。火焰加热淬火的淬硬深度一般为1~6mm，淬火的深度可以利用火焰的强度、加热时间以及火焰的移动速度进行调节。

火焰加热表面淬火设备较简单，适于小型修理厂，一般用于中碳钢和中碳合金钢制造的大型齿轮、链轮等采用其他加热方法难以处理的零件。但该法淬火质量不稳定，零件表面容易过热，生产效率低。

(2) 化学热处理

化学热处理是将工件置于某种化学介质中加热、保温与冷却，使介质中的某些元素渗入工件表层，改变表层的化学成分和组织，从而改变表层性能的热处理工艺，其目的是提高工件表层的硬度、耐磨性、耐腐蚀性及抗氧化性等。如：渗碳是使活性碳原子渗入钢的表层，以提高表层含碳量，再经淬火与低温回火，使工件表面获得高的硬度和高的耐磨性，而心部仍保持较高的韧性。

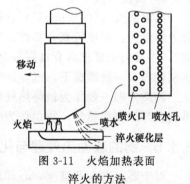

图3-11 火焰加热表面淬火的方法

化学热处理包括分解、吸收、扩散三个基本过程。化学介质在一定温度下发生化学分

解，产生渗入工件表面的活性原子；分解产生的活性原子被工件表面吸收，渗入表面的活性原子在一定温度和浓度梯度下，自表面向中心扩散，形成一定厚度的扩散层。

按照渗入元素的不同，有渗碳、渗氮、离子氮化、碳氮共渗、渗铬、渗铝等多种化学热处理方法。在生产中，可根据对工件不同的性能要求，采用不同的化学热处理方法。

1) 渗碳

渗碳是将工件置于渗碳介质内进行加热、保温，使碳原子渗入工件表面的化学热处理方法，其目的是提高表面层的含碳量。

根据渗碳剂的不同，分为固体渗碳、气体渗碳和液体渗碳等，其中以气体渗碳应用最为广泛。

如图 3-12 所示，气体渗碳是将工件置于含碳气氛中进行的，通常是将煤油、苯、甲醇、丙酮等液态烃类化合物直接滴入高温渗碳炉内，使其热裂分解为活性碳原子渗入工件表面。渗碳温度一般为 900~950℃，渗碳时间取决于对渗碳层深度的要求，渗碳速度一般为 0.1~0.15mm/h。渗碳选用的钢材应是心部具有良好韧性的低碳钢或低碳合金钢（$w_C = 0.1\% \sim 0.25\%$），如 20Cr、20CrMnTi 等。

渗碳多用于低碳钢和低碳合金钢制成的齿轮、活塞销、轴类零件等重要零件。经过渗碳，其表面渗碳层碳质量分数可达 0.8%~1.05%，由表及里逐渐减小，而心部仍为低碳钢组织。若是缓慢冷却，由表面至心部的组织依次为过共析层、共析层、亚共析层，其心部仍为原始组织。渗碳后经过淬火和回火，表面层可获得很高

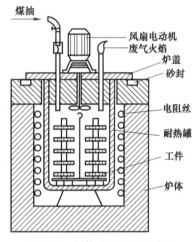

图 3-12 气体渗碳装置示意图

的硬度，而心部仍保持良好的塑性和韧性，使其兼备高碳钢和低碳钢的性能，不仅表面坚硬耐磨，还能承受弯曲应力及冲击载荷。

真空渗碳和离子渗碳是为提高渗碳质量而开发的新技术，二者均是在特定的真空条件下，在渗碳气氛中进行的渗碳工艺，不同之处在于后者是利用工件（阴极）和阳极之间产生的辉光放电进行。

2) 渗氮

渗氮（氮化）是在一定介质中使活性氮原子渗入工件表层的一种化学热处理工艺。常用的渗氮方法有气体渗氮法和离子渗氮法，其中气体渗氮法应用最广泛。

气体渗氮法是把含有少量铬、钼、铝的钢工件置于炉内加热，将氨气（$NH_3$）直接输进 500~560℃ 的氮化炉内保持 20~100h，使氨气（$NH_3$）分解为原子状态的氮与氢，分解出来的氮原子随后扩散进入钢的表面，与表面金属形成厚度约为 0.02~0.02mm 的致密的氮化物薄膜，使钢表面具有很高的硬度、耐磨性和耐腐蚀性，且热稳定性好，能承受 560~600℃ 高温。其疲劳强度、抗咬合性均优于渗碳，因而在机械工业中获得了广泛应用，特别适用于精密零件，如内燃机曲轴、精密齿轮、磨床主轴、镗床镗杆和量具等的最终热处理。其缺点为氮化层薄，氮化处理时间长。

3) 碳氮共渗

在奥氏体状态下，同时将碳、氮渗入工件表层，并以渗碳为主的化学热处理称为碳氮共渗。碳氮共渗的目的是提高工件表层的硬度和耐磨性，其介质为具有剧毒的胺盐，因其液体对环境污染严重，故常采用中温气体碳氮共渗法：将工件放入密封炉内，加热至 820~

860℃，保温 4～6h，渗层深度为 0.5～0.8mm，渗后可直接油淬和低温回火。

碳氮共渗不仅兼有渗碳和渗氮的优点，而且具有较渗碳件更高的表面硬度、耐腐蚀性、弯曲强度和接触疲劳强度，只是耐磨性和疲劳强度稍低于渗氮件。碳氮共渗一般用于结构件的最终热处理，如齿轮、轴等。

4）氮碳共渗

氮碳共渗是一种以渗氮为主，在工件表面上同时渗入氮、碳的化学热处理工艺，亦称软氮化，共渗温度一般为（560±10）℃，保温 3～4h 后出炉空冷。渗层具有较好的韧性，较高的硬度、耐磨性，较高的抗疲劳强度，耐蚀性有明显提高。因其加热温度低，处理时间短，工件变形小，不受钢种限制，被用于各种工模具及一般轴类的表面处理。

其他化学热处理方法的特性和适用范围见表 3-5。

表 3-5 其他化学热处理方法的特性和适用范围

| 热处理方法 | 渗入元素 | 渗层特性 | 适用范围 |
| --- | --- | --- | --- |
| 渗硼 | B | 硬度很高，耐磨性、耐热性和耐腐蚀性好 | 主要用于高温下工作的工模具及结构件 |
| 渗硫 | S | 可降低摩擦系数，提高抗咬合性，硬度不高 | 轻载荷、低速运动工件或刀具的补充处理 |
| 渗铝 | Al | 850℃以下具有良好的抗高温性、抗氧化性 | 低、中碳钢渗铝，可代替不锈钢、耐热钢 |
| 渗铬 | Cr | 良好的耐磨性、耐蚀性和抗氧化性 | 渗铬件可代替不锈钢使用 |
| 硫氮碳共渗 | S、N、C | 改善钢的摩擦性能，提高耐磨性和抗疲劳性 | 主要用于钢、铸铁件的热处理 |
| 硫氮碳硼共渗 | S、N、C、B | 耐磨性和耐腐蚀性较碳氮共渗更好 | 主要用于碳素钢及低合金钢结构件的处理 |

## 3.1.6 金属的时效

金属材料经过冷却工、热加工或固溶处理后，在室温下放置或适当升温加热发生力学性能和物理性能随着时间而变化的现象称为时效。在时效过程中金属材料的组织并不发生明显的变化。机械制造过程中常用的时效方法主要有自然时效、热时效和振动时效等。

**(1) 自然时效**

自然时效是指金属材料经过冷加工、热加工或固溶处理后，在室温下发生性能随时间变化的现象。如：钢铁铸件、锻件、焊接件等在室温下长时间堆放在户外或室内，经过半年或几年的时效，可以消除其内部的部分残余内力，稳定工件尺寸。自然时效无须使用任何设备，不消耗能源，但时效周期长，工件内部的残余内力不能完全消除。

**(2) 热时效**

热时效是指随温度的不同，α-Fe 中碳的溶解度发生变化，使钢的性能发生改变的过程。如：低碳钢在 $A_1$ 之下加热并较快冷却时，$Fe_3C_{III}$ 来不及析出，形成饱和固溶体。在室温条件放置过程中，由于碳的溶解度较低，具有从固溶体中析出的趋势，从而使钢

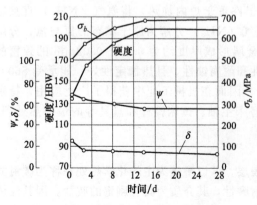

图 3-13 低碳钢热时效后力学性能的变化

的强度、硬度上升，塑性、韧性下降，如图 3-13 所示。

从图 3-13 中可以看出，虽然低碳钢中碳的质量分数不高，但经过时效后，其硬度有时会提高 50%，对低碳钢的加工不利。同时，随着热时效温度的升高，碳的扩散速度也会越来越快，热时效时间会大大缩短。

**(3) 变形时效**

变形时效是指钢在冷变形后进行的时效。钢经过冷变形后，在室温下进行自然时效，一般需要放置 15～16d，较大钢件需要半年或更长的时间；而在 300℃ 左右进行热时效时，则仅需几分钟，较大钢件需要几小时。变形时效会降低钢（尤其是汽车用板材）的塑性加工性能。因此，对于重要的工件，在制造之前需要对所选钢材进行变形时效试验。

**(4) 振动时效**

振动时效是指通过机械振动的方式来消除、降低或均匀工件内残余应力的工艺，其借助专用设备对需要时效的工件施加周期性的动载荷，迫使工件在共振频率范围内振动，并释放出残余内应力，从而提高工件的抗疲劳性能和尺寸精度。振动时效适用于较重要的铸件、锻件和焊接件，在国内外已获得广泛应用。

## 3.1.7 热处理新技术简介

为满足工业生产发展的需要，热处理技术不断发展与更新。应用热处理新技术能够降低生产成本，提高产品质量和延长使用寿命。

**(1) 真空热处理**

在低于 1atm（1atm=101325Pa）的环境中加热的热处理工艺称为真空热处理。真空加热就是在稀薄空气中加热，空气中氧的分压很低，钢件表面氧化很轻，可以避免氧化和脱碳，达到光亮处理目的。真空热处理具有如下特点：

① 真空加热缓慢而且均匀，热处理变形小。
② 提高工件表面力学性能，延长使用寿命。
③ 节省能源，减少污染，改善劳动条件。
④ 设备造价较高，目前多用于工模具、精密零件的热处理。

**(2) 形变热处理**

形变热处理是将塑性变形和热处理结合，以提高工件力学性能的一种复合工艺。工件经形变热处理后，可以获得形变强化和相变强化综合效果，既可提高钢的强度，改善其塑性和韧性，还具有节能效果，因而在生产中得到了广泛的应用。目前形变热处理广泛用于结构钢、工具钢及工件锻后余热淬火、热轧淬火等工艺。

**(3) 激光热处理**

激光热处理是以激光作为能源，以极快的速度加热工件的自冷淬火，其热处理质量高，表面光洁，变形极小，且无工业污染，易实现自动化。激光热处理适用于各种复杂工件的表面淬火，还可以进行工件局部表面的合金化处理等。但激光器价格昂贵，成本高，且易对人的眼睛造成伤害，其应用受到一定程度的限制。

**(4) 电子束淬火**

电子束淬火是以电子束作为热源，以极快的速度加热工件的自冷淬火。电子束的能量远高于激光，而且其能量利用率也高于激光热处理。电子束淬火质量高，淬火过程中工件的基体性能几乎不受影响。

**(5) 热喷涂技术**

热喷涂技术是表面强化处理技术的一种，是指以某种热源，将粉末或线状材料加热到熔化状态后，用高压高速气流将其雾化成细小的颗粒喷射到零件表面上，形成一层覆盖层的过程。若在喷涂之后进行第二次加热，使之达到熔融状态而与基体材料形成冶金结合则称为喷焊。

热喷涂技术可以喷金属材料，也可以喷非金属材料，如陶瓷。实际生产中多为喷金属材料，通常称为金属喷涂。根据热源不同，喷涂可分为电弧喷涂、氧-乙炔焰粉末喷涂、等离子喷涂等。汽车维修中应用较多的是氧-乙炔焰粉末喷涂、电弧喷涂。

金属喷涂主要用于修复磨损的零件，如汽车的曲轴、缸套、凸轮轴、半轴、活塞环等，还可用于填补铸件裂纹以及制造和修复减摩材料等。

(6) 气相沉积技术

气相沉积技术是利用气相中发生的物理、化学过程，改变零件表面成分，在表面形成具有特殊性能的金属或化合物涂层。通常气相沉积技术分为化学气相沉积技术和物理气相沉积技术两大类。

## 3.2 钢

钢是经济建设中极为重要的金属材料，也是汽车工业的主体材料。钢按化学成分可分为碳素钢和合金钢两类。碳素钢是含碳量在 0.0218%～2.11%，除铁及碳和限量以内的硅、锰、磷、硫等杂质外，不含其他合金元素的铁碳合金。合金钢是在碳素钢的基础上加入某些合金元素而得到的钢种。

### 3.2.1 碳素钢

工业上实际使用的碳素钢，含碳量一般为 0.05%～1.35%。碳素钢的成本低，具有较好的力学性能和工艺性能，是工业中应用最普通、用量最大的金属材料，可以满足一般工程机械、普通机械零件、工具的使用要求，因此在汽车工业生产中得到广泛应用。

(1) 碳素钢的性质

在碳素钢中含碳量对钢的性质影响很大。图 3-14 所示为含碳量与钢的机械性质变化关系。如果含碳量增加，碳素钢的抗拉强度、屈服强度、硬度增加，而塑性、韧性和可焊性降低。

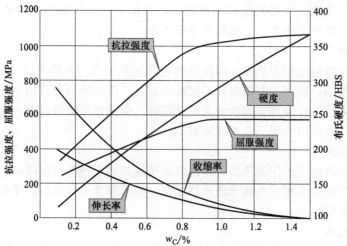

图 3-14 碳素钢的含碳量与机械性质变化关系

**(2) 常存杂质元素对钢性能的影响**

钢中除了铁和碳两种元素以外，还有由炼钢原料带入炼钢过程中并残留下来的锰、硅、硫、磷等常存杂质元素。这些元素对钢的性能产生很大影响。

1) 锰的影响

炼钢时加入锰，能使 FeO 还原成铁，从而提高钢的质量。脱氧后残留在钢中的锰可溶于铁素体和渗碳体中，使钢的强度和硬度提高。锰还可以和硫形成 MnS，减轻硫对钢的有害作用，改善钢的质量。在钢中，含锰量一般为 0.25%～0.8%，锰属于有益元素。

2) 硅的影响

硅也是作为脱氧剂而加入钢中的，硅的脱氧作用比锰还要强。硅大部分溶于铁素体中，能提高钢的强度和硬度，是钢中的有益元素。硅作为杂质而存在于钢中时，其含量一般不应超过 0.4%。

3) 硫的影响

硫是钢中的有害杂质元素。它常以 FeS 的形式存在于钢中，FeS 与铁形成易熔共晶体，其熔点为 985℃，分布于晶界。当钢在 1000～1200℃进行锻造时，由于共晶体熔化而导致钢材开裂，这种现象称为热脆。为避免热脆，钢中含硫量必须严格控制，应小于 0.05%。

硫对钢的焊接也有不利影响，会导致焊缝热裂现象。同时，硫易氧化形成 $SO_2$ 气体，使得焊缝中产生气孔。

4) 磷的影响

磷也是钢中的有害元素，磷在钢中能溶于铁素体，使铁素体的强度、硬度显著提高，却使塑性、韧性急剧下降，在低温时，这种情况更加严重，这种现象称为冷脆。由于磷在结晶时极易偏析，更易出现局部冷脆。钢材中磷的质量分数即使只有千分之几，也会因析出脆性化合物 $Fe_3P$ 而使钢材的脆性增加，所以，要将磷的含量严格控制在 0.035%～0.045%或以下。但适当提高易切削钢中磷的质量分数可脆化铁素体，改善钢的切削加工性能。此外，加入适当的磷元素还可以提高钢的耐大气腐蚀性能。

5) 非金属夹杂物的影响

钢中的非金属夹杂物有氧化物（FeO、$Fe_3O_4$、MnO、$SiO_2$）、硫化物（MnS、FeS）、硅酸盐等。这些夹杂物是炼钢时产生的，未能完全从钢液中排除，或是从炉渣、炉体、铸锭设备等耐火材料中带入的。非金属夹杂物降低钢的强度、塑性，因而夹杂物越少，钢的质量越好。

非金属夹杂物会降低钢的塑性、韧性、疲劳强度等力学性能，严重时会在热加工与热处理过程中产生裂纹，或在使用时造成钢材突然脆断。其还能促使钢材形成热加工纤维组织与带状组织，使钢材具有各向异性，严重时横向塑性仅为纵向塑性的一半。因此，对重要用途的钢材，如弹簧钢、滚动轴承钢、渗碳钢等，应检查非金属夹杂物的数量、形状、大小及分布情况，并按相应的等级进行评定。

此外，钢在冶炼过程中吸收的一些气体（如氮、氧、氢等）也会对钢材的质量产生不良影响，其中氢对钢材质量影响很大，会使钢材变脆（氢脆），形成裂纹（白点），严重影响钢的力学性能。

**(3) 碳素钢的分类**

碳素钢主要的分类方法如下。

1) 按化学成分分类

碳素钢按化学成分（含碳量）可分为低碳钢、中碳钢和高碳钢。

① 低碳钢含碳量在 0.10%～0.25%，又称软钢。低碳钢包括 08 钢、10 钢、15 钢、20

钢、25钢等。低碳钢易于接受各种加工，如锻造、焊接和切削，常用于制造链条、铆钉、螺栓、轴等。

② 中碳钢含碳量在0.25%～0.60%，有镇静钢、半镇静钢、沸腾钢等多种产品。除碳外还可含有少量锰（0.70%～1.20%）。中碳钢包括30钢、35钢、40钢、45钢、50钢、55钢、60钢等。

中碳钢热加工及切削性能良好，焊接性能较差，强度、硬度比低碳钢高，而塑性和韧性低于低碳钢。中碳钢可不经热处理，直接使用热轧材、冷拉材，亦可经热处理后使用。淬火、回火后的中碳钢具有良好的综合力学性能，能够达到的最高硬度约为55HRC（538HB），$\sigma_b$为600～1100MPa。在中等强度水平的各种用途中，中碳钢得到最广泛的应用，除作为建筑材料外，还大量用于制造各种机械零件。

③ 高碳钢含碳量0.60%～1.70%，常称工具钢。高碳钢包括65钢、70钢、75钢、80钢、85钢、T7钢、T8钢、T10钢、T12钢等。高碳钢可以淬硬和回火。锤、撬棍等由含碳量0.75%的钢制造；切削工具，如钻头、丝锥、铰刀等由含碳量0.90%～1.00%的钢制造。

2) 按钢的质量分类

按碳素钢的质量（有害杂质硫、磷含量）来分类，可分为：

① 普通碳素钢。钢中含有害杂质元素较多，一般含硫量≤0.055%，含磷量≤0.045%。

② 优质碳素钢。钢中含有害杂质元素较少，一般含硫、磷量均＜0.035%。

③ 高级优质碳素钢。钢中含有害杂质元素极少，一般含硫量≤0.020%，含磷量≤0.030%。

3) 按用途分类

① 碳素结构钢主要用于制造各种机器零件和工程结构件，常用于制造齿轮、轴、螺母、弹簧等机械零件，以及制造桥梁、船舶、建筑等工程结构件，其含碳量一般＜0.70%。

② 碳素工具钢含碳量在0.70～1.35%之间，经热处理后可得到高硬度和高耐磨性能，主要用于制造各种工具、刃具、模具和量具。

**(4) 碳素钢的牌号和用途**

钢铁材料通常都采用"牌号"来表示，通过钢铁材料的牌号可以大致了解钢铁的类别、化学成分、冶炼质量、性能特点、热处理方法及用途等。

1) 碳素结构钢

通用碳素结构钢采用代表屈服点的拼音字母"Q"、屈服点数值（单位为MPa）、质量等级（A、B、C、D四级）、脱氧方法（F、b、Z、TZ）等符号表示，按顺序组成牌号。例如，碳素结构钢牌号表示为Q235AF、Q235BZ。脱氧方法的符号F、b、Z、TZ分别表示沸腾钢、半镇静钢、镇静钢、特殊镇静钢，在牌号中"Z"可以省略。

专用碳素结构钢一般采用代表钢屈服点的符号"Q"、屈服点数值和代表产品用途的符号等表示。例如，压力容器用钢的牌号表示为"Q345R"，焊接气瓶用钢的牌号表示为"Q295HP"，锅炉用钢的牌号表示为"Q390g"，桥梁用钢表示为"Q420q"。

碳素结构钢的牌号、质量等级、化学成分见表3-6。

Q195和Q215系列常用于制作薄板、焊接钢管、铁丝、螺钉、垫圈、地脚螺栓、冲压件、屋面板、烟囱等。Q235系列常用于制作薄板、中板、型钢、钢筋、钢管、铆钉、螺栓、连杆、小轴、法兰盘、机壳、桥梁与建筑结构件、焊接结构件等。Q255和Q275系列常用于制作要求高强度的拉杆、连杆、键、轴、销钉等。

表 3-6 碳素结构钢的牌号、质量等级和化学成分

| 牌号 | 统一数字代号[①] | 等级 | 厚度(或直径)/mm | 脱氧方法 | 化学成分(质量分数)/% 不大于 | | | | |
|---|---|---|---|---|---|---|---|---|---|
| | | | | | C | Si | Mn | P | S |
| Q195 | U11952 | — | — | F、Z | 0.12 | 0.30 | 0.50 | 0.035 | 0.040 |
| Q215 | U12152 | A | — | F、Z | 0.15 | 0.35 | 1.20 | 0.045 | 0.050 |
| | U12155 | B | | | | | | | 0.045 |
| Q235 | U12352 | A | | F、Z | 0.22[②] | 0.35 | 1.40 | 0.045 | 0.050 |
| | U12355 | B | | | 0.20 | | | | 0.045 |
| | U12358 | C | | Z | 0.17 | | | 0.040 | 0.040 |
| | U12359 | D | | TZ | | | | 0.035 | 0.035 |
| Q275 | U12752 | A | — | F、Z | 0.24 | 0.35 | 1.50 | 0.045 | 0.050 |
| | U12755 | B | ≤40 | Z | 0.21 | | | 0.045 | 0.045 |
| | | | >40 | | 0.22 | | | | |
| | U12758 | C | | Z | 0.20 | | | 0.040 | 0.040 |
| | U12759 | D | | TZ | | | | 0.035 | 0.035 |

① 表中为镇静钢、特殊镇静钢牌号的统一数字,沸腾钢牌号的统一数字代号如下:Q195F——U11950,Q215AF——U12150,Q215BF——U12153,Q235AF——U12350,Q235BF——U12353,Q275AF——U12750。
② 经需方同意,Q235B 的含碳量可不大于 0.22%。

2) 优质碳素结构钢

优质碳素钢使用最多的是优质碳素结构钢(优质碳素弹簧钢牌号的表示方法与其相同)。

优质碳素结构钢采用阿拉伯数字或阿拉伯数字加规定的符号表示,以两位阿拉伯数字表表示碳的质量分数(以万分之几计)。

沸腾钢和半镇静钢在牌号尾部分别加符号"F"和"b",如:碳的质量分数平均为 0.08% 的沸腾钢,其牌号表示为"08F";碳的质量分数平均为 0.10% 的半镇静钢,其牌号表示为"10b"。镇静钢一般不标符号,如:碳的质量分数平均为 0.45% 的镇静钢,其牌号表示为"45"。

较高含锰量的优质碳素结构钢,在表示碳的质量分数的阿拉伯数字后加锰元素符号,如碳的质量分数为 0.50%、锰的质量分数为 0.70%~1.00% 的钢,其牌号表示为"50Mn"。高级优质碳素结构钢在牌号后加符号"A",如碳的质量分数平均为 0.20% 的高级优质碳素结构钢,其牌号表示为"20A"。特级优质碳素结构钢在牌号后加符号"E",如碳的质量分数平均为 0.45% 的特级优质碳素结构钢,其牌号表示为"45E"。

专用优质碳素结构钢采用阿拉伯数字(以平均万分数表示的碳的质量分数)和规定的代表产品用途的符号表示,如碳的质量分数平均为 0.20% 的锅炉用钢,其牌号表示为"20g"。

优质碳素结构钢的牌号和力学性能见表 3-7。

① 冷冲压钢。冷冲压钢碳的质量分数低,塑性好,强度低,焊接性能好,主要用于制作薄板、冷冲压件和焊接件,常用的钢种有 08、10 和 15 钢。

表 3-7 优质碳素结构钢的牌号和力学性能

| 牌号 | 力学性能 | | | | | | 应用举例 |
|---|---|---|---|---|---|---|---|
| | $w_C$/% | $\sigma_b$/MPa | $\sigma_s$/MPa | $\delta_5$/% | $\psi$/% | $A_{kU}$/J | |
| | | 不小于 | | | | | |
| 08 | 0.05~0.12 | 325 | 195 | 33 | 60 | — | 塑性好,适合制作高韧性的冲击件、焊接件、紧固件,如螺栓、螺母、垫圈等,渗碳淬火后可制造强度不高的耐磨件,如凸轮、滑块、活塞销等 |
| 10 | 0.07~0.14 | 335 | 205 | 31 | 55 | — | |
| 15 | 0.12~0.19 | 375 | 225 | 27 | 55 | — | |
| 20 | 0.17~0.24 | 410 | 245 | 25 | 55 | — | |
| 25 | 0.22~0.30 | 450 | 275 | 23 | 50 | 71 | |

续表

| 牌号 | 力学性能 | | | | | 应用举例 |
|---|---|---|---|---|---|---|
| | $w_C/\%$ | $\sigma_b$/MPa | $\sigma_s$/MPa | $\delta_5/\%$ | $\psi/\%$ | $A_{kU}$/J | |
| | | | | 不小于 | | | |
| 30 | 0.27~0.35 | 490 | 295 | 21 | 50 | 63 | |
| 35 | 0.32~0.40 | 530 | 315 | 20 | 45 | 55 | 综合力学性能较好,适合制作负荷较大的零件,如连杆、曲轴、主轴、活塞销、表面淬火齿轮、凸轮等 |
| 40 | 0.37~0.45 | 570 | 335 | 19 | 45 | 47 | |
| 45 | 0.42~0.50 | 600 | 355 | 16 | 40 | 39 | |
| 50 | 0.47~0.55 | 630 | 375 | 14 | 40 | 31 | |
| 55 | 0.52~0.60 | 645 | 380 | 13 | 35 | — | |
| 60 | 0.57~0.65 | 675 | 400 | 12 | 35 | — | 屈服点高,硬度高,适合制作弹性零件(如各种螺旋弹簧、板簧等)以及耐磨零件(如轧辊、钢丝绳、偏心轮等) |
| 65 | 0.62~0.70 | 695 | 410 | 10 | 30 | — | |
| 70 | 0.67~0.75 | 715 | 420 | 9 | 30 | — | |
| 80 | 0.77~0.85 | 1080 | 930 | 6 | 30 | — | |
| 85 | 0.82~0.90 | 1130 | 980 | 6 | 30 | — | |

② 渗碳钢。渗碳钢强度较低,塑性和韧性较好,冷冲压性能和焊接性能良好,主要用于制作各种受力不大但要求较高韧性的零件,如焊接容器和焊接件、螺钉、杆件、轴套、冷冲压件等。这类钢经渗碳淬火后,表面硬度可达60HRC以上,表面耐磨性好,而心部具有一定的强度和良好的韧性,可用于制作要求表面硬度高、耐磨,并承受冲击载荷的零件,常用的钢种有15、20、25钢等。

③ 调质钢。调质钢经热处理后具有良好的综合力学性能,主要用于制造要求强度、塑性、韧性较高的零件,如齿轮、套筒、轴类等。调质钢在机械制造中应用广泛,常用的钢种有30、35、40、45、50、55钢等。

④ 弹簧钢。弹簧钢经热处理后可获得较高的弹性极限,主要用于制造尺寸较小的弹簧、弹性零件及耐磨零件,如汽车螺旋弹簧、板弹簧、气门弹簧、弹簧发条等,常用的钢种有60、65、70、75、80、85钢等。

3) 碳素工具钢

碳素工具钢主要用于制造刀具、模具和量具。由于大多数工具要求高硬度和高耐磨性,故碳素工具钢的碳质量分数都在0.7%以上,其有害杂质元素较少,质量较高。

碳素工具钢采用规定符号和阿拉伯数字表示,阿拉伯数字表示碳的质量分数(以名义千分数计)。普通含锰量碳素工具钢在表示工具钢的符号"T"后为阿拉伯数字,如碳的质量分数为0.90%的碳素工具钢,其牌号表示为"T9";较高含锰量碳素工具钢在表示工具钢符号"T"和阿拉伯数字后加锰元素符号,如碳的质量分数为0.80%、锰的质量分数为0.40%~0.60%的碳素工具钢,其牌号表示为"T8Mn";高级优质碳素工具钢在牌号尾部加符号"A",如碳的质量分数为1.0%的高级优质碳素工具钢,其牌号表示为"T10A"。

碳素工具钢随着碳的质量分数的增加,其硬度和耐磨性提高而韧性下降。碳素工具钢的牌号、化学成分、硬度和用途见表3-8。

表3-8 碳素工具钢的牌号、化学成分、硬度和用途

| 牌号 | 化学成分(质量分数)/% | | | 退火状态布氏硬度/HBW 不大于 | 试样淬火温度洛氏硬度/HRC 不小于 | 用途举例 |
|---|---|---|---|---|---|---|
| | $w_C$ | $w_{Si}$ | $w_{Mn}$ | | | |
| T7、T7A | 0.65~0.74 | ≤0.35 | ≤0.40 | 187 | 800~820℃ 水冷 62 | 用于能承受冲击、韧性较好、硬度适当的工具,如扁铲、錾子、手钳、大锤、旋具、木工工具等 |

续表

| 牌号 | 化学成分(质量分数)/% | | | 退火状态布氏硬度/HBW 不大于 | 试样淬火温度洛氏硬度/HRC 不小于 | 用途举例 |
|---|---|---|---|---|---|---|
| | $w_C$ | $w_{Si}$ | $w_{Mn}$ | | | |
| T8、T8A | 0.75~0.84 | ≤0.35 | ≤0.40 | 187 | 800~820℃ 水冷 62 | 用于能承受冲击,要求具有较高硬度与耐磨性的工具,如冲头、压缩空气锤工具及木工工具等 |
| T10、T10A | 0.95~1.04 | ≤0.35 | ≤0.40 | 197 | 760~780℃ 水冷 62 | 用于不受剧烈冲击,中等韧性,要求具有高硬度与耐磨性的工具,如车刀、刨刀、冲头、丝锥、钻头、手用锯条、板牙等 |
| T12、T12A | 1.15~1.24 | ≤0.35 | ≤0.40 | 207 | 760~780℃ 水冷 62 | 用于不受冲击,要求具有高硬度、高耐磨性的工具,如锉刀、刮刀、钻头、精车刀、丝锥、钻头、手用锯条、板牙等 |

4）工程用铸造碳钢

许多形状复杂的零件很难用锻压等方法成形,用铸铁铸造又难以满足力学性能要求,因而选择工程用铸造碳钢,采用铸造成形方法来获得铸钢件。工程用铸造碳钢中碳的质量分数一般在 0.20%~0.60% 之间,其广泛用于制造重型机械的某些零件,如箱体、曲轴、连杆、轧钢机机架、水压机横梁等。

工程用铸造碳钢的牌号用"ZG"加两组数字表示,第一组数字代表屈服点最低值,第二组数字表示抗拉强度最低值,如 ZG200-400 表示屈服点大于 200MPa、抗拉强度大于 400MPa 的工程用铸造碳钢。工程用铸造碳钢的牌号、化学成分和力学性能见表 3-9。

表 3-9 工程用铸造碳钢的牌号、化学成分和力学性能

| 牌号 | 化学成分(质量分数)/% | | | | | 室温力学性能(最小值) | | | | |
|---|---|---|---|---|---|---|---|---|---|---|
| | $w_C$ | $w_{Si}$ | $w_{Mn}$ | $w_S$ | $w_P$ | $\sigma_s$/MPa | $\sigma_b$/MPa | $\delta$/% | 根据合同选择 | |
| | | | | | | | | | $\psi$/% | $A_{kU}$/J |
| ZG200-400 | ≤0.2 | ≤0.5 | ≤0.8 | ≤0.04 | ≤0.04 | 200 | 400 | 25 | 40 | 30 |
| ZG230-450 | ≤0.3 | ≤0.5 | ≤0.9 | | | 230 | 450 | 22 | 32 | 25 |
| ZG270-500 | ≤0.4 | ≤0.5 | ≤0.9 | | | 270 | 500 | 18 | 25 | 22 |
| ZG310-570 | ≤0.5 | ≤0.6 | ≤0.9 | | | 310 | 570 | 15 | 21 | 15 |
| ZG340-640 | ≤0.6 | ≤0.6 | ≤0.9 | | | 340 | 640 | 10 | 18 | 10 |

## 3.2.2 合金钢

由于碳钢不能满足生产实际的需要,在碳钢的基础上有目的地加入一种或几种合金元素得到合金钢。在实际生产中,将其称为钢的合金化。常用的合金元素有：硅（Si）、锰（Mn）、铬（Gr）、钼（Mo）、镍（Ni）、铜（Cu）、锡（Sn）、钛（Ti）、铝（Al）及稀土元素（Re）等。与碳钢相比,合金钢的热处理性能更好,力学性能指标更高,还能满足某些特殊性能。随着现代汽车工业发展和汽车性能的不断提高,合金钢在汽车制造中的用量比率正在逐年增长。

**(1) 合金元素在合金钢中的存在形式及作用**

合金元素在钢中主要以两种形式存在：合金铁素体和合金碳化物。

1）合金铁素体

大多数合金元素（铅除外）均能溶于铁素体,并形成合金铁素体。由于合金元素与铁的晶格类型以及原子半径存在差异,导致铁素体晶格畸变,从而产生固溶强化作用,使得铁素

体的强度、硬度提高，塑性和韧性下降，当合金元素的质量分数超过一定值以后，铁素体的塑性和韧性会显著下降。与铁素体具有相同晶格类型的合金元素，如铬、钼、钨、钒、铌等强化铁素体的作用较弱，而与铁素体具有不同晶格的合金元素，如硅、锰、镍等强化铁素体的作用较强。

合金元素对铁素体韧性的影响与其含量有关，例如：$w_{Si} < 1.00\%$、$w_{Mn} < 1.50\%$时铁素体的韧性并不下降，但含量超过该值时，韧性即有下降的趋势；当$w_{Si} > 0.60\%$、$w_{Mn} > 1.50\%$时铁素体的韧性将严重降低；而铬、镍较为特殊，在适当含量范围内（$w_{Cr} \leqslant 2.0\%$、$w_{Ni} \leqslant 5.0\%$），不但能提高铁素体的硬度，还能提高其韧性。

2）合金碳化物

锰、铬、钼、钒、钛等元素与碳可形成碳化物，因其与碳亲和力的不同，将其在钢中形成的碳化物分为以下两类。

① 合金渗碳体。锰、铬、钼、钨属于弱或中强碳化物形成元素，溶入渗碳体（置换铁原子）形成较渗碳体硬度高、略为稳定的合金渗碳体，如$(Fe、Mn)_3C$、$(Fe、Cr)_3C$、$(Fe、W)_3C$等。

② 特殊碳化物。钒、钛、铌等属于中强或强碳化物形成元素，可与碳形成较合金渗碳体具有更高的熔点、硬度和耐磨性，且更稳定，不易分解，晶格与渗碳体完全不同的特殊碳化物，从而使钢的强度、硬度和耐磨性得以显著提高。

**(2) 合金元素对钢的热处理和力学性能的影响**

合金元素的突出优点主要是通过热处理工艺显示出来的，因此大多数合金钢需要进行热处理，合金元素可细化奥氏体晶粒，提高钢材的淬透性和耐回火性。

1）合金元素对钢加热转变的影响

在合金钢的奥氏体形成过程中，除铁、碳原子扩散外，还有合金元素原子的扩散。合金元素的扩散速度慢，且大多数合金元素（镍、钴除外）均减慢碳的扩散速度，而合金碳化物比较稳定，不易溶入奥氏体，因此，在不同程度上减缓了奥氏体的形成过程。为了获得均匀的奥氏体，大多数合金钢需要加热到更高的温度，并需要保温更长的时间。

大多数合金元素都具有抑制奥氏体晶粒长大的作用，从而达到细化晶粒的目的，使合金钢在热处理后获得更细的晶粒。在合金钢中，合金碳化物以弥散质点的形式分布在奥氏体晶界上，阻碍了奥氏体晶粒的长大，因此大多数合金钢在加热时不易过热，有利于合金钢淬火后获得细马氏体组织，也有利于通过适当提高加热温度，使奥氏体中溶入更多的合金元素，从而提高合金钢的淬透性和力学性能。

2）合金元素对钢回火转变的影响

合金元素对钢回火时的组织与性能都有不同程度的影响，其主要影响是提高钢的耐回火性，一些合金元素还产生二次硬化现象和回火脆性。

① 提高钢的耐回火性。合金钢回火的各个转变过程都处于更高的温度。在相同的回火温度下，合金钢的硬度较高，使钢在较高的温度下回火时仍能保持高硬度。淬火钢在回火时抵抗软化的能力称为耐回火性。合金钢都有较好的耐回火性。若获得相同的硬度，合金钢的回火温度要高于非合金钢，并且通过较高温度的回火有利于消除内应力，提高钢的塑性和韧性，从而使合金钢获得更好的综合力学性能，如图3-15所示。

② 产生二次硬化。含有较多钨、钼、钒、铬、钛等元素的合金钢，在$500 \sim 600$℃高温回火时，高硬度的合金碳化物（$W_2C$、$Mo_2C$、$VC$、$Cr_7C_3$、$TiC$等）以弥散的小颗粒状态析出，使钢的硬度升高，这些铁碳合金在一次或多次回火后硬度提高的现象称为二次硬化，如图3-16所示。高速钢、工具钢和高铬钢在回火时都会产生二次硬化现象，对提高钢材的热硬性具有重要作用。

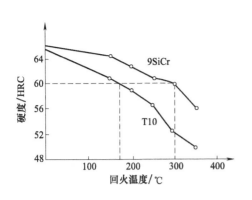

图 3-15 合金钢与非合金钢的硬度与回火温度的关系

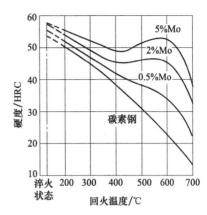

图 3-16 钼元素对钢回火硬度的影响

**(3) 合金元素的作用**

不同合金元素对钢性能的影响也不同，如图 3-17 所示。

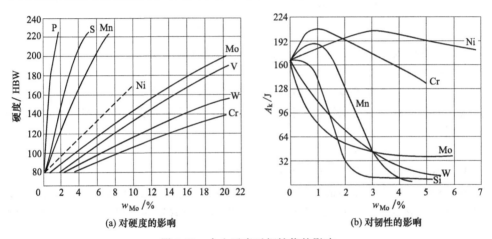

(a) 对硬度的影响　　　　　　　　(b) 对韧性的影响

图 3-17 合金元素对钢性能的影响

随着添加的元素种类及数量的不同，合金钢具有不同的性质。图 3-18 所示为铁素体中添加各种元素对抗拉强度的影响。由图 3-18 可知，硅、钛、锰、钼、铝等可有效地提高抗拉强度。

图 3-19 所示为添加元素对淬火性的影响。由图 3-19 可以看出，锰、钼、铬等合金元素显示出非常高的淬火性，而镍等比较低。

添加到碳素钢里的元素有时要单独加入，有时加入两种以上。特别是以适当的比例添加几种元素时各元素具有相辅相成的效果，可以使钢具有更加优良的性质。合金元素的作用如下：

① 铬。提高淬透性（直径为 30mm 以下的零件可全部淬透），提高强度和硬度，使钢具有良好的抗氧化性和耐腐蚀性。铬是不锈钢和耐热钢的主要合金元素。铬与镍元素配合可获得更佳的性能。

② 镍。提高淬透性。含量在 6% 以下时，使钢具有高强度、高韧性；含量为 9%～10% 时，与铬配制则为不锈钢；含量大于 20% 时，则为耐热钢。

③ 锰。提高强度、硬度、淬透性和耐磨性。含量高达 11%～14% 的为高锰耐磨钢。与铬、氮可配制无镍不锈钢，以节省贵重金属材料。

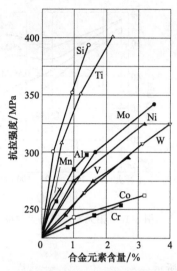
图 3-18 铁素体中合金元素含量与抗拉强度的关系

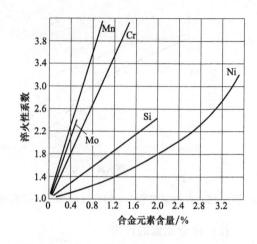
图 3-19 添加元素与淬火性的关系

④ 硅。提高强度、硬度、疲劳强度、耐蚀性及抗氧化性。

⑤ 钨。提高强度及耐磨性，使钢具有良好的热强性和热硬性。

⑥ 钼。提高淬透性和热强性。

⑦ 钒。细化晶粒，改善强度和韧性，提高耐磨性与回火稳定性。

⑧ 钛。细化晶粒，使组织细密，提高强度和韧性，可形成稳定碳化物，增加钢的强度、硬度及耐磨性。

⑨ 硼。能显著提高低碳钢的淬透性。

⑩ 铝。细化晶粒，提高钢的抗氧化性。

⑪ 稀土元素。在冶炼和铸造过程中，稀土元素（微量元素）加入钢中，不仅能去除钢中的有害杂质，细化晶粒，还能提高钢的韧性、塑性，改善钢的耐热、耐腐蚀、抗氧化等多种特殊性能。

与碳素钢相比，合金钢的主要优点：具有良好的淬透性，与碳素钢在相同的淬火条件下，可获得更深的淬硬层，并使大截面的零件获得均匀一致的组织。在获得同样淬硬层的情况下，又可采用冷却能力较低的淬火介质，以减少零件的变形与开裂，并具有良好的力学性能。它与同等含碳量的碳素钢在相同的热处理条件下相比，具有较高的强度和硬度。在同等强度和硬度条件下，它又具有更好的塑性和韧性，并且具有耐磨、耐腐蚀、耐高温等特殊的物理、化学性能等。但合金钢冶炼较困难，生产成本高，价格昂贵，且焊接、热处理等工艺较为复杂。

**(4) 合金钢的分类**

合金钢的种类繁多，常用的分类方法有以下几种。

① 按所含主要元素分类，有铬钢、镍钢、钼钢、铬镍钢、铬镍钼钢等。

② 按合金元素的总含量分类

a. 低合金钢。合金元素总量小于 5% 的合金钢为低合金钢。

b. 中合金钢。合金元素总量为 5%～10% 的合金钢为中合金钢。

c. 高合金钢。合金元素总量大于 10% 的合金钢为高合金钢。

③ 按用途分类

a. 合金结构钢。用来制造各种零件和构件的合金钢称为合金结构钢。合金结构钢又可分为低合金结构钢、合金渗碳钢、合金调质钢、合金弹簧钢、滚动轴承钢等。

b. 合金工具钢。用于制造各种工具的合金钢称为合金工具钢。根据工具的用途不同，又可分为刃具钢、模具钢和量具钢等。

c. 特殊性能钢。有某些特殊的物理、化学性能的合金钢称为特殊性能合金钢，包括不锈钢、耐热钢、耐磨钢等。

**(5) 合金钢的编号**

根据国家标准规定，合金钢的牌号采用"数字+合金元素符号+数字"的方法来表示。

1) 合金结构钢

合金结构钢牌号前面的两位数字表示钢中平均含碳量的质量分数的万倍，元素符号表示表示钢中所含的合金元素，合金元素符号后面的数字表示该元素平均质量分数的百倍。合金元素的平均质量分数为1.5%时，一般只标明元素而不标明数值；当平均质量分数为1.5%~2.5%、2.5%~3.5%、3.5%~4.5%等时，则在合金元素后面相应地以2、3、4等表示。例如：30CrMnSi，表示平均含碳量0.3%，铬、锰、硅的平均质量分数均小于1.5%的合金结构钢。

合金弹簧钢的牌号表示方法与合金结构钢的相同。例如60Si2Mn，表示平均含碳量0.6%，平均含硅量2%，平均含锰量小于1.5%的合金弹簧钢。

2) 合金工具钢

这类钢的编号方法与合金结构钢基本相同，区别仅在于：当碳的质量分数小于1%时，用一位数字表示碳的质量分数的千倍；当碳的质量分数大于等于1.0%时，则不予标出。

例如：9SiCr，表示碳的平均质量分数为0.9%，硅、铬的平均质量分数均小于1.5%的合金工具钢。高速钢不标含碳量，如W18Cr4V（碳的质量分数为0.7%~0.8%）。

3) 特殊性能钢

特殊性能钢牌号表示方法与合金工具钢相同，只是当碳的质量分数小于1.0%时，用"0"表示，碳的质量分数小于等于0.3%时，用"00"表示。例如：1Cr18Ni9，表示平均含碳量等于0.1%，含铬量等于18%，含镍量等于9%的特殊性能钢。

4) 滚动轴承钢

滚动轴承钢牌号表示方法为G+Cr+铬含量（不标含碳量）。"G"表示"滚动轴承钢"，铬含量以千分之一为单位。例如：GCr15钢，表示平均含铬量为1.5%的滚动轴承钢。

**(6) 合金钢的应用**

1) 合金结构钢

合金结构钢按用途可分为工程用钢和机械结构用钢两大类。工程用钢主要用于制造各种工程结构，这类钢合金含量少，故又称为低合金结构钢；机械结构用钢属于特殊质量合金钢，主要用于制造机械零件，如轴、连杆、齿轮、弹簧、轴承等，一般需要进行热处理。按其用途和热处理特点，机械结构用钢可分为合金渗碳钢、合金调质钢、合金弹簧钢和滚动轴承钢等。

① 低合金结构钢。低合金结构钢的牌号采用代表屈服点的拼音字母"Q"、屈服点数值（单位为MPa）、质量等级符号、脱氧方法符号等，按顺序组成牌号。如Q345C、Q345D表示为屈服点数值不小于345MPa，质量分别为C、D级的低合金结构钢。

这类钢的特点是低碳（大多数含碳量在0.16%~0.20%）、低合金（一般合金元素总量小于3%），所加入的合金元素主要是Mn，还有少量V、Ti等。由于合金元素具有强化作用，把这类钢的屈服点提高到295~460MPa，比碳素钢提高25%~50%以上，具有高强度及足够韧性，因此又称为低合金高强度钢。用它制造各种结构件，可以减轻质量，提高结构件的可靠性并延长使用寿命。因此，低合金结构钢广泛用于制造桥梁、船舶、车辆、高压容器、输油管以及低温下工作的结构件等，最常用的是 Q345 钢。

低合金结构钢在汽车上的应用实例：Q295 用于水箱固定架底板、风扇叶片、横梁等；Q345 用于纵梁前加强板、横梁、角撑、保险杠等；Q390 用于车架纵横梁、蓄电池固定框后板、汽油箱托架等。常用的低合金高强度结构钢的牌号、性能和应用如表 3-10 所示。

表 3-10 常用低合金高强度结构钢的牌号、性能和应用

| 牌号 | $\sigma_s$/MPa | $\sigma_b$/MPa | $\delta_5$/% | 应用举例 |
| --- | --- | --- | --- | --- |
| Q295 | 295 | 390～570 | 23 | 汽车部件的冲压件、建筑金属构件等 |
| Q345 | 345 | 470～630 | 21～22 | 桥梁、车辆、船舶、建筑结构等 |
| Q390 | 390 | 490～650 | 19～20 | 汽车纵横梁、保险杠、压力容器、船舶、桥梁等 |
| Q420 | 420 | 520～680 | 18～19 | 桥梁、大型船舶、高压容器等 |

注：$\delta_5$ 是指试样的标距为 5 倍直径的伸长率，即用短试样求得的伸长率。

② 合金渗碳钢。合金渗碳钢是用于制造渗碳零件的合金钢。合金渗碳钢主要用于制造性能要求高或截面尺寸较大，表面要求有高的硬度和耐磨性，而心部要求具有较高强度和足够韧性的零件。例如，发动机的气门挺杆和活塞销、汽车变速器齿轮、后桥主减速器齿轮、差速器十字轴、万向节等。

合金渗碳钢的平均含碳量为 0.1%～0.25%，较低的含碳量能保证钢的心部具有良好的塑性和韧性。钢中常加入铬、镍、锰、硅、硼等合金元素，以提高钢的强度和淬透性。加入钒、钛等合金元素，用以细化晶粒，提高渗碳层的耐磨性。因此，合金渗碳钢的工艺性能优于优质碳素结构钢，具有更好的热处理性能，如淬透性、渗碳能力等。

合金渗碳钢的加工工艺路线为：下料→锻造→预备热处理→机械加工（粗加工、半精加工）→渗碳→机加工（精加工）→淬火、低温回火→磨削。其中，预备热处理的目的是改善毛坯锻造后的不良组织，消除锻造过程中产生的内应力，并改善其切削加工性能。

合金渗碳钢种类很多，通常按淬透性分为低淬透性、中淬透性及高淬透性三类。

低淬透性合金渗碳钢合金元素含量较少，如 20Cr、20Mn2 等。这类钢由于淬透性不高，所以心部性能较差，主要用于受冲击力较小，截面尺寸不大的耐磨零件，如发动机的凸轮轴、气门挺杆、气门弹簧座等。

中淬透性合金渗碳钢合金元素含量较高，如 20CrMnTi、20MnVB 等，应用最多的是 20CrMnTi，为节省铬，常以 20MnVB、20Mn2B 代替 20CrMnTi。这类合金渗碳钢淬透性较好，淬火后心部强度高（可达 1000～1200MPa），常用于制造承受高速、中等载荷，并要求有足够的韧性、耐磨性及抗冲击性的零件，如汽车花键轴、变速器齿轮、驱动桥齿轮等。

高淬透性合金渗碳钢含有较多的铬、镍等元素，如 20Cr2Ni4、18Cr2Ni4WA 等。这类钢淬透性高，渗碳层和心部的性能都非常优异，心部强度可达 1175MPa 以上，主要用来制造承受重载荷及强烈磨损的重、大型零件，如增压柴油机齿轮等。

常用合金渗碳钢的牌号、性能和应用如表 3-11 所示。

表 3-11 常用合金渗碳钢的牌号、性能和应用

| 牌号 | $\sigma_s$/MPa | $\sigma_b$/MPa | $\delta_5$/% | $\psi$/% | $\alpha_k$/(J/cm²) | 应用举例 |
| --- | --- | --- | --- | --- | --- | --- |
| 20Cr | 550 | 850 | 10 | 40 | 60 | 齿轮轴、活塞销、转向节主销 |
| 20Mn2 | 600 | 800 | 10 | 40 | 60 | 凸轮轴、气门挺杆、气门弹簧座 |
| 20CrMnTi | 850 | 1100 | 10 | 45 | 70 | 变速齿轮、十字轴、半轴齿轮、行星齿轮 |
| 20MnVB | 900 | 1100 | 10 | 45 | 70 | 齿轮轴、主减速器齿轮，可代替 20CrMnTi |
| 20Cr2Ni4 | 1000 | 1200 | 10 | 45 | 80 | 重载荷下工作的齿轮、齿轮轴 |
| 18Cr2Ni4WA | 850 | 1200 | 10 | 45 | 100 | 大齿轮、齿轮轴 |

③ 合金调质钢。合金调质钢是在中碳钢（30、35、40、45、50钢）的基础上加入一种或几种合金元素，以提高其淬透性和耐回火性，使其在调质处理后具有良好综合力学性能的调质钢。常加入的合金元素有铬、锰、镍、硼等，其主要作用是提高钢的强度，增加钢的淬透性，其中镍还可提高钢的韧性，加入钨、钼、钒、钛等合金元素可细化晶粒，提高钢的回火稳定性。对于发动机轴、连杆、传动齿轮、机床主轴等承受重载荷、冲击载荷，要求具有一定强度与高韧性等综合性能的重要零件，应采用合金调质钢。

常用的合金调质钢牌号有40Cr、40B、40MnB、40CrNi、40CrMnMo钢等。其中，40Cr是最常用的合金调质钢，其强度比40钢提高20%，并具有良好的塑性，常用于制造转向节、气缸盖螺栓等。为节约铬元素，也可用40MnB或40MnVB代替。表面要求有较高硬度、耐磨性和疲劳强度的零件，可采用38CrMoAlA钢（渗氮钢），其热处理工艺是调质后再进行渗氮处理。

合金调质钢的加工工艺路线为：下料→锻造→预备热处理（正火或退火）→机械加工（粗加工、半精加工）→调质处理→机加工（精加工）→表面淬火或渗氮→磨削。

常用合金调质钢的牌号、性能和应用如表3-12所示。

表3-12 常用合金调质钢的牌号、性能和应用

| 牌号 | $\sigma_s$/MPa | $\sigma_b$/MPa | $\delta_5$/% | $\psi$/% | $a_k$/(J/cm$^2$) | 应用举例 |
| --- | --- | --- | --- | --- | --- | --- |
| 40Cr | 785 | 980 | 9 | 45 | 60 | 曲轴、连杆、进气门、气缸盖、螺栓、曲轴齿轮、水泵轴、半轴、转向节臂 |
| 45Mn2 | 735 | 885 | 10 | 45 | 60 | 曲轴齿轮、连杆、气缸盖螺栓、半轴套管 |
| 35CrMn | 835 | 980 | 12 | 45 | 80 | 连杆、曲轴、曲轴齿轮、前轴 |
| 40MnVB | 785 | 980 | 10 | 45 | 60 | 半轴、转向节臂、转向节主销、变速齿轮 |
| 30CrMnTi | 900 | 1170 | 9 | 40 | 60 | 主减速器主从动齿轮、齿轮轴 |

④ 合金弹簧钢。在非合金弹簧钢的基础上加入合金元素，用于制造重要弹簧的钢种称为合金弹簧钢。合金弹簧钢具有高的弹性极限，高的强度和疲劳强度，以及足够的塑性和良好的表面质量，在工作中能产生弹性变形，可缓和冲击、吸收振动。其主要的失效形式就是弯曲或扭转疲劳载荷所导致的弹簧类零件疲劳断裂，以及材料的弹性极限较低而引起的弹簧过量变形以致失去弹性。

合金弹簧钢的含碳量一般为0.50%~0.7%，含碳量太高会降低钢的塑性和韧性。钢中常加入锰、硅合金元素，以提高钢的淬透性和弹性极限。但在加热时锰元素易产生过热，硅元素易使钢脱碳和产生石墨化倾向，使疲劳强度降低，所以一些有重要用途的弹簧钢加入少量的铬、钼、钒等合金元素，以防止过热和脱碳，并能细化晶粒，强化铁素体，提高屈强比、弹性极限和高温强度。

根据加工工艺不同，弹簧可分为冷成形弹簧和热成形弹簧。冷成形弹簧的加工工艺路线为：下料→卷制成形→去应力退火→试验→验收。热成形弹簧的加工工艺路线为：下料→加热→卷制成形→淬火→中温回火→试验→验收。

虽然中碳钢（如55钢）和高碳钢（65、70钢）也可作为弹簧材料，但其淬透性差、强度低，只能用来制造横截面积较小、受力较小的弹簧。合金弹簧钢可制造横截面积较大、屈服点较高的重要弹簧，常用的合金弹簧钢牌号有65Mn、55Si2Mn、60Si2Mn、55SiMnVB、55CrVA钢等，如55SiCr、60Si2Mn钢可制造汽车、拖拉机的减振板簧、螺旋弹簧、安全阀簧，55CrVA钢可制造气门弹簧、离合器弹簧、活塞销卡簧等。常用合金弹簧钢的牌号、性能和应用如表3-13所示。

表 3-13 常用合金弹簧钢的牌号、性能和应用

| 牌号 | $\sigma_s$/MPa | $\sigma_b$/MPa | $\delta_{10}$/% | $\psi$/% | 应用举例 |
| --- | --- | --- | --- | --- | --- |
| 65Mn | 430 | 750 | 9 | 30 | 气门弹簧、离合器压紧弹簧、制动气室复位弹簧 |
| 55Si2Mn | 1300 | 1200 | 6 | 30 | 载货汽车的钢板弹簧 |
| 60Si2Mn | 1100 | 1200 | 5 | 25 | 汽车钢板弹簧、拖曳钩弹簧、螺旋弹簧 |
| 55CrVA | 1300 | 1150 | $\delta_5=10$ | 40 | 轻型车及微型车钢板弹簧、气门弹簧 |
| 55SiMnMoA | 1300 | 1400 | 6 | 30 | 重型载货汽车大截面板簧 |

注：$\delta_{10}$是指试样的标距为10倍直径时的伸长率，即用长试样求得的伸长率。

⑤ 滚动轴承钢。滚动轴承是高速转动机械中不可缺少的重要零件之一。工作时接触面上承受极高的局部交变载荷，交变次数每分钟达数万次，甚至更高，滚动体与内外圈间的接触应力大（3000～5000MPa），所以易使轴承工作表面产生接触疲劳破坏和磨损。因此，要求滚动轴承钢具有高的硬度、耐磨性、弹性极限，足够的接触疲劳强度、韧性和耐蚀性。

滚动轴承钢主要用于制造滚动轴承的滚动体（滚珠、滚柱、滚针）、内圈和外圈等。滚动轴承钢含碳量较高，一般为0.95%～1.15%，铬的含量约为0.4%～1.65%。对于大型轴承用钢，还需加入硅、锰等合金元素以提高强度、弹性极限，进一步改善其淬透性。从化学成分来看，滚动轴承钢属于特殊工具钢，故也可用于制造高硬度、耐磨性、耐压强度和疲劳强度的量具、模具和低合金刃具等。

最常用的滚动轴承钢牌号是GCr15和GCr15SiMn。GCr15是一种具有高强度、高耐磨性且具有稳定力学性能的轴承钢，用于壁厚小于20mm的中、小型套圈，$\phi<50$mm的滚珠轴承，也可以用来制造工作性能与轴承类似的耐磨零件，如柴油机上的喷油泵柱塞、喷油嘴针阀等精密零件。GCr15SiMn主要用于制造较大的滚动轴承，如用于壁厚大于30mm的大型轴承套圈，$\phi50\sim100$mm的滚珠轴承。

常用滚动轴承钢的牌号、性能和应用如表3-14所示。

表 3-14 常用滚动轴承钢的牌号、性能和应用

| 牌号 | 淬火温度/℃ | 回火温度/℃ | 回火后硬度/HRC | 应用举例 |
| --- | --- | --- | --- | --- |
| GCr15 | 825～845 | 150～170 | 62～66 | 壁厚<20mm的中小型套圈，$\phi<50$mm的滚珠，$\phi<22$mm的滚子 |
| GCr15SiMn | 820～840 | 150～170 | ≥62 | 壁厚>30mm的大型套圈，$\phi=50\sim100$mm的滚珠，$\phi>22$mm的滚子 |

⑥ 高锰耐磨钢。高锰耐磨钢是指在较大冲击或较大接触应力的作用下，表层产生加工硬化的钢。在巨大压力和强烈冲击力作用下，高锰钢板表面硬度由200HB迅速提升到500HB以上，从而产生高耐磨的表面层，而钢板内层奥氏体仍保持良好的冲击韧性。

高锰耐磨钢的含碳量高，$w_C=0.9\%\sim1.45\%$，$w_{Mn}=11\%\sim14\%$。由于高锰耐磨钢极易冷变形强化，很难进行切削加工，因此高锰耐磨钢件大多是铸造成型。高锰耐磨钢铸态组织中存在许多碳化物，因此钢硬而脆。为改善其组织以提高韧性，可将钢加热到1000～1050℃高温，保温一段时间，使钢中碳化物全部溶入奥氏体中，然后在水中快冷，使碳化物来不及析出，得到单相奥氏体组织，此处理称为"水韧处理"。水韧处理后硬度并不高（180～220HBS）。当它受到剧烈冲击或较大压力作用时，表面迅速产生加工硬化，并伴有马氏体相变，使表面硬度提高到52～56 HRC，因而具有高的耐磨性，而心部仍为奥氏体，具有良好的韧性，以承受强烈的冲击力。

必须注意的是，高锰耐磨钢必须在有剧烈的冲击或较大压力时，才能使表面产生加工硬化，使其显示出高的耐磨性，不然高锰耐磨钢是不耐磨的。所以，高锰耐磨钢主要用于制作受强烈冲击、巨大压力并要求耐磨的零件，如坦克及拖拉机的履带板、破碎机颚板、铁路道

岔、挖掘机铲齿、保险箱钢板、防弹板等。

高锰耐磨钢的牌号由字母"ZG"（表示铸钢）后附元素符号 Mn 及其含量百分数表示。GB/T 5680 共包含五个牌号：ZGMn13-1、ZGMn13-2、ZGMn13-3、ZGMn13-4、ZGMn13-5，这五个牌号的成分与性能稍有差异。常用牌号有 ZGMn13-1 和 ZGMn13-4 两种。常用高锰耐磨钢的牌号、性能和应用如表 3-15 所示。

表 3-15 常用高锰耐磨钢的牌号、性能和应用

| 牌号 | $\sigma_s$/MPa | $\sigma_b$/MPa | $\delta_5$/% | 冲击功 $A_k$/J | 硬度/HBS | 应用举例 |
| --- | --- | --- | --- | --- | --- | --- |
| ZGMn13-1 | — | ≥635 | ≥20 | | | 形状简单、以耐磨为主的低冲击铸件，如衬板、齿板、辊套、铲齿等 |
| ZGMn13-2 | — | ≥685 | ≥25 | | ≤300 | |
| ZGMn13-3 | — | ≥735 | ≥30 | | ≤300 | 结构复杂、要求以韧性为主的高冲击铸件，如履带板等 |
| ZGMn13-4 | ≥390 | ≥735 | ≥20 | | ≤300 | |
| ZGMn13-5 | — | — | — | | | |

2) 合金工具钢

碳素工具钢经热处理后能达到很高的硬度和耐磨性。碳素工具钢淬透性低，淬火变形倾向大，红硬性（是指材料在一定温度下保持一定时间后所能保持其硬度的能力）差，因此，尺寸较大、精度高和形状复杂的模具、量具，以及切削速度较高的刀具，都采用合金工具钢制造。

合金工具钢是在碳素工具钢中加入某些合金元素制成的，常加入的合金元素有硅、锰、铬、钼、钨、钒等。合金工具钢具有良好的淬透性、耐磨性、热硬性，热处理变形小，并满足特殊质量等级要求，用于制造重要的刃具、量具、耐冲击工具和模具。由于加入的合金元素的种类、碳的质量分数不同，各种合金工具钢的性能和用途各有其特点，按其用途可分为量具刃具钢、高速钢和模具钢等。

① 量具刃具钢。量具刃具钢具有高碳成分，碳的质量分数为 0.8%～1.50%，以保证高的硬度和耐磨性。加入的合金元素有 Cr、Si、Mn、W 等，用以提高钢的淬透性、耐回火性、热硬性和耐磨性。量具刃具钢要求具有高硬度（62～65HRC）、耐磨性、足够的强韧性，高热硬性（即刃具在高温时仍能保持高的硬度）。为保证测量的准确性，要求量具刃具钢具有良好的尺寸稳定性，一般需要淬火加低温回火后使用。

常用的量具刃具钢有 9SiCr、CrWMn、9Cr2、Cr2、9Mn2V 钢等，主要用于制造低速切削刃具（如钳工工具、钻头、铣刀、拉刀等）及测量工具（如卡尺、千分尺、块规、样板等）。

② 高速钢。高速钢是一种含有钨（提高热硬性）、铬（提高淬透性）、钒（提高耐磨性）等多种合金元素的高碳、高合金刃具钢，其碳的质量分数为 0.7%～1.65%，合金元素含量达 10%～25%。

高速钢经热处理后具有高硬度、高热硬性和高耐磨性，切削温度高达 600℃ 时仍能保持高硬度与高耐磨性，用于制造中速或高速切削工具，如刀具（如车刀、铣刀、钻头等）以及形状复杂、负荷较大的成形刀具（如齿轮铣刀、拉刀等）。常用的高速钢有 W18Cr4V、W6Mo5Cr4V2、W9Mo3Cr4V2Co 钢等。

③ 模具钢。根据工作条件不同，模具钢大致可分为冷作模具钢、热作模具钢。模具钢的用途不同，工作条件复杂，因此对其性能要求也不同。

a. 冷作模具钢。冷作模具用于冷态下（工作温度低于 200～300℃）金属的成形加工，如冷冲模、冷挤压模、剪切模等。这类模具承受很大的压力、强烈的摩擦和一定的冲击，因此，要求具有高硬度、耐磨性和足够的韧性。此外，形状复杂、精密、大型的模具还要求具

有较高的淬透性和小的热处理变形。

冷作模具钢一般具有高的含碳量，其碳的质量分数为 1.0%～2.0%，以获得高硬度和高耐磨性。加入合金元素 Cr、Mo、W、V 等，以提高耐磨性、淬透性和耐回火性。

尺寸大、形状复杂的大型冷作模具，需要用高合金冷作磨具钢，如 Cr12、Cr12MoV 等，这类钢的淬透性及耐磨性好，热处理变形小。其中，Cr12MoV 钢除耐磨性不及 Cr12 钢外，强度、韧性都较好，应用最广。尺寸较小、形状简单的冷作模具可选用低合金冷作模具钢，如 CrWMn 等，也可采用刃具钢 9SiCr 或轴承钢 GCr15。

b. 热作模具钢。热作模具用于热态金属的成形加工，如热锻模、压铸模、热挤压模等。热作模具工作时受到比较高的冲击载荷，同时模腔表面要与炽热金属接触并发生摩擦，局部温度可达 500℃ 以上，并且还要不断反复受热与冷却，常因热疲劳而使模腔表面龟裂，故要求热作模具钢在高温下具有较高的综合力学性能及良好的耐热疲劳性。此外，必须具有足够的淬透性。

热作模具钢中碳的质量分数为 0.3%～0.6%，以获得综合力学性能；合金元素有 Cr、Mn、Ni、Mo、W、Si 等，其中，Cr、Mn、Ni 主要作用是提高淬透性，W、Mo 提高耐回火性并防止回火脆性，Cr、W、Mo、Si 还提高钢的耐热疲劳性。

最常用的热作模具钢是 5CrMnMo 和 5CrNiMo，其中，5CrMnMo 常用于制造中小型热锻模，5CrNiMo 常用于制造大中型热锻模。对于受静压力作用的模具（如压铸模、挤压模等），应选用 3Cr2W8V 或 4Cr5W2VSi 钢。

3) 特殊性能钢

特殊性能钢是指加入较多合金元素使其具有特殊物理或化学性能的钢，常用的有不锈钢、耐热钢等。

① 不锈钢。用来抵抗大气腐蚀或能抵抗酸、碱、盐等化学介质腐蚀的钢材为不锈钢。不锈钢低碳，加入的铬是提高耐腐蚀性的主要金属元素，加入镍有利于钢获得单相奥氏体组织，加入钼可以提高钢耐有机酸腐蚀的性能，加入钛、铌可防止奥氏体钢晶间腐蚀。

常用的不锈钢主要有铬不锈钢和铬镍不锈钢。

a. 铬不锈钢。铬不锈钢的合金元素以铬为主，其特点是铬的质量分数高，其含量一般不小于 13%。大量的铬能在钢的表面形成一层具有保护作用的致密的 $Cr_2O_3$ 薄膜，将钢与周围的介质阻隔开，提高钢基体的电极电位，可防止钢材的整个表面被氧化和腐蚀。钢中碳的质量分数一般在 0.4% 以下，以保证钢有一定的强度。

铬不锈钢一般是在弱腐蚀条件下工作的，其主要牌号有 1Cr13、2Cr13、3Cr13、4Cr13 钢等。随含碳量的增加，钢的硬度和强度提高，而耐蚀性则相应减弱。1Cr13、2Cr13 钢的含碳量较低，具有良好的耐蚀性、塑性、韧性，适用于制造承受冲击载荷的耐蚀零件，如汽轮机叶片、水压机阀等。3Cr13、4Cr13 钢的含碳量较高，淬火后能获得较高的硬度和强度，常用于制造轴承、弹簧、医疗器械等耐磨零件。

b. 铬镍不锈钢。铬镍不锈钢的含碳量低，钢中的合金元素以铬和镍为主，铬含量为 18% 左右，镍含量为 8%～11%。铬镍不锈钢由于存在大量的铬、镍元素，不仅使钢表面形成氧化膜，提高钢的耐蚀性，而且使钢在热处理后能获得单一组织，防止电化学腐蚀的产生，并具有良好的塑性、焊接性和低温韧性。铬镍不锈钢主要用于制造在各种强腐蚀介质中工作的设备，如吸收塔、管道、化工容器等。此外，由于铬镍不锈钢是单一组织，没有磁性，还可用作仪器、仪表中的防磁零件。

铬镍不锈钢的牌号主要有 1Cr18Ni9、2Cr18Ni9 等。常用不锈钢的牌号、热处理方法和应用如表 3-16 所示。

表 3-16 常用不锈钢的牌号、热处理方法和应用

| 牌号 | 热处理方法 | 应用举例 |
|---|---|---|
| 1Cr18Ni9 | 固溶处理：1010～1150℃ 快冷 | 制造建筑装饰品，以及耐硝酸、冷磷酸、有机酸、盐碱溶液腐蚀的零部件 |
| 0Cr18Ni9 | 固溶处理：1010～1150℃ 快冷 | 制造食品用设备、抗磁仪表、医疗器械、原子能工业设备及部件 |
| 1Cr17 | 退火：780～850℃ 空冷或缓冷 | 制造重油燃烧部件、建筑装饰品、家用电器部件、食品用设备 |
| 0Cr30Mo2 | 退火：900～1050℃ 快冷 | 制造耐乙酸、乳酸等有机酸腐蚀的设备，耐苛性碱腐蚀设备 |
| 1Cr13 | 淬火：950～1000℃油冷 回火：700～750℃快冷 | 制造汽轮机叶片、内燃机车水泵轴、阀门、阀杆、螺栓 |
| 3Cr13Mo | 淬火：1025～1075℃油冷 回火：200～300℃油冷、空冷 | 制造热油泵轴、阀门轴承、医疗器械弹簧 |
| 1Cr17 | 淬火：1010～1070℃油冷 回火：100～180℃快冷 | 制造刃具、童具、轴承、手术刀片 |

② 耐热钢。耐热钢是指在高温下具有良好抗氧化能力和较高强度的钢，用于制造在高温下工作的零件。耐热钢包括抗氧化钢和热强钢两类。

a. 抗氧化钢。抗氧化钢是指在高温下有良好的抗氧化能力，并具有一定强度的钢，主要用于制造在高温下工作，且强度要求不高的零件。这类钢常加入足够的铬、硅、铝等合金元素，使钢在高温下与氧接触时表面形成致密的高熔点氧化膜，严密地覆盖在钢的表面，以隔绝高温氧化性气体对钢的继续腐蚀。

常用的抗氧化钢有 1Cr13Si3、1Cr13SiAl 钢等，用于制造加热炉底板、炉管、渗碳箱等。

b. 热强钢。热强钢是指在高温下具有良好抗氧化能力，并有较高强度的钢，主要是提高了钢的高温强度和高温抗氧化能力。这类钢常加入铬、镍、钨、铝、硅等合金元素。

常用的热强钢有 15CrMo、4Cr9Si2、4Cr10Si2Mo 钢等。15CrMo 钢是典型的锅炉用钢，适用于制造 500℃以下长期工作的零件。耐热钢在汽车上主要用于制造发动机的进排气门、排气净化装置、涡轮增压器转子等。耐热钢 4Cr9Si2 具有较高的热强性，可制造工作温度低于 700℃的内燃机进气门或轻载荷发动机排气门。Cr12 钢用于制造抗高温且要求焊接的零件，如排气净化装置、燃烧室、喷嘴等。4Cr14Ni14W2Mo 钢用于制造工作温度不高于 650℃的内燃机重载荷排气门。

③ 耐磨钢。耐磨钢是指在强烈磨损条件下具有高抗磨损能力的钢。由于其极易硬化，不宜切削加工，又具有良好的铸造性能，因此，耐磨钢的零件大多采用铸造成形。它主要用于制造在强烈冲击和严重磨损下工作的零件，如拖拉机履带、挖掘机铲齿、铁道道岔等。

耐磨钢的含碳量为 1.0%～1.3%，含锰量为 11%～14%，故又称高锰钢。这类钢经热处理后，虽然硬度不高，但塑性和韧性很好。当它受到强烈冲击和挤压时，表面因塑性变形而迅速产生硬化，硬度达 50HRC 以上，并使其耐磨性大大提高，而心部仍保持高的塑性和韧性。当表面磨损后，新露出的表面又在冲击和挤压下硬化而获得高的耐磨性。耐磨钢只有在受冲击和挤压时，才显示高的耐磨性，在一般情况下并不耐磨。常用的耐磨钢为 ZGMn13。

## 3.3 铸铁

铸铁是含碳量在 2.11%～6.69% 的铁碳合金，其主要成分是铁、碳和硅，工业中常见的铸铁，其含碳量一般在 2.5%～4.0% 范围内。与碳钢相比，铸铁含有较多的锰、硫、磷等杂质，因碳、硅的质量分数较高，使碳大部分以游离的石墨状态存在，其形态和数量决定着铸铁的性能。为了改善铸铁的力学性能或获得某种特殊性能，需加入一种或几种合金元素，如铬、镍、铜、钼、铝、钒等，从而形成合金铸铁。

铸铁由于其强度、塑性、韧性较差，不能采用锻造、轧制、拉丝等方法加工成形。铸铁广泛应用于农业机械、汽车制造、冶金、矿山、石化、机床、重型机械制造及国防工业。据统计，全世界铸铁件的 25% 都应用于汽车工业，欧盟有 40%～80% 的铸铁用于汽车和机械工业。在不同类型的汽车生产中，铸件所占比例不尽相同，如国产中型载货车铸件占整车自身质量的 21.5%，而轿车仅占 10% 左右。

### 3.3.1 铸铁的石墨化及影响因素

铸铁中的碳以石墨形式析出的过程称为石墨化。在铁碳合金中，碳以两种形式存在：一种是渗碳体，其碳的质量分数为 6.69%；另一种是自由状态的石墨，其碳的质量分数为 100%。碳在铸铁中以何种形式存在，与铁液的冷却速度有关：缓慢冷却时，从液体或奥氏体中直接析出石墨；快速冷却时，形成渗碳体。渗碳体在高温下进行长时间加热时可分解为铁和石墨。

石墨具有特殊的简单六方晶格，结晶形态容易发展为片状，其强度、塑性和韧性很低。石墨既可以从液相中析出，也可以从奥氏体中析出，还可以由渗碳体分解得到。灰铸铁、蠕墨铸铁中的石墨主要由液相中析出，可锻铸铁中的石墨则是白口铸铁经长时间的高温退火，由渗碳体分解得到。

影响铸铁石墨化的因素很多，其主要因素是化学成分和冷却速度。

**(1) 化学成分的影响**

① 碳和硅的影响。碳和硅是强烈促进铸铁石墨化的元素，其质量分数越高就越有利于石墨的析出。但其质量分数过大会使石墨增多并粗化，导致铸铁力学性能下降。因此，在铸件壁厚一定的条件下，调整铸铁中碳和硅的质量分数是控制其组织和性能的基本措施之一。

② 锰和硫的影响。锰和硫是阻碍铸铁石墨化的元素，必须严格控制其质量分数。但其能够形成 MnS，可以减弱硫的有害作用而间接成为石墨化的促进元素，因而允许铸铁中保留适当含量的锰。

③ 磷的影响。磷是促进石墨化的元素，磷共晶能提高铸铁的硬度和耐磨性，但其质量分数过高会增加铸铁的脆性，所以应严格控制其质量分数。

**(2) 冷却速度的影响**

冷却速度是影响铸铁石墨化过程的工艺因素。冷却速度越慢，碳原子扩散时间越充分，越有利于石墨化的进行，越容易形成灰铸铁。反之，冷却速度越快，越容易形成白口铸铁。冷却速度主要取决于铸件壁厚、铸型材料和浇注温度等。因此，同一成分的铸件中，表层和薄壁部分常常出现白口铸铁组织，内部和厚壁部分容易形成灰铸铁组织；浇注温度高者比浇注温度低者容易形成灰铸铁组织；金属型铸件比砂型铸件容易形成白口铸铁组织；小件比大件容易形成白口铸铁组织。

## 3.3.2 铸铁的分类及性能

**(1) 铸铁的分类**

根据碳在铸铁中的存在形式不同,可将铸铁分为灰铸铁、白口铸铁、麻口铸铁、球墨铸铁、蠕墨铸铁、可锻铸铁等。

① 灰铸铁。大部分碳以片状石墨析出,断口呈暗灰色,故称为灰铸铁。灰铸铁的力学性能高,不仅切削加工性能好,而且生产工艺简单,价格低廉,具有良好的减振性、减摩性和耐磨性,因此是使用最广泛的一种铸铁。

② 白口铸铁。铸铁中的碳除少部分溶于铁素体外,主要以游离碳化物形式存在,因其断口呈银白色,故称为白口铸铁。由于组织中存在着大量的渗碳体($Fe_3C$),所以白口铸铁性能硬而脆,很难进行切削加工。工业上很少用来制造各种零件,除少量用于制作耐磨的磨球、叶片、泵、轧辊等。目前主要用作炼钢原料和可锻铸铁毛坯。

③ 麻口铸铁。碳部分以石墨形式析出,部分以游离碳化物形式存在,断口呈现灰白相间的麻点,故称麻口铸铁。其性能处于白口铸铁与灰口铸铁之间,在铸造时必须严格控制其成分。麻口铸铁具有较大的脆硬性,在工业上很少使用。

④ 球墨铸铁。浇铸前经球化处理而不是在凝固后经热处理,铸铁中的石墨大部分或全部呈球粒状,有时呈团絮状,因而称为球墨铸铁。球墨铸铁的力学性能高于灰铸铁,而且还可通过热处理方法进行强化。

⑤ 蠕墨铸铁。将高碳、低硫、低磷及含有一定量硅、锰、稀土元素、镁的铁水,经蠕化处理后,金相组织中石墨形态呈蠕虫状,故称为蠕墨铸铁。蠕墨铸铁的力学性能介于灰铸铁和球墨铸铁之间。

⑥ 可锻铸铁。一定成分的白口铸铁经石墨化退火,使渗碳体分解,石墨呈团絮状的铸铁称为可锻铸铁。可锻铸铁的韧性和塑性高于灰铸铁,接近于球墨铸铁。

**(2) 铸铁的性能**

铸铁的性能主要有以下几方面。

① 力学性能较差(石墨的强度、韧性极低)。铸铁的抗拉强度、塑性、韧性等比钢低,但抗压强度很高,可与钢相近或更高。

② 铸造性能好。灰铸铁熔点低、流动性好。在结晶过程中析出比体积(旧称比容)较大的石墨,部分补偿了基体的收缩,所以收缩率较小。

③ 减振性好。石墨割裂了基体,阻止了振动的传播,并将振动能量转变为热能而消失,其减振能力比钢高 10 倍左右。

④ 减摩性好。石墨本身有润滑作用,石墨从基体上剥落后所形成的孔隙有吸附和储存润滑油的作用,可减少磨损。

⑤ 切削加工性能好。片状石墨割裂了基体,使切屑易脆断,且石墨有减摩作用,减小了刀具的磨损。

⑥ 缺口敏感性低。铸铁中石墨的存在就相当于许多微裂纹,致使外来缺口的作用相对减弱。

## 3.3.3 常用铸铁

**(1) 灰铸铁**

1) 灰铸铁的组织和性能

灰铸铁中,碳的质量分数为 2.5%~4.0%,硅的质量分数为 1.0%~2.5%,锰的质量分数为0.5%～1.4%，硫的质量分数不大于0.15%，磷的质量分数不大于0.3%。

由于受化学成分和冷却条件的综合影响，灰铸铁的组织有铁素体＋片状石墨、铁素体＋珠光体＋片状石墨和珠光体＋片状石墨等类型。图3-20所示的灰铸铁的显微组织，可以看成是在钢的基体上分布着一些片状石墨。

图3-20 灰铸铁的显微组织

由于石墨的力学性能几乎为零，所以灰铸铁的力学性能主要取决于基体的性能和石墨的形态、数量、大小和分布。灰铸铁的基体是亚共析钢和共析钢，石墨的存在就相当于基体上布满了孔洞和裂纹，其破坏了基体组织的连续性，减少了承载的有效面积，且在石墨的尖角处容易产生应力集中，造成铸件局部损坏，使灰铸铁容易脆断。因此，灰铸铁的抗拉强度、塑性和韧性比同样基体组织的钢低得多，且石墨数量越多、尺寸越大、分布越不均匀，对基体的破坏越严重，铸铁的力学性能就越差。

灰铸铁在承受压应力时，由于石墨不会缩小有效承载面积及不产生缺口应力集中现象，故灰铸铁的抗压强度与钢接近。当石墨存在的状态一定时，铁素体灰铸铁具有较高的塑性，但强度、硬度和耐磨性较低；珠光体灰铸铁的强度和耐磨性较高，但塑性较差；铁素体-珠光体灰铸铁的力学性能则介于上述二者之间。

灰铸铁具有良好的铸造性能，可铸造形状复杂的薄壁零件。片状石墨强度低、脆性大，切削时容易切断，又有润滑作用，对刀具磨损小，因此灰铸铁具有良好的耐磨性和切削加工性能。同时，由于石墨能有效吸收振动能量，又具有良好的减振性，如机床床身、床头箱及各类机器的底座均采用灰铸铁制造。而且，由于灰铸铁中存在石墨，就相当于其内部存在大量的缺口，因而其对表面的小缺陷或小缺口不敏感，即灰铸铁具有较低的缺口敏感性。

2）灰铸铁的孕育处理

为了进一步提高灰铸铁的力学性能，生产中常常对其进行孕育处理，即在铁液浇注之前，往铁液中加入少量（一般为铁液质量的0.4%）的硅铁或硅钙合金孕育剂，搅拌后再进行浇注，使铁液内同时生成大量的、均匀分布的非自发石墨晶核，获得细晶粒珠光体和细石墨片组织的铸铁，此过程称为灰铸铁的孕育处理，也称为变质处理。经过孕育处理的灰铸铁称为孕育铸铁。

与普通灰铸铁相比，孕育铸铁的强度有较大提高，其塑性和韧性也有所提高。因此，对于力学性能要求较高且截面尺寸变化较大的大型铸件常采用孕育处理。

3）灰铸铁的热处理

影响灰铸铁力学性能的主要因素是片状石墨对基体的破坏程度，而热处理只能改变基体组织，不能改变石墨的形态、大小和分布，所以热处理对提高灰铸铁的力学性能效果不大，其主要目的是消除铸造内应力和白口组织，稳定铸件尺寸，提高铸件工作表面的硬度和耐磨性。常用的灰铸铁热处理方法有去应力退火、石墨化退火、正火、表面淬火等。

① 去应力退火。去应力退火是指将铸铁缓慢加热到500～650℃，保温2～6h，利用塑性变形降低铸件内应力，然后随炉缓冷至150～200℃出炉空冷，也称为时效处理。铸件经过去应力退火，可消除铸件内部90%以上的内应力。对大型铸件可采用自然时效，即将铸件在露天条件下放置半年以上，使铸造内应力缓慢松弛，以保证铸件尺寸的稳定。

铸件在成形后一般都需要进行去应力退火（时效处理），特别是一些大型、复杂或加工精度较高的铸件，如床身、机架等，必须进行时效处理。

② 石墨化退火。将铸件加热到850~950℃，保持一定时间（一般为2~4h），然后随炉缓冷至400~500℃后出炉空冷为石墨化退火。石墨化退火又称软化退火，目的是消除白口铸铁组织，获得铁素体或铁素体-珠光体灰铸铁，以降低硬度，改善切削加工性能。

③ 正火。将铸件加热到850~920℃，保持一定时间（一般为1~3h）后出炉空冷，得到以珠光体为基体的灰铸铁。

④ 表面淬火。为提高铸件（如内燃机气缸套内壁、机床床身导轨部分）的表面硬度和耐磨性，采用接触电阻加热等表面淬火方法，使铸件表面的耐磨性显著提高，且变形较小。

4) 灰铸铁的牌号及应用

灰铸铁的牌号用"灰铁"二字的汉语拼音字首"HT"及表示灰铸铁最低抗拉强度（MPa）的数字表示，如HT150表示最低抗拉强度为150MPa的灰铸铁。

灰铸铁广泛应用于承受压应力及有减振要求的零件，如床身、机架、立柱等，也适用于制造形状复杂而力学性能要求不高的箱体、壳体类零件，如缸体、缸盖、变速器壳、主减速壳等。常用的灰铸铁牌号有HT100、HT150、HT200、HT250、HT300、HT350，其主要用途如下：

HT100：用于制造端盖、油盘、支架、手轮、重锤、外罩、小手柄等。

HT150：用于制造机座、床身、曲轴、带轮、轴承座、飞轮、进排气管、缸盖、变速器壳、制动盘、法兰盘等。

HT200、HT250：用于制造缸体、缸盖、液压缸、齿轮、间体、联轴器、飞轮、齿轮箱、床身、机座等。

HT300、HT350：用于制造大型发动机曲轴、缸体、缸盖、缸套、阀体、凸轮轴、齿轮、高压液压缸、机座、机架等。

灰铸铁的类别、牌号、力学性能及应用如表3-17所示。

**表3-17 灰铸铁的类别、牌号、力学性能及应用**

| 类别 | 牌号 | 力学性能 | | 应用举例 |
| --- | --- | --- | --- | --- |
| | | $\sigma_b$/MPa | 硬度/HBW | |
| 铁素体灰铸铁 | HT100 | ≥100 | ≤170 | 低载荷和不重要零件，如盖、外罩、手轮、支架等 |
| 铁素体-珠光体灰铸铁 | HT150 | ≥150 | 150~200 | 承受中等应力的零件，如底座、床身、工作台、阀体、管路附件及一般工作条件要求的零件 |
| 珠光体灰铸铁 | HT200 | 200 | 170~200 | 承受较大应力和重要的零件，如气缸体、齿轮、机座、床身、活塞、齿轮箱、油缸等 |
| | HT250 | 250 | 190~240 | |
| 孕育铸铁 | HT300 | 300 | 187~245 | 车床、冲床等受力较大的床身，机床导轨，机座，主轴箱，卡盘、齿轮等，高压油缸、泵体、阀体、衬套、凸轮，大型发动机的曲轴、气缸体等 |
| | HT350 | 350 | 197~269 | |

**(2) 可锻铸铁**

可锻铸铁俗称马铁，其基体为铁素体或珠光体，具有较高的塑性和韧性，但实际上并不能用于锻造。

1) 可锻铸铁的组织与性能

为了保证铸件在冷却时获得白口铸铁组织，在退火时使渗碳体容易分解，并析出团絮状石墨，必须严格控制铁液的化学成分。与灰铸铁相比，可锻铸铁中碳和硅的质量分数较低，一般碳的质量分数为2.2%~2.8%，硅的质量分数为1.2%~1.8%。

将白口铸铁加热到900~980℃，经长时间保温，组织中的渗碳体分解为奥氏体和团絮状石墨，随后缓慢降温，奥氏体将在已形成的团絮状石墨上不断析出石墨。当冷却至共析转变温度范围（720~770℃）时，如果缓慢冷却，将得到以铁素体为基体的黑心可锻铸铁，也称铁素体可锻铸铁，如图 3-21 所示。如果在通过共析转变温度时冷却速度过快，则得到以珠光体为基体的可锻铸铁。

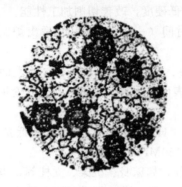 

(a) 黑心可锻铸铁　　　　　　　　　　　　(b) 珠光体可锻铸铁

图 3-21　可锻铸铁的显微组织

与灰铸铁相比，团絮状石墨对基体的破坏作用大大减弱，因而可锻铸铁的力学性能有所提高，但可锻铸铁并不可锻。并且，可锻铸铁的基体组织不同，其性能也有差别：黑心可锻铸铁具有较高的塑性和韧性，而珠光体可锻铸铁则具有较高的强度、硬度和耐磨性。

2）可锻铸铁的牌号及用途

可锻铸铁的牌号用"KTH+数字-数字"或"KTZ+数字-数字"表示，其中的"KT"是"可铁"二字汉语拼音的首字母，第三个字母代表可锻铸铁的类别："H"表示"黑心"，即铁素体基体，"Z"表示珠光体基体。后面的两组数字分别表示可锻铸铁的最低抗拉强度（MPa）和最低伸长率（%）。例如，KTH330-08 表示最低抗拉强度为 330MPa，最低伸长率为 8% 的黑心可锻铸铁；KTZ550-04 表示最低抗拉强度为 550MPa，最低伸长率为 4% 的珠光体可锻铸铁。

可锻铸铁既有较好的铸造性，又有较高的强度和一定的塑性与韧性，因此主要用于制造形状复杂、强度和韧性要求较高的零件。当铸件壁较厚、尺寸较大时，其心部的冷却速度不够快，铁液浇注时难以获得整个截面的白口组织，因此，可锻铸铁仅适用于薄壁和小型零件，如汽车上的轮毂、差速器壳等。

常用可锻铸铁的牌号、力学性能及应用如表 3-18 所示。

表 3-18　常用可锻铸铁的牌号、力学性能及应用

| 类型 | 牌号 | $\sigma_b$/MPa | $\delta$/% | 硬度/HBW | 应用举例 |
|---|---|---|---|---|---|
| 黑心可锻铸铁 | KTH330-08 | ≥330 | ≥8 | ≤150 | 适于承受中等冲击载荷和静载荷的零件，如扳手、车轮壳、低压阀门等 |
| | KTH350-10 | ≥350 | ≥10 | | 适于在较高的冲击、振动及扭转载荷下工作的零件，如汽车后桥壳、转向器壳、减速器壳、轮毂、钢板弹簧支架等 |
| | KTH370-12 | ≥370 | ≥12 | | |
| 珠光体可锻铸铁 | KTZ450-06 | ≥450 | ≥6 | 150~200 | 适于承受较高载荷、耐磨损并有一定韧性的重要零件，如曲轴、连杆、齿轮、凸轮轴、摇臂、活塞环等 |
| | KTZ550-04 | ≥550 | ≥4 | 180~230 | |
| | KTZ650-02 | ≥650 | ≥2 | 210~260 | |

可锻铸铁广泛应用于汽车、拖拉机等机械制造行业，适用于制造形状复杂、承受冲击载荷的薄壁件及中小型零件，常用于制造汽车后桥壳、轮毂、变速器拨叉、制动踏板及管接头、低压阀门、扳手等零件。虽然可锻铸铁的力学性能比灰铸铁好，但它所用的原料是白口铸铁，生产周期较长（退火需要几十小时），生产率低，成本高，所以其使用受到一定限制。

随着球墨铸铁的发展,原来使用可锻铸铁制造的零件逐渐被球墨铸铁替代。

**(3) 球墨铸铁**

球墨铸铁简称球铁,是通过灰铸铁在浇注前向铁液中加入一定量的球化剂和孕育剂,促使石墨以球状析出而获得的。目前应用最多的球化剂是稀土镁合金,孕育剂是硅铁。

1) 球墨铸铁的组织和性能

球墨铸铁的化学成分与灰铸铁相比,其碳含量较高,锰含量较低,对硫和磷的含量限制严格,并含有一定量的稀土镁。球墨铸铁中各种元素的质量分数大致为:$w_C = 3.6\% \sim 3.9\%$;$w_{Si} = 2.0\% \sim 2.8\%$;$w_{Mn} = 0.6\% \sim 0.8\%$;$w_S < 0.04\%$;$w_P < 0.1\%$;$w_{Mg} = 0.03\% \sim 0.05\%$。

根据化学成分(碳、硅)与冷却速度不同,可得到三种不同基体组织的球墨铸铁,分别为铁素体球墨铸铁、铁素体-珠光体球墨铸铁、珠光体球墨铸铁。图 3-22 所示为球墨铸铁的三种显微组织。

(a) 铁素体球墨铸铁

(b) 铁素体-珠光体球墨铸铁
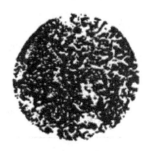
(c) 珠光体球墨铸铁

图 3-22 球墨铸铁的显微组织

球墨铸铁的力学性能与其基体组织的类型及球状石墨的大小、形状及分布状况有关,由于球状石墨对基体组织的割裂破坏最小,所以球墨铸铁的力学性能优于灰铸铁,具有较高的强度和良好的塑性与韧性,如其屈服点比碳素结构钢高,疲劳强度接近中碳钢。同时,还具有与灰铸铁类似的优良性能。此外,通过各种热处理可以明显地提高球墨铸铁的力学性能。但球墨铸铁的铸造性能不如灰铸铁好,对原材料及处理工艺要求较高。

2) 球墨铸铁的热处理

球墨铸铁的热处理工艺性能较好,凡是钢可以进行的热处理工艺,一般都适用于球墨铸铁,且改善性能的效果比较明显。常用的热处理工艺有以下几种:

① 退火。将铸件加热至低温退火温度(720~760℃),保温后随炉缓冷至 600℃,出炉空冷。其目的是获得铁素体球墨铸铁,以提高铸铁的塑性和韧性,改善切削加工性能,消除内应力。

② 正火。将铸件加热到 860~920℃,保温一段时间(不超过 1h)后空冷。其目的是获得珠光体球墨铸铁,提高铸铁的强度和耐磨性。

③ 调质。调质的淬火温度为 860~900℃,回火温度为 550~600℃。其目的是得到回火索氏体组织,使铸件获得良好的综合力学性能,如曲轴、连杆的处理等。

④ 等温淬火。将铸件加热到 860~900℃,保温后放入 250~350℃ 的盐溶液中等温保持 60~90min,然后取出空冷。其目的是得到下贝氏体组织,使铸件获得较高强度、硬度及韧性等综合力学性能。等温淬火适用于形状复杂、易变形或开裂的铸件,如齿轮、凸轮轴的处理等。

3) 球墨铸铁的牌号及应用

球墨铸铁的牌号用"QT+数字-数字"表示,"QT"为"球铁"二字汉语拼音的首字母,两组数字分别代表球墨铸铁的最低抗拉强度(MPa)和最低断后伸长率(%)。如QT400-15表示最低抗拉强度为400MPa、最低断后伸长率为15%的球墨铸铁。

由于球墨铸铁具有良好的力学性能和加工工艺性能,并能通过热处理强化,因此,它可代替铸造碳钢、可锻铸铁、合金铸铁以及合金钢等,制造一些受力复杂,强度、韧性和耐磨性要求高的零件,如主减速器齿轮、柴油机曲轴、凸轮轴、连杆等。

球墨铸铁的牌号、力学性能及应用如表3-19所示。

表3-19 球墨铸铁的牌号、力学性能及应用

| 基本类型 | 牌号 | 力学性能 | | | | 应用举例 |
|---|---|---|---|---|---|---|
| | | $\sigma_b$/MPa | $\sigma_{r0.2}$/MPa | $\delta$/% | 硬度/HBW | |
| 铁素体 | QT400-15 | 400 | 250 | 15 | 130~180 | 承受冲击、振动的零件,如阀体、电机壳体、齿轮箱、飞轮壳、减速器壳等 |
| | QT450-10 | 450 | 310 | 10 | 160~210 | |
| 铁素体-珠光体 | QT500-7 | 500 | 320 | 7 | 170~230 | 机油泵齿轮、传动轴、飞轮、车辆轴瓦等 |
| 珠光体 | QT700-2 | 700 | 420 | 2 | 225~305 | 载荷大、受力复杂的零件,如柴油机曲轴、凸轮轴、气缸体、气缸套、活塞环等 |
| | QT800-2 | 800 | 480 | 2 | 245~335 | |
| 下贝氏体 | QT900-2 | 900 | 600 | 2 | 280~360 | 高强度齿轮,如汽车螺旋锥齿轮、拖拉机减速齿轮、柴油机曲轴及凸轮轴等 |

(4) 蠕墨铸铁

蠕墨铸铁是向高碳、低硫、低磷的铁液中加入蠕化剂(镁钛合金、镁钙合金等),经蠕化处理后获得的高强度铸铁。

1) 蠕墨铸铁的组织和性能

蠕墨铸铁的成分特点是高碳、高硅、低硫、低磷,其碳的质量分数接近共晶成分,一般$w_C = 3.5\% \sim 3.9\%$,$w_{Si} = 2.1\% \sim 2.8\%$,$w_{Mn} = 0.4\% \sim 0.8\%$,$w_S \leqslant 0.1\%$,$w_P \leqslant 0.1\%$。

蠕墨铸铁的显微组织有铁素体(F)+蠕虫状石墨(G)、铁素体(F)-珠光体(P)+蠕虫状石墨(G)、珠光体(P)+蠕虫状石墨(G)三种类型,图3-23所示为蠕墨铸铁的显微组织。蠕墨铸铁中的石墨呈短小的蠕虫状,与片状石墨相似,但头部较圆,形似蠕虫,其形状介于片状石墨和球状石墨之间。

蠕墨铸铁既具有灰铸铁良好的导热性、减振性、切削加工性和铸造性能等,又有与球墨铸铁相近的抗拉强度、塑性和韧性。

蠕虫状石墨对基体的割裂作用比片状石墨低,应力集中现象也明显降低,故蠕墨铸铁的力学性能比灰铸铁高,强度、塑性低于球墨铸铁,但蠕墨铸铁在铸造性能、导热性能及抗热疲劳性能方面均优于球墨铸铁。

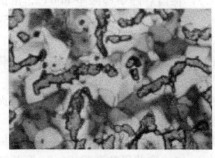

图3-23 蠕墨铸铁的显微组织

2) 蠕墨铸铁的牌号及应用

蠕墨铸铁的牌号用"RuT+数字"表示,"RuT"代表"蠕铁",数字代表蠕墨铸铁的最低抗拉强度。如RuT300表示最低抗拉强度为

300MPa 的蠕墨铸铁。

蠕墨铸铁目前主要用于制造承受热循环载荷作用，要求组织致密、强度较高、形状较复杂的大型铸件，如大型柴油机的气缸体、气缸盖、气缸套、进排气管，汽车制动器的制动盘、制动鼓，大型电动机的外壳等。常用蠕墨铸铁的牌号、力学性能及应用如表 3-20 所示。

表 3-20 常用蠕墨铸铁的牌号、力学性能及应用

| 基本类型 | 牌号 | 力学性能 | | | | 应用举例 |
|---|---|---|---|---|---|---|
| | | $\sigma_b$/MPa | $\sigma_{r0.2}$/MPa | $\delta$/% | 硬度/HBW | |
| 铁素体 | RuT260 | 260 | 195 | 3.0 | 121～197 | 汽车制动盘、制动鼓、气缸套、增压器、废气进气壳体等 |
| 铁素体-珠光体 | RuT300 | 300 | 240 | 1.5 | 140～217 | 制动鼓、排气管、气缸盖、液压件等 |
| | RuT340 | 340 | 270 | 1.0 | 170～249 | 飞轮、制动鼓、重型机床零件、起重机卷筒等 |
| 珠光体 | RuT380 | 380 | 300 | 0.75 | 193～274 | 活塞环、制动盘、气缸套、增压器壳体等 |
| | RuT420 | 420 | 335 | 0.75 | 200～280 | |

3) 蠕墨铸铁的热处理

对蠕墨铸铁进行的热处理一般有退火和正火两种，退火可增加组织中铁素体的数量，适当提高蠕墨铸铁的塑性；正火可增加组织中珠光体的数量，适当提高蠕墨铸铁的强度及硬度。

**(5) 合金铸铁**

合金铸铁是指在普通铸铁中加入合金元素而具有较高力学性能或某些特殊性能的铸铁。通常加入的合金元素有硅、锰、磷、镍、铬、钼、铜、铝、硼、钒、钛、锑、锡等。合金元素能使铸铁基体组织发生变化，从而使铸铁获得耐热、耐磨、耐腐蚀等特殊性能，因此这种铸铁也叫"特殊性能铸铁"。常用的合金铸铁有耐磨铸铁、耐热铸铁及耐蚀铸铁等。

1) 耐磨铸铁

不易磨损的铸铁称为耐磨铸铁。通常通过激冷或向铸铁中加入铬、钨、钼、铜、锰、磷等元素，在铸铁中形成一定数量的硬化相来提高其耐磨性。耐磨铸铁按其工作条件大致可分为两类：减摩铸铁和抗磨铸铁。

① 减摩铸铁。减摩铸铁在润滑条件下工作，具有减小摩擦系数、保持油膜连续性、抵抗咬合或擦伤的减摩作用。减摩铸铁应用于机床导轨、气缸套、活塞环和轴承等，其组织应为软基体上分布着硬组织。珠光体灰铸铁基本上符合要求，其珠光体基体中的铁素体为软基体，渗碳体为硬组织，石墨片是良好的润滑剂，并且由于石墨组织的"松散"特点，石墨所在之处可以储存润滑油，从而达到润滑摩擦表面的目的。

② 抗磨铸铁。抗磨铸铁在无润滑、干摩擦条件下工作，具有较高的抗磨作用。如犁铧、轧辊、抛丸机叶片和球磨机磨球等，这类铸铁不仅受到严重的磨损，而且承受很大的负荷，应具有高而均匀的硬度。白口铸铁就是一种较好的抗磨铸铁。抗磨白口铸铁的牌号由 KmTB（抗磨白口铸铁）、合金元素符号及其质量分数数字组成，如 KmTBNi4Cr2-DT、KmTBN14Cr2-GT、KmTBCr20Mo、KmTBCr26 等。牌号中的"DT"表示低碳，"GT"表示高碳。

2) 耐热铸铁

可以在高温下使用，其抗氧化或抗生长性能符合使用要求的铸铁称为耐热铸铁。铸铁在反复加热、冷却时产生体积长大的现象称为铸铁的生长。由于在高温下铸铁内部发生氧化现象和石墨化现象，其体积膨胀是不可逆的，因此，铸铁在高温下损坏的主要形式是铸铁生长及产生微小裂纹。

为了提高铸铁的耐热性，常向铸铁中加入硅、铝、铬等合金元素，提高铸铁的临界温度，得到单相铁素体基体，消除渗碳体分解造成的生长现象，使铸铁表面形成一层致密的 $SiO_2$、$Al_2O_3$、$Cr_2O_3$ 氧化膜，从而抑制铸铁继续氧化和生长。通过加入球化剂和铬、镍等合金元素，促使石墨细化和球化，球状石墨互不连通，可防止或减少氧化性气体渗入铸铁内部。国外应用较多的是铬、镍系耐热铸铁，我国目前广泛应用的是高硅、高铝或铝硅耐热铸铁及铬耐热铸铁。

耐热铸铁的牌号用"RT"表示，如 RTSi5、RTCr16 等。如果牌号中有"Q"，则表示为球墨铸铁，数字表示合金元素的质量分数，如 RQTSi5、RQTA122 等。

耐热铸铁主要用于制作工业加热炉附件，如炉底板、烟道挡板、废气道、传递链构件、热交换器等。

3) 耐蚀铸铁

能耐化学、电化学腐蚀的铸铁称为耐蚀铸铁。耐蚀铸铁中常加入的合金元素有硅、铝、铬、镍、钼、铜等，这些合金元素能使铸铁表面生成一层致密稳定的氧化物保护膜，从而提高铸铁的耐蚀能力。常用的耐蚀铸铁有高硅耐蚀铸铁、高硅钼耐蚀铸铁、高铬耐蚀铸铁、镍铸铁等，主要用于化工机械，如管道、阀门、耐酸泵等。

耐蚀铸铁的牌号用"ST"表示，常用的高硅耐蚀铸铁的牌号有 STSi11Cu2CrRE、STSi5RE、STSi15Mo3RE 等，其中 RE 是稀土代号，数字表示合金元素的质量分数。

## 3.4 钢铁材料在汽车上的应用

钢材是汽车制造的主要原料，据粗略统计，生产一辆汽车的原材料中，钢材所占的比例为 72%～88%。

### 3.4.1 汽车用钢材的种类

用于汽车制造的钢材品种主要有型钢、中板、薄板、钢带、优质钢材、钢管等，其中以薄板和优质钢材为主。

热轧中板主要用于载货汽车车架纵梁、横梁、车厢横梁、车轮轮辐，轿车的滚形车轮轮辋、轮辐等。冷轧薄板主要用于车身，要求钢板成形性能良好，表面质量好，厚度公差小。轿车车身用钢为电镀锌板、热镀锌板。优质钢材包括碳素结构钢、合金结构钢、弹簧钢、易切钢、冷镦钢、耐热钢等，其中齿轮钢用量最多。

目前我国汽车用钢材种类及其比例见表 3-21。

表 3-21 我国汽车用钢材种类及其比例　　　　　　　　　　　　　　　单位：%

| 钢板 | 合金结构钢 | 型钢 | 弹簧钢 | 钢带 | 冷镦钢 | 钢管 | 易切削钢 | 金属制品 | 耐热钢 | 碳素结构钢 | 其他 |
|---|---|---|---|---|---|---|---|---|---|---|---|
| 50 | 9.6 | 6 | 7.5 | 6.5 | 2.1 | 3 | 0.9 | 1 | 0.3 | 8.7 | 4.4 |

(1) 冷轧板的应用

1) 冷轧板带在轿车上的应用

冷轧板带是制造汽车的覆盖件和车体内部加强板、防护板、连接板以及梁等最主要的材料，其用量占轿车用板带的 66.5%～81.0%。考虑到轿车所采用的镀锌薄板和其他镀层材料也源于冷轧板带，因此，冷轧板带及其镀层板带的用量约占其板带材用量的 90%。

轿车对冷轧板带的需求量因车型不同而不同，其用量范围为 450～550kg。

轿车用冷轧板带及镀铸板厚度范围为 0.40～4.0mm。用量最多的冷轧板带厚度是

0.80mm，其次是 0.70mm。镀锌板用量最多的也是 0.80mm 和 0.70mm 厚度规格。轿车用冷轧板带的宽度范围为 600~1850mm，特别是宽度在 1000mm 以下的规格繁多。粗略统计，宽度小于 1050mm 的冷轧板带约占轿车总需求量的 32.97%，宽度为 1050~1250mm 的冷轧板带约占轿车总需求量的 34.8%，宽度为 1250~1530mm 的冷轧板带约占轿车总需求量的 22.2%，宽度为 1530~1850mm 的冷轧板带约占轿车总需求量的 10.03%。

2) 冷轧板在客车上的应用

冷轧薄板在大型客车中主要用作蒙皮，在小型和微型客车中主要用于外覆盖件以及加强板和梁等。

客车分大型、中型、小型和微型四种车型，各车型用冷轧板带的规格厚度在 0.40~3.20mm 之间，用量最多的是 1.00mm，其次是 0.80mm。其中，大型客车用冷轧板带的厚度大部分在 1.0~1.4mm 之间。小型客车用冷轧板带用量比重最大的厚度规格为 0.80mm，其次为 1.0mm。微型客车用冷轧板带用量最多的厚度规格集中在 0.70mm、0.75mm、0.80mm。

3) 冷轧板在载货汽车上的应用

载货汽车用冷轧薄板主要作外盖板、顶盖板、翼子板、保险杠以及内板等。厚度规格范围为 0.4~3.0mm，重型车用厚度达 4.0mm。宽度多数在 1500mm 以下，最宽为 1650~1700mm，用作冲压驾驶室顶盖和底板。

**(2) 热轧板的应用**

轿车用热轧薄板主要用于制造垫板、支架、冲击桥壳以及制造轮辋和轮辐，客车用热轧薄板主要是制造各种支架和底座。此外，有些车型的轮辋也可以用热轧薄板。载货汽车用热轧薄板主要用于制造车架、车厢横纵梁等。

汽车用热轧板分为中板和薄板，主要用于载重汽车车架纵梁、横梁、车厢横梁、车轮轮辐，轿车的车轮轮辋、轮辐等。车架用钢主要为 Mn、Ti、Nb、Si-V、Mn-V 低合金钢或复相高强度钢，主要性能要求强度、塑性、冷弯性好。轿车车轮用钢要求厚度公差严格，表面质量高。车厢横梁用低合金钢或碳素钢。汽车滚形车轮用钢板，主要厚度规格为 2.5~7.0mm，特殊可到 14.0mm。

轿车、客车和载货车用钢材见表 3-22~表 3-24。

表 3-22 轿车用钢材的品种与规格

| 项 目 | 中 板 | 薄 板 |
|---|---|---|
| 用途 | 液压成形车轮和其他结构件 | 轮辐、轮辋、冲击桥壳、垫板、支架 |
| 钢种 | 08、10~15 钢,低合金钢等 | 碳钢,低碳、低合金高强度钢(380~600MPa) |
| 宽度/mm | 1000~1500 | 1000~1200 |
| 厚度/mm | 多数在 4.0~10 | 2.0~4.0 |

表 3-23 客车用钢材的品种与规格

| 项 目 | 中 板 | 薄 板 |
|---|---|---|
| 用途 | 横纵梁、小型客车车轮 | 支架、底座 |
| 钢种 | Q235、SAPH370、20、3508AL、16MnL | Q235、16Mn、65Mn 等 |
| 宽度/mm | 1000~1500 | <1500 |
| 厚度/mm | 4.0~8.0 | 3.0、3.5、4.0 居多 |

表 3-24 载货车用钢材的品种与规格

| 项 目 | 中 板 | 薄 板 |
|---|---|---|
| 用途 | 横梁、纵梁、支架、连接板、微型车车轮 | 车架、车厢横纵梁等 |
| 钢种 | Q235、16Mn、08TiL、09SiV 等 | 08TiL、10TiL、16MnL 占 80%,碳索占 20% |

| 项　　目 | 中　板 | 薄　板 |
|---|---|---|
| 宽度/mm | 一般小于1500 | 1000~1250占80% |
| 厚度/mm | 一般为10~45 | 2.0~4.0 |

### 3.4.2 高强度钢板及应用

高强度钢板是经过固体溶剂强化、析出强化、晶粒细化强化和应变组织强化的组合设计，并能满足强度和加工性能的材料，其强度与相对密度的比值高于相应的传统材料。一般抗拉强度在370MPa以上的热轧钢板和340MPa级以上钢板称作高强度钢板。根据ULSAB(UI-tra Light Steel Auto Body)超轻钢车身项目定义，把屈服强度在210~550MPa级低合金钢称为高强度钢板。

**(1) 分类**

高强度钢板可按冲压级别、生产工艺、强化机理、屈服强度进行分类。

① 按冲压级别分为普通冲压型、深级冲压型、超级冲压型。

② 按生产工艺分为冷轧高强度钢板和热轧高强度钢板。冷轧高强度钢板在汽车上用于车身零件，如车门、发动机外罩板、发动机内罩板和结构件。热轧高强度钢板在汽车上用于载货车纵横梁、车轮、制动盘等。

③ 按强化机理分为固溶强化型（如磷合金高强度钢板）、弥散强化型（如低合金高强度钢板）、相变强化型（如双相钢板）及烘烤硬化型钢板。

④ 按屈服强度分为普通高强度钢板（210~550MPa）、超高强度钢板（>550MPa）和先进高强度钢板（介于前两者之间）。

340MPa级烘烤硬化型钢板称为BH钢板。590MPa级高强度材料大体分为析出硬化钢、双相钢（DP钢）和相变诱导塑性钢（TRIP钢）三种。DP钢比析出硬化钢的屈服强度低，延伸性高；TRIP钢比DP钢的延伸性高，能量吸收性能好。

**(2) 高强度钢板在汽车上的应用**

一般汽车车身外表件钢板的强度级别在280~360MPa，内表件为280~410MPa。目前，汽车外板，如发动机罩、车门、行李箱、侧围外板等处已经应用了340MPa级烘烤硬化型钢板（BH钢板）和440MPa级高强度材料；车身骨架部件目前流行使用440MPa和590MPa级高强度材料；结构支撑零件已达800~1000MPa，如前后保险杠体、横纵梁、柱等。

汽车上越来越多的零部件采用高强度钢板，其中，双面镀锌高强度钢板在汽车上的应用越来越广泛。双面镀锌高强度钢板耐腐蚀性强，能保证车身长久防锈，车身强度不会随使用时间的延长而降低。目前大多数轿车采用较多的是单面镀锌钢板，其耐腐蚀性和强度都低于双面镀锌高强度钢板。

汽车车身的强度取决于车身的设计与钢板强度，车身重要防护部位采用热成型钢板可大大提高车身强度。热成型钢板技术是指将特定材质的钢板经过950℃的高温加热之后，由模具一次成形，再由激光切割设备加工所需的孔与外形尺寸。迅速冷却过程全面提升了钢板强度，每平方厘米能承受10t以上的压力，使得车身承受力提高了30%。以一汽大众迈腾车为例，其车身结构中，74%采用了高强度和超高强度钢板。其中，屈服强度大于1000MPa的轻质热成型钢板占整个车身的16%，其抗拉强度超过了航空级别的钛合金。这些材料分布于前地板、车门加强梁、柱等重要部位，在发生撞击时可有效减小座舱形变。目前，高强度钢板在汽车上的使用率早已超过70%。

## 3.4.3 汽车零部件结构及加工工艺特点对材料的技术要求

汽车部件分类及对板材的要求见表 3-25。

**表 3-25 汽车部件分类及对板材的要求**

| 部分分类 | 代表零件 | 特性要求 | 主要板厚控制要素 |
| --- | --- | --- | --- |
| 面板部件 | 外板：门、内板：车底板 | 成形性、刚性、抗凹陷性、耐蚀性 | 拉伸刚性、抗凹陷性 |
| 结构部件 | 构件、发动机罩 | 成形性、刚性、冲击吸收能、疲劳强度、耐蚀性、焊接性 | 拉伸刚性、冲击吸收能、疲劳强度 |
| 行走部件 | 下部支架、车轮 | 成形性、刚性、疲劳强度、耐蚀性、焊接性 | 构件刚性、疲劳强度 |
| 增强部件 | 前后防撞件、横梁 | 成形性、焊接性、冲击吸收能 | 冲击吸收能 |

**(1) 车身对钢材的要求**

汽车用钢中的板材（包括热轧钢板、冷轧钢板和镀层板）是生产汽车的最主要原材料，发达国家板材产量的 50% 以上是供应给汽车制造厂的。汽车工业用来减轻汽车自重的先进的高强度钢材主要用于汽车外壳和结构件，这种高强度钢材的强度为 300~800MPa，厚度可以更薄些，称作"轻型钢材"。同时，夹层钢板也是改善刚度、减轻汽车自重的另一种材料选择，它比传统钢板减重 35%，并提高了挠性和扭力刚性。

1) 汽车表面用钢板

对于汽车面板，设计上要求具有高的加工性，使用以添加磷和锰的超低碳钢为主的 IF（无间隙原子）钢，强度达到 440MPa 级的高强度钢或烘烤硬化（BH）钢板。

2) 汽车车体用钢板

20 世纪 80 年代北美和欧洲对钢板进行防锈处理，并开发、使用各种防锈钢板，目前采用热镀锌（GI）和合金化热镀锌（GA）钢板的比重在增加。尽管高强度热镀锌钢板存在因母材中添加碳、硅、铝等多种合金成分，导致润湿性降低而不能镀锌等问题，但现在还在开发强度达 780MPa 级的 GI 和 GA 钢板。

**(2) 车轮对钢材的要求**

汽车车轮轮辋经下料卷圆、闪光对焊、水冷、去毛刺、扩口、滚形扩张、打冲气孔等工序完成。轮辐经正拉延、反拉延、镦压整形、冲孔、修边、冲螺栓孔、挤球面翻边等工序来完成。采用 $CO_2$ 保护焊将轮辋和轮辐组装成车轮。车轮实体必须达到规定的台架疲劳试验次数才能装车使用。

汽车车轮的制造工艺过程和车轮的使用条件，要求所用钢材除了应具有良好的延伸凸缘性、良好的冷成形性、良好的闪光焊接性及疲劳性能等综合力学性能外，还应具有良好的表面质量和严格的尺寸公差。为保证车轮的气密性及其运行时不产生大的旋转振摆或失衡，必须保证钢板的厚度公差。几种主要轿车车型的滚形车轮用钢板的技术条件见表 3-26。

**表 3-26 几种主要轿车车型的滚形车轮用钢板的技术条件**

| 车型 | 类别 | | 尺寸及公差/mm | | | 力学性能 | | | |
| --- | --- | --- | --- | --- | --- | --- | --- | --- | --- |
| | 用途 | 轧制状态 | 厚度 | 宽度 | 长度 | $\sigma_s$ /MPa | $\sigma_b$ /MPa | $\delta_5$ /% | 冷弯 (180°) |
| 奥迪 100 | 轮辋 | 热轧或冷轧 | 2.50±0.10 | 1100 | 2100 | ≥225 | 343~441 | ≥35 | $d=0$ 合格 |
| | 轮辐 | 热轧 | 4.60±0.10 | 390 倍尺 | 390 倍尺 | ≥294 | 392~490 | ≥32 | $d=0.5a$ 合格 |
| 雪铁龙 | 轮辋 | 热轧或冷轧 | 2.20±0.10 | 180~210 倍尺 | — | | 372~442 | ≥30 | |
| | 轮辐 | 热轧或冷轧 | 2.50±0.10 | 250~450 | | | ≥402 | ≥34 | |

续表

| 车型 | 类别 | | 尺寸及公差/mm | | | 力学性能 | | | |
|---|---|---|---|---|---|---|---|---|---|
| | 用途 | 轧制状态 | 厚度 | 宽度 | 长度 | $\sigma_s$ /MPa | $\sigma_b$ /MPa | $\delta_5$ /% | 冷弯(180°) |
| 桑塔纳 | 轮辋 | 热轧或冷轧 | 2.50±0.10 | 1050 | 2000 | ≥225 | 343~441 | ≥35 | $d=0$ 合格 |
| | 轮辐 | 热轧 | 5.00±0.10 | 370 倍尺 | 370 倍尺 | ≥294 | 392~490 | ≥32 | $d=0.5a$ 合格 |
| 标致 | 轮辋 | 热轧 | 3.00±0.10 | 2000 | 2000 | ≥225 | 343~441 | ≥35 | $d=0$ 合格 |
| | 轮辐 | 热轧 | 4.50±0.10 | 490 倍尺 | 490 倍尺 | ≥294 | 392~490 | ≥32 | $d=0.5a$ 合格 |

**(3) 齿轮对钢材的要求**

为了变速器的轻型化和增大发动机功率，解决齿轮损伤已成为重要研究课题。为此，汽车制造厂对齿轮用钢进行二硫化铝的烧涂等润滑处理。为降低成本和提高可靠性，应进一步开发高强度和无须润滑处理的材料。

**(4) 连杆对钢材的要求**

连杆是汽车发动机的主要零件，为了保证发动机的工作可靠性，要求连杆具备良好的综合力学性能。连杆的机械加工工艺复杂，精度要求高，通常采用调质钢制造。某汽车发动机连杆原来采用 55 钢锻造后重新加热，进行淬火＋回火热处理工艺，但存在着切削加工困难、表面质量差、淬火易出现裂纹等缺陷，废品率较高。为了节约能源，提高产品质量和工件的切削加工效率，采用非调质钢 35MnVS 代替碳素结构钢来制造发动机连杆。非调质钢是在碳钢中加入微量的合金元素，如钒、铌、钛等，在锻造或热轧空冷状态下就能达到调质钢的性能。

**(5) 弹簧对钢材的要求**

弹簧材料设计应力目前正从传统的 1000MPa 级向 1200～1300MPa 级高强度化方向发展。在实现弹簧高强度化的过程中，还要考虑到永久变形性、疲劳强度、腐蚀环境下的疲劳寿命等因素。

**(6) 气门对钢材的要求**

气门弹簧的钢丝疲劳寿命要求 2300 万次，实际上是无限寿命，因此对弹簧钢丝的生产工艺稳定性提出了十分苛刻的要求。

**(7) 冷镦件对钢材的要求**

随着汽车功率、转速不断提高，汽车用紧固件（如螺栓、螺钉、螺母等）的工作条件更加恶劣，工作应力明显提高。汽车零件的轻量化，即减小螺栓类零件尺寸、质量，要求紧固件用钢具有更高的强度。冷镦钢常用的是 700～1000MPa 级，后来提高到 1100MPa、1200MPa 级，一些汽车甚至要求强度在 1400MPa 以上。除强度外，对冷镦钢的其他性能也提出了要求，如抗延迟破坏性能、耐蚀性、加工性能等。

抗拉强度超过 1200MPa 的螺栓在静态应力作用下，经过一定时间后突然性脆断的现象称作延迟断裂。随着材料强度提高，延迟断裂的敏感性增大。通过强化晶界、提高韧性等途径可有效降低材料对延迟断裂的敏感性，可采取以下措施：

① 减少晶界偏析。减少在晶界上偏析的磷、硫等元素的含量，防止晶界脆化。

② 细化晶粒。加入铝、钛、铌、钒等元素，生成弥散析出的碳氮化物，淬火加热时保证奥氏体晶粒细小。

③ 提高回火温度使碳化物球化，并加入抗回火软化能力强的合金元素钼、钒，避开回火脆性。

现在的高强度螺栓几乎全部采用回火马氏体钢，这类钢对延迟断裂的敏感性大。一些研究发现，具有贝氏体组织的钢的抗延迟断裂性能比回火马氏体钢要好。新研制的一种贝氏体组织冷镦钢的成分是：0.40%～0.50% C，0.05% Si，0.50% Mn，1.00% Cr，0.60% Mo，0.30% Ni，0.05% Ti 和 0.03% Al。利用低温（300～375℃）恒温处理得到贝氏体组织。这种钢即使在 1500MPa 以上的超高强度级别下，其延迟断裂性能仍大幅度提高，远远超过回火马氏体高强度钢。观察显微组织发现，回火马氏体钢中几乎所有晶界均有碳化物析出，而贝氏体钢中晶界上很少见有碳化物析出。对延迟断裂断口观察也发现，马氏体钢断裂起点附近为沿晶破坏，而贝氏体钢为穿晶破坏。贝氏体组织在提高延迟断裂性能方面的优越性，为高强度冷镦钢的开发提供了新思路。

### 3.4.4 汽车主要零件的选材

大部分汽车零件采用钢铁材料，部分零件采用非铁金属合金和粉末冶金材料。

**(1) 发动机缸体、缸盖、缸套**

发动机的缸体、缸盖要承受燃烧过程的高温、高压和高速运动件的振荡力和摩擦磨损，又是许多小总成依附的骨架，既要承重，又要经得起许多高强度螺栓拧紧所产生的局部巨大压应力。因此，缸体、缸盖材料要求具有较高强度、良好铸造性能和机加工性能，且成本低廉。根据缸体的工作条件和加工工艺的要求，缸体材料多采用灰铸铁和铝合金两种。铝合金密度小、质量轻，但强度和刚度较低，且成本较高。一般缸体材料采用 HT200 或 HT250 灰铸铁，"轻量化"的轿车和小型车为了减轻质量，其缸体、缸盖多采用铝合金，用铸铝件取代铸铁件。用高强度蠕墨铸铁制造缸体可以大大提高功率与质量比，可与铝合金竞争，其材料强度和刚度都比铝合金高出 1 倍多，也高于灰铸铁。在振动、噪声与磨损方面，蠕墨铸铁都优于灰铸铁和铝合金。

缸套应采用耐磨材料，一般采用高磷铸铁、硼铸铁、合金铸铁等耐磨铸铁作为制造材料，常用镀铬、表面淬火、喷镀金属钼或其他耐磨合金对缸套进行表面处理，以提高其耐磨性。

**(2) 发动机曲轴**

发动机曲轴在工作中承受弯曲、扭转、剪切、拉压、冲击等交变应力，其主要失效形式是疲劳断裂和轴颈磨损。根据制造工艺不同，曲轴分为锻钢曲轴和铸造曲轴。锻钢曲轴一般采用中碳钢和中碳合金钢制造，常用的有 30、45、35Mn2、40Cr、35CrMo 等。铸造曲轴多采用铸钢、球墨铸铁、珠光体可锻铸铁及合金铸铁，常用的有 ZG230-450、QT600-3、QT700-2、KTZ450-5、KTZ500-4 等。

由于锻钢件公差大，使得切削加工部位切屑量大，而且曲拐部位形状奇特，难于锻造，质量偏差往往很大，不利于曲轴的动平衡，因此曲轴材料多采用球墨铸铁，以铸代锻。

**(3) 活塞组件**

发动机运转时，活塞组件受到周期性变化的高温高压燃气的作用，工作温度高达 2000℃，同时在气缸内高速往复运动时具有很大的惯性，并承受交变侧向力，工作条件非常苛刻。

① 活塞材料要求耐热性和导热性好，吸热少；膨胀系数小，减摩性、耐磨性、耐蚀性和工艺性好。由于铝合金导热性好、密度小，而硅能使膨胀系数减小，提高耐磨和耐蚀性，并提高强度、硬度和刚度，因此活塞材料常采用硅铝合金，并进行固溶处理及人工时效处理。

② 活塞环材料要求耐磨、耐热、韧性好、易磨合，并具有良好的加工性能。目前多采用以珠光体为基体的灰铸铁，或采用在灰铸铁中加入一定量铜、铬、钼、钨等元素的合金铸

铁，也有的采用球墨铸铁或可锻铸铁。同时，活塞环应进行镀铬、喷钼、磷化、氧化等表面处理，目前应用最广的是表面镀铬，能使活塞环寿命提高2～3倍。

③ 活塞销材料要求有足够的刚度、强度和耐磨性，并具有较高的疲劳强度和韧性，一般选用20、20Cr、18CrMnTi等低碳合金钢，并进行渗碳或液体碳氮共渗表面处理。

**(4) 气门**

气门在工作时承受较大的机械负荷、热负荷和相当大的冲击，还要求有良好的密封性，因此要求材料耐热、耐磨、耐蚀。因进排气门工作条件不同（排气门工作温度高达650～850℃），选用的材料也不相同。通常进气门采用40Cr、35CrSi、38CrSi、42Mn2V等合金，排气门则采用高铬耐热钢，如4Cr10Si2Mo等。

**(5) 齿轮**

齿轮受力较大，冲击频繁，其主要失效形式是齿面磨损、疲劳断裂、齿面接触疲劳破损等，因而要求其材料具有很高的强度和疲劳强度，并具有良好的冲击韧度和耐磨性。国内应用最多的汽车齿轮用材是20Cr或20CrMnTi合金渗碳钢，并进行渗碳、淬火和低温回火处理。东风公司柴油发动机厂采用等温淬火球墨铸铁材质制造齿轮。

**(6) 螺栓、铆钉等连接零件**

螺栓、铆钉等连接零件主要起连接、紧固、定位等作用。连接零件不同，工作条件和受力也不相同，因此所需材质也不同。通常螺栓、铆钉等连接零件采用冷镦钢材，高强度螺栓采用回火马氏体钢和贝氏体钢。

**(7) 半轴**

半轴主要承受扭转力矩和一定的冲击载荷，要求其材料具有较高的综合力学性能，即很高的抗弯强度、疲劳强度和良好的韧性。通常半轴材料选用调质钢，并采用喷丸处理及滚压、凸缘根部圆角强化处理。一般中小型汽车半轴采用45钢和40Cr，重型汽车则采用40MnB、CrNi、40CrMnMo等淬透性较高的合金钢。

汽车主要零件材料的选用见表3-27。

表3-27 汽车主要零件材料的选用

| 汽车主要零件 | 材料种类及牌号 | 使用性能要求 | 主要失效方式 | 热处理及其他方式 |
|---|---|---|---|---|
| 缸体、缸盖、飞轮、正时齿轮 | 灰铸铁：HT200 | 刚度、强度、尺寸稳定性 | 裂纹、孔壁磨损、翘曲变形 | 不处理或去应力退火，也可用ZL104铝合金做缸体、缸盖，固溶处理后时效处理 |
| 缸套、排气门座等 | 合金铸铁 | 耐磨性、耐热性 | 磨损 | 铸造状态 |
| 曲轴 | 球墨铸铁：QT600-2 | 刚度、强度、耐磨性 | 磨损、断裂 | 表面淬火、圆角滚压、渗氮，也可以用锻钢件 |
| 活塞销等 | 渗碳钢：20、20Cr、18CrMnTi、12Cr2Ni4 | 强度、冲击韧度、耐磨性 | 磨损、变形、断裂 | 渗碳、淬火、回火 |
| 连杆、连杆螺栓、曲轴 | 调质钢：45、40Cr、40MnB | 强度、疲劳强度、冲击韧度 | 变形、断裂 | 调质、探伤 |
| 各种轴承、轴瓦 | 轴承钢、轴承合金 | 耐磨性、疲劳强度 | 磨损、剥落、烧蚀破裂 | 不进行热处理 |
| 排气门 | 高铬耐热钢：4Cr10Si2Mo、4Cr14Ni14W2Mo | 耐磨性、耐热性 | 起槽、变宽、氧化烧蚀 | 淬火、回火 |
| 气门弹簧 | 弹簧钢：65Mn、50CrVA | 疲劳强度 | 变形、断裂 | 淬火、中温回火 |
| 活塞 | 高硅铝合金：ZL108、ZL110 | 耐热强度 | 烧蚀、变形、断裂 | 固溶处理及时效 |
| 发动机支架、盖、罩、挡板、油底壳等 | 钢板：A3、08、20、16Mn | 刚度、强度 | 变形 | 不进行热处理 |

续表

| 汽车主要零件 | 材料种类及牌号 | 使用性能要求 | 主要失效方式 | 热处理及其他方式 |
|---|---|---|---|---|
| 纵梁、横梁、传动轴、钢圈等 | 钢板：25、16Mn | 强度、刚度、韧性 | 弯曲、扭斜、铆钉松动、断裂 | 要求用冲压工艺性能好的优质钢板 |
| 前桥（前轴）转向节臂、半轴等 | 调质钢：45、40Cr、40MnB | 强度、韧性、疲劳强度 | 弯曲变形、扭转变形、断裂 | 模锻成形、调质处理、圆角滚压、无损探伤 |
| 变速器齿轮、后桥齿轮等 | 渗碳钢：20、CrMnTi、40MnB | 强度、耐磨性、接触疲劳强度、断裂强度 | 麻点、剥落、齿面磨损、变形、断齿 | 渗碳(深度 0.88mm 以上)、淬火、回火，表面硬度 58～62HRC |
| 变速器壳、离合器壳 | 灰铸铁：HT200 | 刚度、尺寸稳定性、一定的强度 | 裂纹、轴承孔磨损 | 去应力退火 |
| 后桥壳等 | 可铸件：KT350-10 球墨铸铁：QT400-10 | 刚度、尺寸稳定性、一定的强度 | 弯曲、断裂 | 后桥还可用优质钢板冲压后焊接或用铸钢 |
| 钢板弹簧 | 弹簧钢：65Mn、60Si2Mn、50CrMn、55SiMnVB | 耐疲劳、冲击和腐蚀 | 折断、弹性减退、弯度减小 | 淬火、中温回火、喷丸强化 |
| 驾驶室、车厢罩等 | 08钢板、20钢板 | 刚度、尺度稳定性 | 变形、开裂 | 冲压成形 |
| 制动分泵活塞、油管 | 非铁金属：铝合金、纯铜 | 耐磨性、强度 | 磨损、开裂 | — |

## 复习思考题

1. 把碳的质量分数为 0.45% 的钢和白口铸铁都加热到 1000～1200℃ 的高温，能否继续锻造？为什么？

2. 什么是热处理？什么样的材料才能进行热处理？

3. 退火的目的是什么？常用退火方法有哪些？

4. 退火适用于处理哪一类零件？

5. 什么叫淬火？淬火的目的是什么？

6. 淬火加热温度如何选择？常用冷却介质和淬火方式各有哪些？

7. 什么叫回火？回火目的是什么？工件淬火后为什么要及时回火？

8. 常用回火方法有哪些？分别适用于处理哪些零件？

9. 正火和回火有何异同？各如何应用？

10. 举例说明各种热处理方法在汽车制造过程中的应用。

11. 用低碳钢（20钢）和高碳钢（45钢）制造齿轮，要求表面具有高硬度和耐磨性，心部具有一定的强度和韧性，各需采用哪种热处理工艺？

12. 分析说明汽车上的主要零件所采用的热处理方法。

13. 什么叫淬透性、淬硬性？影响因素有哪些？有何现实意义？

14. 哪些零件需进行冷处理？为什么？冷处理后是否需要回火？

15. 钢是如何分类的？不同的钢质材料的性能有何异同？

16. 说明下列钢号的成分并判断各属于哪一类钢？

20Gr、9GrSi、ZGMn13-2、GGr15、40Gr、20CrMnTi、60Si2Mn、W18Cr4V、1Cr13、Cr18Ni9、40CrNiMo、3Cr2W8V、Cr12、CrWMn。

17. 列出常用合金钢的牌号，并说明其含义。

18. 试分析比较低合金结构钢、合金渗碳钢、合金调质钢、合金弹簧钢、合金工具钢、滚动轴承钢、特殊性能钢的成分特点、使用状态、组织特点、性能特点、应用范围及热处理特点等。

19. 不锈钢和耐磨钢的热处理目的与一般钢的淬火有何不同？
20. 分析说明汽车制造常用钢材的性能特点。
21. 举例说明汽车主要零件各自选用的钢材类型，其性能如何？
22. 根据碳在铸铁中存在的形态，铸铁可分为哪几类？
23. 影响铸铁性能的主要因素有哪些？
24. 球墨铸铁与灰铸铁各有何性能特点？
25. 举例说明常用铸铁的牌号、成分及性能。
26. 举例说明铸铁在汽车上的应用。
27. 简述钢铁材料在汽车上的应用及发展趋势。

# 第4章 汽车常用有色金属材料

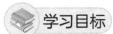

1. 了解各种有色金属及其合金的种类。
2. 了解汽车新型有色金属材料的发展趋势。
3. 掌握汽车常用有色金属及其合金的性能特点。
4. 掌握有色金属及其合金在汽车上的应用。
5. 能够根据汽车零件的工作条件选用适宜的有色金属材料。

通常把铁和铁碳合金称为黑色金属，将黑色金属以外的其他金属统称为有色金属，包括铝、镁、铜、锌、铅、锡、镍、钛、金、银、钼、钒等金属及其合金。黑色金属是汽车使用的主要材料，而有色金属成本较高，其产量和使用量相对较少。但有色金属具有比钢铁更为优良的物理性能和化学性能，如：铝、镁、钛及其合金的密度小，比强度高；铜、锌、镍、钛及其合金耐腐蚀性强；某些有色金属具有特殊的电、磁、热膨胀性能，可以满足汽车零件的特殊性能要求。因此，有色金属是现代汽车工业中不可缺少的金属材料。

有色金属的种类繁多，常用的主要有铝及其合金，铜及其合金，轴承合金，钛、镁及其合金等。

## 4.1 铝及铝合金

铝及铝合金是汽车工业应用最广泛的有色金属。铝及铝合金的密度小，具有良好的延展性，有利于汽车的轻量化发展。在汽车工业中，铝及铝合金的使用量和使用率正在逐渐增加，其用量已超过（铸）铁，成为仅次于钢的第二大汽车材料。

### 4.1.1 工业纯铝

**(1) 性能**

铝在地球上的储量居金属元素之首。纯铝呈银白色，质量分数不低于99.00%，具有面心立方晶格，无同素异构转变。铝的密度为2.72g/cm³，是铁密度的1/3，熔点较低（660℃），基本无磁性。铝具有良好的导电、导热性能，仅次于金、银、铜。铝和氧的亲和力强，在大气中，其表面会生成一层致密的$Al_2O_3$薄膜，并可阻止其进一步氧化，故铝的抗大气腐蚀能力强，但不耐酸、碱、盐的腐蚀。

工业上使用的纯铝质量分数一般为99.7%~98%，其强度低（80~100MPa）、塑性好（80%），通过压力加工可制成各种型材，如丝、线、筒、棒和管等。铝不能用热处理方法进行强化，可采用冷变形强化手段提高其强度。冷变形后，其强度可提高到150~250MPa，但塑性则下降到50%~60%。

**(2) 牌号和应用**

纯铝牌号用1×××四位数字、字符表示,牌号的最后两位数表示铝的最低质量分数值。工业纯铝的牌号有1A99、1A97、1A95、1A85、1A50等。当铝的最低质量分数精确到0.01%时,牌号的最后两位数为铝的最低质量分数中小数点后面的两位,如1A99表示 $w_{Al}=99.99\%$,1A95表示 $w_{Al}=99.95\%$。

工业纯铝因具有强度、硬度低的特点,主要用途是制作电线、电缆,以及熔炼铝合金。纯铝在汽车上应用较少,主要用于制造空气压缩机垫圈、排气阀座垫片、汽车铭牌等。

## 4.1.2 铝合金

在纯铝中加入适量的硅、铜、镁、锌、锰等元素制成铝合金,可大大提高其力学性能。经过冷变形加工或热处理后,可进一步提高铝合金的强度,其抗拉强度可提高到500MPa以上,与低碳钢的强度相近,同时保持了密度小、比强度高和导热性好的特性。铝合金适宜制造各种机械零件(如发动机机体、变速器壳体),广泛用于汽车制造、航空航天工业及民用产品制造。

**(1) 铝合金的分类**

根据成分及生产工艺特点,铝合金可分为形变铝合金和铸造铝合金两大类,如图4-1所示。

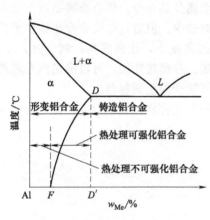

图4-1 铝合金相图及分类

合金元素含量位于 $D$ 点左侧的合金,当加热到固溶线 $DF$ 线以上时,可得到单相α固溶体,其塑性好,易于压力加工,故称为形变铝合金。通常将形变铝合金加工成各种规格的型材,如铝板、铝带、铝管、铝线等。

形变铝合金可分为热处理不可强化铝合金和热处理可强化铝合金两类。合金元素含量位于 $F$ 点以左的铝合金,由于其固溶体化学成分不随温度而变化,不能进行热处理强化,称其为热处理不可强化铝合金,其常用的强化方法是冷变形,如冷轧、挤压等。合金元素含量位于 $F$ 点与 $D$ 点之间的铝合金,由于其固溶体化学成分随温度而变化(沿 $DF$ 线),可利用固溶-时效的热处理方法使铝合金强化,称其为热处理可强化铝合金。固溶-时效是铝合金的主要强化手段,在其他非铁金属中也有广泛应用。

合金元素含量在图4-1中 $D$ 点以右的铝合金,由于冷却时发生共晶反应,流动性较好,适宜于铸造成形,故称为铸造铝合金。

**(2) 铝合金的热处理**

纯铝无同素异构转变,因此铝合金热处理机理与钢不同。铝合金是通过固溶处理(淬火)+时效处理来提高强度、硬度和其他性能的,这种热处理也称为强化处理。

1) 固溶处理

将铝合金加热到稍高于固溶线,保温适当时间,可得到均匀的单相α固溶体,然后在水中快速冷却,使第二相来不及析出,在室温下获得过饱和的α固溶体单相组织。此时,铝合金的强度和硬度并没有明显提高,而塑性却得到改善,这种热处理为固溶处理。

铝合金的固溶处理与钢的淬火虽然都是加热后快速冷却,但却有本质的区别。前者在冷却过程中晶格类型没有发生变化,而后者晶格类型却发生了变化,由面心立方(奥氏体)转变为体心立方(马氏体)。

2) 时效

铝合金固溶处理后应及时进行时效。固溶处理后获得的过饱和固溶体是不稳定的组织，有分解出第二相过渡到稳定状态的倾向。如果在一定温度下保持一定时间，使第二相从过饱和固溶体中缓慢析出，导致晶格畸变，铝合金的强度和硬度将得到显著提高，塑性明显下降。固溶处理后的铝合金随时间延长而发生硬化的现象，称为时效强化（或时效）。

铝合金的时效分为自然时效和人工时效两种。在100～200℃范围内进行的时效称为人工时效。铝合金时效强化效果与加热温度有关，人工时效温度越高，则时效过程越快，但强化效果越差。时效温度过高或保温时间过长，合金反而变软，这种现象称为过时效。

在室温下进行的时效称为自然时效。自然时效后的铝合金，在230～250℃短时间（几秒至几分钟）加热后，快速水冷至室温时可以重新变软。如再在室温下放置，则又发生正常的自然时效，这种现象称为回归。一切能时效硬化的合金都有回归现象，回归现象在实际生产中具有重要意义。时效后的铝合金可在回归处理后的软化状态进行各种冷变形。

固溶处理后几小时内，强度、塑性无明显变化，这段时间称为孕育期，生产上常在孕育期进行各种冷变形加工。

3) 退火

形变铝合金的退火是为了消除加工硬化，便于再加工，主要用于飞机蒙皮等形状复杂的钣金件，一般是将零部件加热到350～450℃，保温后空冷。对热处理不可强化铝合金零件，为了保持较高强度，适当增加塑性，可进行去应力退火，在180～300℃加热后空冷。铸造铝合金的退火可以消除铸造时的偏析和内应力，并使组织稳定，提高塑性。

**(3) 形变铝合金**

形变铝合金的特点是塑性好，可以进行冷热状态下的压力加工。常用形变铝合金包括防锈铝合金、硬铝合金、超硬铝合金及锻造铝合金等。常用形变铝合金的牌号、性能及应用见表4-1。

表4-1 常用形变铝合金的牌号、性能及应用

| 类别 | 牌号（旧代号） | 主要特征 | 应用举例 |
|---|---|---|---|
| 防锈铝 | 5A02（LF2） | 热处理不可强化,强度低,塑性与耐腐蚀性好,焊接性好 | 用于有液体介质工作场合的零件,如油箱、油管、液体容器、防锈蒙皮等 |
| | 5A05（LF5） | | |
| | 5A21（LF21） | | |
| 硬铝 | 2A01（LY1） | 热处理可强化,力学性能良好,但耐腐蚀性较差 | 用于中等强度的零件和构件,如飞机上的骨架等零件、蒙皮、铆钉 |
| | 2A11（LY11） | | |
| | 2A12（LY12） | | |
| 超硬铝 | 7A04（LC4） | 室温强度高,塑性较低,耐腐蚀性较差 | 用于高载荷零件,如飞机上的大梁、中行条、加强框、起落架 |
| | 7A09（LC9） | | |
| 锻铝 | 2A50（LD5） | 高强度锻铝,锻造性能好,耐腐蚀性较差,切削加工性好 | 用于形状复杂和中等强度的锻件、冲压件 |
| | 2A70（LD7） | 耐热锻铝,热强性较高,耐腐蚀性较差,切削加工性好 | 用于内燃机活塞、叶轮,在高温下工作的复杂锻件 |
| | 2A14（LD10） | 力学性能与硬铝相似,并有良好的热塑性,适于锻造 | 主要用于制造航空、工业仪表中形状复杂、质量轻、强度要求高的锻件及冲压件,如压气机叶片、飞机操纵臂等 |

1) 防锈铝合金

防锈铝合金属于铝-锰或铝-镁二元合金系，不能进行热处理强化，属于热处理不可强化铝合金。铝-锰系合金牌号用3×××表示，铝-镁系合金牌号用5×××表示。常用的有3A21、5A02等，A表示原始纯铝。

防锈铝合金的性能特点是具有适中的强度、优良的塑性、良好的焊接性能及较强的耐腐蚀性，适用于制造负荷轻的冲压件和要求耐腐蚀、保光泽的零件，如油箱、车辆零部件、铆钉、防锈蒙皮、生活用器皿等。

铝合金中加入锰的主要作用是提高抗蚀能力，且大部分锰溶于固溶体，可产生固溶强化作用。镁也有固溶强化作用，同时降低合金密度。防锈铝合金锻造退火后是单相固溶体组织，抗蚀性能高，塑性好，故称防锈铝合金。

2) 硬铝合金

硬铝合金属于铝-铜-镁系合金，其牌号用2×××表示，如2A11、2A12。

硬铝合金经固溶和时效处理后能获得较高的强度，故称硬铝。加入铜和镁是为了在时效过程中产生强化相$CuAl_2$和$Al_2CuMg$等，这类合金可以进行时效强化，属于热处理可强化铝合金，也可进行形变强化，但其最大的缺点是耐腐蚀性比纯铝差，故硬铝合金表面常包一层纯铝以增加其耐腐蚀性。硬铝在航空工业上获得了广泛应用，如飞机翼肋、螺旋桨叶片等。

3) 超硬铝合金

超硬铝合金属于铝-铜-镁-锌系合金，其牌号用7×××表示，如7A04、7A09。

超硬铝合金是在硬铝中再加入锌元素组成的四元系合金，合金经固溶处理和人工时效后，可产生多种复杂的第二相$MgZn_2$、$Al_2CuMg$等，获得很高的强度和硬度，是硬度最高的一类铝合金。但这类合金耐蚀性差，高温下软化快，用包铝法可提高其抗蚀性。超硬铝合金主要用于制作受力大的重要构件及高载荷零件，如飞机大梁、荷架、活塞、起落架、螺旋桨叶片等。

4) 锻造铝合金

锻造铝合金属于铝-铜-镁-硅系合金，其牌号用2×××表示，如2A50、2A70。

锻造铝合金的主要强化相是$Mg_2Si$，性能与硬铝相似，但耐蚀性和热塑性好，适于锻造，故称"锻铝"。锻铝通过固溶处理和人工时效来强化。由于其热塑性较好，适于压力加工，如锻造、冲压等，主要用于制造外形复杂的锻件和模锻件或制成棒材。

(4) 铸造铝合金

与形变铝合金相比，铸造铝合金含有较高的合金元素，具有良好的铸造性能，可进行成形铸造，生产形状复杂的铸件。但其塑性和韧性较低，不能进行压力加工。铸造铝合金种类很多，按其所含金属元素不同，主要有铝-硅系、铝-铜系、铝-镁系、铝-锌系等系列。

铸造铝合金代号用"ZL＋三位数字"表示。"ZL"表示铸铝；第一位数字表示合金类别，如1表示铝-硅（Al-Si）系，2表示铝-铜（Al-Cu）系，3表示铝-镁（Al-Mg）系，4表示铝-锌（Al-Zn）系等；后两位数字表示顺序号，顺序号不同，化学成分也不同。例如，ZL102表示2号铝-硅系铸造铝硅合金。优质合金在后面加"A"。常用铸造铝合金的牌号、力学性能及用途见表4-2。

1) 铝-硅系（Al-Si）铸造合金

铝-硅系铸造合金是目前工程上应用最广泛的铸造合金。由铝、硅两种元素组成的铝合金称为简单铸造铝硅合金，除铝、硅元素外还在合金中加入其他元素形成的铸造铝合金称为特殊铸造铝硅合金。简单铸造铝硅合金强度不高，特殊铸造铝硅合金由于加入了镁、铜、镍、锰等元素使合金得到强化,并可通过热处理进一步提高其力学性能。铸造铝硅合金通常用于制造内燃机活塞、气缸体、气缸盖、气缸套、风扇叶片、仪表外壳、油泵壳及小型箱体零件等。

表 4-2 常用铸造铝合金的牌号、力学性能及用途

| 类别 | | 合金代号 | 合金牌号 | 铸造方法 | 热处理 | 力学性能 | | | 特 点 |
|---|---|---|---|---|---|---|---|---|---|
| | | | | | | $\sigma_b$ /MPa | $\delta_5$ /% | 硬度 /HBW | |
| 铝硅合金 | 简单铝硅合金 | ZAlSi2 | ZL102 | 金属型铸造 | 铸态 | 155 | 2 | 50 | 铸造性能好,力学性能较差 |
| | 特殊铝硅合金 | ZAlSi7Mg | ZL101 | 金属型铸造 | T5 | 205 | 2 | 60 | 良好的铸造性能和力学性能 |
| | | ZAlSi7Cu4 | ZL107 | | T6 | 275 | 2.5 | 100 | |
| 铝铜合金 | | ZAlCu5Mn | ZL201 | 砂型铸造 | 固溶+自然时效 | 295 | 8 | 70 | 耐热性好,铸造性能及耐腐蚀性较差 |
| 铝镁合金 | | ZAlMg10 | ZL301 | 砂型铸造 | 固溶+自然时效 | 280 | 10 | 60 | 力学性能和耐腐蚀性较好 |
| 铝锌合金 | | ZAlZn11Si7 | ZL401 | 金属型铸造 | 人工时效 | 244 | 1.5 | 90 | 铸造性能好,力学性能较好 |

注:T5——固溶+不完全人工时效;T6——固溶+完全人工时效。

ZL102 是使用最普遍的铝-硅系铸造合金,其特点是液体流动性好,收缩小,不易产生裂纹,适宜铸造。此外,铝硅合金导热性好,密度小,耐腐蚀性好,常用来浇铸或压铸密度小而质量轻、有一定强度和复杂形状的零件,尤其是薄壁零件,如汽车发动机机壳、缸体,以及工作温度在 200℃ 以下,要求气密性好的承载零件。高强度的特殊铝-硅系合金还可以制造机器支臂、托架、挂架等。

ZL108 是常用的铸造铝活塞材料。其性能特点是质量轻,耐腐蚀性好,线胀系数小,强度、硬度较高,铸造性能好。但这种合金对高温很敏感,工作温度一般控制在 300℃ 以下,超过这个温度其疲劳强度和屈服点就迅速下降;当温度达到 400℃ 时,只要受到很小的载荷作用就会被破坏。另外,稀土铝合金常用于制造柴油发动机的活塞,其成分基本上与 ZL108 相同,只是又加入了少量($w=0.5\%\sim1.5\%$)的稀土元素,这种铝合金的高温性能较好。铝硅合金活塞需进行固溶处理及人工时效处理,以提高表面硬度。

2) 铝-铜系(Al-Cu)铸造合金

铝-铜系铸造合金的特点是耐热性好,具有较高的高温强度,能通过热处理来强化。其最大的缺点是耐腐蚀性差,耐腐蚀性随铜含量的增加而降低。铝-铜系合金常用于制造汽车、摩托车发动机的活塞和飞机的附件等。

3) 铝-镁系(Al-Mg)铸造合金

铝-镁系铸造合金的特点是密度小、强度高、耐腐蚀性较好,能耐大气和海水的腐蚀,但铸造性能差,耐热性低,一般仅适用于 200℃ 以下工作的零件。这类合金可进行时效处理,通常采用自然时效。因此常用来制造受冲击、振动、耐腐蚀和外形简单的零件以及接头等,在一定场合可以替代不锈钢,在汽车上主要用于制造缸盖、底盘飞轮等零部件。

4) 铝-锌系(Al-Zn)铸造合金

铝-锌系铸造合金由于能溶入大量的锌(其极限溶解度为 32%),经变质处理和时效处理后,铝-锌系铸造合金的强度显著提高,而且价格比较便宜。在合金中加入适量的锰、铁和镁,可以提高耐热性。其缺点是耐腐蚀性较差、热裂倾向大,主要用于制造结构形状复杂的汽车和飞机零件、医疗器械、仪表零件、日用品等。

## 4.1.3 铝合金材料在汽车上的应用

随着汽车工业的高速发展，越来越多的汽车使用铝合金代替钢、塑料等传统材料，使其朝着轻量化、高速、安全、舒适、低排量、低成本与节能的方面发展。汽车的轻量化采用铝合金效果十分显著。用铝合金材料代替铸铁件和钢件时，汽车零件质量对比见表4-3和表4-4。

表4-3 铝铸件代替铸铁件质量对比

| 零件名称 | 铸铁件质量/kg | 铝铸件质量/kg | 质量比 |
|---|---|---|---|
| 发动机缸体 | 80~120 | 13.5~32 | (3.8~4.4):1 |
| 发动机缸盖 | 18~27 | 6.8~11.4 | (2.4~2.7):1 |
| 进气歧管 | 3.5~18 | 1.8~9.0 | 2:1 |
| 转向机壳 | 3.6~4.5 | 1.4~1.8 | (2.5~2.6):1 |
| 传动箱壳 | 13.5~23.0 | 5.0~8.2 | (2.7~2.8):1 |
| 制动毂 | 5.5~9.0 | 1.8~3.6 | (2.5~3.1):1 |
| 水泵壳 | 1.8~5.8 | 0.7~2.3 | (2.4~2.6):1 |
| 油泵壳 | 1.4~2.3 | 0.5~0.9 | (2.6~2.8):1 |

表4-4 铝合金件代替钢件的质量对比

| 零件名称 | 钢件质量/kg | 铝合金件质量/kg | 质量比 |
|---|---|---|---|
| 前、后操纵杆 | 1.55 | 0.55 | 2.8:1 |
| 悬架支架 | 1.85 | 0.70 | 2.6:1 |
| 转向操纵杆 | 2.10 | 1.10 | 1.9:1 |
| 万向节头 | 6.95 | 3.90 | 1.8:1 |

例如，某轿车的铝合金用量为4%时，车的质量为1520kg；铝合金用量为5.5%时，车的质量为1475kg；铝合金用量为12.5%时，车的质量为1200kg。车的质量每降低100kg，每千米的油耗便可节约0.5~0.8L，尾气排放量也相应减少。再如，德国大众公司的奥迪A2型轿车，由于采用了全铝车身骨架和外板结构，使其总质量减少了135kg，比传统钢材料车身减轻了43%，使平均油耗降至3L/100km。奥迪A8通过使用性能更好的大型铝铸件和液压成形部件，车身零件数量从50个减至29个，车身框架完全闭合，不仅使车身的扭转刚度提高了60%，与钢制车身的同类车型相比，车的质量还减少了30%~50%。

**(1) 形变铝合金的应用**

形变铝合金在轿车上的应用品种主要有板带材、挤压型材、锻造件、管材等，可以通过焊接、粘接等方式连接成组合件。在汽车上，形变铝合金主要用于车身面板、车身骨架、发动机散热器、空调冷凝器、蒸发器、车轮、装饰件和悬架系统零件等。

在驱动系统零件中，对强度和高温强度要求不高的零件可用硬铝和防锈铝制作。车轮既可用形变铝合金，也可用铸造铝合金。其轮辋由板材成形，轮辐由板材成形或锻造成形，轮辋与轮辐可以用金属极惰性气体保护焊焊接。车身上的面板可用防锈铝或硬铝生产，如车门、发动机罩、车盖等。铝制保险杠可用防锈铝或硬铝制造，有板材加工而成的，也有挤压型材加工而成的。

由于轻量化效果明显，铝合金在车身上的应用正在扩大。本田NSX车采用了全铝承载式车身，比用冷轧钢板制造的同样车身轻200kg。NSX全车用铝材达到31.3%，如在全铝车身上，外板使用6000系列合金，内板使用5052-0合金，骨架大部使用5182-0合金；由于侧门框对强度和刚度要求很高，使用以6N01合金为基础，适当调整了Mg和Si含量的合金。在欧美地区，采用了2036合金和2008合金做车身内外板。

铝散热器发源于欧洲,而后遍及全世界。在欧洲,20 世纪 80 年代后期铝散热器已占领市场的 90%。随着车用空调、油冷却器等的大量使用,铝热交换器的市场迅速扩大。从材料的角度看,铝在热交换器上的广泛应用,在很大程度上归功于包覆料覆层铝板和铝带的成功开发。

① 车身板件用铝合金。目前,世界各国都在积极推进车身、车体主要部位的铝材化。用于车身的铝合金主要有铝-铜-镁系(2000 系)、铝-镁系(5000 系)、铝-镁-硅系(6000 系)和铝-镁-锌-铜系(7000 系)。其中,2000 系和 6000 系是可以热处理强化的,而 5000 系是不可以热处理强化的。前者通过涂装烘干工序使强度提高,主要用于外板等要求强度、刚性的部位;后者成形性优良,用于内板等复杂的部位。经过热处理的铝合金板材多用作汽车的外壳及车身框架材料。奥迪 A8 轿车的整体车身用铝合金制造并采用立体框架式结构,覆盖件用铝合金冲压而成,与钢制车身相比质量减轻了 30%~50%,这些合金采用了连续退火工艺,纯度、强度和工艺稳定性很高,但生产成本也较高。就铝板覆盖件的发展趋势来看,强度高、成形好、表面质量优良的铝板将取代钢板。日本汽车公司大多数采用 5000 系、2000 系、6000 系铝合金作为汽车车身的板材料。近几年,采用 6000 系和 7000 系高强度铝合金开发了"口""日""目""田"字形状的薄壁和中空型材,不仅质量轻、强度高、抗冲击性好,而且挤压成形性能好,在汽车上得到广泛的应用。

② 其他铝合金结构件。铝合金件用于生产汽车悬挂零件,可有效减轻相应零件的质量,大大提高了汽车行驶的平顺性、稳定性。如盘式制动器卡爪采用铝锻件(6061)、铝挤压铸造件(AC4C、AC4CH)等,质量比钢件轻 40%~50%。

铝制热交换器的质量比铜制热交换器下降 37%~45%,日本和美国的汽车空调器已经完全采用铝材制造。热交换器的铝化率,欧洲国家达到 90%~100%,美国达到 60%~70%。而日本较多地采用铝合金(如 6595)汽车散热器,热交换器也有用挤压多孔铝管或高频钎焊扁铝管与三层铝合金复合硬钎焊带组装钎焊而成。

汽车保险杠通常用 6000 系及 7000 系铝合金,如通用汽车公司采用 7021 铝板制造 Sature 轿车保险杠增强支架,福特汽车公司采用 7021 铝板制造 Lincoln Town 轿车的保险杠增强支架。

**(2) 铸造铝合金的应用**

汽车工业是铝合金铸件的主要市场,例如,在日本,铝铸件的 76%、铝压铸件的 77% 为汽车铸件。

① 发动机用铝合金。汽车发动机的气缸盖和缸体均要求材料的导热性能好,抗腐蚀能力强,铝合金在这些方面具有非常突出的优势。目前,国外很多汽车公司生产的发动机的气缸体和缸盖都采用了全铝型,如:美国通用汽车公司已采用了全铝气缸盖;法国汽车公司铝气缸套已经达 100%,铝气缸体达 45%;日本日产公司的 VQ 和丰田公司的雷克萨斯 IMZFEV6 均采用了铸铝发动机油底壳;美国克莱斯勒公司的 V6 发动机和缸盖都使用了铝合金材料。我国生产的 ZL119、YZ118、ZL120 同样具有优异的性能,可用于汽车发动机部件的制造。金属铸造型的 ZL109 铝硅合金,因其具有很好的流动性、气密性、抗热裂性、抗高温强度和较低的热膨胀系数,成为铝合金活塞的首选材料。

铝合金铸件主要应用于发动机气缸体、气缸盖、活塞、进气歧管、摇臂、发动机悬置支架、空压机连杆、传动器壳体、离合器壳体、车轮、制动器零件、把手及罩盖壳体类零件等。

② 轮毂用铝合金。铝合金轮毂具有质量轻,强度高,散热好,防止轮胎过热,尺寸精度高,减少横向和纵向的振动,外表美观等一系列的优点。目前,发达汽车工业国家的铝合

金轮毂的使用率已经达80%以上，其制造工艺主要有重力铸造、低压铸造等方法。但随着轻量化的更高要求，用铝合金板进行冲压加工、旋压加工来制造整车车轮和两部分组合车轮的工艺在生产实际中的应用日益广泛。例如，美国的森特莱因图尔公司用分离旋压法试制出整体板材（6061）车轮，比钢板冲压车轮质量轻50%，并且加工时间不到90s，不需组装作业，适宜批量生产，经济效益好。我国西南铝加工厂与日本轻金属株式会社也合作开发出A6061铝合金轮毂。

**(3) 铝基复合材料的应用**

铝基复合材料密度低，比强度和比模量高，抗热疲劳性能好，但在汽车上的应用受到价格及生产质量控制等方面的制约，还没有形成很大的规模。铝合金增强材料在轿车上使用较多，以陶瓷、晶须、微粒为增强材料，生产铝基复合材料，其比强度、比弹性模量、耐热性、耐磨性等大幅提高。柴油发动机用铝合金活塞的顶部已采用复合材料，正在研究和使用的不锈钢连杆、石墨活塞都将在汽车工业中得以应用。

目前，铝基复合材料在连杆、活塞、气缸体内孔、制动盘、制动钳和传动轴管等零件上的试验或使用显示出了卓越的性能。如：本田公司开发成功的由不锈钢丝增强的铝基复合材料连杆比钢制连杆降重30%，对1.2L的汽油发动机可提高燃料经济性5%；采用激冷铝合金粉末与SiC粉末（质量分数2%）混合并挤压成棒材，用此棒材经锻造成形的活塞因强度高可降重20%，发动机功率大幅度提高；用铝基复合材料强化活塞头部而取消第一道环槽的奥氏体铸铁镶块可降重20%；铝基复合材料制动盘比铸铁制动盘降重50%。

## 4.2 铜及铜合金

铜元素储量较少，是较为贵重的非铁金属，其产量仅次于钢和铝。目前，汽车上使用的铜及其合金主要有工业纯铜、黄铜和青铜。据统计，一辆载货汽车需要20kg左右的铜。

### 4.2.1 工业纯铜

工业纯铜中铜的质量分数为99.7%～99.95%，其新鲜表面呈玫瑰红色，表面形成氧化亚铜（$Cu_2O$）膜层后呈紫红色，俗称紫铜。因工业纯铜是用电解方法提炼出来的，故又称为电解铜。纯铜在含有$CO_2$的湿空气中，表面容易生成碱性碳酸盐类的绿色薄膜[$CuCO_3 \cdot Cu(OH)_2$]，俗称铜绿。

**(1) 性能**

工业纯铜的熔点为1083℃，密度为8.96g/cm³，具有良好的导电性，在所有金属中，铜的导电性仅次于银。铜的导热性及抗大气腐蚀性也很好，并具有抗磁性。因此，广泛用作电工导体、传热体、防磁器械及配制各种铜合金。

纯铜具有面心立方晶格，无同素异构转变现象。其强度低，不宜作结构材料；塑性好，容易进行压力加工。纯铜可进行冷变形强化，但塑性会显著下降。例如，当变形率为50%时，强度从230～250MPa提高到400～430MPa，塑性由40%～50%降低到1%～2%。

纯铜中的杂质主要有硅（Si）、锰（Mn）、硫（S）和磷（P）等，它们对纯铜的性能影响极大。如硅、锰可引起铜的"热脆"，而硫、磷能引起铜的"冷脆"。因此，在纯铜中必须控制杂质含量。

**(2) 牌号及应用**

工业纯铜（压力加工产品）的牌号用"T+数字"表示，"T"为铜的汉语拼音首字母，数字表示顺序号，数字越大，杂质含量越多，纯度越低，如 T1、T2 等。工业纯铜主要用来制造导电体与铜合金。工业纯铜的牌号、化学成分及用途见表 4-5。

表 4-5 工业纯铜的牌号、化学成分及用途

| 名称 | 牌号 | 化学成分 $w_{Cu}$/%（不小于） | 力学性能 $\sigma_b$/MPa | $\delta$/% | 应用 |
|---|---|---|---|---|---|
| 一号铜 | T1 | 99.95 | 0.001 | 0.003 | 电线、电缆、导电螺钉等 |
| 二号铜 | T2 | 99.90 | 0.001 | 0.003 | |
| 三号铜 | T3 | 99.70 | 0.002 | 0.010 | 电器开关、垫圈、铆钉、油管等 |

## 4.2.2 铜合金

以铜为基体加入合金元素后形成的合金材料称为铜合金。与工业纯铜相比，铜合金具有较高的强度和硬度，韧性好，并保持了纯铜的某些优良性能。

按化学成分不同，一般将铜合金分为黄铜、青铜和白铜三类；按生产方法不同，铜合金分为压力加工铜合金与铸造铜合金两类。

**(1) 黄铜**

黄铜是以铜为基体，以锌为主要合金元素的铜合金。它的颜色随含锌量的增加而由黄红色变为淡黄色。按化学成分不同，黄铜分为普通黄铜和特殊黄铜；按工艺不同，黄铜分为加工黄铜和铸造黄铜。

① 普通黄铜。普通黄铜是仅由铜和锌组成的二元合金。普通黄铜的机械性能比纯铜好，具有良好的耐腐蚀性和压力加工性能。其牌号用"H+数字"表示，"H"表示"黄"字汉语拼音首字母，数字表示铜的平均质量分数，余数为锌的质量分数。如 H68 表示铜的平均质量分数为 68%，锌的质量分数为 32%。

普通黄铜的组织和力学性能受含锌量的影响，如图 4-2 所示。当锌的质量分数小于 39% 时，合金组织由单相面心立方晶格的 α 固溶体构成（单相黄铜，图 4-3），其塑性好。随锌质量分数的增加，合金的强度和塑性均增加。当锌的质量分数大于 39% 后，合金组织中开始出现 β 相（双相黄铜）。β 相为以金属化合物 CuZn 为基的无序固溶体，呈体心立方结构，塑性好，可进行热加工。但当温度下降到 456～468℃ 时，β 相发生有序化，转变为有序固溶体 β′ 相，其显微组织如图 4-4 所示。β′ 相很脆，不宜进行冷加工。此时，合金的塑性随锌的质量分数的增加开始下降，而强度仍然在上升。当锌的质量分数大于 45% 之后，显微组织全部转变为脆性 β′ 相，其强度和塑性急剧下降，因此应用较少。

当含锌量在 30%～32% 时，黄铜的塑性最好；当含锌量在 39%～45% 时，塑性下降而强度达到最大值；当含锌量大于 45% 后，塑性继续下降而强度急剧下降。因此，工业用黄铜的含锌量一般在 35%～40%。常用黄铜的牌号、化学成分、力学性能及用途见表 4-6。

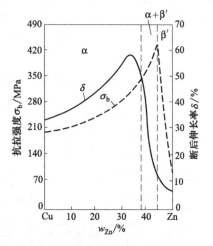

图 4-2 普通黄铜的组织和力学性能与含锌量的关系

图 4-3 单相黄铜显微组织

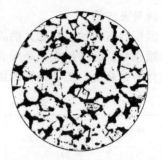

图 4-4 双相黄铜显微组织

表 4-6 常用黄铜的牌号、化学成分、力学性能及用途

| 类别 | 合金牌号 | 化学成分(质量分数,余数为 Zn)/% | | 制品种类 | 力学性能 | | 用途举例 |
|---|---|---|---|---|---|---|---|
| | | Cu | 其他 | | $\sigma_b$/MPa | $\delta_5$/% | |
| 普通黄铜 | H70 | 68.5～71.5 | | 板、条、带、箔、棒、线、管 | 264～392 | 50 | 热交换器、电器用零件 |
| | H68 | 67.0～70.0 | | | 294～392 | 40 | 管道、散热器外壳、铆钉、螺母、垫片等 |
| | H62 | 60.5～63.5 | | | 294～412 | 35 | 销钉、散热器、垫圈、垫片等 |
| 特殊黄铜 | HPb59-1 | 57～60 | Pb 0.8～1.9 | 板、带、管、棒、线 | 343～441 | 25 | 切削加工性好、强度高,用于热冲压和切削加工件 |
| | HMn58-2 | 57～60 | Mn 1.0～2.0 | 板、带、棒、线 | 382～588 | 35 | 轴承等耐磨、耐蚀零件和弱电用零件 |

② 特殊黄铜。在普通黄铜中加入铅、锡、铝、镍、铁、硅、锰等元素所形成的铜合金称为特殊黄铜,如铅黄铜、锡黄铜、铝黄铜、镍黄铜、铁黄铜及硅黄铜等。特殊黄铜比普通黄铜有更高的强度、耐腐蚀性和良好的铸造性能。

加入合金元素后能进一步提高机械性能。加入铅可以改善黄铜的切削加工性能;加入硅可提高黄铜的强度和硬度,改善其铸造性能;加入锡可增加黄铜的强度及其在海水中的耐腐蚀性;加入铝、锰、镍的铜合金还能提高其耐腐蚀性和耐磨性。特殊黄铜中若加入的合金元素较少,则塑性会较高,称为压力加工特殊黄铜;加入的合金元素较多,则强度和铸造性能好,称为铸造用特殊黄铜,代号中用"Z"表示"铸造"。

特殊黄铜的牌号用"H+主加元素符号+铜的质量分数+主加元素的质量分数"表示。例如:HPb59-1 表示 $w_{Cu}=59\%$, $w_{Pb}=1\%$,其余为锌的铅黄铜。

黄铜在汽车上的应用如表 4-7 所示。

表 4-7 黄铜在汽车上的应用

| 分类 | 牌号 | 应用举例 | |
|---|---|---|---|
| | | 车型 | 零件名称 |
| 普通黄铜 | H70 | CA1093 | 排气管热密圈外壳、水箱本体、暖风散热器的散热管及冷却管等 |
| | H68 | | 上、下水箱,水箱夹片,水箱本体主片,暖风散热器主片 |
| | H62 | | 水箱进出管、加水口座及支承、水箱盖、暖风散热器进出水管、曲轴箱通风阀及通风管 |
| 特殊黄铜 | HPb59-1 | EQ1092 | 化油器配制针、制动阀阀座 |
| | | CA1093 | 曲轴箱通风阀座、储气筒放水阀本体及安全阀座 |
| | HMn58-2 | EQ1092 | 转向节衬套、行星齿轮及半轴齿轮支承垫圈 |

**(2) 青铜**

青铜是因铜与锡的合金颜色呈青黑色而得名,它是人类历史上应用最早的合金。青铜原指铜-锡（Cu-Sn）合金,目前把以铝、硅、铅、铍、锰等为主加元素的铜合金统称为青铜。青铜按化学成分分为锡青铜（Cu-Sn）、铝青铜（Cu-Al）、硅青铜（Cu-Si）、铍青铜（Cu-Be）等,也可按加工方法分为加工青铜和铸造青铜两类。

青铜的牌号用"Q+主加元素符号+主加元素的质量分数+其他元素的质量分数"表示,"Q"表示"青铜"。例如：QSn4-3 表示 $w_{Sn}=4\%$,$w_{Zn}=3\%$,其余为 Cu 的锡青铜。铸造青铜是在编号前加"Z"字。常用青铜合金的牌号、化学成分、力学性能及用途见表4-8。

表4-8 常用青铜合金的牌号、化学成分、力学性能及用途

| 类别 | 牌号 | 化学成分(质量分数,余数为Cu)/% | | 制品种类 | 力学性能 | | 用途举例 |
|---|---|---|---|---|---|---|---|
| | | Sn | 其他 | | $\sigma_b$/MPa | $\delta_5$/% | |
| 压力加工锡青铜 | QSn4-3 | 3.5~4.5 | Zn 2.7~3.3 | 板、带、棒、线 | 350 | 40 | 较次要的零件,如弹簧、管配件和化工机械等 |
| | QSn6-5-0.1 | 6.0~7.0 | P 0.1~0.25 | 板、带、棒 | 300<br>500<br>600 | 38<br>5<br>1 | 耐磨件、弹性零件 |
| | QSn4-4-2.5 | 3.0~5.0 | Zn 3.0~5.0<br>Pb 1.5~3.5 | 板、带 | 300~350 | 35~45 | 轴承、轴套、衬垫等 |
| 铸造锡青铜 | ZCuSn10Zn2 | 9.0~11.0 | Zn 1.0~3.0 | 金属型铸造 | 245 | 6 | 中等或较高负荷下工作的重要管配件,以及泵、阀、齿轮等 |
| | | | | 砂型铸造 | 240 | 12 | |
| | ZCuSn10P1 | 9.0~11.5 | P 0.5~1.0 | 金属型铸造 | 310 | 2 | 重要的轴瓦、齿轮、连杆和轴套等 |
| | | | | 砂型铸造 | 220 | 3 | |
| 铝青铜 | ZCuAl10Fe3 | Al 8.5~11.0 | Fe 2.0~4.0 | 金属型铸造 | 540 | 15 | 重要用途的耐磨、耐腐蚀重型铸件,如轴套、螺母、蜗轮等 |
| | | | | 砂型铸造 | 490 | 13 | |
| 铍青铜 | QBe2 | Be 1.9~2.2 | Ni 0.2~0.5 | 板、带、棒、线 | 500 | 3 | 重要仪表的弹簧、齿轮等 |
| 铅青铜 | ZCuPb30 | Pb 27~33 | Sn≤1.0<br>Sb≤0.2 | 金属型铸造 | 60 | 4 | 高速双金属轴瓦、减摩零件等 |

① 锡青铜。以锡为主添加元素的铜合金称为锡青铜。锡青铜具有良好的强度、硬度、耐磨性、耐腐蚀性和铸造性能。锡青铜的组织、力学性能与锡含量的关系如图4-5所示。

当锡的质量分数小于6%时,锡青铜的铸态或退火态组织为α单相固溶体,随着锡含量的增加,合金的强度和塑性均增加。当锡的质量分数大于6%时,锡青铜组织中出现硬而脆的δ相,塑性急剧下降,但强度继续增加。当锡的质量分数大于20%时,大量的δ相使其强度显著下降,合金变得硬而脆,失去使用价值。因此,一般工业用锡青铜中锡的质量分数在3%~14%之间。

锡的质量分数小于8%的青铜具有优良的弹性、塑性及适宜的强度,适用于冷、热压力加工,又称为加

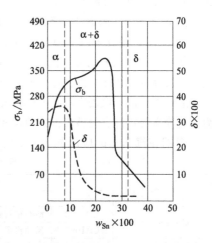

图4-5 锡含量对锡青铜的组织、力学性能的影响

工锡青铜。锡的质量分数大于10%的锡青铜，由于塑性差，只适于铸造，称为铸造锡青铜。铸造锡青铜流动性差，组织疏松、不致密，但它在凝固时尺寸收缩小。铸造锡青铜适于铸造对外形尺寸要求较严格，形状复杂及壁厚的零件，但不适于制造要求致密度高的零件。

与纯铜和黄铜相比，锡青铜具有良好的耐磨性和耐腐蚀性，特别是在大气、海水环境中，其优越性更为明显，但其在酸类及氨水中的耐腐蚀性较差。因此，锡青铜多用于制造弹簧片、电极、轴承、轴瓦、轴套等耐磨零件，也用于制造与蒸汽接触的零件。

② 铝青铜。以铝为主要添加元素的铜合金为铝青铜。铝青铜的力学性能比黄铜和锡青铜高。铝青铜的力学性能受铝质量分数的影响很大，如图4-6所示。

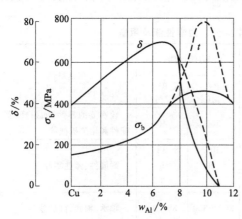

图4-6 铝青铜的力学性能与铝含量的关系

在铸造状态下，当铝的质量分数小于5%时，铝青铜的强度很低；当铝的质量分数大于5%后强度显著增加，铝的质量分数在10%左右时强度最高。因此，铝青铜多在铸态或经热加工后使用。铝的质量分数为5%~7%时，铝青铜塑性最好，适于冷加工。铝的质量分数大于7%~8%后，塑性急剧降低。铝的质量分数高于12%时铝青铜塑性很差，加工困难。因此，铝青铜中铝的质量分数一般在5%~12%之间。

与锡青铜和黄铜相比，铝青铜具有更高的强度、硬度、耐磨性和耐腐蚀性，但铸造性能、切削性能较差，不能钎焊，在过热蒸汽中不稳定。其常用来制造强度及耐磨性要求较高的飞机、船舶零件，如齿轮、蜗轮、轴承、轴套等。

③ 硅青铜。以硅为主添加元素的铜合金为硅青铜。其铸造性能和冷、热加工性能良好。当硅的质量分数为2%~5%时，硅青铜的弹性和耐腐蚀性高。其常用于制造要求耐腐蚀性的零件，如齿轮、蜗轮、蜗杆等。在硅青铜中加入镍可提高铜合金的力学性能，且具有较好的导电性、导热性和耐腐蚀性，可用来制造高级轴瓦。

④ 铍青铜。以铍为主要合金元素的铜合金为铍青铜，铍的质量分数为1.7%~2.5%。铍在铜中的溶解度随温度的变化很大，如温度在866℃时，最大溶解度为2.7%，而在室温时却只有0.2%，因此铍青铜在进行固溶时效处理后可获得很高的硬度和强度，强度最大可达1500MPa，硬度可达350~400HBW，远远超过其他铜合金，甚至可与高强度钢媲美。

铍青铜具有良好的综合性能，不仅强度高、疲劳抗力高、弹性好，而且耐腐蚀、耐热等性能优良。其导电性和导热性良好，而且具有抗磁、受冲击时不产生火花等特殊性质。铍青铜主要用于制造精密仪器、仪表中重要的弹性元件，如钟表齿轮、电焊机电极、电接触器及防爆工具、航海罗盘等重要零件。但铍青铜的价格较高，生产工艺复杂，使其应用受到限制。

青铜在汽车上的应用如表4-9所示。

表4-9 青铜在汽车上的应用

| 牌号 | 应用举例 ||
| --- | --- | --- |
|  | 车型 | 零件名称 |
| QSn4-4-2.5 | EQ1092 | 活塞销衬套 |
|  | CA1093 | 发动机摇臂衬套、活塞销衬套 |
| ZCuSn5Pb5Zn5 | CA1093 | 离心式机油滤清器上、下轴承 |
| QSn3-1 | CA1093 | 水箱盖出水阀弹簧、空气压缩机松压阀阀套、车门铰链衬套 |
| ZCuPb30 | CA1093 | 曲轴轴瓦、曲轴止推垫圈 |

### (3) 白铜

以铜为基体,以镍为主要合金元素的铜合金称为白铜。白铜分为普通白铜和特殊白铜。普通白铜是铜镍二元合金,用"B+镍的平均质量分数"表示,"B"表示"白铜"。例如,B19 表示镍的质量分数为 19%,铜的质量分数为 81% 的普通白铜。在普通白铜中加入锌、锰、铁等元素后形成的合金称为特殊白铜,分为锌白铜、锰白铜、铁白铜等。其代号用"B+其他元素符号+镍的平均质量分数+其他元素的平均质量分数"表示,例如,BMn3-12 表示镍质量分数为 3%,锰质量分数为 12%,铜质量分数为 85% 的锰白铜。

在固态下,铜与镍无限固溶,因此工业白铜的组织为单相 α 固溶体,有较好的强度和优良的塑性,能进行冷、热变形。冷变形能得到高的强度和硬度。其耐腐蚀性好,电阻率较高,主要用于制造船舶仪器零件、化工机械零件及医疗器械等。

## 4.3 滑动轴承合金

目前,机器中使用的轴承有滚动轴承和滑动轴承两类。虽然滑动轴承传动效率不如滚动轴承,但滑动轴承具有承压面积大,工作平稳,噪声小,制造、维修和拆装方便等优点,广泛用于汽车、拖拉机、机床、大型电机及其他机器设备的高速重载场合,如汽车的曲轴轴承、连杆轴承、凸轮轴轴承等均为滑动轴承。在滑动轴承中,用于制造轴瓦及其内衬的铸造合金材料称为轴承合金。

### 4.3.1 滑动轴承合金的性能及组织

#### (1) 滑动轴承合金的性能

滑动轴承合金用来制造滑动轴承的轴瓦和内衬。轴承是支撑着轴进行工作的,当轴转动时,轴承要承受轴的周期性载荷,并与轴产生强烈的摩擦。为了减少轴的磨损,延长其使用寿命,轴承合金必须具备以下性能要求:

① 具有足够的强度和硬度,以承受较大的单位压力。

② 具有足够的塑性和韧性,高的疲劳强度,以承受周期性载荷,抵抗冲击、振动。

③ 与轴颈材料相比,应具有较低的硬度,以避免轴的大量磨损。同时,应具有一定的耐磨性。

④ 具有良好的磨合性,使其与轴能较快地紧密配合。摩擦系数要小,其表面应有微孔储油功能,以便形成油膜,减轻磨损。

⑤ 具有良好的耐腐蚀性、导热性和较小的膨胀系数,抗咬合性好,防止摩擦升温而发生咬合。

⑥ 具有良好的工艺性,易于铸造成形,易于焊合,成本低廉。

生产过程中,为了提高滑动轴承的强度和使用寿命,通常选用双金属方法制造,如利用离心浇铸法将滑动轴承合金铸在钢质轴瓦上,这种方法称为"挂衬"。

#### (2) 滑动轴承合金的组织

为满足以上性能要求,除考虑合金的化学成分外,更应注重其组织的特殊作用。滑动轴承合金理想组织状态是在软的基体上分布着硬质点,或在硬的基体上分布着软质点。

① 软的基体上分布着硬质点。如图 4-7 所示,滑动轴承工作时,软基体很快磨损凹陷,可储存润滑油,使轴与轴瓦间形成连续油膜,起到良好的润滑作用,减少轴和轴承间的磨损。硬质点将凸出于基体上,以支承轴的压力,一旦负载过大,凸起的硬质点被压入软的基

体中,从而避免了轴的擦伤。这类组织具有较好的磨合性与抗冲击、振动能力,但承载能力低,如锡基和铅基滑动轴承合金(巴氏合金)。

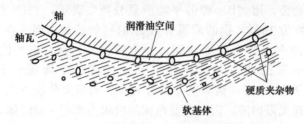

图 4-7 滑动轴承合金的组织特征

② 硬的基体上分布着软质点。这类轴承合金基体的硬度低于轴颈,但比软基体合金硬,能承受较大载荷。基体上分布着软质点,摩擦系数小,但磨合性较差。这类组织的轴承合金有铜基和铝基轴承合金。

### 4.3.2 常用滑动轴承合金

常用滑动轴承合金有锡基、铅基、铜基、铝基等轴承合金,工业上应用最广的轴承合金是锡基和铅基滑动轴承合金(又称巴氏合金)。滑动轴承合金的牌号用"Z+基体元素+主加元素+主加元素的质量分数+辅加元素+辅加元素的质量分数"表示,"Z"为"铸"的汉语拼音首字母。例如,ZSnSb11Cu6 表示铸造锡基滑动轴承合金,基体为元素锡,主加元素锑的质量分数为 11%,辅加元素铜的质量分数为 6%,余量为锡。

**(1) 锡基滑动轴承合金**

锡基滑动轴承合金又称锡基巴氏合金,是以锡为基体元素,加入少量锑、铜等元素形成的合金。锑能溶入锡中形成 α 固溶体组成软基体,又能生成化合物 SnSb 形成硬质点,均匀分布在软的基体上。铜与锡能生成化合物 $Cu_6Sn_5$,浇铸时首先从液体中结晶出来。$Cu_6Sn_5$ 能阻碍 SnSb 在结晶时由于密度小而浮集,使硬质点均匀分布。

锡基滑动轴承合金具有适当的硬度和较低的摩擦系数,固溶体基体具有好的塑性和韧性,所以它的减摩性和耐磨性均较好。另外,还具有良好的导热性、耐腐蚀性。因此,锡基滑动轴承合金常用作重要轴承,如汽轮机、发动机、内燃机等大型机器的高速轴承。其疲劳强度较低,成本高,且工作温度不能高于 150℃,因而其应用受到一定程度的限制。常用的锡基滑动轴承合金有 ZSnSb8Cu4、ZSnSb11Cu6、ZSnSb4Cu4 等。

常用的锡基滑动轴承合金的牌号、化学成分、力学性能及用途见表 4-10。

表 4-10 常用的锡基滑动轴承合金的牌号、化学成分、力学性能及用途

| 牌号 | 化学成分(质量分数)/% | | | | | 硬度/HBS | 用途举例 |
| --- | --- | --- | --- | --- | --- | --- | --- |
| | Sb | Cu | Pb | Sn | 杂质 | | |
| ZSnSb12Pb10Cu4 | 11.0~13.0 | 2.5~5.0 | 9.0~11.0 | 余量 | 0.55 | ≥29 | 一般发动机的主轴承,但不适于高温工作 |
| ZSnSb11Cu6 | 11.0~12.0 | 5.5~6.5 | — | 余量 | 0.55 | ≥27 | 1500kW 蒸汽机、370kW 涡轮压缩机、涡轮泵及高速内燃机轴承 |
| ZSnSb8Cu4 | 7.0~8.0 | 3.0~4.0 | — | 余量 | 0.55 | ≥24 | 一般大机器轴承及高载荷汽车发动机的双金属轴承 |
| ZSnSb4Cu4 | 4.0~5.0 | 4.0~5.0 | — | 余量 | 0.50 | ≥20 | 涡轮内燃机的高速轴承及轴承衬 |

**(2) 铅基滑动轴承合金**

铅基滑动轴承合金又称铅基巴氏合金，是以铅为基体元素，加入锡、锑、铜等元素形成的合金。其软的基体是锡和锑在铅中的固溶体，硬质点是 SnSb 和呈针状的 $Cu_3Sn$ 化合物。

铅基滑动轴承合金的硬度与锡基滑动轴承合金差不多，但强度、韧性均低于锡基滑动轴承合金，其摩擦因数较大，价格便宜，工作温度不超过 120℃。铅基滑动轴承合金常用于制造承受中低载荷的中速轴承，如汽车、拖拉机的曲轴轴承、连杆轴承及电动机轴承。常用的铅基滑动轴承合金有 ZPbSb16Sn16Cu2、ZPbSb15Sn10 等。

常用的铅基滑动轴承合金的牌号、化学成分、力学性能及用途见表 4-11。

表 4-11 常用的铅基滑动轴承合金的牌号、化学成分、力学性能及用途

| 牌号 | 化学成分(质量分数)/% | | | | | 硬度/HBS | 用途举例 |
|---|---|---|---|---|---|---|---|
| | Sb | Cu | Pb | Sn | 杂质 | | |
| ZPbSb16Sn16Cu2 | 15.0~17.0 | 1.5~2.0 | 余量 | 15.0~17.0 | 0.6 | ≥30 | 110~880kW 蒸汽涡轮机，150~750kW 电动机和小于 1500kW 起重机及重载荷推力轴承 |
| ZPbSb15Sn5Cu3Cd2 | 14.0~16.0 | 2.5~3.0 | Cd 1.75~2.25 | 5.0~6.0 | 0.4 | ≥32 | 船舶机械、小于 250kW 电动机、抽水机轴承 |
| ZPbSb15Sn10 | 14.0~16.0 | — | 余量 | 9.0~11.0 | 0.5 | ≥24 | 中等压力的机械，也适用于高温轴承 |
| ZPbSb15Sn5 | 14.0~15.5 | 0.5~1.0 | 余量 | 4.0~5.5 | 0.75 | ≥20 | 低速、轻压力机械轴承 |
| ZPbSb10Sn6 | 9.0~11.0 | — | 余量 | 5.0~7.0 | 0.75 | ≥18 | 重载荷、耐腐蚀、耐磨轴承 |

为提高轴承的寿命，生产中常用浇注法将锡基或铅基轴承合金镶铸在钢质轴瓦上，形成薄而均匀的一层内衬，可提高轴承的承载能力，并节约轴承合金材料。

**(3) 铜基滑动轴承合金**

铜基滑动轴承合金是以铜为基体元素，加入铅、锡、铝、铍等元素形成的合金。与巴氏合金相比，铜基轴承合金是硬的基体上均匀分布着软质点，具有高的疲劳强度和承载能力，优良的耐磨性、导热性和低的摩擦因数，能在较高温度（250℃）下正常工作，因此可制造高速、重载的重要轴承，例如航空发动机、高速柴油机的轴承等。

常用的铜基滑动轴承合金的牌号、化学成分、力学性能及用途见表 4-12。

表 4-12 常用的铜基滑动轴承合金的牌号、化学成分、力学性能及用途

| 牌号 | 化学成分(质量分数)/% | | | | | 硬度/HBS | 用途举例 |
|---|---|---|---|---|---|---|---|
| | Sb | Cu | Pb | Sn | 杂质 | | |
| ZCuPb30 | — | 余量 | 30 | — | | ≥25 | 高速高压航空发动机、高压柴油机轴承 |
| ZCuSn10P1 | — | 余量 | — | 9.0~14 | P 0.6~1.2 | ≥90 | 高速高载柴油机轴承 |

**(4) 铝基滑动轴承合金**

铝基滑动轴承合金是以铝为基体元素，加入锑、锡、镁等元素形成的合金，其具有密度小、导热性好、疲劳强度高和耐腐蚀性好等优点，并且原料丰富，价格低廉。但其膨胀系数大，运转时容易与轴咬合，且其硬度较高，容易造成轴的磨损，应相应提高轴的硬度。常用的铝基滑动轴承合金有铝锑镁滑动轴承合金、铝锡滑动轴承合金，如高锡铝滑动轴承合金 ZAlSn6Cu1Ni1。

汽车目前广泛应用的是高锡铝基轴承合金，其组织是在硬基体（铝）上均匀分布着球状的软质点（锡）。高锡铝基轴承合金具有价格较低、密度小、耐磨性好、疲劳强度较高、导热性好等优点，可靠性比锡基轴承合金好。将曲轴轴瓦材料由巴氏合金改为高锡铝基轴承合金，消除了止推垫片脱落现象，当汽车在较差路面上行驶时，即使超载也不会发生轴承合金剥落现象，延长了轴瓦的使用寿命，在正常使用情况下其寿命可超过 10 万多千米。高锡铝基轴承合金广泛应用于轿车发动机上。然而，高锡铝基轴承合金的不足之处是膨胀系数大、冷启动困难，易发生与轴咬合的问题，故安装时必须留有较大间隙。

## 4.4 钛、镁、锌及其合金

随着汽车工业的不断发展，对汽车轻量化、减少排放污染的要求逐年提高，有色金属在汽车上的应用越来越广泛，钛、镁、锌等合金的应用也越来越受到重视，它们在汽车上的用量也越来越多。

### 4.4.1 镁及镁合金

**(1) 工业纯镁**

纯镁呈银白色，密度小，只有 $1.74g/cm^3$，具有很高的化学活性，易在空气中形成疏松多孔的氧化膜。镁的电极电位低，耐腐蚀性很差。镁为密排六方晶格，强度和塑性不高，一般不直接用作结构材料。

工业纯镁的牌号用"Mg＋序列号"表示，例如 Mg1 称为 1 号纯镁，Mg2 称为 2 号纯镁。

**(2) 镁合金**

在纯镁中加入铝、锌、锰等合金元素可形成镁合金。合金元素的质量分数一般为：铝 0.2%～9.2%，锌 0.2%～6.0%，锰 0.1%～2.5%。经热处理（固溶时效处理）后，其硬度可达 300～350MPa。目前常用的镁合金有镁-锰系、镁-铝-锌系、镁-锌-锆系等。

镁合金密度很小，比铝轻 1/3，但比强度高于铝合金；疲劳强度极高，能承受较大的冲击载荷；耐腐蚀性好（特别耐煤油、汽油等矿物油和碱类的腐蚀），有良好的切削加工性能。因此，镁合金在航空、无线电通信、仪表等行业获得了广泛的应用。

镁合金根据加工方法分为变形镁合金（压力加工镁合金）和铸造镁合金两类。变形镁合金的牌号用"MB"加顺序号表示，如 MB2 称为 2 号变形镁合金；铸造镁合金的牌号用"MZ"加顺序号表示，如 MZ6 称为 6 号铸造镁合金。

1）变形镁合金

常用的变形镁合金有 MB1、MB2、MB8、MB15，其中应用较多的是 MB15。

MB1、MB8 为 Mg-Mn 系合金，具有良好的耐腐蚀性和焊接性，使用温度不超过 150℃，主要用于制作飞机蒙皮、壁板和宇航结构件。

MB2 为 Mg-Al-Zn 系合金，具有较好的室温力学性能和焊接性，主要用于制造飞机舱门、壁板及导弹蒙皮。

MB15 为 Mg-Zn-Zr 系合金，具有较高的强度及良好的成形和焊接性能，但塑性中等，且热处理工艺简单，热加工后直接进行时效便可强化。其主要用于制造飞机长桁、操作系统的摇臂、支座等。

Mg-Li 系合金是一种新型的镁合金，其密度小，强度高，塑性、韧性好，焊接性好，缺口敏感度低，在航空航天中具有良好的应用前景。

2) 铸造镁合金

常用铸造镁合金包括 ZM1、ZM2、ZM5，其中，ZM1、ZM2 为 Mg-Al-Zn 系合金，ZM5 为 Mg-Zn-Zr 系合金，ZM1、ZM2、ZM5 具有较高的常温强度和良好的铸造工艺性，但耐热性较差，长期使用温度应不高于 150℃。铸造镁合金主要用于制造 150℃ 以下工作的飞机、导弹、发动机中承受较高载荷的结构件或壳体。

**(3) 镁合金在汽车中的应用**

镁是实际应用最轻的金属，其吸振能力强、切削性能好、金属模铸造性能好，很适合制造汽车零件。镁合金是最有发展前景的汽车轻量化材料之一，用镁合金替代铝合金制造汽车零部件，在当前世界汽车生产中已逐步得到应用。

镁合金大部分以压铸件的形式在汽车上应用，镁压铸件的生产效率比铝高 30%～50%。新开发的无孔压铸法可生产出没有气孔且可热处理的镁压铸件。

镁铸件在汽车上使用最早的实例是车轮轮辋。在汽车上试用或应用镁合金的实例还有离合器壳体、离合器踏板、制动踏板固定支架、仪表板骨架、座椅、转向柱部件、转向盘轮芯、变速箱壳体、发动机悬置、气缸盖和气缸盖罩盖等。与传统的锌制转向柱上的支架相比，镁制件降重 65%；与传统的钢制转向轮芯相比，镁制件降重 45%；与全铝气缸盖相比，镁制件降重 30%；与传统的钢制冲压焊接结构制动踏板支架相比，整体的镁铸件降重 40%，同时其刚性也得以改善。

镁基复合材料的研究也有进展，以 SiC 颗粒为增强体，采用液态搅拌技术得到的镁基复合材料具有很好的性能，且生产成本较低。在 AZ91 合金中加入 25% 的 SiC 颗粒增强的复合材料比基体合金抗拉强度提高 23%，屈服强度提高 47%，弹性模量提高 72%。

## 4.4.2 钛及钛合金

钛及钛合金具有良好的综合性能，其比强度高，耐高温，耐腐蚀，密度小，且资源丰富，是世界各国大力发展的轻金属材料，在航空航天、化工、机电产品、医疗卫生等行业得到广泛应用。

**(1) 工业纯钛**

① 纯钛的性能。纯钛是银白色金属，熔点为 1678℃，密度小（4.508g/cm³），热膨胀系数小，导热性差，强度低，塑性好，容易加工成形。钛具有同素异构现象，在 882℃ 以下为密排六方结构的 α-Ti，882.5℃ 以上为体心立方结构的 β-Ti。

钛与氧和氮的亲和力很强，容易形成一层致密的氧化物和氮化物薄膜，其稳定性高于铝和不锈钢的氧化膜，故钛在许多介质中的耐腐蚀性优于不锈钢，尤其是耐海水腐蚀的能力非常突出。工业纯钛常用于制造飞机骨架、发动机部件、耐海水管道、柴油机活塞及连杆等。

② 纯钛的牌号。纯钛用 "TA+顺序号" 表示，如 TA2 表示 2 号工业纯铁。工业纯钛的牌号有 TA1、TA2、TA3 三种，顺序号越大，杂质含量越多，纯度越低。

**(2) 钛合金**

为了提高纯钛在室温时的强度和在高温下的耐热性，常加入铝、锆、钼、钒、锰、铬、铁等元素，得到不同的钛合金，其牌号用 "T+合金类别代号+顺序号" 表示。钛合金按其组织类型不同，可分为 α 型钛合金、β 型钛合金和 α+β 型钛合金，分别以 TA、TB、TC 来表示。如 TC7 表示 7 号 α+β 型钛合金。常用钛合金的牌号、化学成分、力学性能及用途见表 4-13。

① α 型钛合金（TA）。其组织为单相 α 固溶体，主要合金元素是铝。这种合金具有很好

的强度、韧性、热稳定性、焊接性和铸造性，抗氧化能力好，塑性较低，热强性很好，可以在500℃左右长期工作。α型钛合金一般采用退火热处理，可用来制造航空发动机压气机叶片、飞机涡轮机壳、飞船的高压低温容器等。

表4-13 常用钛合金的牌号、化学成分、力学性能及用途

| 类别 | 牌号 | 化学成分 | 室温力学性能 | | | 高温力学性能 | | | 用途 |
|---|---|---|---|---|---|---|---|---|---|
| | | | 材料状态 | $\sigma_b$/MPa | $\delta_{10}$/% | 试验温度/℃ | $\sigma_b$/MPa | $\delta_{10}$/% | |
| 工业纯钛 | TA1 | Ti(杂质极微) | M | 300~500 | 30~40 | — | — | — | 在350℃以下工作，强度要求不高的零件 |
| | TA2 | Ti(杂质微) | M | 450~600 | 25~30 | — | — | — | |
| | TA3 | Ti(杂质微) | M | 550~700 | 20~25 | — | — | — | |
| α型钛合金 | TA4 | Ti-3Al | M | 700 | 12 | | | | 在500℃以下工作的零件，如导弹燃烧罐、超音速飞机的涡轮机匣 |
| | TA5 | Ti-4Al-0.005B | M | 700 | 15 | | | | |
| | TA6 | Ti-5Al | M | 700 | 12~20 | 350 | 430 | 400 | |
| β型钛合金 | TB1 | Ti-3Al-8Mo-11Cr | Z | 1100 | 16 | | | | 在350℃以下工作的零件，压气机叶片轴、轮盘等重载荷旋转件，飞机构件 |
| | | | CS | 1300 | 5 | | | | |
| | TB2 | Ti-5Mo-5V-8Cr-3Al | C | 1000 | 20 | | | | |
| | | | CS | 1350 | 8 | | | | |
| α+β型钛合金 | TC1 | Ti-2Al-1.5Mn | M | 600~800 | 20~25 | 350 | 350 | 350 | 在400℃以下工作的零件，要求有一定高温强度的发动机零件，低温用部件 |
| | TC2 | Ti-4Al-1.5Mn | M | 700 | 12~15 | 350 | 430 | 400 | |
| | TC3 | Ti-5Al-4V | M | 900 | 8~10 | 500 | 450 | 200 | |
| | TC4 | Ti-4Al-4V | M | 950 | 10 | 400 | 630 | 580 | |
| | | | CS | 1200 | 8 | | | | |

② β型钛合金（TB）。其组织为β固溶体，合金元素主要为铝、钼、铬、钒、铁、锰等合金元素。这种合金强度较高、韧性好，易于进行冲压成形，经淬火和时效处理后强度进一步提高。该型钛合金主要用于制造温度在350℃以下构件、高强度板材和形状复杂的零件。

③ α+β型钛合金（TC）。其组织由α固溶体和β固溶体两相构成，主要加入铝、锰、铬、钒等元素，因而它兼有上述两类合金的优点，即塑性好、热强性好（可在400℃下长期工作）、耐海水腐蚀能力很强。其生产工艺简单，可通过淬火和时效处理进行强化，主要应用于飞机压气机盘和叶片、舰艇耐压壳体、大尺寸锻件、模锻件等。

钛合金强度较高，通常接近于普通钢，有的钛合金强度可达1400MPa，耐热性好，特别适用于在300~600℃温度范围内工作的要求比强度高的航空、航天等机件。此外，还具有优异的耐腐蚀性，在硫酸、盐酸、硝酸、氢氧化钠及海水中均有优良的稳定性，在85%乙酸条件下，耐腐蚀性优于不锈钢。钛及钛合金的加工条件复杂，成本较高，在很大程度上限制了其应用。

**(3) 钛合金在汽车中的应用**

由于钛的价格昂贵，钛合金少量应用在赛车和个别豪华车上。例如，用α+β型钛合金制造的发动机连杆，强度相当于45钢调质的水平，而质量可以降低30%；β型钛合金（Ti-13V-11Cr-3Al等）经强冷加工和时效处理，强度可达2000MPa，可用来制造悬架弹簧、气门弹簧和气门等，与抗拉强度为2100MPa的高强度钢相比，钛弹簧可减重20%。

为了降低钛合金零件的成本，丰田中央研究所开发了一种成本较低的钛基复合材料。该复合材料以Ti-6Al-4V合金为基体，以TiB为增强体，用粉末冶金法生产，已在发动机连杆上应用。

## 4.4.3 锌及锌合金

锌是一种灰色金属，外观呈现银白色，其熔点较低（419.5℃）。由于锌在常温下表面易

生成一层薄而致密的保护膜，可阻止其进一步氧化，有很好的防护作用，耐大气腐蚀性良好，所以锌最大的用途是电镀作业。锌的再结晶温度在室温以下，一般采用普通压力加工方式成形，它应用于汽车、建筑、家用电器、玩具等的零部件生产。

锌合金是以锌为基础加入其他元素组成的合金。锌能和许多有色金属形成合金，常和铝制成合金，以获得强度高、延展性好的铸件。锌与铝、铜等组成的合金广泛用于压铸件。锌还常和少量铜和钛制成合金，以获得必要的抗蠕变性能。锌与铜、锡、铅组成的合金常用于机械制造行业。

锌合金熔点低，流动性好，易熔焊、钎焊和塑性加工，在大气中耐腐蚀，残废料便于回收和重熔。但其蠕变强度低，易发生自然时效引起尺寸变化。其可采用熔融法制备，利用压铸或压力加工方式成材。

锌合金按制造工艺可分为变形锌合金和铸造锌合金两类，包括 Zn-Al 和 Zn-Al-Cu 等合金系。目前应用最广的锌合金是 ZnAl4Cu1Mg，主要用作压铸小尺寸、高强度、高耐腐蚀性零件，如汽车机油泵体、仪器仪表外壳及零件等。

## 复习思考题

1. 哪些金属属于有色金属？
2. 汽车常用的有色金属有哪几种？
3. 与钢铁材料相比，有色金属具有哪些优良性能？
4. 铝合金是如何分类的？其牌号是什么？各有何特点？
5. 铝合金采用哪种热处理方式？
6. 举例说明铝合金在汽车中的应用。
7. 铜合金分为几类？各有何性能？
8. 常用的铜合金有哪些？牌号是什么？
9. 举例说明各种铜合金的主要用途。
10. 试分析锡的质量分数对锡青铜性能的影响。
11. 汽车对滑动轴承合金有哪些性能要求？
12. 轴承合金应具备什么样的特性和组织？
13. 举例说明汽车上使用滑动轴承合金的零件及部位。
14. 钛合金有哪些优良性能？
15. 举例说明钛合金在汽车上的应用。
16. 试说明镁合金在汽车上的应用现状。

# 第5章 汽车金属加工

1. 了解金属加工的有关概念。
2. 了解各种金属加工常用设备的组成和工作原理。
3. 掌握常用的金属加工工艺。
4. 能分析汽车上主要零部件的加工工艺。
5. 能正确操作常用的金属加工设备,对简单的汽车零部件进行加工。
6. 能对加工部件质量进行检测分析。

汽车金属材料的成形加工基本可以分为热加工成形和冷加工成形两大类。热加工成形包括铸造成形、锻压成形和焊接成形。冷加工成形主要指切削加工。

汽车铸件向高性能、薄壁、轻质、精尺寸、优良切削性能方向发展。压力加工技术向高效、自动、减重、低成本方向发展。切削加工技术已经由过去传统的专机生产、流水线生产、自动线生产发展到现在的以柔性技术为特点的生产线生产。焊接技术中的点焊、气体保护焊、钎焊具有生产量大、自动化程度高、高速、低耗、变形小等特点,很适合车身薄板覆盖件,而摩擦焊、激光焊等先进焊接技术正在国内大力推广。

## 5.1 铸造

铸造是将液态金属浇注入铸型中,经冷却凝固、清整处理后得到有预定形状、尺寸和性能的铸件的工艺过程,是现代制造工业的基础工艺之一。铸造毛坯因近乎成形而达到免机械加工或少量加工的目的,降低了成本,并在一定程度上缩短了制造周期。

铸造生产具有以下优点:

① 可制造各种合金铸件。用铸造法可以生产铸钢件、铸铁件、铝合金、铜合金、镁合金、钛合金及锌合金等铸件。对于脆性金属或合金,铸造法是唯一可行的加工方法。在生产中以铸铁件应用最广,约占铸件总产量的70%以上。

② 适用范围广。铸造法几乎不受零件大小、厚薄和复杂程度的限制,适用范围广,可以铸造壁厚范围为0.2mm~1m、长度从几毫米到十几米、质量从几克到数百吨的各种合金铸件。铸件形状可以非常复杂,例如汽车用多缸式水冷整铸气缸体。

③ 节约大量金属材料和机械加工工时。铸件与零件的形状、尺寸很接近,因而加工余量小,可以免机械加工或少量加工。

④ 成本低廉。铸件在一般机器生产中约占总质量的40%~80%,而其成本只占机器总成本的25%~30%。

但铸造生产也存在着工序复杂,铸件容易产生缺陷,废品率较高,铸件的力学性能低于锻件，劳动强度大，劳动条件较差等问题。不过随着科学技术与精密铸造的发展、电子计算机的应用，铸造生产已实现了机械化、自动化，铸件的质量与生产率得到很大的提高，劳动条件也得到改善。

鉴于以上特点，铸造生产在工业发达国家的国民经济中占有极其重要的地位。铸件在机械中占有很大的比重，如在机床、内燃机、重型机器中，铸件占整机质量的70%~90%，在拖拉机中占50%~70%，在农业机械中占40%~70%，在汽车中占20%~30%。从铸件在机械产品中所占比重，可看出铸造生产的重要性。

铸造按造型方法习惯上分为砂型铸造和特种铸造。目前，最常用和最基本的铸造方法是砂型铸造。

## 5.1.1 合金的铸造性能

铸件的质量与合金的铸造性能密切相关，合金的铸造性能是指合金在铸造过程中所呈现出来的工艺性能，主要有流动性、收缩性等。

**(1) 合金的流动性及其影响因素**

1) 合金的流动性

液态合金本身的流动能力称为流动性，它与金属的成分、温度、杂质含量及其物理性质有关。金属的流动性对补缩、防裂及获得优质铸件有较大影响。液态合金流动性好，易于充满铸型型腔，有利于气体和非金属夹杂物上浮和对铸件进行补缩。流动性差的合金，充型能力差，可以通过改善外界条件来提高其充型能力。如果金属的流动性不足，则会在金属液还未充满铸型前就停止流动，使铸件产生浇不足或冷隔等缺陷。

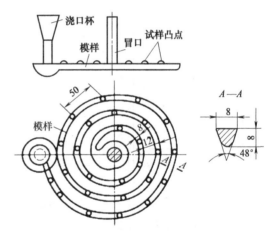

图 5-1 螺旋形流动性试样

合金的流动性通常用螺旋形流动性试样衡量，如图 5-1 所示。将试样的结构和铸型性质固定不变，在相同的浇注条件下，如在液相线以上相同的过热度或在同一浇注温度下浇注各种合金的流动性试样，以试样的长度表示该合金的流动性。由图 5-1 可以看出，型腔上每隔 50mm 有一个凸点，用于计量长度。浇注出的试样越长，合金的流动性越好。表 5-1 所列为一些合金的流动性数据。

表 5-1 常用合金的流动性

| 合　　金 | 造型材料 | 浇注温度/℃ | 螺旋形长度/mm |
|---|---|---|---|
| 灰铸铁 $w_{C+Si}=5.2\%$ | 砂型 | 1300 | 1000 |
| $w_{C+Si}=4.2\%$ | 砂型 | 1300 | 600 |
| 铸钢 $w_C=0.4\%$ | 砂型 | 1600 | 100 |
|  |  | 1640 | 200 |
| 锡青铜 $w_{Sn}=9\%\sim11\%$ | 砂型 | 1040 | 420 |
| $w_{Zn}=2\%\sim4\%$ |  |  |  |
| 硅黄铜 $w_{Si}=1.5\%\sim4.5\%$ | 砂型 | 1100 | 1000 |
| 铝合金(硅铝明) | 金属型(预热 300℃) | 680~720 | 700~800 |

2) 影响流动性的因素

为了便于采取措施提高合金的充型能力，必须清楚影响流动性的因素。

① 合金的成分。不同的铸造合金具有不同的结晶特点和流动性。共晶成分合金的结晶特点是在恒温下凝固。此时，液体金属在充填过程中，从表层开始逐层向中心凝固。由于已凝固硬壳的内表面比较光滑，对尚未凝固的金属流动阻力小，金属流动的距离长。此外，在相同的浇注温度下，由于共晶成分合金凝固温度最低，相对而言，液态金属的过热度（即浇注温度与合金熔点的温度差）大，推迟了液态金属的凝固。因此，共晶成分合金的流动性最好。其他成分的合金（纯金属除外）的结晶特点是在一定温度范围内进行的，即经过一个液态和固态并存的双相区域。此时，金属的结晶是在铸件截面一定宽度的凝固区域内同时进行，如图 5-2 所示。在这个区域内，初生的树枝状晶体不仅阻碍液态金属的流动，且因其热导率大，使液体的冷却速度加快，故较共晶成分合金的流动性差。合金的结晶间隔越宽，其流动性越差。

图 5-3 所示为铸铁在相同过热度时，其碳的质量分数与流动性的关系。由图 5-3 可见，亚共晶铸铁随碳的质量分数增加，其结晶间隔减小，凝固区域缩短，流动性提高，越接近共晶成分，越容易铸造。

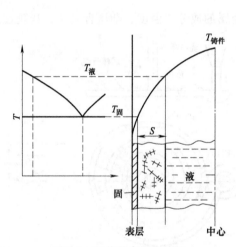

图 5-2 亚共晶合金的结晶

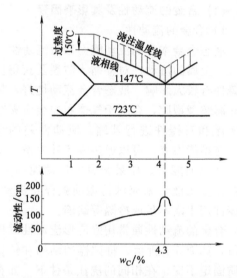

图 5-3 相同过热度时铸铁含碳量与流动性的关系

铸铁的其他元素，如硅（Si）、锰（Mn）、磷（P）、硫（S）对流动性也有一定影响。硅和磷可提高铁液的流动性，而硫则使铁液的流动性降低。

② 铸型。铸型的蓄热系数、温度以及铸型中的气体等均影响合金的流动性。如液态合金在金属型比在砂型中的流动性差，预热后温度高的铸型比温度低的铸型流动性好，型砂中水分过多造成流动性差等。

③ 铸件结构。当铸件壁厚过小、厚薄部分过渡面多、有大的水平面等结构时，都使金属液的流动困难。图 5-14 为盖类铸件的三种浇注方案。图 5-4（a）中，薄壁处于垂直位置，容易充满，但是工艺上要平做立浇，操作麻烦；图 5-4（b）中，薄壁处于水平位置，又在上型，容易出现冷隔和浇不足缺陷；图 5-4（c）中，薄壁主要部分在下型，虽然是水平壁，但是金属液是从上向下流动的，而且还增加了静压力，不易出现缺陷。

④ 浇注条件。

a. 浇注温度。在一定温度范围内，浇注温度越高，合金液的流动性越好。但当超过某一界限后，由于合金液吸气多，氧化严重，流动性反而降低。因此，根据生产经验，每种合金均有一定的浇注温度范围。一般铸钢的浇注温度为 1520~1620℃，铝合金为 680~780℃。

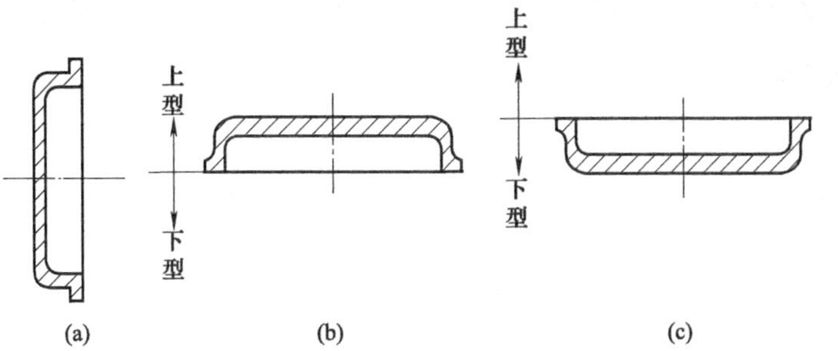

图 5-4 盖类铸件的三种浇注方案

b. 充型压力。液态金属在流动方向所受的压力越大，流动性就越好。例如，增加直浇道高度，利用人工加压方法（如压铸、低压铸造）等。

c. 浇注系统的结构。浇注系统的结构越复杂，流动的阻力就越大，流动性就越低。故在设计浇注系统时，要合理布置内浇道在铸件上的位置，选择恰当的浇注系统结构和各部分（直浇道、横浇道和内浇道）的断面积，提高合金的浇注温度和浇注速度。

由于影响液态金属流动性的因素较多，在实际生产中它们又是错综复杂的，因此，必须根据具体情况做具体分析，找出其中的主要矛盾，并采取措施，才能有效地提高金属液的充型能力。

**(2) 收缩性**

1) 收缩

液态金属在冷却凝固过程中，体积和尺寸减小的现象称为收缩。收缩能使铸件产生缩孔、缩松、裂纹、变形、残余内应力等许多缺陷。金属从液态冷却到室温的整个收缩过程可分为三个互相联系的阶段。

① 液态收缩是指合金液从浇注温度冷却到凝固开始温度之间的体积收缩，此时的收缩表现为合金体积的缩小，使型腔内金属液面下降。合金液体的过热度越大，则液态收缩也越大。

② 凝固收缩是指合金从凝固开始温度冷却到凝固终止温度之间的体积收缩，在一般情况下，这个阶段仍表现为型腔内液面降低。

③ 固态收缩是指合金从凝固终止温度冷却到室温之间的体积收缩。固态体积收缩表现为三个方向线尺寸的缩小，对铸件的形状和尺寸精度影响最大，故常用线收缩率表示。

液态收缩和凝固收缩是铸件产生缩孔和缩松的主要原因，固态收缩是铸件产生内应力、变形和裂纹等缺陷的主要原因。

2) 影响收缩的因素

影响收缩的因素主要有化学成分、铸件结构与铸型条件、浇注温度等。

① 化学成分。不同种类的合金，其收缩率也不相同，如碳素钢随含碳量的增加，凝固收缩率增加，而固态收缩率略减。在常用的铸造合金中，铸钢的收缩率最大，灰铸铁的最小。

② 铸件结构与铸型条件。铸件在铸型中冷却收缩时，因其形状、尺寸的不同，各部分冷却速度不同，导致收缩不一致，且彼此相互制约，对其收缩产生阻力。此外，铸型和型芯对铸件收缩产生机械阻力，故铸件的实际线收缩率小于自由线收缩率，但会增大铸造应力。所以在设计模样时，必须根据合金的种类、铸件的形状及尺寸等因素，选择适宜的收缩率。

③ 浇注温度。浇注温度主要影响液态收缩。浇注温度升高，液态收缩增加，则总收缩

量相应增大。一般浇注温度每提高100℃，体积收缩将会增加1.6%左右。

## 5.1.2 砂型铸造

### (1) 砂型铸造生产过程及特点

制造砂型的材料称为造型材料，用于制造砂型的材料习惯上称为型砂，用于制造砂芯的造型材料称为芯砂。

砂型铸造是以型砂和芯砂为造型材料制成铸型，以液态金属在重力下充填铸型来生产铸件的铸造方法，是铸造生产中最基本的方法。砂型铸造生产过程如图5-5所示。

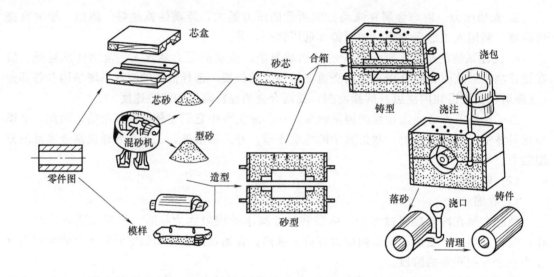

图 5-5 砂型铸造生产过程

砂型铸造生产过程可归纳为下述六点：
① 根据零件图制造模样和芯盒。
② 制备型砂及芯砂。
③ 利用模样及芯盒进行造型及制芯。
④ 烘干型芯（或铸型）。
⑤ 合型浇注。
⑥ 出砂和清理铸件。

砂型铸造一般可分为手工砂型铸造和机器砂型铸造。前者主要适用于单件、小批量生产以及复杂和大型铸件的生产，后者适用于大批量生产。

砂型铸造具有适用性广、生产准备简单等优点，但存在铸件精度低、表面粗糙度差、内部质量不理想、生产过程不易实现机械化等缺点。

### (2) 造型材料

制造铸型或型芯用的材料，称为造型材料。它由型砂、芯砂、黏结剂、水和附加物配制而成。

由于铸件中常见的气孔、砂眼、粘砂、夹砂和裂纹等缺陷都和型（芯）砂有关，为保证铸件质量，型（芯）砂应具备下列基本性能。

① 流动性。流动性是指型（芯）砂在外力或本身重力作用下，沿模样表面和砂粒间相

对移动的能力。流动性不好的型（芯）砂不易造出轮廓完整、清晰而准确的砂型（芯）。

② 强度。型（芯）砂制成铸型或型芯后受到外力作用而不易破坏的性能，称为强度。强度低时，易使铸件产生砂眼、冲砂等缺陷，严重时甚至使铸件报废。型（芯）砂的强度随黏土含量和紧实程度的增加而增大。砂的粒度和含水量对强度也有很大的影响。

③ 耐火性。型（芯）砂在高温熔融金属的作用下不软化、不熔融、不黏附于铸件表面的性能，称为耐火性。耐火性差时，会使铸件表面粘砂，形成难于切削加工的硬皮，严重时甚至使铸件报废。型（芯）砂中石英（$SiO_2$）含量高而杂质少时，其耐火性好。

④ 透气性。紧实后的砂型和型芯，能使浇注金属液时产生的气体通过和逸走的性能，称为透气性。透气性差时，易使铸件产生气孔。透气性与型砂的砂粒形状、粗细和黏土含量的多少有关。当砂粒粗、均匀，黏土含量和紧实度适当时，透气性较好。

⑤ 退让性。型（芯）砂具有随着铸件的凝固及冷却收缩而体积被压缩的性能，称为退让性。退让性差的铸件冷却收缩时会受到大的阻力而产生内应力，严重时甚至使铸件产生裂纹而报废。退让性与型砂的黏结剂有关，用黏土作黏结剂的型砂，退让性较差，为了改善退让性，可在型（芯）砂中加入少量木屑等附加物，或采用其他黏结剂（如桐油、树脂等）。

在浇注过程中，由于型芯四周被金属液包围，故要求芯砂应具有比型砂更好的性能，同时还必须具有不易吸潮、产生气体少和易于出砂等性能。

**(3) 砂型铸造工艺**

砂型铸造工艺的主要工序包括制造模样、造型、制芯、合型、熔炼、浇注、落砂、清理与检验等。

1) 制造模样

造型时需要模样和芯盒。模样用来形成砂型的型腔，芯盒用来制造砂芯，以形成铸件的内部轮廓。铸件大小和生产规模不同，制造模样和芯盒所用的材料也有所不同。产量小的铸件一般用木材制作模样和芯盒，产量大的铸件可用金属或塑料制作模样和芯盒。

在设计和制造模样和芯盒时，必须考虑下列问题：

① 分型面的选择。分型面是两半铸型相互接触的表面，分型面选择要恰当，应有利于下芯、合箱，使型芯安放稳固，便于检查型腔尺寸。

② 切削加工余量的预留。铸件为进行机械加工而加大的尺寸，称为切削加工余量。铸件上凡是需要切削加工的表面，都应在模样上预留加工余量，加工余量的大小与加工表面的精度、加工面尺寸、造型方法以及加工面在铸件中的位置有关。

另外，零件上一些细小的沟槽、孔眼与台肩等不易铸造出来，用机械加工方法制作更为经济。

③ 起模斜度的确定。为了便于从铸型中取出模样，或者型芯自芯盒中脱出，平行于起模方向模壁都要制成倾斜的，该斜度叫作起模斜度。一般木模斜度为 $1°\sim 3°$，金属模斜度为 $0.5°\sim 1°$。

④ 收缩量的预设。铸件冷却后，由于合金的收缩而使其尺寸减小。为了保证铸件的尺寸，模样的尺寸应比铸件的尺寸大一个收缩量。

⑤ 铸造圆角设计。为了减小铸件出现裂纹的倾向，并为了造型、制芯方便，应将模样和芯盒的转角处都做成圆角。

⑥ 型芯头设置。型芯是由型芯本体和型芯头组成的。型芯本体铸成铸件的内腔，型芯头是用来支撑和固定型芯的。因此，制作模样与芯盒时，为了能安放型芯，模样上要考虑设置型芯头。

2) 造型

造型是指用型砂及模样等工艺装备制造铸型的过程，是砂型铸造的最基本工序，通常分为手工造型和机器造型两种。

① 手工造型。全部用手工或手动工具完成的造型工序，叫作手工造型。现代手工造型是指用手工完成紧砂、起模等主要操作的造型方法。

手工造型操作灵活，模样、芯盒等工艺装备简单，适应性强，造型成本低，生产准备时间短。但铸件质量较差，生产率低，劳动强度大，对工人技术水平要求较高，因此，手工造型主要用于单件、小批量生产，特别是重型和形状复杂的铸件。

手工造型的关键是起模问题。对于形状复杂的铸件，需将模型分成若干部分或在几只砂型中造型。根据模型特征，常用的手工造型方法分为整模造型、分模造型、挖砂造型、活块造型、刮板造型等。在实际生产中，由于铸件的尺寸、形状、生产批量、铸件的使用要求以及生产条件不同，应选择的手工造型方法也不同。表5-2为各种手工造型方法的特点和适用范围。

表5-2 各种手工造型方法的特点和适用范围

| 手工造型方法 | | 简 图 | 特 点 | 适用范围 |
|---|---|---|---|---|
| 按模样特征分 | 整模造型 | | 模样是整体的，铸件分型面是平面，铸型型腔全部在半个铸型内，其造型简单，铸件不会产生错箱缺陷 | 适用于铸件最大截面在一端，且为平面的铸件 |
| | 分模造型 | | 将模样沿最大截面处分成两半，型腔位于上、下两个砂箱内，造型简单、省工 | 常用于最大截面在中部的铸件 |
| | 挖砂造型 | | 模样是整体的，但铸件分型面是曲面。为便于起模，造型时用手工挖去阻碍起模的型砂，其造型费工，生产率低，工人技术水平要求高 | 用于分型面不是平面的单件、小批量生产铸件 |
| | 假箱造型 | | 为克服挖砂造型的挖砂缺点，在造型前预先做个底胎（即假箱），然后在底胎上制下箱，因底胎不参与浇注，故称假箱。比挖砂造型操作简单，且分型面整齐 | 适用于成批生产中需要挖砂的铸件 |
| | 活块造型 | | 铸件上有妨碍起模的小凸台、肋条等。制模时将这些部分做成活动的（即活块）。起模时，先起出主体模样，然后再从侧面取出活块。其造型费时，工人技术水平要求高 | 主要用于单件、小批量生产带有突出部分、难以起模的铸件 |
| | 刮板造型 | | 用刮板代替模样造型，它可降低模样成本，节约木材，缩短生产周期。但生产率低，工人技术水平要求高 | 用于有等截面或回转体的大、中型铸件的单件，以及小批量生产，如带轮、铸管、弯头等 |

续表

| 手工造型方法 | | 简　图 | 特　点 | 适用范围 |
|---|---|---|---|---|
| 按砂箱特征分 | 两箱造型 | | 为造型最基本方法，铸型由成对的上型和下型构成，操作简单 | 适用于生产各种批量和各种大小的铸件 |
| | 三箱造型 | | 铸型由上、中、下三箱构成。中型高度必须与铸件两个分型面的间距相适应。三箱造型操作费工，且需配有合适的砂箱 | 适用于具有两个分型面的单件及小批量生产的铸件 |
| | 脱箱造型 | | 采用活动砂箱来造型，在铸型合型后，将砂箱脱出，重新用于造型。一个砂箱可制出许多砂型。金属浇注时为防止错箱，需用型砂将铸型周围填紧，也可在铸型上套箱 | 常用于生产小铸件，因砂箱无箱带，故砂箱一般小于400mm |
| | 地坑造型 | | 利用地面砂床作为下砂箱。大铸件需在砂床下面铺以焦炭，埋上出气管，以便浇注时引气。地坑造型仅用或不用上箱即可造型，因而减少了造砂箱的费用和时间，但造型费工，生产率低，对工人技术水平要求高 | 适用于砂箱不足，或生产批量不大、质量要求不高的中、大型铸件，如砂箱、压铁、炉栅、芯骨等 |
| | 组芯造型 | | 用若干块砂芯组合成铸型，而不需砂箱。它可提高铸件的精度，但成本高 | 适用于大批量生产形状复杂的铸件 |

② 机器造型。机器造型是用机器完成全部或至少完成紧砂操作的造型工序，并且常与机械化砂处理、浇注和落砂等工序共同组成流水生产线。与手工造型相比，机器造型可提高生产率、铸件精度和表面质量，铸件加工余量也小，但需用专用设备、专用砂箱和模板等，投资较大，只有大批量生产时才能显著降低铸件成本。

机器造型用的机器称为造型机，多以压缩空气为动力。按照紧砂方式的不同可分为振实式、压实式、振压式、抛砂造型、射砂造型等多种类型，其中以振压式造型和射砂造型应用最广。

图5-6为振压式造型机工作过程，工作时打开砂斗门向砂箱中放型砂，压缩空气从振实进口进入振实活塞的下面，工作台上升过程中先关闭振实进气通路，然后打开振实排气口，于是工作台带着砂箱下落，与活塞的顶部产生一次撞击。如此反复振击，可使型砂在惯性作用下被初步紧实。为提高砂箱上层型砂的紧实度，在振实后还应使压缩空气从压实进气口进入压实气缸的底部，压实活塞带动工作台上升，在压头作用下，使型砂得到辅助压实。砂型紧实后，压缩空气推动压力油进入起模液压缸，四根起模顶杆将砂箱顶起，使砂型与模样分开，完成起模。

图5-7为射砂造型原理，它利用压缩空气将型砂以很高的速度射入芯盒（或砂箱），从而达到预紧实，然后用压实法紧实，是一种快速高效的砂型造型法。

机器造型采用单面模样来造型，其特点是上、下型以各自的模板分别在两台配对的造型机上造型，造好的上、下半型用箱锥定位合型。对于小铸件生产，有时采用双面模样进行脱箱造型。双面模样把上、下两个模及浇注系统固定在同一模样的两侧，此时，上、下两型均在同一台造型机制出，铸型合型后将砂箱脱除（即脱箱造型），并在浇注前在铸型上加套箱，以防错箱。

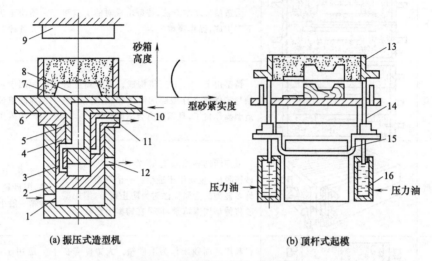

图 5-6　振压式造型机工作过程

1—压实进气口；2—压实气缸；3—振实气路；4—压实活塞；5—振实活塞；6—工作台；
7—砂箱；8—模样；9—压头；10—振实进气口；11—振实排气口；12—压实排气口；
13—下型；14—起模顶杆；15—同步连杆；16—起模液压缸

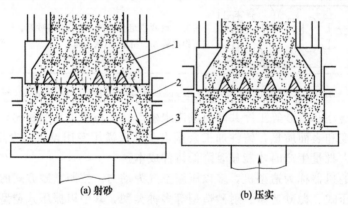

图 5-7　射砂造型原理

1—射砂头；2—辅助框；3—砂箱

机器造型不能进行三箱造型，同时也应避免活块，因为取出活块时会使造型机的生产效率显著降低。因此，在设计大批量生产的铸件及其铸造工艺时，必须考虑机器造型的这些工艺要求，并采取措施予以满足。

3）制芯

制造型芯的过程称为制芯，或叫作造芯。制芯可分为手工制芯和机器制芯。一般情况下采用手工制芯，在大批量生产时采用机器制芯。手工制芯主要是用芯盒制芯，图 5-8 为芯盒制芯的示意图。

为了提高砂芯的强度，制芯时在砂芯中放入铸铁芯骨（大芯）或铁丝制成的芯骨（小芯）。为了提高砂芯的透气能力，在砂芯里应做出通气孔，通常用通气针扎或用埋蜡线形成复杂通气孔。

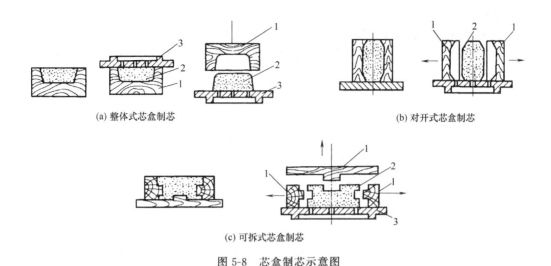

(a) 整体式芯盒制芯　　　　　　　　(b) 对开式芯盒制芯

(c) 可拆式芯盒制芯

图 5-8　芯盒制芯示意图
1—芯盒；2—砂芯；3—烘干板

4) 浇注系统

浇注时，金属液流入铸型所经过的通道称为浇注系统。浇注系统一般包括浇口盆、直浇道、横浇道、内浇道、冒口，如图 5-9 所示。

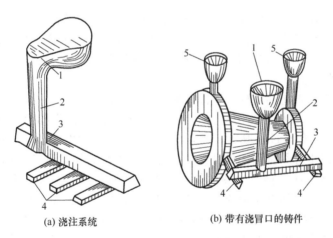

(a) 浇注系统　　　　(b) 带有浇冒口的铸件

图 5-9　浇注系统图
1—浇口盆；2—直浇道；3—横浇道；4—内浇道；5—冒口

① 浇口盆。在直浇道顶部，用以承接并导入熔融金属，还可以起缓冲和挡渣的作用。
② 直浇道。垂直通道，调节金属液的速度和静压力，直浇道越高，金属液的充型能力越强。
③ 横浇道。水平通道，截面多为梯形，用以分配金属液进入内浇道，并有挡渣作用。
④ 内浇道。直接与铸型型腔相连，用以引导金属液进入型腔。

一般情况下，直浇道的截面积应大于横浇道，横浇道的截面积应大于内浇道，以保证在浇注过程中金属液始终充满浇注系统，从而使熔渣浮集在横浇道上部，保证流入铸型中金属液的纯净。

⑤ 冒口。有些大型铸件由于铸型内金属液较多，冷却时其体积收缩量较大，为满足尺寸和形状要求，必须增设冒口。冒口的主要作用就是补缩，一般设置在铸件的厚大部位，浇注后其内部储存有足够的金属液，当型腔内的金属液因收缩而体积变小时，冒口将向型腔中

补充金属液。

  5）砂型和砂芯的干燥及合箱

  ① 砂型和砂芯的干燥。干燥的目的是提高砂型和砂芯的强度和透气性，减少浇注时可能产生的气体。为提高生产率和降低成本，砂型只有在不干燥就不能保证铸件质量的时候才进行烘干。

  ② 合箱。将砂芯及上、下型等装配在一起的操作过程称为合箱。合箱时，首先应检查砂型和砂芯是否完好、干净，然后将砂芯安装在芯座上，在确认砂芯位置正确后，盖上上箱，并将上、下箱扣紧或在上箱上压上压铁，以免浇注时出现抬箱、跑火、错型等问题。

  6）浇注

  将熔融金属从浇包注入铸型的操作称为浇注。浇包是一种运送熔融金属的容器，其容积应根据铸件大小和生产批量来定。在浇注过程中应注意以下两点：

  ① 浇注温度的高低对铸件的质量影响很大。温度高时，液体金属的黏度下降，流动性提高，要防止铸件产生浇不到、冷隔及某些气孔、夹渣等铸造缺陷。但温度过高将增加金属的总收缩量、吸气量和氧化现象，容易使铸件产生缩孔、缩松、粘砂和气孔等缺陷。因此，在保证足够流动性的前提下，尽可能做到"高温出炉，低温浇注"。通常，灰铸铁的浇注温度为1200～1380℃，碳素铸钢为1500～1550℃。形状简单的铸件取较低的温度，形状复杂或薄壁铸件则取较高的浇注温度。

  ② 较高的浇注速度可使金属液更好地充满铸型，铸件各部温差小，冷却均匀，不易产生氧化和吸气。但速度过高会使铁液强烈冲刷铸型，容易产生冲砂缺陷。实际生产中，薄壁铸件应采取快速浇注，厚壁铸件则应按"慢—快—慢"的原则浇注。

  7）铸件的出砂清理

  铸件的出砂清理一般包括落砂、去除浇冒口和表面清理。

  ① 落砂。用手工或机械方法使铸件和型砂、砂箱分开的操作称为落砂。落砂时铸件的温度不得高于500℃，如果过早取出，则会产生表面硬化或发生变形、开裂。

  落砂在大量生产中应尽量采用机械方法，常用的方法有振动落砂、机落砂和水爆清砂。所谓水爆清砂就是将浇注后尚有余热的铸件，连同砂型、砂芯投入水池中，当水进入砂中时，由于急剧汽化和增压而发生爆炸，使砂型和砂芯振落，以达到清砂的目的。

  ② 去除浇冒口。对脆性材料，可采用锤击的方法去除浇冒口。为防止损伤铸件，可在浇冒口根部先锯槽然后击断。对于韧性材料，可用锯割、氧气切割和电弧切割的方法。

  ③ 表面清理。铸件由铸型取出后，还需进一步清理表面的粘砂。手工清除时一般用钢刷和扁铲加工，这种方法劳动强度大，生产率低，且妨害健康。因此，现代化生产主要是用振动机和喷砂喷丸设备来清理表面。所谓喷砂和喷丸就是用砂子或铁丸，在压缩空气作用下通过喷嘴喷射到被清理工件的表面进行清理的方法。

  8）铸件检验及铸件常见缺陷

  铸件清理后应进行质量检验。根据产品的不同要求，检验项目主要有外观、尺寸、金相组织、力学性能、化学成分和内部缺陷等，其中最基本的是外观和内部缺陷检验。

## 5.1.3 铸造工艺设计简介

  铸造生产必须首先根据零件结构特点、技术要求、生产批量和生产条件进行铸造工艺设计，并绘制铸造工艺图。铸造工艺包括造型、制芯方法，浇注位置和铸型分型面位置，加工余量、收缩率和起模斜度等工艺参数，型芯和芯头结构，浇注系统、冒口位置等。

**(1) 造型、制芯方法的选择**

砂型铸造的各种造型、制芯方法可参照以下原则选用：

1) 优先采用湿型

砂型铸造的造型、制芯应优先选择湿型，当湿型不能满足要求时再考虑使用表干砂型、干砂型或其他砂型。在考虑应用湿型时应注意以下几种情况：

① 铸件过高，金属静压力超过湿型的抗压强度时，应考虑使用干砂型或自硬砂型等。如果铸件壁薄，虽然铸件很高大，但出现胀砂、粘砂、跑火的倾向小，可以把此限制适当放宽。因为在浇注结束前，金属静压力尚未达到最高值时，铸件下部表面上已凝结一层金属壳。此外，采用优质钠膨润土型砂或活化膨润土型砂，其砂型湿压强度较高，为铸造较高大的铸件创造了条件。

② 浇注位置上铸件有较大水平壁时，用湿型容易引起夹砂缺陷，应考虑使用其他砂。

③ 造型过程长或需长时间等待浇注的砂型不宜用湿型。例如在铸件复杂、砂芯多、下芯时间长且铸件尺寸大等条件下，湿型放置过久会风干，使表面强度降低，易出现冲砂缺陷，因此湿型一般应在当天浇注。如需次日浇注，应将造好的上、下半箱空合箱，防止水分散失，于次日浇注前开箱、下芯，再合箱浇注。更长的过程应考虑用其他砂型。

④ 型内放置冷铁较多时，应避免使用湿型。如果湿型内有冷铁时，冷铁应事先预热，放入型内要及时合箱浇注，以免冷铁生锈或变冷而凝结"水珠"，浇注后引起气孔缺陷。

认为湿型不可靠时可考虑使用表干砂型。砂型只进行表面烘干，根据铸件大小及壁厚，烘干深度在15~80mm。它具有湿型的许多优点，而在性能上却比湿型好，减少了气孔、冲砂、胀砂、夹砂的倾向，多用于手工或机器造型的中大件。

对于大型铸件，可以应用树脂自硬砂型、水玻璃砂型以及黏土干砂型。用树脂自硬砂型可以获得尺寸精确、表面光洁的铸件，但成本较高。

2) 造型、制芯方法应和生产批量相适应

① 大量生产的工厂应创造条件采用技术先进的造型、制芯方法。老式的振击式或振压式造型机生产线生产效率不够高，工人劳动强度大，噪声大，不适应大量生产的要求，应逐步加以改造。对于小型铸件，可以采用水平分型或垂直分型的无箱高压造型机生产线、实型造型线，其生产效率高，占地面积少；对于中型铸件，可采用各种有箱高压造型机生产线、气冲造型线。为适应快速、高精度造型生产线的要求，可选用冷芯盒、热芯盒及壳芯等制芯方法。

② 中等批量的大型铸件可以考虑应用树脂自硬砂造型和制芯、抛砂造型等。

③ 单件、小批量生产的重型铸件，手工造型仍是重要的方法。手工造型能适应各种复杂的要求，比较灵活，不要求很多工艺装备，可以应用水玻璃砂型、VRH法水玻璃砂型、有机酯水玻璃自硬砂型、黏土干型、树脂自硬砂型及水泥砂型等。对于单件生产的重型铸件，采用地坑造型法成本低、投产快。批量生产或长期生产的定型产品采用多箱造型、劈箱造型法比较适宜。虽然模具、砂箱等开始投资高，但可从节约造型工时、提高产品质量方面得到补偿。

3) 造型方法应适合工厂条件

不同工厂的生产条件、生产习惯、所积累的经验各不相同。通常，每个铸工车间只有很少的几种造型、制芯方法，因此，所选择的造型方法应切合现场实际条件。

例如，有的工厂生产大型机床床身等铸件时多采用组芯造型法，重点考虑的是设计、制造芯盒的通用化问题，不制作模样和砂箱，在地坑中组芯，而其他的工厂可能会采用砂箱造型法制作模样。如果车间内吊车的吨位小，烘干炉也小，而需要制作大件时用组芯造型法也是行之有效的。

4) 要兼顾铸件的精度要求和成本

各种造型、制芯方法所获得的铸件精度不同，初投资和生产效率也不一致，最终的经济效益也有差异。因此，要做到多、快、好、省，就应当兼顾各个方面。应对所选用的造型方法进行初步的成本估算，以确定经济效益高且能满足铸件要求的造型、制芯方法。

**(2) 铸件浇注位置的选择**

浇注位置是浇注时铸件相对铸型分型面所处的位置。分型面分别为水平、垂直或倾斜时分别称为水平浇注、垂直浇注或倾斜浇注。铸件浇注时的位置，对铸件质量、造型方法、砂箱尺寸、机械加工余量等都有着很大的影响。在选择浇注位置时应以保证铸件质量为主，选择时应考虑以下几个原则。

① 铸件的重要加工面或主要工作面应朝下或位于侧面。这是因为铸件上部凝固速度慢，晶粒较粗大，易在铸件上部形成砂眼、气孔、渣孔等缺陷。铸件下部的晶粒细小，组织致密，缺陷少，质量优于上部。当铸件上有几个重要加工面或重要面时，应将主要的和较大的加工面朝下或侧立。无法避免在铸件上部出现的加工面时，应适量加大加工余量，以保证加工后的铸件质量。图5-10中机床床身导轨和铸造锥齿轮的锥面都是主要的工作面，要求组织均匀致密和高硬度，不允许有任何缺陷，所以机床床身导轨面和铸造锥齿轮的锥面浇注应朝下。

② 铸件的宽大平面应朝下。型腔的上表面除了容易产生砂眼、气孔等缺陷外，还易产生夹砂缺陷。这是由于在浇注过程中，高温的金属液对型腔的上表面有强烈的热辐射，导致上表面型砂急剧膨胀和强度下降而拱起或开裂［图5-11 (a)］，使金属液进入表层裂缝中，形成夹砂缺陷

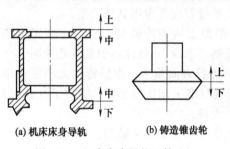

(a) 机床床身导轨　　(b) 铸造锥齿轮

图 5-10　机床床身导轨和铸造锥齿轮浇注位置

［图5-11 (b)］。因此，平板类、圆盘类铸件大平面应朝下 ［图5-11 (c)］。

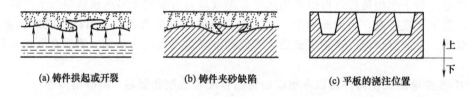

(a) 铸件拱起或开裂　　(b) 铸件夹砂缺陷　　(c) 平板的浇注位置

图 5-11　宽大平面在浇注时的位置

③ 面积较大的薄壁部分应置于铸型下部或垂直、倾斜位置。图5-12所示为箱盖铸件，将薄壁部分置于铸型上部 ［图5-12 (a)］，易产生浇不足、冷隔等缺陷。改置于铸型下部后 ［图5-12 (b)］，有利于金属的充填，可避免出现缺陷。

④ 对于容易产生缩孔的铸件，应使铸件截面较厚的部分放在分型面附近的上部或侧面，以便在铸件厚壁处直接安装冒口，使之实现自下而上的定向凝固。反之，若厚端在下部，则难以补缩。图5-13所示为铸钢双排链轮的浇注位置。

**(3) 铸型分型面的选择**

分型面是指两半铸型相互接触的表面。分型面决定了铸件在造型时的位置。分型面的选择合理与否，对铸件质量及制模、造型、制芯、合型或清理等工序有很大影响。在选择铸型分型面时，应遵守如下原则。

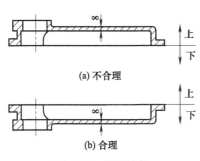

图 5-12 箱盖铸件

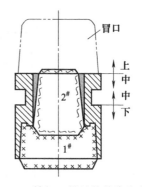

图 5-13 铸钢双排链轮的浇注位置
（1#、2#为型芯编号）

① 应尽可能使铸件的全部或大部分置于同一砂型中。这样不仅减小了因错箱造成的误差，而且使铸件的基准面与加工面在同一个砂箱内，保证了铸件的位置精度。图 5-14 所示中分型面 $A$ 是正确的，它有利于合型，可防止错型，保证了铸件的质量，而分型面 $B$ 是不合理的。

② 应使铸件的加工面和加工基准面处于同一砂箱中，并使铸件的重要加工面工作面、加工基准及主要型芯位于下型内。这样既便于型芯的安放和检验，还可使上型的高度降低、便于合箱，并可保证铸件的尺寸精度。图 5-15 所示为管子堵头的分型面，图5-15

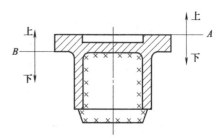

图 5-14 铸件的分型面

(c) 为合理的。因为铸件的上部方头是车削外圆面螺纹的基准，它们处于同一砂箱，这样可以避免错箱，保证铸件的质量。

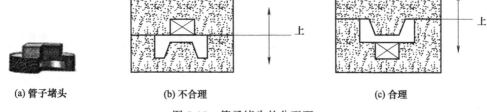

图 5-15 管子堵头的分型面

③ 应尽量减少分型面的数量，尽可能选平直的分型面，最好只有一个分型面。这样不仅可简化造型过程，而且也可减小因错型造成的铸件误差。图 5-16 为绳轮铸件的分型面，在大批量生产时，采用图中所示环状型芯，可将原来两个分型面（三箱造型）减为一个，以便进行机器造型。

④ 应尽量减少型芯和活块的数量，以简化制模、造型、合型等工序。

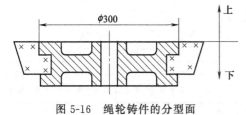

图 5-16 绳轮铸件的分型面

⑤ 应尽量使型腔及主要型芯位于下型，以便造型、下芯、合型和检验壁厚。但下型型腔也不宜过深，并应尽量避免使用吊芯。图 5-17 为机床支柱的分型方案。方案Ⅰ和方案Ⅱ的型腔及型芯大部分位于下型，有利于起模及翻箱，故较为合理。

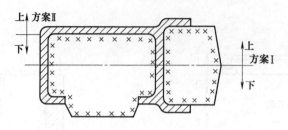

图 5-17 机床支柱的分型方案

浇注位置和分型面的选择原则,对于某个具体铸件来说,多难以同时满足,有时甚至是相互矛盾的,因此必须抓住主要特点。对于质量要求很高的重要铸件,应以浇注位置为主,在此基础上,再考虑简化造型工艺。对于质量要求一般的铸件,则应以简化铸造工艺,提高经济效益为主,不必过多考虑铸件的浇注位置,仅对朝上的加工表面留较大的加工余量即可。

**(4) 工艺参数的确定**

铸造工艺参数是指铸造工艺设计时,需要确定的某些工艺数据。这些工艺数据一般与模样和芯盒尺寸有关。同时,也与造型、制芯、下芯及合型的工艺过程有关。工艺参数选择不当会影响铸件的精度、生产率和成本。常见的铸造工艺参数有以下几项。

① 机械加工余量。在铸件加工面上为切削加工而加大的尺寸称为机械加工余量。机械加工余量过大,浪费金属,增加机械加工工时和零件成本;机械加工余量过小则不能完全去除铸件表面的缺陷,甚至露出铸件表皮,达不到设计要求。

机械加工余量的具体数值取决于铸件生产批量、合金的种类、铸件的大小、加工面与基准面的距离及加工面在浇注时的位置等。机器造型铸件精度高,余量小;手工造型误差大,余量应加大。灰铸铁表面平整,加工余量小;铸钢件表面粗糙,表面加工余量应加大。铸件的尺寸愈大或加工面与基准面的距离愈大,加工余量愈大。表 5-3 列出了灰铸铁的机械加工余量。

表 5-3 灰铸铁的机械加工余量    单位:mm

| 铸件最大尺寸 | 浇注时位置 | 加工面与基准面的距离 | | | | | | |
|---|---|---|---|---|---|---|---|---|
| | | ≤50 | 50~120 | 120~260 | 260~500 | 500~800 | 800~1250 | 1250~2000 |
| ≤120 | 顶面 | 3.5~4.5 | 4.0~5.0 | — | — | — | — | — |
| | 底面及侧面 | 2.5~3.5 | 3.0~3.5 | — | — | — | — | — |
| 120~260 | 顶面 | 4.0~5.0 | 4.5~5.0 | 5.0~5.5 | — | — | — | — |
| | 底面及侧面 | 3.0~4.0 | 3.5~4.0 | 4.0~4.5 | — | — | — | — |
| 260~500 | 顶面 | 4.5~6.0 | 5.0~6.0 | 6.0~7.0 | 6.5~7.0 | — | — | — |
| | 底面及侧面 | 3.5~4.5 | 4.0~4.5 | 4.5~5.0 | 5.0~5.5 | — | — | — |
| 500~800 | 顶面 | 5.0~7.0 | 6.0~7.0 | 6.5~7.0 | 7.0~8.0 | 7.5~9.0 | — | — |
| | 底面及侧面 | 4.0~5.0 | 4.5~5.5 | 4.5~5.5 | 5.0~6.0 | 6.0~6.5 | — | — |
| 800~1250 | 顶面 | 6.0~7.0 | 6.5~7.5 | 7.0~8.0 | 7.5~8.0 | 8.0~9.0 | 8.5~10.0 | — |
| | 底面及侧面 | 4.0~5.5 | 5.0~6.0 | 5.0~6.0 | 5.5~6.5 | 5.5~6.5 | 6.5~7.5 | — |
| 1250~2000 | 顶面 | 7.0~8.0 | 7.5~8.5 | 8.0~9.0 | 8.0~9.5 | 9.0~10.0 | 9.0~10.5 | 10.0~11.0 |
| | 底面及侧面 | 4.5~6.0 | 5.0~6.5 | 5.5~7.0 | 6.0~7.5 | 6.5~7.5 | 7.0~8.0 | 7.5~8.5 |

注:加工余量数值中下限用于大批量生产,上限用于单件小批量生产。

② 收缩率。由于合金的收缩，铸件的实际尺寸要比模样的尺寸小。为确保铸件的尺寸，必须按合金收缩率加大模样的尺寸。加大的这部分尺寸称收缩量，一般根据合金铸造收缩率来定。铸造收缩率 $K$ 的表达式为：

$$K=\frac{L_{模}-L_{件}}{L_{件}}\times 100\% \quad (5-1)$$

合金收缩率的大小取决于铸造合金的种类及铸件的结构、尺寸等因素。通常，灰铸铁的收缩率为 $0.7\%\sim1.0\%$，铸钢为 $1.6\%\sim2.0\%$，非铁金属及其合金为 $1.0\%\sim1.5\%$。

③ 起模斜度。为方便起模，在模样、芯盒的起模方向留有一定斜度，以免损坏砂型或砂芯。起模斜度的大小取决于立壁的高度、造型方法、模型材料等因素。如图 5-18 所示，起模斜度通常为 $15'\sim3°$。在铸造工艺图上，加工表面上的起模斜度应结合加工余量直接表示出来，而不加工表面上的斜度（结构斜度）仅需文字注明即可。

④ 型芯头。型芯头主要用于定位和固定砂芯，使砂芯在铸型中有准确的位置。芯头分为垂直芯头和水平芯头两类，如图 5-19 所示。垂直芯头一般都有上、下芯头，但短而粗的型芯也可以不留芯头。芯头高度 $H$ 主要取决于芯头直径 $d$。为易于合型，上芯头的斜度大，高度 $H$

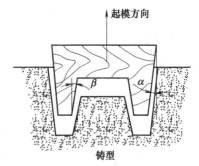

图 5-18 起模斜度

小。水平芯头的长度 $L$ 主要取决于芯头的直径 $d$ 和型芯的长度。为便于下芯和合型，铸型上的芯座端部也应有一定的斜度。为便于铸型的装配，芯头、铸型、芯座之间应留有 $1\sim4\mathrm{mm}$ 的间隙。

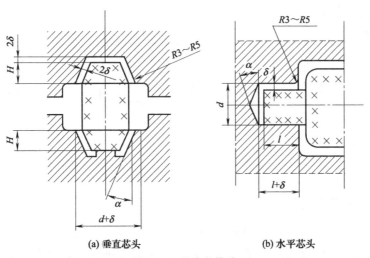

(a) 垂直芯头　　(b) 水平芯头

图 5-19 芯头的构造

⑤ 铸造圆角。铸件上相邻两壁之间的交角应设计成圆角，防止在尖角处产生冲砂及裂纹等缺陷。圆角半径一般为相交两壁平均厚度的 $1/3\sim1/2$。

⑥ 最小铸出孔及槽。零件上的孔、槽、台阶等是否要铸出，应从工艺、质量及经济等方面全面考虑。一般来说，较大的孔、槽等应铸出，以节约金属和加工工时，还可避免铸件的局部过厚所造成的热节，提高铸件质量。若孔、槽尺寸较小而铸件壁较厚，则不宜铸孔，直接依靠机械加工更方便。有些特殊要求的孔，如弯曲孔，无法实现机械加工，则一定要铸出。可用钻头加工的受制孔最好不要铸出，因铸出后很难保证铸孔中心位置准确。表 5-4 为

最小铸出孔的直径数值。

表 5-4 铸件的最小铸出孔直径                              单位：mm

| 生产批量 | 最小铸出孔直径 | |
| --- | --- | --- |
|  | 灰铸铁 | 铸钢件 |
| 大量生产 | 12～15 | — |
| 成批生产 | 15～30 | 30～50 |
| 单件、小批量生产 | 30～50 | 50 |

**(5) 铸造工艺图的绘制**

为了获得质量合格的铸件，减小铸型制造的工作量，降低铸件成本，在砂型铸造的生产准备过程中，必须合理地制定出铸造工艺方案，并绘制出铸造工艺图。

铸造工艺图是指导模样（芯盒）设计及制造、生产准备、铸型制造和铸件检验的基本工艺文件。铸造工艺图是根据零件的结构特点、技术要求、生产批量以及实际生产条件，在零件图中用各种工艺符号、文字和颜色，表示出铸造工艺方案的图形。依据铸造工艺图，结合所选造型方法，便可绘制出模样（芯盒）图及铸型装配图（砂型合箱图）。图 5-20 所示为支座的零件图、铸造工艺图、模样图及合箱图。

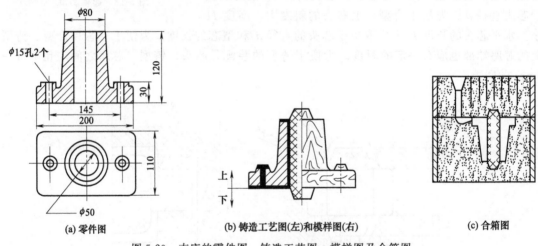

图 5-20 支座的零件图、铸造工艺图、模样图及合箱图

## 5.1.4 铸件的结构工艺性

对于铸造工艺过程来说，零件结构的合理性称为铸件的"结构工艺性"，是指零件本身的结构应符合铸造生产的要求，既便于整个铸造工艺过程的进行，又有利于提高铸件质量。下面从保证铸件质量、简化铸造工艺和铸造合金特点等几个方面来说明对铸件结构的要求。

**(1) 铸件质量对铸件结构的要求**

某些铸造缺陷的产生往往是铸件结构设计不合理造成的，铸造时可以采取相应的工艺措施来消除这些缺陷。如果铸件设计得不合理，使得消除缺陷的措施非常复杂，这就会大大增加生产的成本和降低劳动生产率。在同样满足使用要求的情况下，采取合理的铸件结构可简便地消除许多缺陷。

① 铸件的壁厚应合理。由于受合金流动性的限制，铸造合金能浇出的铸件壁厚存在一个最小值。每一种铸造合金采用某种铸造方法时，如果实际铸件壁厚小于这个最小值，则会

出现浇不足、冷隔等缺陷。表 5-5 列出了几种常用的铸造合金在砂型铸造条件下的铸件最小允许壁厚。

表 5-5 砂型铸造时铸件的最小允许壁厚

| 铸件尺寸/(mm×mm) | 铸钢/mm | 灰铸铁/mm | 球铁/mm | 可锻铸铁/mm | 铝合金/mm | 铜合金/mm |
| --- | --- | --- | --- | --- | --- | --- |
| 200×200 以下 | 6～8 | 5～6 | 6 | 45 | 3 | — |
| (200×200)～(500×500) | 10～12 | 6～10 | 12 | 5～8 | 4 | 3 |
| 500×500 以上 | 18～25 | 15～20 | | | 5～7 | 3 |

注：1. 如有特殊需要，在改善铸造条件的情况下，灰铸铁最小允许壁厚可不大于 3mm，其他合金最小壁厚亦可减小。
2. 铸件结构复杂，铸造合金的流动性差时应取上限值。

从合金的结晶特点可知，随着铸件壁厚的增加，中心部分的晶粒变大，机械强度并不随着铸件壁厚的增加而成比例增加。对于过厚的铸件壁厚，可采用加强肋使之减小，如图 5-21 所示。因此，在设计铸件时，应选择合理的截面形状，采用较薄的断面或带有加强肋的薄壁铸件，这样既保证了强度，减轻了质量，降低了生产成本，又可减小产生缩孔、缩松等缺陷的倾向。

② 壁厚力求均匀。如图 5-22（a）所示，金属过多地聚集在一起，使铸件冷却不均匀，

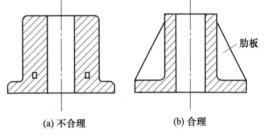

图 5-21 采用加强肋减小铸件壁厚

形成较大的内应力，而且易形成缩孔、缩松及裂纹。改为图 5-22（b）所示的结构后，由于取消了不必要的厚大部分，可减小热节，减小热应力。铸件内外壁厚度差为 10%～20%。

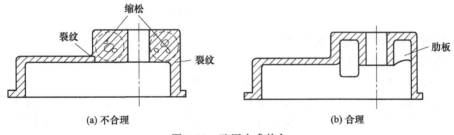

图 5-22 壁厚力求均匀

③ 铸件壁的连接应采用圆角或逐步过渡。铸件的壁厚应力求均匀，如果因结构所需不能达到厚薄均匀，则铸件各部分不同壁厚的连接应采用铸造圆角逐渐过渡，可以避免直角引起的热节和应力集中，减少缩孔和裂纹，如图 5-23 所示。铸件上的肋或壁的连接应避免交叉和锐角，壁厚不同时还应采用逐步过渡的方式，以防止接头处热量的聚集和应力集中，如图 5-24 所示。

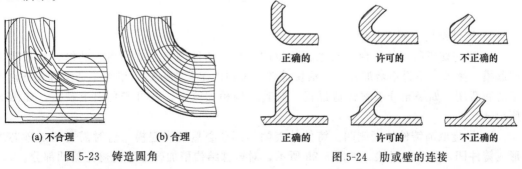

图 5-23 铸造圆角　　　　　　　图 5-24 肋或壁的连接

④ 铸件结构应能防止产生变形。某些壁厚均匀的细长铸件、较大面积的平板铸件及壁厚不均匀的长形箱体都会由于应力而产生翘曲变形，通常采用合理的结构设计予以解决，如图 5-25 所示。

⑤ 避免水平方向出现较大的平面（大水平）。在浇注时，如果型内有较大的水平型腔存在，当液体金属上升到该位置时，由于断面突然扩大，上升速度缓慢，高温液体较长时间烘烤顶部型而

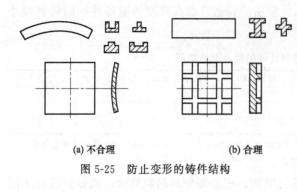

图 5-25　防止变形的铸件结构

极易造成夹砂、浇不足等缺陷，同时也不利于金属夹杂物和气体的排出。因此，应尽量设计成倾斜壁，如图 5-26 所示。

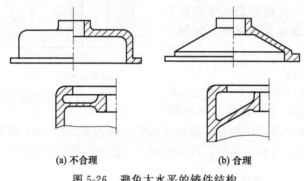

图 5-26　避免大水平的铸件结构

**(2) 铸造工艺对零件结构的要求**

铸件的结构不仅应有利于保证铸件的质量，而且造型、制芯和清理等应操作方便，以简化铸造工艺过程，稳定质量，提高生产率和降低成本。

① 铸件应减少和简化分型面。图 5-27（a）所示铸件的设计结构必须采用不平分型面，给模样、模板制造带来困难。图 5-27（b）为改进后的设计结构，其可用一简单平直分型面进行造型。

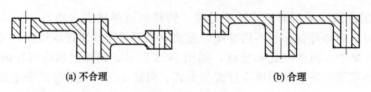

图 5-27　活塞结构实例

② 铸件结构应便于起模

a. 改进妨碍起模的凸台、凸缘、肋板的结构。铸件侧壁上的凸台、凸缘、肋板等常妨碍起模，生产中不得不增加砂芯、活块等较不方便的工艺来完成，增加了造型和模样制造的工时和费用。如果充分了解铸造过程，对其结构稍加改进，就可避免以上缺点，如图 5-28 所示。

b. 尽量取消铸件外表侧凹。铸件外表侧凹部分必然妨碍起模，这时需要增加砂芯才能形成铸件凹入部分的形状。如图 5-29 所示，对铸件结构稍加改进即能避免侧凹部分。

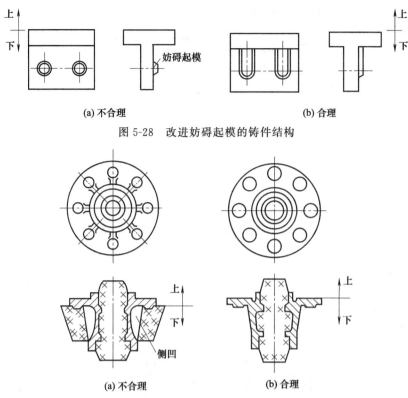

图 5-28　改进妨碍起模的铸件结构

图 5-29　带有外表侧凹的铸件结构的改进

③ 应有利于砂芯的固定和排气。砂芯在铸型中应能可靠地固定和排气，以免铸件产生偏芯、气孔等缺陷。砂芯的固定主要靠砂芯头。图 5-30（a）为撑架原来的结构，2 号砂芯为悬臂式砂芯，需用芯撑固定，图 5-30（b）为改进后的结构。

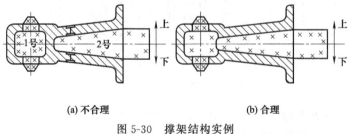

图 5-30　撑架结构实例

图 5-31（a）为活塞的不合理结构，必须使用芯撑，但对于薄壁铸件以及要求承受气体或液体压力的铸件尤其不希望采用芯撑。若结构不能修改时，可增设如图 5-31（b）所示的

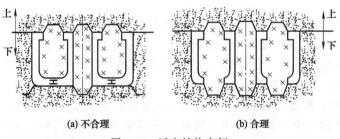

图 5-31　活塞结构实例

铸造工艺孔，增加砂芯支撑点，铸造以后，再将工艺孔用螺钉堵塞。

④ 去除不必要的铸造圆角。当有些外圆角对铸件质量影响并不大，但却在造型或制芯等工艺过程中有不良效果时，应将圆角去除，如图5-32所示。

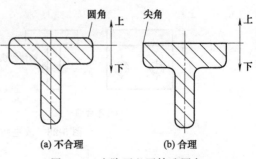

图5-32 去除不必要铸造圆角

### 5.1.5 特种铸造

对于一些有特殊要求的铸件，需采用与砂型铸造不同的其他铸造方法。通常将砂型铸造以外的铸造方法统称为特殊铸造，如熔模铸造、金属型铸造、压力铸造、低压铸造、离心铸造等。这些铸造方法在提高铸件精度和表面质量，改善合金性能，提高劳动生产率，改善劳动条件和降低铸造成本等方面各有其特点，有其适宜的应用范围。

**(1) 熔模铸造**

熔模铸造也称"失蜡铸造"或"精密铸造"，是用易熔材料（如蜡料）制成模样，然后在模样上涂覆多层耐火材料，待硬化干燥后，将蜡模熔去，获得具有与蜡模形状相应空腔的型壳，再经蜡烧后进行浇注而获得铸件，其工艺流程如图5-33所示。

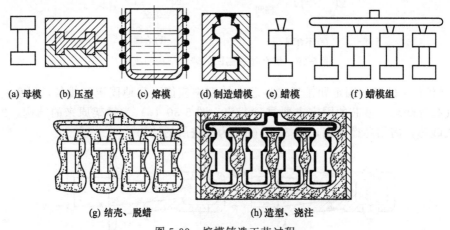

图5-33 熔模铸造工艺过程

① 母模是铸件的基本模样，材料为钢或铜，用于制造压型。

② 压型是用来制造蜡模的特殊铸型。为保证蜡模质量，压型必须有很高的精度和低的粗糙度。当铸件精度高或大批量生产时，压型常用钢或铝合金加工而成；小批量生产时，可采用易熔合金[锡（Sn）、铅（Pb）、铋（Bi）等组成的合金]、塑料或石膏直接向母模（模样）上浇注而成。

③ 制造蜡模的材料有石蜡、蜂蜡、硬脂酸和松香等，常用50%石蜡硬脂酸的混合料。蜡模压制时，将蜡料加热至糊状后，在196～294kPa下将蜡料压入压型中，待蜡料冷却凝固后，从压型中取出即得到一个蜡模。为了一次能制出多个铸件，还需将单个蜡模粘焊在预制的蜡质浇口棒上，制成蜡模组。

④ 蜡模制成后，再进行制壳。制壳包括结壳和脱蜡两个过程。结壳即制造型壳的过程：首先将蜡模组浸入涂料中，使涂料均匀地覆盖在模组表面。涂料是由耐火材料（常用石英粉）、粘砂剂（水玻璃、硅溶胶等）搅拌混合均匀而成。然后在模组上撒硅砂，将模组浸入

含氮化氨25%左右的水溶液中，分解出来的硅溶胶将硅砂粘牢。如此重复5～7遍，制成5～10mm的耐火型壳。型壳制好后，便可进行脱蜡。将包着蜡模的型壳浸入约90℃的热水中，使蜡料熔化，经浇道上浮，倒掉型壳中的水，就制得了型壳。

⑤ 为进一步去除型壳中的水分、残余蜡料和其他杂质，浇注前将型壳送入加热炉内，加热到850℃以上进行蜡烧，蜡烧后趁热进行浇注。

⑥ 冷却之后，将型壳打碎取出铸件，然后去掉浇冒口，清理毛刺，获得铸件。

熔模铸造的特点是铸件的精度及表面质量高，减少了切削加工工作量，实现了少或无切削加工，节约了金属材料。其适应各种合金的生产，可生产高熔点合金及难切削加工合金，如耐热合金、磁钢等，以及生产形状复杂的薄壁铸件。熔模铸造的生产批量不受限制，除常用于成批、大量生产外，也可用于单件生产，但熔模铸造的材料昂贵、工序多、生产周期长，不宜生产大件。

熔模铸造已成为少或无切削加工中最重要的工艺方法，广泛应用于电器仪表、刀具、汽车、航空等制造行业。例如，汽轮机和涡轮发动机的叶片，汽车、拖拉机上的小型零件等。

**(2) 金属型铸造**

将液体金属浇注到用金属材料制成的铸型中而获得铸件的铸造方法称为金属型铸造。这种铸型一般用灰铸铁或铸钢制成，这样，铸型可反复使用几百次到几千次，故又称为永久型铸造。

根据分型面位置的不同，金属型可分为垂直分型式、水平分型式和复合分型式三种结构，其中垂直分型式金属型易于开设内浇道和取出铸件，且易于实现机械化，故应用较多。图5-34所示为铸造铝合金活塞用的垂直分型式金属型，它由两个半型组成，上面的大金属芯由三部分组成，便于从铸件中取出。当铸件冷却后，首先取出中间的楔片及两个小金属芯，然后将两个半金属芯沿水平方向向中心靠拢，再向上拔出。

由于金属型导热快，没有退让性和透气性，为了保证铸件质量和延长金属型寿命，就必须严格控制其工艺。金属型铸造的工艺过程如下。

① 喷刷涂料。金属型型腔和型芯与高温的金属液直接接触，为了减缓铸件的冷却速度，防止高温金属液流对型壁的直接冲刷，保护金属型和利用涂料层蓄气排气，在金属型型腔和型芯表面必须喷刷涂料。

② 金属型预热。未预热的金属型不能进行浇注。这是因为金属型导热性好，液体金属冷却快，容易出现冷隔、浇不足、夹渣、气孔等缺陷。未预热的金属型浇注时，铸型受到强烈的热冲击，应力倍增，铸型寿命降低。适宜的预热温度随铸造合金的种类、铸件结构和大小而定。

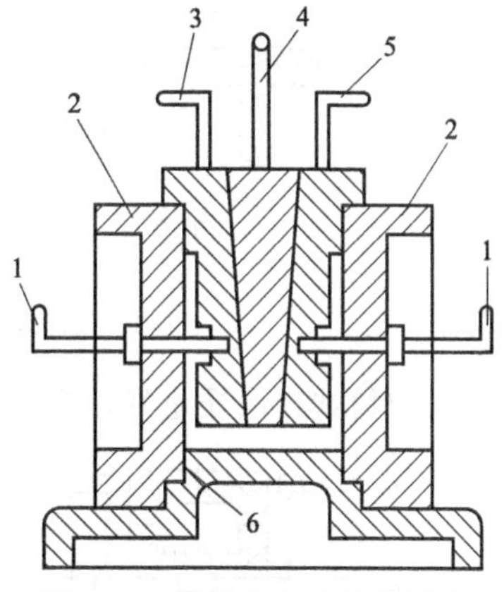

③ 金属型的浇注。金属型浇注时，合金的浇注温度和浇注速度必须适当。如果浇温太低，将会使铸件产生冷

图 5-34 铸造铝合金活塞用的
垂直分型式金属型
1—销孔金属型芯；2—左右半型；
3～5—分块金属型芯；6—底座

隔、气孔和夹渣等缺陷。金属型的浇注温度比砂型铸造时高。由于金属型的激冷和不透气，浇注速度应做到先慢、后快、再慢。

金属型铸造可承受多次浇注，实现了"一型多铸"。同时，铸件精度和表面质量比砂型铸造显著提高。由于结晶组织致密，铸件的力学性能得到提高。此外，该铸造工艺可节省许多工序，铸型不用砂，使铸造车间环境改观，改善了劳动条件，提高了劳动生产率，降低了造型的劳动强度。

然而金属型制造成本高，周期长，铸造工艺要求严格。此外，金属型铸造适用的铸件形状和尺寸有一定的限制，主要适用于大批量生产及形状简单的非铁金属铸件，如发动机中的铝活塞、气缸盖、油泵壳体等。

**(3) 压力铸造**

在高压下，将熔融金属高速充型，并在压力下凝固而获得铸件的方法称为压力铸造，充型时间为 0.01～0.2s。

压力铸造在压铸机上进行，而压铸机可分为热压室式和冷压室式两类。热压室式压铸机的压室与储存金属液的坩埚炉连成一体，压室在金属液中工作，常用于压制低熔点金属。冷压室式压铸机在压铸机内不储存金属。图 5-35 是立式冷压室式压铸机工作原理示意图。

压力铸造保留了金属型铸造的一些特点。金属型铸造是依靠金属液的重力充填铸型的，浇注薄壁件较为困难。为了保护型壁，需涂上较厚的涂料，因而影响了铸件的公差等级。而压力铸造是高压高速下注入金属液，故可得到形状复杂的薄壁件。高的压力可保证金属液的流动性，因而可以适当降低浇注温度，不必使用涂料（或涂得很薄），可提高铸件的公差等级，各种孔眼、螺纹、精细的花纹图案都可采用压力铸造直接得到。

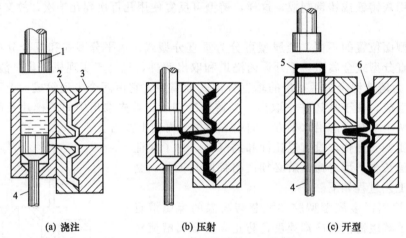

(a) 浇注　　　　　(b) 压射　　　　　(c) 开型

图 5-35　立式冷压室式压铸机工作原理

1—压铸活塞；2,3—压型；4—下活塞；5—余料；6—铸件

压力铸造产品质量好，生产率高，适用于大批量生产。目前，压铸合金除了有色金属合金外，已扩大到铸铁、碳钢和合金钢。压力铸造是实现少切削和无切削加工的有效途径之一，用压铸法生产的零件有发动机气缸体、气缸盖、变速器箱体、发动机罩、仪表和照相机的壳体及管接头、齿轮等。

**(4) 低压铸造**

低压铸造是液体金属在较低压力的作用下，完成充型及凝固过程而获得铸件的一种铸造方法，其压力一般为 20～60kPa，故称为低压铸造。

低压铸造的基本原理如图 5-36 所示。把熔炼好的金属液倒入保温坩埚，装上密封盖，升液管使金属液与铸型相通，锁紧铸型，缓慢地向坩埚中通入干燥的压缩空气，金属液受气体压力的作用，通过升液管自下而上进入型腔

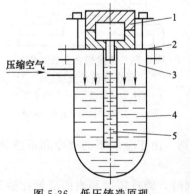

图 5-36　低压铸造原理

1—铸型；2—密封盖；3—坩埚；
4—金属液；5—升液管

内,并保持一定压力,直到型腔内金属凝固,然后放掉坩埚内的气体,使升液管和浇口中尚未凝固的金属流回坩埚中。最后打开铸型,取出铸件。

低压铸造避免了液体金属对型壁和型芯的冲刷及卷入气体和氧化夹杂物,从而防止了铸件产生气孔和非金属夹杂物等缺陷;由于省去了补缩冒口,使金属的利用率提高到90%～98%;利于形成轮廓清晰、表面光洁的铸件,这对于大型薄壁铸件尤为有利。目前,低压铸造主要用于生产铝、镁合金铸件,如气缸体、气缸盖及活塞等形状复杂、要求高的铸件。

**(5) 离心铸造**

离心铸造是指将熔融金属浇入旋转的铸型中,使之在离心力的作用下,完成充填铸型和凝固成形的一种铸造方法。

1) 离心铸造的类型

为使铸型旋转,离心铸造必须在离心铸造机上进行。根据旋转空间位置不同,离心铸造机可分为立式和卧式两类,如图5-37和图5-38所示。

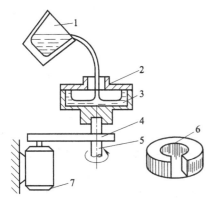

图5-37 立式离心铸造机示意图
1—浇包;2—铸型;3—液体金属;4—带轮和带;
5—旋转轴;6—铸件;7—电动机

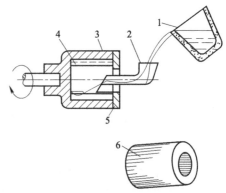

图5-38 卧式离心铸造机示意图
1—浇包;2—浇注槽;3—铸型;4—液体金属;5—端盖;6—铸件

① 立式离心铸造机。其铸型绕垂直轴旋转,铸件的自由表面(内表面)是抛物线形,主要用于生产高度小于直径的圆环类、盘类铸件。

② 卧式离心铸造机。其铸型绕水平轴旋转,主要用于生产长度大于直径的套筒类或管类铸件。

2) 离心铸造的特点和应用

① 离心铸造不用芯子就能生产出中空铸件,并且可省去浇注系统,简化了生产工艺,提高了金属利用率。

② 铸件在离心力的作用下结晶,组织致密,基本上无缩孔、气孔等缺陷,力学性能好。因为在离心力作用下,金属中的气体、熔渣等夹杂物因密度小而集中在内表面,铸件呈由外向内的定向凝固,补缩条件好。但铸件的内孔表面粗糙,尺寸误差大。

③ 便于浇注流动性差的合金铸件和薄壁铸件,这是由于在离心力的作用下,金属液的充型能力得到了提高。

④ 便于铸造双金属铸件,如缸套镶铜轴承等,其结合面牢固,可节约贵重金属,降低成本。

目前离心铸造广泛用于铸铁管、气缸套、滑动轴承、双金属管、活塞环等零件的生产。

**(6) 铸造方法的选择**

各种铸造方法均有其优缺点,选用哪种铸造方法,必须依据生产的具体特点,既要保证产品质量，又要考虑产品的成本和现场设备，原材料供应情况等，要进行全面分析比较，以选定最适当的铸造方法。各种铸造方法的主要特点见表 5-6。

表 5-6 几种铸造方法的特点比较

| 比较项目 | 砂型铸造 | 熔模铸造 | 金属型铸造 | 压力铸造 | 低压铸造 | 离心铸造 |
| --- | --- | --- | --- | --- | --- | --- |
| 适用合金范围 | 各种合金 | 非合金钢、合金钢、有色金属 | 各种合金，以非铁合金为主 | 非铁合金 | 非铁合金 | 铸钢、铸铁、铜合金 |
| 适用铸件大小及质量范围 | 不受限制 | 一般低于25kg | 中、小铸件为主 | 中、小铸件，一般低于10kg | 中、小铸件，有时达数百千克 | 不受限制 |
| 铸件最小壁厚/mm | 铝合金：>3<br>铸铁：>3～4<br>铸钢：>5 | 0.5～0.7<br>孔 $\phi$1.5～2.0 | 铸铝：>3<br>铸铁：>5 | 铝合金：0.5<br>锌合金：0.3<br>铜合金：2 | 2 | 优于同类铸型的常压铸造 |
| 表面粗糙度 $Ra$/mm | 50～12.5 | 12.5～1.6 | 12.5～6.3 | 3.2～0.8 | 12.5～3.2 | 决定于铸型材料 |
| 铸件尺寸公差/mm | 100±1.0 | 100±0.3 | 100±0.4 | 100±0.3 | 100±0.4 | 决定于铸型材料 |
| 铸件成品率/% | 30～50 | 60 | 40～50 | 60 | 50～60 | 85～95 |
| 毛坯利用率/% | 70 | 90 | 70 | 95 | 80 | 70～90 |
| 投产的最小批量 | 单件 | 1000 | 700～1000 | 1000 | 1000 | 100～1000 |
| 生产率（一般机械化程度） | 低中 | 低中 | 中高 | 最高 | 中 | 中高 |
| 应用举例 | 机床床身支座、轴承盖、曲轴、气缸盖、气缸体、水轮机转子等 | 刀具、叶片、自行车零件、机床零件、刀杆、风动工具等 | 铝活塞、水暖器材、水轮机叶片、一般非铁合金铸件等 | 汽车化油器、缸盖、壳体、仪表和照相机壳及支架等 | 发动机缸体、缸盖、壳体、箱体、船用螺旋桨、纺织机零件等 | 各种铸铁管、套筒、环、辊、叶轮、滑动轴承等 |

注：铸件成品率 = $\frac{铸件质量}{铸件质量+浇冒口质量}\times100\%$；毛坯利用率 = $\frac{零件质量}{铸件质量}\times100\%$。

## 5.1.6 铸造工艺在汽车上的应用

铸铁件由于性能优良，能满足汽车上若干零部件的使用要求，兼具有利制造工艺、成本低廉、资源丰富的优点，因此在现代汽车中占有一定的比例。例如，发动机曲轴、气缸体、气缸盖、活塞、连杆、凸轮轴、挺柱、进排气歧管、底盘中的桥壳、减速器壳等均采用铸造工艺加工。

下面以气缸套批量生产为例，分析其工艺过程。

1）技术要求

图 5-39（a）为气缸套零件图，材质为铬钼铜耐磨铸铁。零件的轮廓尺寸为 $\phi$143mm×274mm，平均壁厚为 9mm，铸件质量为 16kg。气缸套工作条件较差，要承受活塞环上万次的反复摩擦及燃气爆炸的高温和高压作用，其内圆表面是铸件要求质量最高的部位。

由于内燃机的使用寿命在很大程度上取决于气缸套质量的好坏，因此对气缸套有几点要求：

① 不得有裂纹、气孔、缩孔和缩松等缺陷。

② 粗加工后，需经退火消除应力，硬度为 190～248HBW，同一工件硬度差不大于30HBW。加工完毕后，需做水压试验，在 50MPa 压力下保持 5min，不得有渗漏和浸润现象，组织应致密。

2）铸造工艺方案的选择

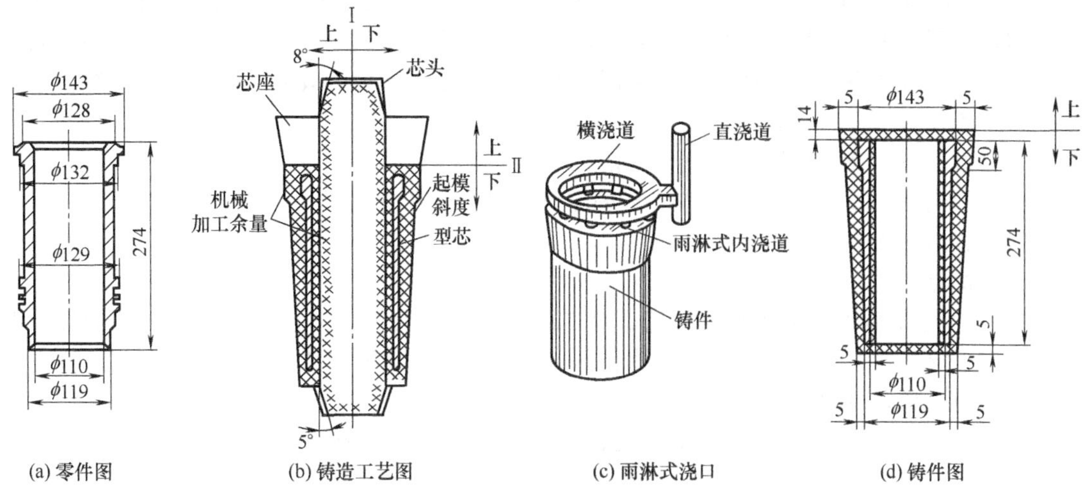

(a) 零件图　　(b) 铸造工艺图　　(c) 雨淋式浇口　　(d) 铸件图

图 5-39　气缸套铸造工艺图

铸造工艺方案主要是分型面的选择和浇注位置的选择。分型面的选择有两种方案。

① 图 5-39（b）所示方案 Ⅰ。此方案采用分开模两箱造型，型腔较浅，因此造型、下芯很方便，铸件尺寸较准确。但分型面通过铸件圆柱面会产生接缝，毛刺不易清除干净，若有微量错型，就会影响铸件的外形。

② 图 5-39（b）所示方案 Ⅱ。此方案造型、下芯比较方便，铸件无接缝，分型面在铸件一端，毛刺易清除干净，不会发生错型缺陷。

浇注位置的选择也有以下两种方案：

① 水平浇注。此方案易使铸件上部产生砂眼、气孔、夹渣等缺陷，且组织不致密，耐磨性差，很难满足气缸套的工作条件和技术要求。

② 垂直浇注。此方案易使铸件主要加工面处于铸型侧面，而将次要的较小的凸缘放在上面。采用雨淋式浇口垂直浇注，以控制金属液呈细流入型腔，减小冲击力，铁液上升平稳，如图 5-39（c）所示。垂直浇注的铸件定向凝固，补缩效果好，气体、熔渣易于上浮，不易产生夹渣、气孔等缺陷，且铸件组织均匀、致密，耐磨性好。

综上分析，此气缸套分型面的选择采用方案 Ⅱ，浇注位置的选择采用垂直浇注和机器造型的工艺方案。

3）主要工艺参数

浇注温度为 1360～1380℃，线收缩率为 1%，开箱时间为 2～3h。因铸件质量要求较高，加工工序较多，所以加工余量较大，其数值为：顶面 14mm，底面和侧面 5mm。热处理采取 650～680℃ 退火工艺。

4）铸件图

分型面确定后，铸件芯头的形状和尺寸、加工余量、起模斜度及浇注系统等即可确定，根据这些资料可绘制出铸件图，见图 5-39（d）。

## 5.2　锻压

锻压是指对坯料施加外力，使其产生塑性变形，以改变坯料的形状和尺寸，并改善其内部组织和力学性能，用以制造机械零件、工件或毛坯的成形加工方法，它是锻造和冲压的总称。

塑性变形是锻压成形的基础。大多数钢和非铁金属及其合金都有一定的塑性，因此它们均可在热态或冷态下进行锻压成形。常用的锻压成形方法有自由锻造、模锻、板料冲压、轧制、挤压和拉拔等。

金属锻压成形在机械制造、汽车、拖拉机、仪表、电子、造船、冶金工程及国防工业中有着广泛的应用，如汽车上60%~80%的零件均是由锻压加工成形的。

锻压成形加工方法有以下特点：

**(1) 优点**

① 锻压加工后可使金属组织致密，晶粒细小，力学性能提高，得到的零件性能好。锻压加工可消除铸造组织内部的气孔、缩孔等缺陷，并能合理控制金属纤维方向，使纤维方向与应力方向一致，以提高零件的性能。

② 锻压加工后的零件的尺寸精度较高。应用先进的技术和设备，可实现少切削或无切削加工。例如，精密锻造的伞齿轮齿形部分可不经切削加工直接使用。

③ 锻压加工可节约金属材料和加工工时。锻压加工后坯料的形状和尺寸发生改变，而其体积基本不变，与切削加工相比可节约金属材料和加工工时。

④ 锻压加工的生产率较高。除自由锻造外，其他锻压方法（如模锻、冲压等）都有较高的生产率。

**(2) 缺点**

① 不适合形状较复杂的零件（如有复杂内腔的零件）。

② 加工设备比较昂贵，锻压件的成本比铸件高。

## 5.2.1 锻造

**(1) 金属锻造时的加热与冷却**

金属锻造加热是为了提高金属的塑性，降低其变形抗力，改善金属的可锻性，以便对金属进行热压力加工。

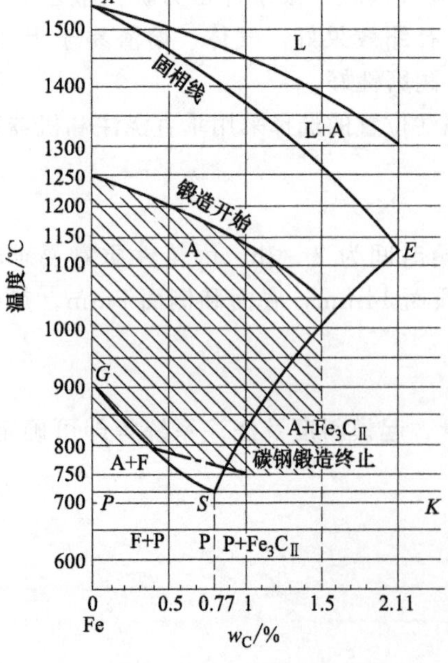

金属锻造加热应满足以下要求：金属在加热过程中不产生裂纹，不过热和过烧，温度要均匀，氧化脱碳少，加热时间短，节约燃料。

1) 锻造温度范围

锻造时由始锻温度到终锻温度的间隔称为锻造温度范围。确定锻造温度范围，主要是定出始锻温度和终锻温度。锻造温度范围宽，增加锻造的操作时间，有利于锻造的顺利进行。

① 始锻温度是开始锻造的温度，也是允许的最高加热温度。这一温度不宜过高，否则可能造成过热和过烧。但始锻温度也不宜过低，因为过低则使锻造温度范围缩小，缩短锻造操作时间，增加锻造的困难。碳钢的始锻温度应比固相线低200℃左右，约为1050~1250℃，如图5-40所示。由图5-40可以看出，碳钢的始锻温度随含碳量的增加而降低。

② 终锻温度是停止锻造的温度。若终锻温度过高，停锻后晶粒在高温下继续长大，使锻件产生粗

图 5-40 碳钢的锻造温度范围

大晶粒。终锻温度过低,则塑性不良,变形困难,甚至产生加工硬化。碳钢的终锻温度常取800℃左右,如图5-40所示。

常用金属材料的锻造温度范围见表5-7。

表5-7 常用金属材料的锻造温度范围

| 合金种类 | 温度/℃ | |
|---|---|---|
| | 始锻 | 终锻 |
| $w_C$为0.3%以下的碳钢 | 1200~1250 | 800 |
| $w_C$为0.3%~0.5%的碳钢 | 1150~1200 | 800 |
| $w_C$为0.5%~0.9%的碳钢 | 1100~1150 | 800 |
| $w_C$为0.9%~1.5%的碳钢 | 1050~1100 | 800 |
| 合金结构钢 | 1150~1200 | 850 |
| 低合金工具钢 | 1100~1150 | 850 |
| 高速钢 | 1100~1150 | 900~950 |
| QAl9-4 铝铁青铜 | 850 | 700 |
| QAl10-4-4 铝铁镍青铜 | | |
| 硬铝(ZA01~ZA12) | 470 | 350 |

2) 锻造加热缺陷

① 烧损与脱碳。钢在加热时,铁与炉气中的氧化性介质会发生氧化反应,生成氧化皮。坯料在加热过程中因生成氧化皮而造成的损失称为烧损,又称火耗。每次加热的烧损量可达坯料质量的1%~5%。

钢在高温状态下,不仅金属表面被强烈氧化,表层金属的碳也会因氧化而损失。坯料在加热过程中,其表层因氧化而损失的碳通常称为脱碳。脱碳严重时,脱碳层厚度可达1.5~2mm。

加热时必须控制温度、时间和炉气成分,防止出现严重的氧化烧损及脱碳现象。

② 过热与过烧。过热是金属由于加热温度过高或在高温下保持时间过长引起的晶粒粗大现象。过热影响锻件的力学性能,生产中常采用退火热处理将钢的过热组织细化。

过烧是加热温度超过始锻温度过高,使晶粒边界出现氧化及熔化的现象。过烧的金属塑性完全丧失,一锻即碎。过烧是一种无法挽救的加热缺陷。

生产中必须严格控制加热温度和保温时间,以防止过热和过烧。

3) 锻件的冷却

锻件的冷却也是锻造生产的一个重要环节。若冷却方法不当,也会出现变形、裂纹等缺陷。在生产中根据锻件的化学成分、形状、尺寸的特点,采用不同的冷却工艺方法。

① 空冷是热态锻件在静止空气中冷却的方法,冷却速度较快,适合于非合金钢的中、小锻件及含碳量≤0.3%的低合金钢的中、小锻件。

② 灰砂冷是将热态锻件埋入炉渣、灰或砂中缓慢冷却的一种冷却方法,适合于中碳钢、碳素工具钢和大多数低合金钢的中型锻件。

③ 炉冷是锻后锻件放入炉中缓慢冷却的一种冷却方法,一般在500~700℃的加热炉中进行,适合于中、高碳钢及合金钢的大型锻件。

一般地说,锻件的碳及合金元素含量越高,体积越大,形状越复杂,冷却速度越要缓慢。

**(2) 自由锻**

利用一些简单的通用性工具或在锻造设备的上、下砧间,直接使坯料变形而获得所需的几何形状及内部质量的锻件,这种方法称为自由锻。自由锻时金属能在垂直于压力的方向自由伸展变形，而锻件的形状和尺寸主要由人操作来控制。

由于自由锻所用的工具简单，并具有较大的通用性，因而其应用较为广泛。自由锻件质量可以从 1kg 的小件到 200～300t 的大件，对于特大型锻件，如水轮机主轴、多拐曲轴、大型连杆等，自由锻是唯一可行的加工方法。但自由锻的锻件精度低，生产率低，生产条件差，适用于单件、小批量生产。

自由锻工序可分为基本工序、辅助工序和修整工序三大类。辅助工序是为基本工序操作方便而进行的预先变形工序，如压钳口、压肩、钢链倒棱等。修整工序是用以减少锻件表面缺陷而进行的工序，如校正、滚圆、平整等。基本工序是使金属材料产生一定程度的塑性变形，以达到所需形状和所需尺寸的工艺过程，如镦粗、拔长、冲孔、弯曲、切割、错移和扭转等，见表 5-8。

表 5-8 自由锻基本工序

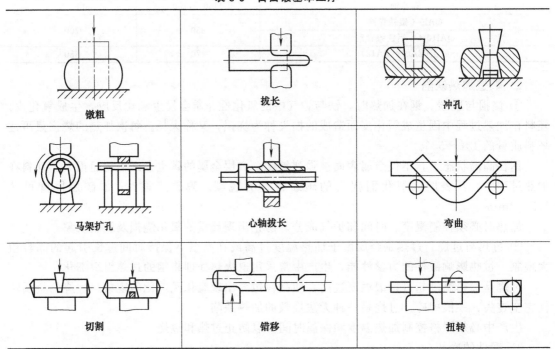

1）镦粗

镦粗是使坯料高度减小、横截面积增大的锻造工序。它可以提高锻件的力学性能，有整体镦粗和局部镦粗之分。镦粗主要适用于制造高度小、截面大的工件，如齿轮、圆盘等毛坯或作为冲孔前的预备工序，以减小冲孔高度。镦粗的操作要点如下：

① 合适的高径比。完全镦粗时，坯料尽量用圆柱形，高径比应不超过 2.5～3。高径比过大，容易产生纵向弯曲，使变形失去稳定，易镦弯。

② 坯料端面平整且与轴线垂直，镦粗的打击力要足，以防止镦弯。

③ 坯料加热要均匀，表面不应有裂纹或凹坑，防止裂纹扩大。

④ 及时修整，消除鼓形。镦粗时要及时翻转 90°，边滚动边锤击，消除鼓形。

2）拔长

拔长是使坯料横截面积减小、长度增加的锻造工序，主要适于锻造轴类、杆类零件，对于空心轴锻件可采用芯轴拔长。拔长也常用来改善锻件内部质量。拔长时的操作要点如下：

① 拔长时应不断进行 90° 翻转，使坯料变形更加均匀。

② 为防止翻转时横断面产生弯曲现象,横断面高度与宽度之比应小于 2.5 倍。

③ 拔长时每次送进量 $l=(0.4\sim 0.8)b$,$b$ 为砧宽。送进量太大造成变形不均匀,太小又容易产生折叠。

④ 拔长后要进行修整,如调平、矫直,使锻件表面光洁,尺寸准确。

3) 冲孔

冲孔是在坯料上冲出透孔或不透孔的锻造工序。根据冲头形式不同,可分为实心冲头冲孔(孔径小于 300mm)及空心冲头冲孔(孔径大于 300mm)。冲孔主要用于锻造环套类零件。

冲孔前,一般须将坯料墩粗,以减小冲孔深度,并避免冲孔时坯料胀裂。坯料加热到始锻温度,内外均匀热透,以便在冲子冲入后,坯料仍有良好的塑性和低的变形抗力,避免冲裂。

4) 扩孔

扩孔是指减小空心坯料的壁厚,增大其内、外径或只增大内径的锻造工序。扩孔主要用来制造环形锻件,如轴承圈等。扩孔基本方法可分为冲头扩孔和芯轴扩孔两种。

① 冲头扩孔是指用直径比坯料孔径大的冲头依次将坯料孔径扩大到所要求的尺寸,如图 5-41(a)所示。冲头扩孔适用于坯料外径与内径之比大于 1.7 的情况。在用冲头扩孔时,每次孔径扩大量不宜太大,否则坯料易胀裂。

② 芯轴扩孔又称马架扩孔,是指将带孔的坯料套在芯轴上,芯轴架在马架上,围绕圆周对坯料进行锤击,每锤击一两次,必须旋转送进坯料,经多次圆周旋转锤击后,坯料的壁厚减小,内、外径增大,达到所要求的尺寸,如图 5-41(b)所示。芯轴扩孔时扩孔量大,可以锻造大孔径的薄壁锻件。

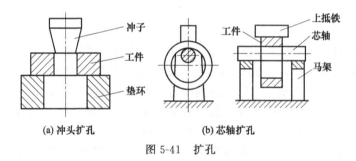

图 5-41 扩孔

5) 弯曲

使坯料弯成一定角度或形状的锻造工序称为弯曲。弯曲用于锻造吊钩、链耳、弯板等锻件。弯曲时锻件的加热部分最好只限于被弯曲的一段,加热必须均匀。在空气锤上进行弯曲时,将坯料夹在上下抵铁间,使欲弯曲的部分露出,用手锤或大锤将坯料打弯,如图 5-42

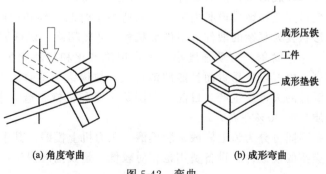

图 5-42 弯曲

(a) 所示，或借助于成形垫铁、成形压铁等辅助工具使其产生成形弯曲，如图 5-42 (b) 所示。

6) 切割

切割是将坯料分成几部分或部分地割开，或从坯料的外部割掉一部分，或从内部割出一部分的锻造工序。它常用于切除锻件的料头、分段、劈缝或切割成所需形状等。

大截面坯料是在锻锤或压力机上切断的，方形截面的切割是先将剁刀垂直切入锻件，至快断开时，将工件翻转 180°，再用剁刀或克棍把工件截断，如图 5-43 (a) 所示。切割圆形截面锻件时，要将锻件放在带有圆凹槽的剁垫上，边切边旋转锻件，如图 5-43 (b) 所示。

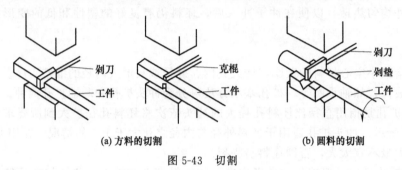

图 5-43　切割

7) 错移

错移是将坯料的一部分相对另一部分错开，两部分的轴线仍保持平行的锻造工序。错移常用于锻造曲轴类零件。错移前，坯料需先进行压肩等辅助工序。错移时应先在错移部位切肩，然后再锻打错开。

8) 扭转

扭转是将坯料的一部分相对于另一部分绕其轴线旋转一定角度的锻造工序，主要用于制造小型曲轴、连杆等零件。采用扭转的方法，可使由几部分不同平面组成的锻件，如曲轴等，先在一个平面内锻造成形，然后再分别扭转到所要求的位置，从而简化锻造工序。

除上述工序外，还有锻接等工序。通过自由锻造基本工序可使金属坯料产生各种变形，以获得所需形状、尺寸及其他要求的锻件。在开始进行基本工序之前，有时也需要进行一些辅助性的工序，如切痕、压肩等。在基本工序完成之后，有时也需要进行一些精整工序，以消除锻件表面凹凸不平及毛刺等。上述几类工序配合起来应用，就可完成各种锻件的自由锻造。总之，自由锻方法灵活，在机械制造中具有特别重要的地位。

**(3) 模型锻造**

将加热到锻造温度的金属坯料放到固定在锻造设备上的锻模模膛内，使坯料受压产生塑性变形，充满锻模模膛以成形锻件的方法称为模型锻造，简称为模锻。

模锻时坯料的变形完全在锻模模膛内进行，锻造终了时能得到和模膛形状相符的锻件。因而模锻可以锻制形状较为复杂的锻件，锻件形状和尺寸较精确，机械加工余量较小，材料消耗低，生产率高，操作简单，劳动强度小，易实现机械化和自动化生产。但锻模制造复杂，周期长，成本高，模锻设备昂贵而且能源消耗大，故模锻不适合于单件、小批量生产，而适合于中、小型锻件的大批量生产。目前，在国防工业和机械制造业中模锻件数量很大，占这些行业锻件总质量的 90% 左右。

模锻按使用设备不同可分为锤上模锻、胎模锻、压力机上模锻。其中锤上模锻工艺适用性广，可生产各种类型的模锻件，设备费用也相对较低，是我国模锻生产中应用最多的模锻方法。

1) 锤上模锻

锤上模锻是将模具固定在模锻锤上，使毛坯变形获得锻件的锻造方法，其设备有蒸汽-空气模锻锤、无砧底锤、高速锤等，一般的企业主要使用蒸汽-空气模锻锤。

锤上模锻的工艺特点：金属在模膛中是在一定速度下经过多次连续锤击而逐步成形的，锤头的行程、打击速度均可调节，能实现轻重缓急不同的打击，因而可进行制坯工作。由于惯性作用，金属在上模模膛中具有更好的充填效果。锤上模锻的适应性广，可生产多种类型的锻件，可以单膛模锻，也可以多膛模锻。

由于锤上模锻打击速度较快，对变形速度较敏感的低塑性材料（如镁合金等）进行锤上模锻，不如在压力机上模锻的效果好。

锤上模锻工作如图 5-44 所示。锻模由上、下模组成。上模和下模分别安装在锤头下端和模座上的燕尾槽内，用楔铁紧固。上、下模合在一起，其中部形成完整的模膛。根据功用不同，模膛可分为模锻模膛和制坯模膛两大类。

① 模锻模膛。模锻模膛分为终锻模膛和预锻模膛两种。所有模锻件都要使用终锻模膛，预锻模膛则要根据实际情况决定是否采用。

终锻模膛的作用是使坯料最后变形到锻件所要求的形状和尺寸，因此它的形状应和锻件的形状相同。但因锻件冷却时要收缩，终锻模膛的尺寸应比锻件尺寸放大一个收缩量，通常钢件的收缩量取 1.5%。沿模膛四周有飞边槽。锻造时部分金属先压入飞边槽内形成毛边，毛边很薄，最先

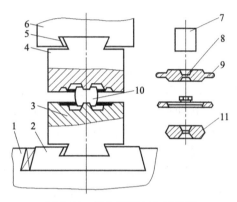

图 5-44　锤上模锻工作示意图
1—砧铁；2—模座；3—下模；4—上模；
5—楔铁；6—锤头；7—坯料；8—连皮；
9—毛边；10—坯料；11—锻件

冷却，可以阻碍金属从模膛内流出，以促使金属充满模膛，同时容纳多余的金属。对于具有通孔的锻件，由于不可能靠上、下模的凸起部分把金属完全挤压掉，故终锻后在孔内留下一薄层金属，称为冲孔连皮，如图 5-45 所示。把冲孔连皮和飞边冲掉后，才能得到有通孔的模锻件。

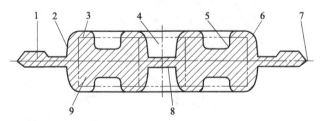

图 5-45　齿轮坯模锻件图
1—毛边；2—模锻斜度；3—加工余量；4—不通孔；5—凹圆角；
6—凸圆角；7—分模面；8—冲孔连皮；9—零件

预锻模膛的作用是使坯料变形到接近于锻件的形状和尺寸，这样再进行终锻时金属容易充满终锻模膛，同时减少了终锻模膛的磨损，延长了锻模的使用寿命。预锻模膛的形状和尺寸与终锻模膛相似，只是模锻斜度和圆角半径稍大，没有飞边槽。对于形状简单或批量不大的模锻件可不设置飞边槽。

② 制坯模膛。对于形状复杂的模锻件，原始坯料进入模锻模膛前，先放在制坯模膛制坯，按锻件最终形状做初步变形，使金属能合理分布和很好地充满模膛。制坯模膛有以下几种：

a. 拔长模膛。如图 5-46（a）所示，其作用是减小坯料某部分的横截面积，增加该部分的长度。当模锻件沿轴向各横截面积相差较大时，常常采用拔长模膛。

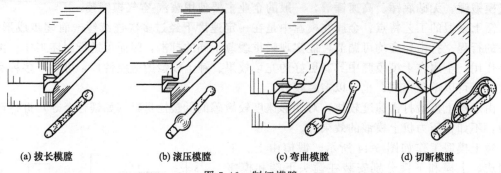

(a) 拔长模膛　　(b) 滚压模膛　　(c) 弯曲模膛　　(d) 切断模膛

图 5-46　制坯模膛

b. 滚压模膛。如图 5-46（b）所示，其作用是减小坯料某部分横截面积，增大另一部分的横截面积。当模锻件沿轴向的各横截面积相差不大或修整拔长后的毛坯时常采用滚压模膛。

c. 弯曲模膛。如图 5-46（c）所示，其作用是弯曲杆类模锻件的坯料。

d. 切断模膛。如图 5-46（d）所示，其作用是切断金属。单件锻造时，用它从坯料上切下锻件或从锻件上切下钳口。多件锻造时，用它来分离成单个件。

形状简单的锻件，在锻模上只需一个终锻模膛；形状复杂的锻件，根据需要可在锻模上安排多个模膛。图 5-47 是弯曲连杆锻模（下模）与模锻工序图。锻模上有 5 个模膛，坯料

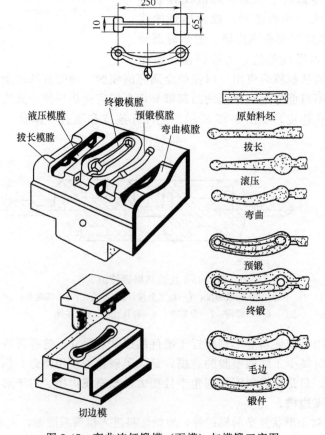

图 5-47　弯曲连杆锻模（下模）与模锻工序图

经过拔长、滚压、弯曲等制坯工序，形状接近于锻件，然后经过预锻和终锻两个模膛制成带有毛边的锻件，最后在切边模上切去飞边。

2）胎模锻

胎模锻是在自由锻设备上使用可移动模具生产模锻件的一种锻造方法。胎模不固定在锤头或砧座上，只是在使用时才放上去。

胎模的构造如图 5-48 所示，由上、下模组成。下模有两个导销，上模有两个导销孔，借以套在导销上，保证上、下模对准。工作时，下模放在锻锤的下抵铁上，把经过自由锻初步成形的锻件坯料置于模膛中，然后合上上模进行锻压，使坯料在模膛内变形。

胎模锻不需要较贵重的专用模锻设备，用普通自由锻锤即可工作，且锻模制造容易，因此在小批量生产中应用广泛。与模锻比较，其工人劳动强度较高，生产效率较低，锻件表面质量较差。

3）压力机上模锻

由于锤上模锻在工作中存在振动和噪声大、劳动条件差、蒸汽效率低、能源消耗多等难以克服的缺点，因此近年来大吨位模锻锤有逐步被压力机所取代的趋势。用于模锻生产的压力机有摩擦压力机、曲柄压力机和平锻机等。

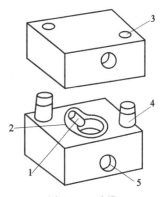

图 5-48 胎模
1—模腔；2—飞边槽；3—导销孔；4—导销；5—小孔

① 摩擦压力机上模锻。摩擦压力机是靠飞轮、螺杆和滑块向下运动所积蓄的能量使坯料变形的，其模锻的特点如下：

a. 适应性好，行程和锻压力可自由调节，因而可实现轻打、重打，可在一个模膛内进行多次锻打，不仅能满足模锻各种主要成形工序的要求，还可以进行弯曲、热压、切飞边、冲连皮及精压、校正等工序。

b. 滑块运动行程速度低，锻击频率低，金属变形过程中的再结晶可以充分进行，适合于再结晶速度慢的低塑性合金钢和非铁金属的模锻。

c. 摩擦压力机承受偏心载荷能力差，通常只适用于单膛锻模进行模锻。

d. 生产率低，主要用于中小型锻件的批量生产。

e. 摩擦压力机结构简单，造价低，使用维修方便，适用于中小型工厂的模锻生产。

② 曲柄压力机上模锻。曲柄压力机的动力是电动机，通过减速和离合器装置带动偏心轴旋转，再通过曲柄连杆机构，使滑块沿导轨做上下往复运动。下模块固定在工作台上，上模块则装在滑块下端，随着滑块的上下运动进行锻压。曲柄压力机上模锻有以下特点：

a. 曲柄压力机作用于金属上的变形力是静压力，且变形抗力由机架本身承受，不传给地基。因此，曲柄压力机工作时的振动与噪声小，劳动条件好。

b. 曲柄压力机的机身刚度大，滑块导向精确，行程一定，装配精度高，因此能保证上下模膛准确对合在一起，不产生错移。

c. 锻件精度高，加工余量和公差小，节约金属。在工作台及滑块中均有顶出装置，锻造结束可自动把锻件从模膛中顶出，因此锻件的模锻斜度小。

d. 因为滑块行程速度低，作用力是静压力，有利于低塑性金属材料的加工。

e. 曲柄压力机上不适宜进行拔长和滚压工步，这是由于滑块行程一定，不论用什么模膛都是一次成形，金属变形量过大，不易使金属填满终锻模膛。因此，为使变形逐渐进行，终锻前常采用预成形、预锻工步。图 5-49 所示为经预成形、预锻和最后终锻的齿轮模锻工步。

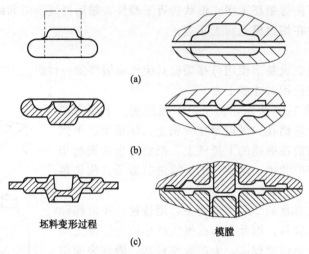

图 5-49　曲柄压力机上齿轮模锻工步

f. 曲柄压力机设备复杂，造价高，但生产率高，锻件精度高，适合于大批量生产。

③ 平锻机上模锻。平锻机的主要结构与曲柄压力机相同，只不过其滑块做水平运动，故称为平锻机。平锻机上模锻有如下特点：

a. 扩大了模锻适用范围，可以锻出锤上和曲柄压力机上无法锻出的锻件，还可以进行切飞边、切断、弯曲等工步。

b. 锻件尺寸精确，表面粗糙度低，生产率高。

c. 节省金属，材料利用率高。

4）模锻工艺规程的制定

模锻生产的工艺规程包括绘制锻件图，计算坯料尺寸，确定模锻工步，选择设备及安排修整工序等。

① 绘制模锻锻件图。锻件图是以零件图为基础，考虑敷料块、加工余量、锻造公差、分模面位置、模锻斜度和圆角半径等因素绘制成的。锻件图是设计和制造锻模，计算坯料，以及检查锻件的依据。

a. 确定分模面。分模面即上、下锻模在模锻件上的分界面。首先，选择分模面应保证锻件易于从模膛中取出，如采用图 5-50 中 a—a 处作为分模面，锻件不能取出；其次，应使金属容易充满模膛，如采用图 5-50 中 b—b 处作为分模面，模膛太深，金属不容易充满；最

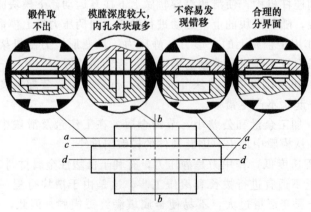

图 5-50　分模面的比较图

后，应使分模面设在模膛上下等尺寸处，以便发现锻件错模等缺陷，如采用图 5-50 中 $c-c$ 处作为分模面，锻件就不易发现错模。因而，正确的分模面应在最大截面尺寸上，如图 5-50 中 $d-d$ 处。

b. 确定加工余量、锻造公差。模锻时金属坯料是在锻模中成形的，因此模锻件的尺寸较精确，其加工余量、锻造公差均比自由锻造小得多。一般单边余量为 1～5mm，公差为 0.4～3.5mm。成品零件中的各种细槽、齿轮齿间、横向孔以及其他妨碍出模的凹部均应加余块，直径小于 30mm 的孔一般不锻出。

c. 模锻斜度。为使锻件容易从模膛中取出，在垂直于分模面的锻件表面上必须有一定斜度，如图 5-51（a）所示。模锻斜度与模锻深度有关，对于锤上模锻，一般外壁斜度 $\alpha$ 常为 7°，特殊情况可为 5°或 10°；内壁斜度 $\beta$ 常为 10°，特殊情况可为 7°、12°或 15°。

d. 模锻圆角半径。为使金属容易充满模膛，增大锻件强度，避免锻模内角处产生裂纹，减缓锻模外尖角处的磨损，提高锻模使用寿命，在模锻件上所有平面的交角处均需做成圆角，如图 5-51（b）所示。模膛深度越深，圆角半径取值越大。一般凸圆角半径 $r$ 等于单面加工余量加成品零件圆角半径或倒角值，凹圆角半径 $R=(2\sim3)r$，计算所得半径需圆整为标准值，以便使用标准刀具。

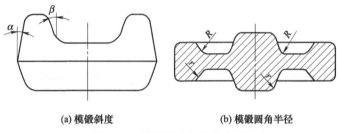

图 5-51 模锻斜度与圆角半径

② 计算坯料尺寸。其步骤与自由锻件类似。坯料质量包括锻件、毛边、连皮、钳口料头和氧化皮。一般飞边是锻件质量的 20%～25%，氧化皮是锻件和飞边质量的 2.5%～4%。

③ 确定模锻工步。模锻工步主要根据锻件的形状和尺寸来确定。模锻件按形状可分为两大类：一类是长轴类零件，如台阶轴、连杆等；另一类是盘类零件，如齿轮、法兰盘等。

长轴类模锻件的长度与宽度之比较大，锻造过程中锤击方向垂直于锻件的轴线方向，常选用拔长、滚压、弯曲、预锻和终锻等工序。拔长和滚压时，坯料沿轴线方向滚动，使坯料的横截面积与锻件相应的横截面积近似相等。锻件的轴线为曲线时，应选用弯曲工步。对于小型长轴类锻件，为了减少钳口料和提高生产率，常采用一根棒料同时锻造几个锻件的锻造方法，因此应增设切断工步，将锻好的工件切离。对于形状复杂的锻件，还需选用预锻工步，最后在终锻模膛模锻成形，如锻造弯曲连杆模锻件。

盘类模锻件为圆形或其长度接近于宽度时，锻造过程中锤击方向与坯料轴线方向相同，终锻时金属沿高度、宽度及长度方向产生流动，因此常选用镦粗、终锻等工步。对于形状简单的盘类锻件，可采用终锻工步成形。

④ 选择模锻设备。模锻锤的吨位按表 5-9 选择。

表 5-9 模锻锤的锻造能力范围

| 模锻锤吨位/t | 1 | 2 | 3 | 5 | 10 | 16 |
|---|---|---|---|---|---|---|
| 锻件质量/kg | 2.5 | 6 | 17 | 40 | 80 | 120 |
| 锻件在分模面处的投影面积/cm² | 13 | 380 | 1080 | 1260 | 1960 | 2830 |
| 能锻齿轮的最大直径/mm | 130 | 220 | 370 | 400 | 500 | 600 |

⑤ 修整工序。常用的修整工序有切边、冲孔、精压等。

模锻件上的飞边和冲孔连皮由压力机上的切边模和冲孔模将其切去。对于某些要求平行平面间尺寸精度的锻件，可进行平面精压；对于要求所有尺寸精确的锻件，可用体积精压。

5）模锻件的结构工艺性

设计模锻件时，为便于模锻件生产和降低成本，应根据模锻特点和工艺要求使其结构符合下列原则：

① 模锻件应有一个合理的分模面，以保证模锻成形后，容易从锻模中取出，并且使敷料最少，锻模容易制造。

② 应考虑模锻斜度和圆角半径。模锻件上与分模面垂直的非加工表面，应设计出模锻斜度。两个非加工表面形成的角（包括外角和内角）都应按模锻圆角设计。

③ 只有与其他机件配合的表面才需进行机械加工。由于模锻件尺寸精度较高和表面粗糙度较低，因此在零件上，非配合表面均应设计为非加工表面，不留加工余量。

④ 零件外形力求简单、平直和对称。为了使金属容易充满模膛而减少工序，尽量避免模锻件截面间差别过大，或具有薄壁、高肋、高台等结构。图 5-52（a）所示的零件有一个高而薄的凸缘，金属难以充满模膛，且中间凹下很深，使锻模制造和成形后取出锻件较为困难；图 5-52（b）所示的模锻件扁而薄，模锻时，扁薄处的金属冷却快，变形抗力剧增，易损坏锻模。

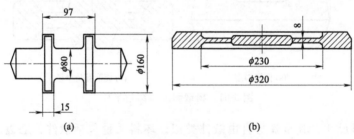

图 5-52 模锻件的结构工艺性

⑤ 应避免深孔、深槽或多孔结构，便于模具制造和延长模具使用寿命。图 5-53 中 4×φ20 孔不能锻出。

⑥ 为减少余块，简化模锻工艺，在可能的条件下，应尽量采用锻焊组合工艺，见图 5-54。

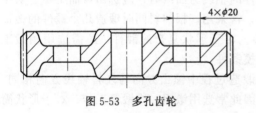

图 5-53 多孔齿轮

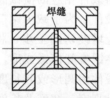

图 5-54 锻焊组合工艺

### 5.2.2 冲压

板料冲压是利用冲模使板料经分离或变形而得到制件的加工方法。它是金属塑性加工的基本方法之一。板料冲压一般是在常温下进行的，故又称冷冲压，简称冲压。板料厚度超过 8~10mm 时常采用热冲压。板料冲压具有以下特点：

① 可冲出形状复杂的零件，废料较少，材料利用率高。

② 冲压件尺寸精度高，表面粗糙度小，互换性好。
③ 可获得强度高、刚性好、质量轻的冲压件。
④ 冲压操作简单，工艺过程便于实现自动化、机械化，生产率高。但冲模制造复杂，要求高。因此，这种工艺方法用于大批量生产时才能使冲压产品成本降低。

板料冲压在工业生产中有着广泛的应用，特别是在汽车、拖拉机、航空、家用电器、仪器仪表等工业中占有极其重要的位置。

**(1) 冲压模具**

冲压模具是在冷冲压加工中，将材料（金属或非金属）加工成零件（或半成品）的一种特殊工艺装备，又称为冷冲压模具（俗称冷冲模）。

1) 冲压模具的类型

冲模是使板料分离或变形的工具，按组合方式可分为单工序模、级进模、组合模三种。

① 单工序模为在压力机的一次冲程中只完成一道工序的模具。此种模具结构简单，容易制造，适用于小批量生产。

② 级进模也称连续模，是在毛坯的送进方向上，具有两个或更多的工位，在压力机的一次行程中，在不同的工位上逐次完成两道或两道以上冲压工序的模具。级进模生产率较高，加工零件精度高，适于大批量生产。

③ 组合模只有一个工位，是在压力机的一次行程中，在同一工位上同时完成两道或两道以上冲压工序的模具。组合模生产效率高，加工精度高，适于大批量生产。

2) 冲模的结构

如图5-55所示，冲模一般分为上模和下模两部分。上模用模柄固定在冲床滑块上，下模用螺栓紧固在工作台上，各部分作用如下：

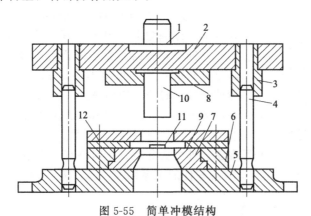

图 5-55 简单冲模结构

1—模柄；2—上模板；3—导套；4—导柱；5—下模板；6—压边圈；7—凹模；
8—压板；9—导料板；10—凸模；11—定位销；12—卸料板

① 凸模又称冲头，它与凹模共同作用，是使板料分离或变形，完成冲压过程的零件，是冲模的主要工作部分。

② 导料板与定位销是用以保证凸模与凹模之间具有准确位置的装置。导料板控制坯料的进给方向，定位销控制送进量。

③ 卸料板在冲压后用来卸除套在凸模上的工件或废料。

④ 模架由上、下模板，导柱和导套组成。上模板用以固定凸模、模柄等零件，下模板用以固定凹模、送料和卸料构件等。导套和导柱分别固定在上、下模板上，用以保证上、下模对准。

**(2) 冲压的基本工序**

板料冲压的基本工序可分为分离工序和变形工序。

1) 分离工序

分离工序是将板料的一部分和另一部分分开的工序，如落料、冲孔、整修、剪切等。

① 剪切。用剪刀或冲模将板料沿不封闭轮廓进行分离的工序叫剪切。

② 落料和冲孔。落料和冲孔都是将板料按封闭轮廓分离的工序。这两个工序的模具结构与坯料变形过程都是一样的，只是用途不同。落料是被分离的部分为成品或坯料，周边是废料。冲孔则是被分离的部分为废料，而周边是带孔的成品。

图 5-56 所示为落料和冲孔时金属变形情况。当凸模 1 压向坯料时，首先使金属产生弯曲，然后由于凸模（冲头）和凹模 2 刃口的作用，使坯料在与切口接触处开始出现裂纹。随着凸模继续向下压，上、下两处裂纹扩展连在一起，使坯料分离，完成落料（或冲孔）工序。

为使成品边缘光滑，凸、凹模刃口必须锋利，凸、凹模间隙 z 要均匀适当，因为它不仅严重影响成品的断面质量，而且影响模具寿命、冲裁力和成品的尺寸精度。

③ 整修。使落料或冲孔后的成品获得精确轮廓的工序称为整修。利用整修模沿冲压件外缘或内孔刮削一层薄薄的切屑，或切掉冲孔或落料时在冲压件断面上存留的剪裂带和毛刺，从而提高冲压件的尺寸精度，降低表面粗糙度。

2) 变形工序

变形工序是使坯料的一部分相对于另一部分产生塑性变形而不破裂的工序，如弯曲、拉深、翻边、成形等。

① 弯曲。使坯料的一部分相对于另一部分弯曲成一定角度的工序叫弯曲，图 5-57 所示为弯曲变形过程简图。

弯曲时材料内侧受压缩而外侧受拉伸，当外侧拉应力超过坯料的抗拉强度时即会造成金属破裂。坯料越厚，内弯曲半径 $r$ 越小，应力越大，越易弯裂。通常弯曲的最小半径应为 $r_{min}=(0.25\sim1)\delta$（$\delta$ 为板厚）。材料塑性好，则弯曲半径可小些。弯曲还应尽可能使弯曲线与坯料纤维方向垂直。弯曲的角度也应比成品略小，因为坯料弯曲后有弹性变形现象，外力去除后，坯料将有一定角度的回弹。

② 拉深。使坯料变形成开口空心零件的工序称为拉深，图 5-58 所示为拉深过程简图。

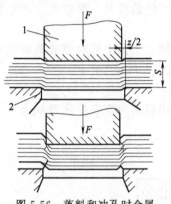

图 5-56 落料和冲孔时金属变形情况示意图
1—凸模；2—凹模

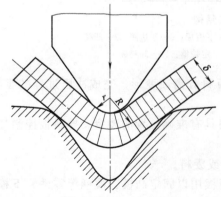

图 5-57 弯曲时金属变形简图

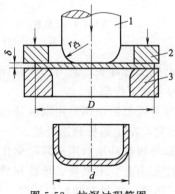

图 5-58 拉深过程简图
1—冲头；2—压板；3—凹模

③ 翻边。使带孔坯料孔口周围获得凸缘的工序称为翻边，如图 5-59 所示。图中，$d_0$ 为坯料上孔的直径；$\delta$ 为坯料厚度；$d$ 为凸缘平均直径；$h$ 为凸缘的高度。

④ 成形。利用局部变形使坯料或半成品改变形状的工序称为成形。图 5-60 所示为鼓肚容器成型简图，用橡皮芯子来增大半成品的中间部分，在凸模轴向压力作用下，对半成品壁产生均匀的侧压力而成形，凹模是可以分开的。

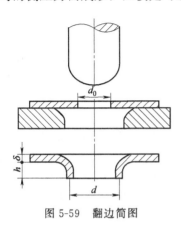

图 5-59 翻边简图

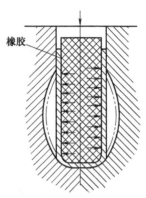

图 5-60 鼓肚容器成形简图

**(3) 冲压零件的结构工艺性**

冲压零件的结构工艺性是指所设计的零件在满足使用性能要求的前提下冲压成形的可行性和经济性，即冲压成形的难易程度。良好的冲压件结构应与材料冲压性能、冲压工艺相适应。冲压性能主要指材料的塑性。

1) 冲压性能对结构的要求

正确选材是保证冲压成形的前提。例如，平板冲裁件要求金属材料的断后伸长率应为 1%～5%，结构复杂的拉深件要求断后伸长率达到 33%～45%。冲压件对材料的具体要求可查阅有关技术资料。

2) 冲压工艺对结构的要求

① 冲裁件结构工艺性

冲裁件结构工艺性指冲裁件结构、形状尺寸对冲裁工艺的适应性，主要包括以下几方面：

a. 冲裁件的形状应力求简单、对称，有利于排样时合理利用材料，提高材料的利用率。

b. 冲裁件转角处尽量避免尖角，以圆角过渡。一般在转角处应有半径 $\geqslant 0.25t$（$t$ 为板厚）的圆角，以减小角部模具的磨损。

c. 冲裁件应避免长槽和细长悬臂结构，对孔的最小尺寸及孔距间的最小距离等，也都有一定限制。

d. 冲裁件的尺寸精度要求应与冲压工艺相适应，其合理经济精度为 IT9～IT12，较高精度冲裁件可达到 IT8～IT10。采用整修或精密冲裁等工艺，可使冲裁件精度达到 IT6～IT7，但成本也相应提高。

② 弯曲零件的结构工艺性

a. 要考虑材料的最小弯曲半径和锻造流线方向。

b. 要考虑最小弯边高度。对坯料进行 90°弯曲时，弯边的直线高度 $H$ 应大于板厚 $t$ 的两倍。如果最小弯边的直线高度 $H<2t$，则应在弯曲处先压槽再弯边；也可以先加高弯曲，再切除多出部分的高度。

c. 弯曲带孔零件时，应注意孔的位置。

③ 拉深件的结构工艺性。形状应简单、对称，高度不宜过大，转弯处应有一定圆角。圆柱、圆锥、球、非回转体等形状的拉深件，其拉深难度依次增加。设计拉深件时应尽量减小拉深工艺的难度。

### 5.2.3 锻压工艺在汽车上的应用

随着汽车工业的发展，汽车零部件中对高精度、形状复杂锻件的需求量越来越大，传统的加工工艺已经不能满足汽车零件产品需求。锻造新工艺、省材节能工艺，如精锻成形技术、精密塑性成形等的开发利用，对于新型汽车零件的生产尤为重要。汽车制造业新型零件成形工艺主要有以下几种。

**(1) 精密冲裁**

精密冲裁也叫精冲，是在三动专用精冲压力机上，借助于特殊结构的精冲模具，对板料施加三个作用力（即冲裁力、压边力、反压力）的情况下进行的冲裁，并且在冲裁过程中，板料始终处于被压紧状态。精冲具有优质、高效、节能和降低生产成本、提高安全和环保性等特点。据不完全统计，在汽车整车零件中，精冲件约占压件的 25%，包括制动蹄片、凸轮轴齿轮、棘轮、锥齿轮、座椅调角器、毂及拨叉等。

**(2) 精密锻造**

精密锻造（净成形或近净成形）是指零件锻造成形后，仅需少量加工就达到设计要求的成形技术。精密锻造概念的引入，使得以有限元为基础的数值模拟技术显得越来越重要，数值模拟技术的推广和应用使得锻造过程可控。目前汽车精锻件主要有轴类件、花键类零件、行星齿轮、半轴齿轮、直齿圆柱齿轮、等速万向节内外圈、十字轴、同步器齿环、变速传动齿轮接合齿、交流发电机极爪、精密管类零件、整体桥壳等。

**(3) 挤压铸造**

挤压铸造也称为液态模锻，是一种集铸造和锻造特点于一体的新工艺。将一定量的金属液体直接浇入敞开的金属型内，通过冲头作用于液态或半凝固的金属上，使之充填、成形和结晶凝固，并在结晶过程产生一定量的塑性变形，从而获得零件毛坯。挤压铸造用于制造汽车发动机活塞、铝合金轮毂、铜合金拨叉、制动泵泵体、发动机主轴承盖、减速器涡轮等零件。

**(4) 粉末注射成形**

粉末注射成形技术是将现代塑料成形技术引入粉末冶金领域而形成的新型近净成形技术。粉末注射成形就是将金属（金属氧化物或陶瓷）固体粉末与黏结剂在加热状态下，用注射机注入模具腔内，经冷却定型得到一定形状尺寸的预制件，然后利用化学或热分解的方法将预制件中的黏结剂脱除，最后经烧结致密化得到满足力学物理性能要求的最终产品。粉末注射成形具有工件质量精确，材料利用率高，可以高效率直接成形各种成分、复杂形状零件等优点。目前，粉末注射成形技术已用于制造汽车齿轮、安全气囊零件、磁性零件等，而且正处于迅速发展之中。

**(5) 板料无模多点成形**

板料无模多点成形技术的基本原理是利用一系列规则排列的、高度可调的基本冲头，通过对各成形部位的实时控制，构造出所需的形状，取代传统的模具来实现板材的三维曲面快速无模成形。其主要用于汽车覆盖件的制作。

**(6) 塑料增强反应注射成形**

其方法是将两组添加了玻璃纤维增强材料的液体树脂进行计量混合并注入模具腔内，在模具腔内，两组液体发生化学反应并固化成一定形状的塑料制品。塑料增强反应注射成形主要用于保险杠、仪表板、前照灯玻璃罩及塑料覆盖件等汽车塑料零件的制作。

**(7) 旋压成形**

旋压是一种新型特种成形方法，主要应用于制造回转体形成的空心零件。目前，汽车上所使用的旋压零件主要有：各种排气歧管、离合器、变速器齿轮、气瓶、消音器、传动轴、催化器外壳、减振管、电池盒、驱动盘、车轮等。

## 5.3 焊接

焊接是通过加热或加压，或者两者并用，借助于金属内部原子的结合力，使两个分离的金属连接成一个整体的加工方法。焊接是一种不可拆连接，它不仅可以连接各种同类的金属，也可以连接各种不同类金属。焊接方法的特点如下：

① 节省金属材料，减轻结构质量。焊接与传统的铆接等不可拆连接方法相比，一般可以节省金属材料 15%～20%，减轻金属结构自重。

② 利用焊接可以制造双金属结构。例如，利用对焊、摩擦焊等方法，可以将不同金属材料焊接，制造复合层容器等，以满足高温、高压设备及化工设备等特殊性能要求。

③ 可用型材等拼焊成焊接结构件，以代替大型复杂的铸件。在制造形状复杂的结构件时常常先把材料加工成较小的部分，然后采用逐步装配焊接的方法由小拼大，最终实现大型结构，如轮船体等的制造都是通过由小拼大实现的。

④ 结构强度高，产品质量好。在多数情况下焊接接头能达到与母材等强度，甚至焊接接头强度高于母材强度，因此，焊接结构的产品质量比铆接的要好。

⑤ 焊接容易实现机械化和自动化，使生产周期短，劳动强度低。

⑥ 焊接结构不可拆卸，修理部分的零部件更换不便。

⑦ 焊接易产生残余应力，焊缝易产生裂纹、夹渣、气孔等缺陷，会降低焊接件的承载能力，缩短其使用寿命，甚至造成脆裂。

### 5.3.1 焊接的分类及应用

**(1) 焊接的分类**

焊接方法种类很多，按焊接过程特点可分为熔焊、压焊和钎焊三大类。

① 熔焊。焊接过程中将焊件接头加热至熔化状态，不加压力完成焊接的方法称为熔焊。这种方法的特点是利用电能或化学能使焊件局部连接处加热至熔化状态形成熔池，待其冷却凝固后形成焊缝，将两部分材料焊接成一体。因两部分材料均被熔化，故称熔焊。

② 压焊。焊接过程中必须对焊件施加压力（加热或不加热），以完成焊接的方法称为压焊。压焊时加压使焊接件接头产生塑性变形，连接成一体。

③ 钎焊。采用比母材熔点低的金属材料作钎料，将焊件和钎料加热到高于钎料熔点、低于母材熔点的温度，利用液态钎料润湿母材，填充接头间隙，并与母材互相扩散，实现连接焊件的方法称为钎焊。

主要焊接方法分类如图 5-61 所示。

**(2) 焊接的应用**

焊接主要用于制造金属结构件，如锅炉、压力容器、船舶、桥梁、建筑、管道、车辆、起重机、冶金设备，生产机器零件（或毛坯），如重型机械和冶金设备中的机架、底座、箱

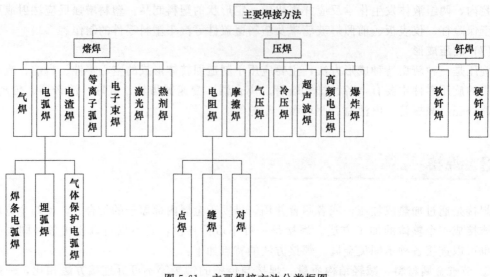

图 5-61 主要焊接方法分类框图

体、轴、齿轮等。对于一些单件生产的特大型零件（或毛坯），可通过焊接以小拼大，以简化工艺。通过焊接还可以修补铸、锻件的缺陷和局部损坏的零件，这在生产中具有较大的经济意义。世界上主要工业国家每年生产的焊件结构约占钢产量的45％。

### 5.3.2 常用的焊接方法

目前在生产上常用的焊接方法有焊条电弧焊、气焊、埋弧自动焊、气体保护焊（氩弧焊和 $CO_2$ 焊）、电渣焊、电阻焊、钎焊等。

**(1) 焊条电弧焊**

电弧焊是指利用电弧产生的热量将焊条和工件局部加热熔化，冷却凝固后形成牢固接头的熔焊方法。

焊条电弧焊是指用手工操作焊条进行焊接的电弧焊方法，又称手工电弧焊，是目前生产中应用最多、最普遍的一种金属焊接方法。焊条电弧焊的过程如图 5-62 所示。焊接时，工作台 13 与夹持焊条的焊钳 10 分别接焊接回路的正极和负极，然后在焊件与焊条之间引出电弧。电弧 5 在焊条与焊件 2 之间燃烧，电弧热使焊件和焊条同时熔化为熔池，焊芯 7 熔化借重力、电弧气体吹力的作用过渡到熔池 12 中。电弧热还使焊条的药皮 8 熔化。药皮熔化后

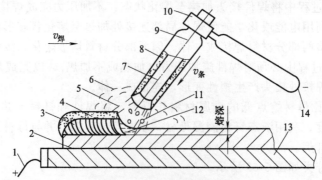

图 5-62 焊条电弧焊焊接过程

1—正极；2—焊件；3—焊缝；4—渣壳；5—电弧；6—保护气体；7—焊芯；8—药皮；
9—焊条；10—焊钳；11—熔滴；12—熔池；13—工作台；14—负极

与液体金属起物理化学作用，所形成的熔渣不断地从熔池中浮起，覆盖在熔池金属上。另外，药皮燃烧产生大量的保护气体 6 围绕于电弧周围。熔渣和保护气体使熔池金属与周围介质隔绝。焊条不断地向前移动形成新的熔池，原来的熔池则不断地冷却凝固，形成连续的焊缝 3。覆盖在焊缝表面的熔渣也随着凝固成为固态渣壳 4。渣壳导热性差，可减缓焊缝的冷却。

1) 焊接电弧

焊接电弧是指由焊接电源供给的，具有一定电压的两电极间或电极与焊件间，在气体介质中产生的强烈而持久的放电现象，如图 5-63 所示。

当焊条的一端与焊件接触时形成短路，产生高温，使相接触的金属很快熔化并产生金属蒸气。当焊条迅速提起 2~4mm 时，在电场的作用下阴极表面开始产生电子发射。这些电子在向阳极高速运动的过程中，与气体分子、金属蒸气中的原子相互碰撞，造成气体介质的电离。由电离产生的自由电子和负离子奔向阳极，正离子则奔向阴极，在运动过程中和到达两极时不断碰撞和复合，使动能变为热能，产生大量的光和热，其宏观表现是强烈而持久的放电现象，即电弧。

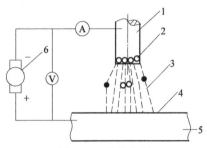

图 5-63　焊接电弧
1—焊条；2—阴极区；3—弧柱区；
4—阳极区；5—工件；6—电焊机

电弧由阴极区、阳极区和弧柱区三部分组成。阴极是电子供应区，温度约 2400K，阳极是电子轰击区，温度约 2600K，弧柱区是位于阴阳两极之间的区域。

由于直流电焊时，焊接电弧正、负极上热量不同，所以采用直流电源时有正接和反接之分。所谓正接是指焊条接电源负极，焊件接电源正极，此时焊件获得热量多，温度高，熔池深，易焊透，适于焊厚件。反接则是指焊条接电源正极，焊件接电源负极，此时焊件获得热量少，温度低，熔池浅，不易焊接，适于焊薄件。如果焊接时使用交流电焊设备，由于电弧极性瞬时交替变化，所以两极加热一样，两极温度也基本一样，不存在正接和反接的问题。

2) 焊条电弧焊的焊接设备及工具

① 焊接设备。为焊接电弧提供电能的设备叫电焊机。按产生电流种类不同，可分为电弧焊变压器和电弧焊整流器两大类，也常被称为交流弧焊机和直流弧焊机。

电弧焊变压器具有结构简单、制造方便、成本低、节省材料、使用可靠和维修容易等优点。其缺点是电弧稳定性不如弧焊整流器。弧焊整流器能得到稳定的直流电，因此引弧容易，电弧稳定，焊接质量好，但是构造复杂，制造和维修较困难，成本高，使用时噪声大。

为保证顺利引弧，焊接电源的空载电压（引弧电压）应是电弧电压的 1.8~2.25 倍，电弧稳定燃烧时所需的电弧电压（工作电压）为 29~45V。

② 电弧焊工具。电弧焊工具包括焊钳、焊接电缆、面罩等。焊钳是一种夹持器，焊工用焊钳能夹住和控制焊条，并起着从焊接电缆向焊条传导焊接电流的作用。焊接电缆是焊接回路的一部分，其作用是传导电流，一般用多股纯铜软线制成，外皮的绝缘性好且耐磨和耐擦伤。面罩的用途是保护焊工面部不受电弧的直接辐射与飞溅物的伤害。面罩有手持式和头戴式两种，焊接时可根据实际情况选用。

3) 焊条

① 焊条的组成及作用。在焊接过程中焊条作为电极形成电弧，并在电弧热的作用下熔化后过渡到熔池中，形成焊缝金属。焊条由焊芯和药皮两部分组成。

焊条中被药皮包覆的金属芯称为焊芯，是组成焊缝金属的主要材料，其主要作用是导电、产生电弧和维持电弧燃烧,并作为填充金属与母材熔合成一体,组成焊缝。为了保证焊缝质量,焊芯必须由专门生产的金属丝制成,这种金属丝称为焊丝。

药皮指压涂在焊芯表面上的涂料层。涂料是指在焊条制造过程中由各种粉料、黏结剂等按一定比例配制的药皮原料。焊条药皮是决定焊缝金属质量的主要因素之一,其主要作用是稳弧、造气、造渣、脱氧、合金化等。

② 焊条的分类。焊条按用途分为碳钢焊条、低合金焊条、不锈钢焊条、铸铁焊条、堆焊焊条、镍和镍合金焊条、铜和铜合金焊条、铝和铝合金焊条等种类。

焊条按熔渣性质分为酸性焊条和碱性焊条两大类。酸性焊条的药皮中含有大量酸性氧化物(如 $SiO_2$、$TiO_2$、$MnO$ 等),熔渣呈酸性;碱性焊条的药皮中含有大量碱性氧化物(如 $CaO$ 等)和萤石($CaFO_2$),熔渣呈碱性。碱性焊条与强度级别相同的酸性焊条相比,其焊缝金属的塑性和韧性高,含氢量低,抗裂性强。但碱性焊条的焊接工艺性能(包括稳弧性、脱渣性、飞溅等)较差,对锈、油、水的敏感性大,易出气孔,并且产生的有毒气体和烟尘多。因此,碱性焊条适用于对焊缝塑性、韧性要求高的重要结构。

③ 焊条型号。焊条型号是国家标准中规定的焊条代号,碳钢焊条型号见 GB/T 5117。该标准规定,碳钢的焊条由字母 E 和四位数字组成,如 E4303、E5015、E5016 等。其含义如下:

"E"表示焊条。

前两位数字表示熔敷金属抗拉强度最小值(单位为 MPa)。

第三位数字表示焊条的焊接位置,如"0"及"1"表示焊条适用于全位置焊接(平、立、仰、横),"2"表示只适合于平焊,"4"表示向下立焊。

第三和第四位数字组合时表示焊接电流种类及药皮类型,如:"03"为钛钙型药皮,交流或直流正、反接;"15"为低氢钠型药皮,直流反接;"16"为低氢钾型药皮,交流或直流反接。

焊条牌号是焊条行业统一的焊条代号。焊条牌号一般用一个大写拼音字母和三个数字表示,如 J422、J507 等。拼音字母表示焊条的大类,如"J"表示结构钢焊条,"Z"表示铸铁焊条等。结构钢焊条牌号的前两位数字表示焊缝金属抗拉强度等级,最后一个数字表示药皮类型和电流种类,如:"2"为钛钙型药皮,交流或直流;"7"为低氢钠型药皮,直流反接。其他焊条牌号表示方法,见国家机械工业委员会编《焊接材料产品样本》。J422 符合国标 E4303,J507 符合国标 E5015。

④ 焊条的选用。焊条的种类繁多,每种焊条都有一定的特性和用途。为了保证产品质量,提高生产效率和降低生产成本,必须正确选用焊条。在实际选择焊条时,除了要考虑经济性、施工条件、焊接效率和劳动条件之外,还应考虑以下原则:

a. 等强度原则。对于承受静载荷或一般载荷的工件或结构,通常按焊缝与母材等强度的原则选用焊条,即要求焊缝与母材抗拉强度相等或相近。例如焊接 20、Q235 等低碳钢或抗拉强度在 400MPa 左右的钢,就可以选用 E43 系列焊条。而焊 16Mn 等抗拉强度在 500MPa 左右的钢,选用 E50 系列焊条即可。

b. 等条件原则。根据工件或焊接结构的工作条件和特点来选用焊条。一般情况下,酸性焊条的工艺性能较好,但焊缝金属的力学性能差,碱性焊条的工艺性能稍差,但焊缝金属的力学性能较好。因此在焊接承受动载荷或冲击载荷的工件时,应选用熔敷金属冲击韧性较高的碱性焊条。而在焊接一般结构时,则可选用酸性焊条。

c. 等同性原则。在特殊环境下工作的焊接结构,如耐腐蚀、高温或低温等,为了保证使用性能,应根据熔敷金属与母材性能相同或相近原则选用焊条。如:焊接不锈钢时,应选用不锈钢焊条;焊接耐热钢时应选用耐热钢焊条。

选用焊条时还应考虑工地供电情况,工地设备条件,经济性及焊接效率等,应根据实际情况决定。

4) 焊接接头的组织性能

焊接时,当焊条沿焊缝方向移动时,熔池中的液态金属便很快凝固而形成焊缝。同时,与焊缝相邻的两侧一定范围内,焊件受热(但未熔化)而发生了组织性能的变化,这部分称为热影响区,焊缝到热影响区的过渡区域称为熔合区。由焊缝区、熔合区和热影响区组成熔焊接头,如图5-64所示。

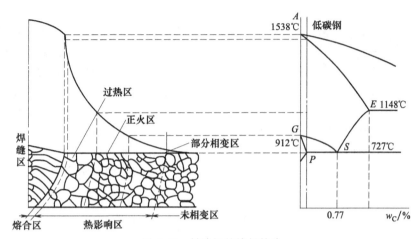

图 5-64　低碳钢的熔焊接头

① 焊缝区。焊缝区属于铸态组织。焊件通过焊缝实现了原子的结合。焊缝金属的力学性能与母材相比,一般变化不大。

② 热影响区。焊接过程中由于至焊缝中心的距离不同,因此在焊缝及其附近区域的温度分布就不均匀。对应 $Fe-Fe_3C$ 相图,低碳钢熔焊接头的热影响区可分为过热区、正火区和部分相变区,如图5-64所示。

a. 过热区是指在热影响区中温度接近于 $AE$ 线,冷却后得到粗大组织的区域。过热区的塑性、韧性差,容易产生焊接裂纹。

b. 正火区是指在热影响区中温度接近于 $A_{c_3}$,具有正火组织的区域。冷却后得到均匀细小的铁素体和珠光体,其组织性能好。

c. 部分相变区是指在热影响区中,温度处于 $A_{c_1} \sim A_{c_3}$ 之间,部分组织发生相变的区域。冷却后得到的铁素体和珠光体细小但不均匀,力学性能较差。

③ 熔合区。焊接接头中焊缝向热影响区过渡的区域,该区在焊接时处于半熔化状态,组织成分极不均匀,力学性能不好。

因此,过热区和熔合区是焊接接头中的薄弱环节,正火区是焊接接头中性能最好的区域。

焊条电弧焊操作灵活,使用方便,设备简单,可以焊接各种金属材料(尤其是钢铁材料),是目前应用最广泛的一种焊接方法。但生产效率不高,工人劳动强度大,产品质量受焊工技术水平影响较大,而且焊条的载流能力有限,因此不能满足对某些焊接产品的质量及高生产效率的要求。

**(2) 埋弧自动焊**

埋弧自动焊简称埋弧焊,是将焊条电弧焊的引弧、焊条送进、电弧移动几个动作改由机械自动完成,电弧在焊剂层下燃烧,故称为埋弧焊。如果部分动作由机械完成,其他动作仍由焊工辅助完成,则称为半自动焊。

1) 埋弧焊的焊接设备及焊接材料

埋弧自动焊的动作程序和焊接时弧长的调节,都是由电气控制系统来完成的。埋弧焊设备主要由焊接电源、焊车和控制箱三部分组成,如图5-65所示。常用埋弧焊设备型号有 MZ-1000 和 MZ1-1000 两种。"MZ"表示埋弧自动焊机,"1000"表示额定电流为 1000A。焊接电源可以配交流弧焊电源和整流弧焊电源。

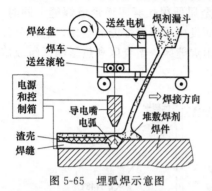

图 5-65 埋弧焊示意图

埋弧焊焊接材料有焊丝和焊剂。焊丝除了作电极和填充材料外,还可以起到渗合金、脱氧、去硫等冶金作用。焊剂的作用相当于焊条药皮,分为熔炼焊剂和非熔炼焊剂两类,其中非熔炼焊剂又可分为烧结焊剂和黏结焊剂两种。熔炼焊剂主要起保护作用,非熔炼焊剂除保护作用外,还有冶金处理作用。焊剂容易吸潮,使用前应按要求烘干。

焊丝和焊剂要合理匹配才能保证焊缝金属化学成分和性能,选配的总原则是根据母材金属的化学成分和力学性能选择焊丝,再根据焊丝选配相应的焊剂。常用焊剂与焊丝匹配见表5-10。

表 5-10 埋弧焊常用焊剂与焊丝匹配表

| 焊剂牌号 | 焊剂类型 | 使用说明 | 电流种类 |
|---|---|---|---|
| HJ430 | 高锰高硅低氟 | 配合 H08A 或 H08MnA 焊丝焊接 Q235、20 和 09Mn2 钢等;配合 H08MnA 或 H10Mn2 焊丝焊接 Q354、Q390(16Mn、15MnV)钢 | 交流或直流反接 |
| HJ431 | 高锰高硅低氟 | 配合 H08MnMo 焊丝焊接 Q420(15MnVN)钢等 | |
| HJ350 | 中锰中硅中氟 | 配合 H08Mn2Mo 焊丝焊接 18MnMoNb、14MnMoV 钢等 | |
| HJ250 | 低锰低硅中氟 | 配合 H08Mn2Mo 焊丝焊接 18MnMoNb、14MnMoV 钢等 | 直流反接 |
| HJ251 | 低锰低硅中氟 | 配合 H12CrMo、H15CrMo 焊丝焊接 12CrMo、15CrMo 钢 | |
| HJ260 | 低锰低硅中氟 | 配合 H12CrMo、H15CrMo 焊丝焊接 12CrMo、15CrMo 钢;配合不锈钢焊丝焊接不锈钢 | |

2) 埋弧焊的焊接过程

焊接时,埋弧焊机头将焊丝自动送入电弧区自动引弧,通过焊机弧长自动调节装置保证一定的弧长,电弧在颗粒状焊剂下燃烧,母材金属与焊丝被熔化成较大体积(可达 20cm³)的熔池。焊车带着焊丝自动均匀向前移动,或焊机头不动而工件匀速移动,熔池金属被电弧气体排挤向后堆积,凝固后形成焊缝。电弧周围的颗粒状焊剂被熔化成熔渣,部分焊剂被蒸发,生成的气体将电弧周围的气体排开,形成一个封闭的熔渣泡,它有一定的黏度,能承受一定的压力,因此使熔化金属与空气隔离,并防止熔化金属飞溅,既可减少热能损失,又能防止弧光四射。未熔

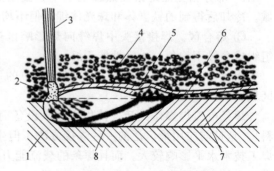

图 5-66 埋弧焊焊接过程的纵截面图
1—母材金属;2—电弧;3—焊丝;4—焊剂;
5—熔化的焊剂;6—渣壳;7—焊缝;8—熔池

化的焊剂可以回收重新使用。埋弧焊焊接过程纵截面如图 5-66 所示。

3) 埋弧焊工艺

埋弧焊对下料、坡口准备和装配要求均较高，装配时要求用优质焊条点固。由于埋弧焊焊接电流大、熔深大，因此板厚在 24mm 以下的工件可以采用工形坡口单面焊或双面焊。但一般板厚 10mm 就开坡口，常用 V 形坡口、X 形坡口、U 形坡口和组合形坡口。能采用双面焊的均采用双面焊，以便焊透，减少焊接变形。

焊接前，应清除坡口及两侧 50~60mm 内的一切油垢和铁锈，以避免产生气孔。

埋弧焊一般都在平焊位置焊接。由于引弧处和断弧处焊缝质量不易保证，焊前可在接缝两端焊上引弧板和引出板，如图 5-67 所示，焊后再去掉。为保证焊缝成形和防止烧穿，生产中常用焊剂垫和垫板，如图 5-68 所示，或用焊条电弧焊封底。

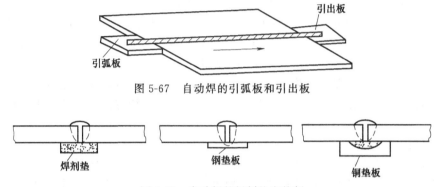

图 5-67  自动焊的引弧板和引出板

图 5-68  自动焊的焊剂垫和垫板

4) 埋弧焊的特点和应用

埋弧焊与手工电弧焊相比有以下特点：

① 生产效率高，成本低。埋弧焊电流比焊条电弧焊高 6~8 倍，无须更换焊条，没有飞溅，生产效率提高 5~10 倍。同时，由于埋弧焊熔深大，可以不开或少开坡口，节省坡口加工工时，节省焊接材料，焊丝利用率高，降低了焊接成本。

② 焊接质量好，稳定性高。埋弧焊焊剂供给充足，保护效果好，冶金过程完善，焊接参数稳定，焊接质量好而且稳定，对操作者技术要求低，焊缝成形美观。

③ 改善了劳动条件。没有弧光，没有飞溅，烟雾也很少，劳动强度较低。

④ 埋弧焊适应性差。只焊平焊位置，通常焊接直缝和环缝，不能焊空间位置焊缝和不规则焊缝。

⑤ 设备结构较复杂，投资大，调整等准备工作量较大。

根据上述特点，埋弧焊适用于成批生产中长直焊缝和较大直径环缝的平焊，对于狭窄位置的焊缝以及薄板焊接则受到一定限制。因此，埋弧焊被广泛用于大型容器和钢结构焊接生产中。

**(3) 气焊**

气焊是利用可燃气体与助燃气体混合燃烧生成的火焰为热源，熔化焊件和焊接材料使之达到原子间结合的一种焊接方法。常用的是利用氧-乙炔焊，如图 5-69 所示。

气焊时，可燃气体乙炔和助燃气体氧按一定比例混合后从焊嘴喷出，点燃后形成高温火焰，将焊件加热到一定温度后，又将焊丝熔化并与焊件接边形成共同的熔池，再用火焰将接头吹平，移动焊嘴和焊丝，待其冷凝后，形成了焊缝。

气焊时，氧与乙炔的混合比不同，火焰的温度和种类也不同，通常可将氧-乙炔火焰分

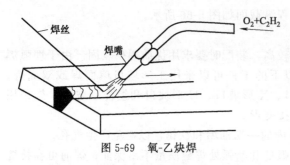

图 5-69 氧-乙炔焰

为三种：

① 中性焰为在焊炬的混合室内，氧与乙炔的混合体积比为 1.1~1.2 时所形成的火焰。火焰中既无过量氧又无过量游离碳，氧与乙炔充分燃烧。中性焰最高温度可达 3100℃，是气焊中经常使用的火焰。一般低碳钢、低合金钢和有色金属材料的焊接基本上都采用中性焰。

② 碳化焰为氧与乙炔的混合体积比小于 1.1 形成的火焰。火焰中含有游离碳，具有较强的还原作用，也有一定的渗碳作用。碳化焰的最高温度低于 3000℃，其不能用于焊接低碳钢，而适用于高碳钢、铸铁的焊接以及硬质合金的堆焊。

③ 氧化焰为氧与乙炔的混合体积比大于 1.2 形成的火焰，火焰中有过量的氧，在尖形焰芯外面形成一个有氧化性的富氧区。氧化焰的最高温度高于中性焰。由于氧过量，故具有氧化性，一般不适用于焊接钢件，只用于焊接黄铜。

气焊火焰温度比电弧焊低，热量分散，生产率低，变形严重，接头显微组织较大，性能较差。但气焊熔池温度容易控制，对焊缝的空间位置也没有特殊要求，常用于薄板焊接、管子焊接、铸铁补焊和无电源的野外施工等。

**(4) 气体保护焊**

利用气体作为电弧介质，并保护电弧和焊接区的电弧焊称为气体保护电弧焊，简称气体保护焊。焊接时可用作保护气体的有氩气、氦气、氮气、二氧化碳气体等。以下重点介绍常用的氩气保护焊（简称氩弧焊）和 $CO_2$ 气体保护焊。

1) 氩弧焊

氩弧焊是以氩气作为保护气体的电弧焊。氩气是惰性气体，在高温下不与金属起化学反应，也不溶于金属，可以保护电弧区的熔池、焊缝和电极不受空气的影响，是一种较理想的保护气体。氩气电离势高，引弧较困难，但一旦引燃就很稳定，其纯度要求达到 99.9%。

根据所用电极不同，氩弧焊可分为熔化极（金属极）氩弧焊和非熔化极（钨极）氩弧焊两种，如图 5-70 所示。

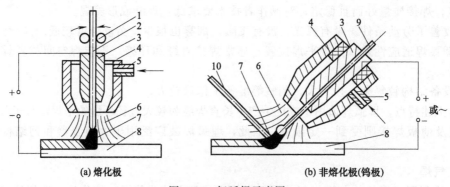

(a) 熔化极　　　　(b) 非熔化极(钨极)

图 5-70　氩弧焊示意图

1—送丝轮；2—焊丝；3—导电嘴；4—喷嘴；5—进气管；6—氩气流；7—电弧；
8—工件；9—钨极；10—填充金属丝

熔化极氩弧焊以连续送进的焊丝作为电极，与埋弧自动焊相似。焊接时，焊丝通过送丝轮送进，导电嘴导电，在母材与焊丝之间产生电弧，使焊丝与母材熔化，并用氩气保护电弧和熔融金属来进行焊接，如图 5-70（a）所示。熔化极氩弧焊焊接电流大，母材熔深大，适用于焊接 8～25mm 的中厚铝板。为使焊接电弧稳定，常采用直流反接。

非熔化极（钨极）氩弧焊在焊接时电极不熔化，只起导电和产生电弧作用。钨极为阴极时，发热量少，钨极烧损少；钨极为阳极时，发热量大，钨极烧损严重，电弧不稳定，焊缝易产生夹钨。因此，一般钨极氩弧焊不采用直流反接。但在焊接铝工件时，由于产生氧化铝膜，影响熔合，这时采用直流反接（铝工件作阴极）能消除氧化铝膜，焊缝成形美观。

手工非熔化极（钨极）氩弧焊的操作与气焊相似，需加填充金属，也可以在接头中附加金属条或采用卷边接头。填充金属有的可采用与母材相同的金属，有的需要加一些合金元素，进行冶金处理，以防止产生气孔等缺陷。

氩弧焊具有以下特点：

① 机械保护效果很好，焊缝金属纯净，成形美观，质量优良。

② 电弧稳定，特别是小电流时也很稳定。因此，熔池温度容易控制，做到单面焊双面成形。尤其现在普遍采用的脉冲氩弧焊，更容易保证焊透和焊缝成形。

③ 采用气体保护，电弧可见（称为明弧），易于实现全位置自动焊接。工业中应用的焊接机器人，一般采用 Ar+He 或 Ar+$CO_2$ 混合气体保护焊。

④ 电弧在气流压缩下燃烧，热量集中，熔池小，焊速快，热影响区小，焊接变形小。

⑤ 氩气价格较高，因此成本较高。

氩弧焊适用于焊接易氧化的非铁金属和合金钢，如铝、钛合金、不锈钢等；适用于单面焊双面成形，如打底焊和管子焊接。钨极氩弧焊，尤其脉冲钨极氩弧焊还适用于薄板焊接。

2）$CO_2$ 气体保护焊

$CO_2$ 气体保护焊是以 $CO_2$ 作为保护气体，以焊丝作电极，以自动或半自动方式进行焊接。目前常用的是半自动焊，即焊丝送进是靠机械自动进行并保持弧长，由操作人员手持焊枪进行焊接。

$CO_2$ 气体保护焊的设备如图 5-71 所示。$CO_2$ 气体在电弧高温下能分解，有较强的氧化性。其保护作用主要是使焊接区与空气隔离，防止空气中的氮气对熔化金属的有害作用。在焊接过程中，由于 $CO_2$ 气体会使焊缝金属氧化，并使合金元素烧损，从而使焊缝力学性能降低，因此，不能用来焊接非铁金属和合金钢。焊接低碳钢和普通低合金钢时，采用含有合金元素（Si、Mn）的焊丝来脱氧和渗合金等冶金处理。现在常用的 $CO_2$ 气体保护焊焊丝是 H08Mn2SiA，适用于焊接低碳钢和抗拉强度在 600MPa 以下的普通低合金钢。为了使电弧稳定，飞溅少，焊接采用直流反接。

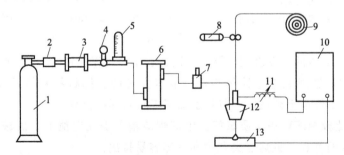

图 5-71 $CO_2$ 气体保护焊设备示意图

1—$CO_2$ 气瓶；2—预热器；3—高压干燥器；4—气体减压阀；5—流量计；6—低压干燥器；
7—气阀；8—送丝机构；9—焊丝；10—焊接电源；11—可调电感；12—焊枪；13—焊件

$CO_2$ 气体保护焊具有以下特点：

① 焊接成本低。$CO_2$ 气体廉价，焊接成本仅是埋弧自动焊和焊条电弧焊的 40% 左右。

② 生产效率高。焊丝送进自动化，电流密度大，电弧热量集中，所以焊接速度快。焊后没有熔渣，无须清渣，比焊条电弧焊提高生产率1~3倍。

③ 焊接质量比较好。$CO_2$气体保护焊焊缝含氧量低，采用合金钢焊丝易于保证焊缝性能。电弧在气流压缩下燃烧，热量集中，热影响区较小，变形和开裂倾向也小。

④ 操作性能好。$CO_2$气体保护焊电弧是明弧，可清楚看到焊接过程，如同焊条电弧焊一样灵活，适合全位置焊接。

⑤ 焊缝成形差。飞溅大，烟雾较大，控制不当易产生气孔。

⑥ 设备使用和维修不便。送丝机构容易出故障，需要经常维修。

因此，$CO_2$气体保护焊适用于低碳钢和强度级别不高的普通低合金钢焊接，主要用于焊接薄板。对单件、小批量生产和不规则焊缝采用半自动$CO_2$气体保护焊，大批量生产和长直焊缝可用$CO_2+O_2$等混合气体保护焊。

**(5) 电渣焊**

电渣焊是利用电流通过液态熔渣产生的电阻热作为热源，加热熔化母材与焊丝（填充金属）的焊接方法。

1) 电渣焊焊接过程

电渣焊一般都是在垂直立焊位置焊接，两工件相距25~35mm。其焊接过程如图5-72所示。工件两侧装有冷却铜滑块，底部加装引弧板，顶部加装引出板。焊接时，焊丝与引弧板短路引弧。电弧不断熔化焊剂和工件，形成渣池和熔池，待渣池有一定深度时增加送丝速度，使焊丝插入渣池，电弧便熄灭，转入电渣过程。这时电流通过熔渣产生电阻热，将工件和电极熔化，形成金属熔池沉在渣池下面，渣池既作为焊接热源，又起机械保护作用。随着熔池和渣池上升，远离渣池的熔池金属便冷却形成焊缝。根据工件厚度的不同，可选择单焊丝或多焊丝进行电渣焊。

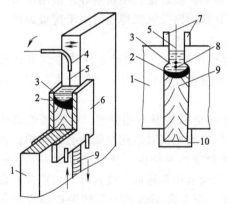

图5-72 电渣焊示意图
1—工件；2—金属熔池；3—渣池；4—导丝管；5—焊丝；6—冷却铜滑块；7—引出板；8—金属熔滴；9—焊缝；10—引弧板

2) 电渣焊焊接特点及应用

① 可使很厚的焊件一次焊成。单丝摆动可焊焊件厚度为60~150mm，三丝摆动可焊接厚度达450mm。

② 生产率高，成本低。在重型机器的制造过程中，可采用铸-焊、锻-焊复合结构拼成大件，以代替巨大的铸造或锻造整体结构，可节省大量的金属材料和铸锻设备投资。同时，40mm以上厚度的工件可不开坡口，节省了加工工时和焊接材料。

③ 焊缝金属比较纯净，焊接质量好。电渣焊渣池覆盖在熔池上，机械保护好，空气不易进入。熔池存在时间长，低熔点夹杂物和气体容易排出。

④ 焊后冷却速度较慢，焊接应力较小，适合焊接塑性较差的中碳钢及合金结构钢工件。但热影响区较大，接头组织粗大，易产生过热组织。因此，焊后要进行正火处理，改善其性能。

电渣焊适用于板厚40mm以上工件的焊接，一般用于直缝焊接，也可用于环缝焊接，已在水轮机、水压机、轧钢机和重型机械等大型设备的制造中得到广泛应用。

(6) 电阻焊

电阻焊是利用电流通过接触处及焊件产生的电阻热,将焊件加热到塑性或局部熔化状态,再施加压力形成焊接接头的焊接方法,通常分为点焊、缝焊、对焊三种。

1) 点焊

点焊是利用柱状电极加压通电,在搭接的两焊件间产生电阻热,使焊件局部熔化形成一个熔核(周围为塑性状态),将接触面焊成一个焊点的一种焊接方法,如图 5-73 所示。

点焊时,先加压使两个工件紧密接触,然后接通电流,由于两工件接触处电阻较大,电流流过所产生的电阻热使该处温度迅速升高,局部熔化形成液态熔核。断电后,继续保持压力或加大压力,使接触面形成组织致密的焊点。而电极与工件间的接触处所产生的热量被导热性好的铜(或铜合金)电极及冷却水传走,因此温升有限,不会出现焊合现象。

焊接第二个焊点时,有一部分电流会流经已焊好的焊点,称为点焊分流现象。分流将使焊接处电流减小,影响焊接质量,因此两焊点之间应有一定距离来减小分流。工件厚度越大,材料导电性越好,分流现象越严重,点距应加大。点焊最小搭边尺寸和最小点距见表 5-11。

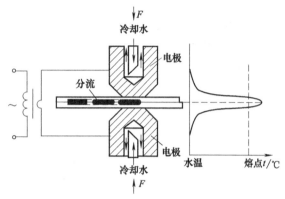

图 5-73 点焊示意图

表 5-11 点焊、缝焊接头推荐使用尺寸　　单位:mm

| 工件厚度 | 焊点直径 | 焊缝宽度 | 单排焊缝最小搭边尺寸 | | 最小点距 | | |
| --- | --- | --- | --- | --- | --- | --- | --- |
| | | | 非合金钢、低合金钢、不锈钢 | 铝合金、镁合金、铜合金 | 非合金钢、低合金钢 | 不锈钢、耐热钢、钛合金 | 铝合金、镁合金、铜合金 |
| 0.3 | 2.5～3.5 | 2.0～3.0 | 6 | 8 | 7 | 5 | 8 |
| 0.5 | 3.0～4.0 | 2.5～3.5 | 8 | 10 | 10 | 7 | 11 |
| 0.8 | 3.5～4.5 | 3.0～4.0 | 10 | 12 | 11 | 9 | 13 |
| 1.0 | 4.0～5.0 | 3.5～4.5 | 12 | 14 | 12 | 10 | 15 |
| 1.2 | 5.0～6.0 | 4.5～5.5 | 13 | 16 | 13 | 11 | 16 |
| 1.5 | 6.0～7.0 | 5.5～6.5 | 14 | 18 | 14 | 12 | 18 |
| 2.0 | 7.0～8.5 | 6.5～8.0 | 16 | 20 | 18 | 14 | 22 |
| 2.5 | 8.0～9.5 | 7.5～9.0 | 18 | 22 | 20 | 16 | 26 |
| 3.0 | 9.0～10.5 | 8.0～9.5 | 20 | 26 | 24 | 18 | 30 |
| 3.5 | 10.5～12.5 | 9.0～10.5 | 22 | 28 | 28 | 22 | 35 |
| 4.0 | 12.0～13.5 | 10.0～11.5 | 26 | 30 | 32 | 24 | 40 |

影响点焊质量的因素除了焊接电流、通电时间、电极压力等工艺参数外,焊件表面状态影响也很大,因此点焊前必须清理焊件表面的氧化物和油污等。

点焊主要用于厚度在 4mm 以下薄板、冲压壳体结构及线材的焊接,每次焊一个点或一次焊多个点。点焊广泛应用于汽车车厢和飞机等薄壁结构以及罩壳等的焊接。目前,点焊厚度可从 10μm(精密电子器件)～30mm(钢梁框架)。

2) 缝焊

缝焊过程与点焊相似，都属于搭接电阻焊。缝焊如图 5-74 所示。缝焊采用滚盘作电极，边焊边滚，相邻两焊点部分重叠，形成一条密封性的焊缝，因此称为缝焊。缝焊时，焊点相互重叠 50% 以上，密封性好，主要用于制造要求密封性的薄壁结构，如油箱、烟道、小型容器等。但因缝焊分流现象严重，焊接相同厚度的工件时，焊接电流约为点焊的 1.5～2 倍，因此要使用大功率焊机。缝焊一般只适合于焊 3mm 以下的薄板结构。

3) 对焊

对焊是对接电阻焊，如图 5-75 所示，按焊接工艺不同分为电阻对焊和闪光对焊。

① 电阻对焊是将两个工件装夹在对焊机电极钳口内，先加预压使两焊件端面压紧，再通电加热，使被焊处达到塑性温度状态后断电并迅速加压顶锻，使高温端面产生一定塑性变形而完成焊接。

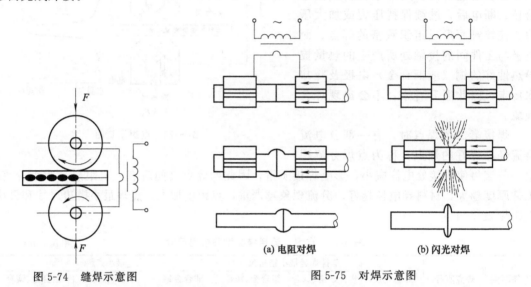

图 5-74　缝焊示意图　　　　图 5-75　对焊示意图

电阻对焊操作简单，接头比较光滑，但对焊件端面加工和清理要求较高，否则端面加热不均匀，容易产生氧化物夹渣，质量不易保证，因此一般仅用于断面简单、直径（或边长）小于 20mm 和强度要求不高的工件。

② 闪光对焊时两焊件先不接触，接通电源，再移动焊件使之接触。由于工件表面不平，接触点少，其电流密度很大。接触点金属迅速熔化、蒸发、爆破，以火花从接触处飞射出来，形成"闪光"。经多次闪光加热后，端面达到均匀半熔化状态，同时多次闪光将端面氧化物清理干净，此时断电并迅速对焊件加压顶锻，形成焊接接头。

闪光对焊对端面加工要求较低，而且经闪光对焊之后端面被清理，因此接头夹渣少，质量较高，常用于焊接重要零件。闪光对焊可以焊接相同的金属材料，也可以焊接异种金属材料。被焊工件可以是直径小到 0.01mm 的金属丝，也可以是截面积为 20000mm² 的金属型材或钢坯。

对焊用于杆状零件对接，如刀具、管子、钢筋、钢轨、车圈、链条等，不论哪种对焊，焊接断面要求尽量相同，圆棒直径、方钢边长、管子壁厚之差不应超过 15%。图 5-76 所示为几种对焊接头举例。

电阻焊生产率高，焊接变形小，劳动条件好，操作方便，易于实现自动化，所以适合于大批量生产，在自动化生产线上（如汽车制造）应用较多，甚至采用机器人。但电阻焊设备复杂，投资大，耗电量大，且接头形式和工件厚度受到一定限制。

**(7) 钎焊**

钎焊是利用熔点比母材低的钎料作填充金属，加热将钎料熔化，利用液态钎料润湿母材，填充接头间隙，并与母材相互扩散实现连接的焊接方法。

钎焊接头的承载能力在很大程度上取决于钎料。钎料应具有合适的熔点和良好的润湿性。母材接触面要求很干净，焊接时使用钎焊钎剂。钎剂能去除氧化膜和油污等杂质，保护接触面，并改善钎料的润湿性和毛细流动性。钎焊按钎料熔点分为硬钎焊和软钎焊两大类。

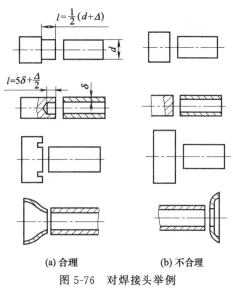

(a) 合理　　　　　(b) 不合理

图 5-76　对焊接头举例

$\Delta$—对焊时总缩短量

① 硬钎焊是指钎料熔点在 450℃ 以上，接头强度在 200MPa 以上的钎焊。常用钎料有铜基、银基和镍基钎料等。常用钎剂由硼砂、硼酸、氯化物、氟化物等组成。硬钎焊主要用于受力较大的钢铁和铜合金构件以及刀具的焊接。

② 软钎焊是指钎料熔点在 450℃ 以下，接头强度不超过 70MPa 的钎焊。常用钎剂是松香、氧化锌溶液等。软钎焊强度低，工作温度低，主要用于电子线路的焊接。由于钎料常用锡钎合金，故通称锡焊。

钎焊构件的接头形式均采用搭接或套件镶接，如图 5-77 所示。接头之间应有良好的配合和适当的间隙。间隙太小，会影响钎料的渗入和润湿，不能全部焊合；间隙太大，浪费钎料，而且降低接头强度。一般间隙取 0.05～0.2mm。设计钎焊接头时还要考虑钎焊件的装配定位和钎料的安置等。环状钎料的安置如图 5-78 所示。

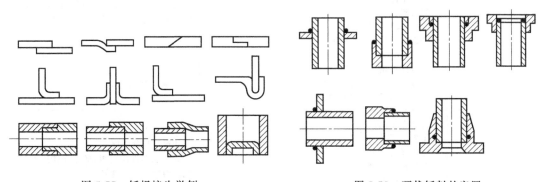

图 5-77　钎焊接头举例　　　　　图 5-78　环状钎料的安置

钎焊焊接变形小，焊件尺寸精确，可以焊接异种材料和一些其他方法难以焊接的特殊结构（如蜂窝结构等）。钎焊可以整体加热，一次焊成整个结构的全部焊缝，因此生产率高，并且易于实现机械化和自动化。因此，钎焊主要用于精密仪表、电气零部件、异种金属构件、复杂薄板结构及硬质合金刀具的焊接。

**(8) 常用焊接方法的比较和选用**

焊接方法的选用应根据各种焊接方法的特点和焊接结构制造要求，综合考虑其焊接质量、经济性和工艺可行性。常用焊接方法比较见表 5-12。

表 5-12 常用焊接方法比较

| 焊接方法 | 特　点 | 应　用 |
|---|---|---|
| 焊条电弧焊 | 与气焊相比：<br>①焊接质量好<br>②焊接变形小<br>③生产率高<br>与埋弧焊相比：<br>①设备简单<br>②适应性强，可焊各种位置和短、曲焊缝 | ①单件、小批量生产<br>②全位置焊<br>③短、曲焊缝<br>④板厚大于1mm（一般不小于2mm） |
| 埋弧焊 | 与焊条电弧焊相比：<br>①生产率高，成本低<br>②质量稳定，成形美观<br>③对焊工操作技术要求低<br>④劳动条件好<br>⑤适应性差，只适合平焊<br>⑥设备较复杂 | 成批生产，能焊长直缝和环缝，中厚板平焊 |
| 气焊 | ①熔池温度易控制，各种焊接位置均易单面焊透<br>②焊接质量较差<br>③焊接变形大<br>④生产率低<br>⑤不需电源、室外、野外使用方便<br>⑥设备较简单 | ①薄板1~3mm<br>②铸铁补焊<br>③管子焊接<br>④野外施工 |
| 氩弧焊 | ①焊接质量优良<br>②小电流时，电弧也很稳定，容易控制背面成形<br>③能全位置焊<br>④氩气贵，成本高 | ①铝及钛合金,不锈钢等合金钢<br>②打底焊<br>③管子焊接<br>④薄板 |
| $CO_2$气体保护焊 | ①成本低（$CO_2$便宜）<br>②生产率高（电流密度大）<br>③焊薄板时变形小<br>④可全位置焊<br>⑤有氧化性<br>⑥成形较差，飞流大<br>⑦设备使用、维修不便 | ①非合金钢和强度级别不高的低合金结构钢<br>②宜焊薄板，也可焊中板<br>③单件、小批量、短曲焊缝用半自动$CO_2$焊；成批生产、长直缝和环缝用自动$CO_2$焊 |
| 电渣焊 | 与电弧焊相比：<br>①厚大截面一次焊成，生产率高<br>②接头组织粗大，焊后要正火 | 板厚大于40mm |
| 电阻焊 | 与熔焊相比：<br>①生产率高<br>②焊接变形小<br>③设备复杂，投资大<br>④用电量大 | ①成批大量生产<br>②可焊异种金属<br>③杆状零件用对焊，薄板壳体用点焊，气密薄壁容器用缝焊 |
| 钎焊 | 与熔焊、压焊相比：<br>①接头强度低，工作温度低<br>②变形小，尺寸精确<br>③生产率高，易机械化<br>④可焊异种金属，还可焊异种材料<br>⑤可焊某些复杂的特殊结构，如蜂窝结构 | ①电子工业<br>②仪器仪表及精密机械部件<br>③异种金属<br>④复杂难焊的特殊结构 |

选用焊接方法时应综合考虑，统筹安排，重点考虑以下几方面：

① 接头质量和性能要符合结构要求。选择焊接方法要考虑金属的焊接性、焊接方法的特点和结构质量要求。例如，铝容器焊接，质量要求高的应用氩弧焊，质量要求不高的可用

气焊；薄板壳体焊接，变形要求小时用 $CO_2$ 焊或电阻焊，而不用气焊。

② 考虑经济性，生产率高，成本低。单件、小批量生产短焊缝选用手工焊，成批生产长直缝选用自动焊，40mm 以上厚板采用电渣焊一次焊成，生产率高。

③ 工艺性。焊接方法选用要考虑有没有这种方法的设备和焊接材料，在室外或野外施工有没有电源等条件，焊接工艺能否实现。例如，不能用双面焊而只能用单面焊又要焊透时，宜用钨极氩弧焊打底，易于保证焊接质量。

### 5.3.3 常用金属材料的焊接

#### (1) 金属材料的焊接性

1) 金属焊接性概念

金属焊接性是金属材料对焊接加工的适应性，是指金属在一定的焊接方法、焊接材料、焊接参数及结构形式条件下获得优质焊接接头的难易程度。它包括两个方面的内容：一是工艺性能，即在一定工艺条件下，焊接接头产生工艺缺陷的倾向，尤其是出现裂纹的可能性；二是使用性能，即焊接接头在使用中的可靠性，包括力学性能及耐热、耐蚀等特殊性能。

金属焊接是金属的一种加工性能，它决定于金属材料的本身性质和加工条件。就目前的焊接技术水平而言，工业上应用的绝大多数金属材料都是可以焊接的，只是焊接的难易程度不同而已。

随着焊接技术的发展，金属的焊接性也在改变。例如，铝在气焊和焊条电弧焊条件下难以达到较高的焊接质量，而氩弧焊却能达到较高的技术要求。由于等离子弧真空电子束、激光等新能源在焊接中的应用，使钨、铜、铁等高熔点金属及其合金的焊接都已成为可能。

2) 金属焊接性评价方法

金属焊接性的主要影响因素是化学成分。钢的化学成分不同，其焊接性也不同。钢中的碳和合金元素对钢的焊接性的影响程度是不同的，其中，碳的影响最大，其他合金元素可以换算成碳的相当含量来估算它们对焊接性的影响，换算后的总和称为碳当量，作为评定钢材焊接性的参数指标，这种方法称为碳当量法。

碳当量有不同的计算公式。国际焊接学会推荐的碳素结构钢和低合金结构钢碳当量 CE 的计算公式为：$CE = C + \frac{1}{6}Mn + \frac{1}{15}(Ni+Cu) + \frac{1}{5}(Cr+Mo+V)$，式中，化学元素符号都表示该元素在钢材中的质量分数，各元素含量取其成分范围的上限。

根据碳当量的大小，可以初步确定钢材的焊接性。碳当量的总和越小，焊接性越好。根据经验，当 CE 小于 0.4% 时，钢的淬硬倾向不明显，焊接性优良，焊接时不必预热；当 CE 等于 0.4%～0.6% 时，钢的淬硬倾向逐渐明显，需要采用适当预热和一定的工艺措施；当 CE 大于 0.6% 时，钢的淬硬倾向强，属于较难焊的钢，需采用较高的预热温度和严格的工艺措施。

#### (2) 低碳结构钢和低合金高强度结构钢的焊接

1) 低碳非合金钢的焊接

低碳钢中碳的质量分数 $w_C < 0.25\%$，碳当量 CE 小于 0.4%，没有淬硬倾向，冷裂倾向小，焊接性良好。除电渣焊外，焊前一般不需要预热，焊接时不需要采取特殊工艺措施，适合各种方法焊接。只有板厚大于 50mm，在 0℃ 以下焊接时，应预热 100～150℃。

含氧量较高的沸腾钢，硫、磷杂质含量较高且分布不均匀，焊接时裂纹倾向较大，厚板焊接时还有层状撕裂倾向。因此，重要结构应选用镇定钢焊接。

在焊条电弧焊中，一般选用E4303（J422）和E4315（J427）焊条，埋弧焊常选用H08A或H08MA焊丝和HJ431焊剂。

2) 中碳非合金钢的焊接

中碳钢中碳的质量分数$w_C=0.25\%\sim6\%$，碳当量CE大于$0.4\%$，其焊接特点是淬硬倾向和冷裂纹倾向较大，焊缝金属热裂倾向较大。因此，焊前必须预热至150~250℃。碳钢焊接常用焊条电弧焊，选用E5015（J507）焊条。采用细焊条、小电流、开坡口、多层焊，尽量防止含碳量高的母材过多地熔入焊缝。焊后应缓慢冷却，防止冷裂纹的产生。厚件可考虑用电渣焊，提高生产率，焊后进行相应的热处理。

$w_C>0.6\%$的高碳钢焊接性更差，高碳钢的焊接只限于修补工作。

3) 低合金高强度结构钢的焊接

低合金高强度结构钢一般采用焊条电弧焊和埋弧自动焊。此外，强度级别较低的可采用$CO_2$焊，较厚件可采用电渣焊，屈服强度大于50MPa的高强度钢宜采用富氩混合气体（如Ar 80%+$CO_2$ 20%）保护焊。

焊接含有其他合金元素和强度等级较高的材料时，应选择适宜的焊接方法，制定合理的焊接参数和严格的焊接工艺。

**(3) 不锈钢的焊接**

在所有的不锈钢材料中，奥氏体不锈钢应用最广，其中以18-8型不锈钢（如1Cr18Ni9）为代表，它焊接性良好，适用于焊条电弧焊、氩弧焊和埋弧焊。焊条电弧焊选用化学成分相同的奥氏体不锈钢焊条，氩弧焊和埋弧焊所用的焊丝化学成分应与母材相同，如焊1Cr18Ni9Ti时选用H0Cr20Ni10Nb焊丝，埋弧焊用HJ260焊剂。

奥氏体不锈钢的主要问题是焊接工艺参数不合理时容易产生晶间腐蚀和热裂纹，这是18-8型不锈钢的一种极危险的破坏形式。晶间腐蚀的主要原因是碳与铬化合成$Cr_{23}C_6$造成贫铬区，使耐蚀能力下降。焊条电弧焊时，应采用细焊条，小线能量（主要用电流）快速不摆动焊，最后焊接触腐蚀介质的表面焊缝等工艺措施。

马氏体不锈钢焊接性较差，焊接接头易出现冷裂纹和淬硬脆化。焊前要预热，焊后进行消除残余应力的处理。

铁素体不锈钢焊接时，过热区晶粒较容易长大引起脆化和裂纹。通常150℃以下预热减少高温停留时间，并采用小线能量焊接工艺，以减小晶粒长大倾向，防止过热脆化。

工程上有时需要把不锈钢与低碳钢或低合金钢焊接在一起，如1Cr18Ni9Ti与Q235焊接，通常用焊条电弧焊。焊条既不能用奥氏体不锈钢焊条，也不能用焊低碳钢的焊条（如E4303），而应选E307-15不锈钢焊条，使焊缝金属组织是奥氏体加少量铁素体，防止产生焊接裂纹。

**(4) 铸铁的焊接**

铸铁的焊接主要用于修补铸件的缺陷或局部破裂。铸铁的焊接性较差，焊接中主要的困难是焊接时碳、硅等元素容易烧损，在焊后的冷却条件下，极易使焊缝产生脆硬的白口组织，而且铸铁本身塑性差，抗拉强度低，在焊接应力作用下容易产生裂纹。因此，必须合理地选用焊接规范和工艺措施，才能获得质量良好的焊缝。目前，常用的方法有热焊法和冷焊法两种。

① 热焊法。焊前将铸件整体（或局部）加热到500~700℃，然后进行焊接，焊后缓慢冷却。热焊法能有效地防止白口组织和裂纹的产生，因而能获得良好的焊补质量。但是热焊法生产率低，成本高，劳动条件差。

② 冷焊法。焊接前铸件不预热或只进行 400℃ 以下的预热。与热焊法相比，冷焊法生产率高，成本低，劳动条件好，尤其是在焊接时不受焊缝位置的影响（热焊时只能是平焊位置），故得到广泛应用。但由于整个铸件处于冷状态，焊接处的金属加热熔化和冷却均在极短时间内完成，故易使焊缝产生白口组织和裂纹。

冷焊时，应尽量用小电流断续焊，每次焊缝长度一般不超过 50mm，焊后立即用锤轻轻敲击焊缝，以减小内应力，待冷后再继续焊接。根据铸件的工作要求，可选用钢芯铸铁焊条、铜基铸铁焊条及镍基铸铁焊条。

**(5) 非铁金属的焊接**

1) 铝及铝合金的焊接

工业上用于焊接的主要是纯铝、铝锰合金、铝镁合金及铸铝。铝及铝合金焊接的主要问题有：

① 极易氧化。铝和氧的亲和力很大，很容易生成氧化铝（$Al_2O_3$），其组织致密，熔点（2050℃）远高于铝的熔点（660℃），覆盖在金属表面，阻碍熔合。氧化铝密度较大，易形成夹渣而脆化。

② 形成气孔。液态铝能吸收大量的氢，而固态铝又几乎不溶解氢，冷却时由于结晶速度快，大量的氢气来不及逸出熔池，产生气孔。

③ 热源功率大并易变形。铝的热导率较大，要求使用大功率热源，厚度较大时要预热。铝的膨胀系数也较大，易产生焊接应力和变形，严重时导致开裂。

④ 特殊工艺措施。铝在高温时强度很低，容易引起焊缝塌陷，常需采用垫板。

在现代焊接技术条件下，大部分铝及铝合金的焊接性较好。工业上广泛采用氩弧焊、气焊、电阻焊和钎焊焊接铝及铝合金。氩弧焊是较为理想的焊接方法，一般工件厚度在 8mm 以下用钨极（非熔化极）氩弧焊，工件厚度在 8mm 以上采用熔化极氩弧焊。要求不高的纯铝和热处理不能强化铝合金可采用气焊，其优点是经济、方便。但生产率低，接头质量较差，且必须使用熔剂去除氧化膜和杂质。气焊适用于板厚 0.5~2mm 的薄件焊接。

对于焊丝时，可选用与母材成分相同的铝焊丝，其至可用从母材上切下的窄条作为填充金属。对于热处理强化的铝合金，可采用铝硅合金焊丝，以防止热裂纹。

无论用哪种方法焊接铝及铝合金，焊前必须彻底清理焊接部位和焊丝表面的氧化膜和油污。由于铝熔剂对铝有强烈的腐蚀作用，焊后应仔细清洗，防止熔剂对铝焊件的继续腐蚀。

2) 铜及铜合金的焊接

铜及铜合金的焊接比低碳钢困难得多，其主要问题是：

① 难熔合。铜热导率大，比铁大 7~11 倍，热量很容易传导出去，使母材和填充金属难于熔合。因此，需要大功率热源，且焊前和焊接过程中要预热。

② 易氧化。液态的铜易生成 $Cu_2O$，分布在晶界处，且铜的膨胀系数大，凝固系数也大，容易产生较大的焊接应力，极易引起开裂。

③ 产生气孔铜，特别容易吸收氢，凝固时来不及逸出，形成气孔。

④ 易变形铜的膨胀系数和收缩系数都大，且铜的导热性强，热影响区宽，焊接变形容易。铜及铜合金可用氩弧焊、气焊、电弧焊、钎焊等方法进行焊接。铜电阻很小，不适宜用电阻焊焊接。

氩气对熔池保护性可靠，接头质量好，飞溅少，成形美观，广泛用于纯铜、黄铜和青铜的焊接中。纯铜钨极氩弧焊焊丝用 HSCu，铜合金用相同成分的焊丝。黄铜气焊填充金属采用 $w_{Si}$=0.3%~0.7% 的黄铜和 HSCuZn-4 焊丝。气焊焊剂用 CJ301，以去除氧化物。铜及铜合金也可采用焊条电弧焊，选用相同成分的铜焊条。

3）钛及钛合金的焊接

钛及钛合金比强度（强度与密度之比）高，在300～500℃，高温下仍有足够的强度。在海水及大多数酸碱盐介质中均有良好的耐蚀性，并有良好的低温冲击韧性。

钛及钛合金的焊接很困难，其主要问题是氧化、脆化开裂，气孔也较明显。普通的焊条电弧焊、气焊等均不适合钛及钛合金的焊接。目前主要方法是钨极氩弧焊、等离子焊和真空电子束焊，国外还有用埋弧焊。由于钛及钛合金化学性能非常活泼，不但极易氧化，而且在250℃开始吸氢，从400℃开始吸氧，从600℃开始吸氮。因此，要注意焊枪的结构，加强保护效果，并要采用施罩保护高温的焊缝金属。保护效果的好坏可通过接头颜色初步鉴别：银白色保护效果最好，无氧化现象；黄色为TiO，表示轻微氧化；蓝色为$Ti_2O_3$，表示氧化较严重；灰白色为$Ti_2O_3$，表示氧化甚为严重。因此，一般应保证焊接接头焊后为银白色，说明保护效果好。

## 5.3.4 焊接工艺在汽车上的应用

焊接在汽车制造中得到广泛的应用，发动机、变速器、车桥、车架、车身、车厢六大总成都离不开焊接技术。在汽车零部件的制造中，点焊、凸焊、缝焊、滚凸焊、焊条电弧焊、$CO_2$焊、氩弧焊、气焊、钎焊、摩擦焊、电子束焊和激光焊等各种焊接方法均有不同程度的应用。由于点焊、气体保护焊、钎焊具有生产量大、自动化程度高、高速、低耗、焊接变形小、易操作的特点，对汽车车身薄板覆盖零部件特别适合，因此在汽车生产中应用最多。在投资费用中点焊约占75%，其他焊接方法只占25%。汽车车身焊装生产线也在逐渐向全自动化方向发展。

**(1) 汽车工业所用的焊接方法及零部件的应用情况**

汽车制造业是焊接应用面最广的行业之一，所用的焊接方法种类繁多，其应用情况如下。

1）电阻焊

① 点焊主要用于车身总成、地板、车门、侧围、后围、前桥和小零部件等。

② 多点焊用于车身底板、载货车车厢、车门、发动机盖和行李箱盖等。

③ 凸焊及滚凸焊用于车身零部件、减振器阀杆、制动蹄、螺钉、螺母和小支架等。

④ 缝焊用于车身顶盖雨檐、减振器封头、油箱、消声器和机油盘等。

⑤ 对焊用于钢圈、进排气阀杆、刀具等。

2）电弧焊

① $CO_2$焊用于车厢、后桥、车架、减振器阀杆、横梁、后桥壳管、传动轴、液压缸和千斤顶等的焊接。

② 氩弧焊用于机油盘、铝合金零部件的焊接和补焊。

③ 焊条电弧焊用于厚板零部件，如支架、备胎架、车架等的焊接。

④ 埋弧焊用于半桥套管、法兰、天然气汽车压力容器等的焊接。

3）特种焊

① 摩擦焊用于汽车阀杆、后桥、半轴、转向杆和随车工具等的焊接。

② 电子束焊用于齿轮、后桥等的焊接。

③ 激光焊割用于车身底板、齿轮、零件下料及修边等的焊接。

4）氧-乙炔焊

氧-乙炔焊用于车身总成的补焊。

5）钎焊

钎焊用于散热器、铜和钢件、硬质合金的焊接。

**(2) 汽车工业中焊接新技术的应用**

汽车工业中的先进焊接技术应用很多，这里只列举出与车身焊接相关的焊接新技术。

1) 电阻焊的节能及控制技术

① 悬挂式点焊机。汽车工业中应用最多的是悬挂式点焊机，一个车间往往有几十或上百台，其容量大多在100kVA以上，在汽车薄板的焊接中得到了广泛的应用。

② 电阻焊机。目前电阻焊机大量使用50Hz的单相交流电源，其容量大、功率因数低。发展三相低频电阻焊机、三相次级整流接触焊机（已在普通型点焊机、缝焊机、凸焊机中应用）和IGBT逆变电阻焊机，可以解决电网不平衡和提高功率因数的问题。同时，还可进一步节约电能，利于实现参数的计算机控制，可更好地适用于焊接铝合金、不锈钢及其他难焊金属。另外，还可进一步减轻设备重量。

2) 气体保护焊接技术

① 表面张力过渡的波形控制法。该方法的关键是用2个电流脉冲完成1个熔滴过渡。第1个电流脉冲形成熔滴并使之长大，直至熔滴与工件短路。第2个电流脉冲是1个短时窄脉冲，并不断检测其$dI/dt$，同时控制电流脉冲值，以产生适当的电磁收缩力，使熔滴颈部收缩变细，最后靠熔池表面张力拉断，完成1个熔滴过渡而不产生飞溅。

② 逆变电源波形控制。利用逆变电源良好的动特性和灵活的可控性，采用波形控制，在短路阶段初期抑制电流上升，以减少电磁力在刚形成小桥时熔滴过渡的阻碍和爆断，减少大颗粒飞溅，并利于熔滴在熔池摊开。当熔滴在熔池摊开后，使电流迅速上升，以加速形成缩颈，以后再慢速上升到一较低峰值，使小桥爆断时飞溅减少。

③ 氩弧焊新技术。该技术用于汽车工业有色金属和高合金钢焊接中。为了改善$CO_2$气体保护焊的成形和减少飞溅，采用加入80%或20% Ar的混合气体保护焊。

3) 高能束热源焊接及加工技术

高能束热源是指能量密度大于$5 \times 10^8 W/m^2$的热源（电子束、离子束和激光），在汽车工业中均有应用，目前国外发展的新技术有以下几种。

① 激光和电弧复合加热焊接。激光焊接可焊出窄而深的焊缝，电弧焊接可焊出宽而浅的焊缝。前者投资大，后者成本低，两者特性组合，会大大提高焊接效率。激光和电弧复合加热焊接的焊炬设计特别重要，两热源的夹角要尽可能小，焊炬也设计成激光+双电弧电源。此方法已在4~8mm厚的钢结构中使用，正拟用于更薄的汽车部件生产和铝合金焊接中。激光除了在焊接及精密切割中应用外，还可在提高耐磨性方面应用如在摩擦面形成储油细花纹或重熔复合层，以提高耐磨性方面的应用。

② 等离子焊的应用。氩气保护的等离子焊接切割早已在各行业应用，主要用于合金钢和有色金属加工。目前，空气等离子切割已普遍应用于一般钢铁和有色金属的切割，国内铁路客车厂引进了水下等离子切割，以减小变形和提高精度。发动机气阀体早已采用填充圈等离子焊接。近十几年来，粉末等离子堆焊有很大发展，可进行小熔合比的薄层料精细堆焊，能堆焊各种特种合金表面。

**(3) 汽车工业中焊接新材料的发展趋势**

轿车发展的趋势是紧凑小型化、轻量化，新材料的应用使轿车材料构成发生了明显改变。未来轿车车身材料仍以钢板为主，为使钢板厚度减薄，将广泛采用高强度钢板。同时，为了提高车身的防腐蚀性能，世界上不少汽车厂家在轿车生产中大量应用镀锌钢板。另外，还使用铝合金、塑料及陶瓷等材料。

1) 镀锌钢板

为了提高车体使用寿命和增强车体材料的防腐蚀性能，镀锌钢板得到了广泛使用。由于在目前汽车车身制造中主要采用电阻点焊方法，与无镀层钢板相比，镀锌钢板的点焊过程中还存在一些问题：先于钢板熔化的镀层形成锌环而分流，致使焊接电流密度减小；镀层表面烧损、污染电极而使电极寿命降低；锌层电阻率低，接触电阻小，容易产生焊接飞溅、裂纹及气孔等缺陷。

2) 高强度钢板

为了实现汽车轻量化，提高汽车安全性能，高强度钢板的应用正逐年增加。目前，高强度钢板的品种主要有含磷冷轧钢板、烘烤硬化冷轧钢板及冷轧双相钢板等。

① 含磷冷轧钢板具有较高强度，其良好的强度和塑性平衡，具有良好的防腐蚀性及点焊性能，主要用于侧围、车门、顶篷和行李箱盖。

② 烘烤硬化冷轧钢板简称 BH 钢板，既薄又有足够的强度，是车身外板轻量化设计首选材料之一。

③ 冷轧双相钢板主要用于要求拉伸性能好的承力零部件，如车门加强板、保险杠等。

3) 铝合金

与汽车钢板相比，铝合金具有密度小、比强度高、耐锈蚀、热稳定性好、易成形和可回收再生等优点，技术成熟。汽车工业中逐渐在使用铝合金材料的零部件。但铝合金焊接目前还存在线胀系数大，产生的热应力较大，易出现气孔的问题，导致铝合金焊接接头的强度降低。

4) 镁合金

镁的密度仅为钢材密度的 35%。它的比强度、比刚度高，阻尼性、导热性好，尺寸稳定性好，因此在汽车工业中得到了广泛的应用。目前，镁合金在汽车工业中主要运用于车门铸造，随着压铸技术的进步，已可以制造出形状复杂的薄壁镁合金车身零件，如前/后挡板、仪表盘和方向盘等。

5) 高强度纤维复合材料

20 世纪 80 年代后期，复合材料车身外覆件得到大量的应用和推广，如发动机罩、翼子板、车门和顶篷等，甚至出现了全复合材料的轿车车身。用复合材料作为汽车车身外覆件，无论是设计，还是生产制造及应用都已成熟，并已从外覆件的使用向内饰件和结构件方向发展。

新材料与新工艺是相辅相成的，汽车工业正在开发新的制造方法，并对传统的工艺进行更新。据有关方面预测，在今后 10 年中，轿车自身质量还将减轻 20%，除了大量采用复合材料和轻质合金外，车身设计方法也将发生重大变化。

**(4) 汽车工业焊接的总体发展趋势**

1) 发展焊接机器人自动化柔性生产系统

从目前发展来看，自动化柔性生产系统是汽车焊接的发展趋势，而工业机器人因具有自动化和灵活性，在轿车生产中得到大规模使用。在焊接方面，主要使用的是六自由度点焊机器人和弧焊机器人。机器人具有焊钳储存库，可根据焊装部位的不同要求或焊装产品的变更，自动从储存库抓换所需焊钳。传输装置已发展为采用无人驾驶的，更具柔性化的感应导向小车。

2) 发展轻便组合式智能自动焊机

近年来，国内的汽车制造厂都非常重视焊接的自动化，如一汽引进的捷达车身焊装车间的 13 条生产线的自动化率达 80% 以上，各条线都由计算机（可编程控制器 PLC-3）控制，自动完成工件的传送和焊接。机器人的动作采用点到点的序步轨迹，具有很高的焊接自动化水平,既改善了工作条件,提高了产品质量和生产率,又降低了材料消耗。

3) 发展计算机与信息技术

随着计算机与信息技术的工业应用,促进了传统的焊接生产向"精量化"的制造方式转变。基于虚拟现实建模的机器人焊接过程仿真技术提供了关于工件、夹具和机器人焊枪姿态的三维信息,已大量地应用于焊接过程策划、焊接参数优化以及焊接夹具设计等各个环节,对加快焊接程序的编制、缩短现场调试时间及焊接过程位置信息的准确获取具有重要应用价值。同时,仿真技术也运用于焊缝质量的评估及焊后的应力与变形预测。在新车型设计阶段,还可以对多种材料的连接方式及疲劳性能、冲击性能等进行综合考虑,通过对接头的仿真作出适用性评价。

以计算机和信息技术为平台的焊接生产过程信息系统对汽车焊接生产过程的质量分析与优化、企业的管理与决策有着非常重要的意义。

总之,通过大力开发高效节能的焊接新技术、新材料、新工艺,新设备,应用机器人技术,轻便灵巧的智能设备及计算机和信息技术,汽车工业必将取得更大的进步。

## 5.4 金属切削加工

金属材料在结晶温度以下的切削加工称为冷成形工艺,通常称为切削加工,是指用刀具从工件上切除多余材料,从而获得形状、尺寸精度及表面质量等合乎要求的零件的加工过程。实现这一切削过程必须具备三个条件:工件与刀具之间要有相对运动,即切削运动;刀具材料必须具备一定的切削性能;刀具必须具有适当的几何参数,即切削角度等。金属的切削加工过程是通过机床或手持工具来进行的,其主要方法有车、铣、刨、磨、钻削等。其形式虽然多种多样,但它们很多方面都有着共同的现象和规律,掌握这些规律是进一步学习各种切削加工方法的基础。

### 5.4.1 金属切削加工基础知识

**(1) 切削运动**

为了实现切削加工,刀具与工件之间必须有相对的切削运动。按切削运动的作用不同,可分为主运动和进给运动两类。

① 主运动。如图 5-79 所示的 I 运动,是切屑被切下所需要的最基本的运动,是形成机床切削速度或消耗主要动力的切削运动,其形式有旋转运动和直线往复运动两种。车削、铣削、磨削加工时,主运动是旋转运动;刨削加工时,主运动是往复直线运动。

② 进给运动。如图 5-79 所示的 II 运动,是使刀具连续切下金属层所需要的运动,通常它的速度较低,消耗动力较少,其形式也有旋转运动和直线运动两种,而且既可连续,也可间歇。当主运动为旋转运动时,进给运动是连续的,如车削、钻削。当主运动为往复直线运动时,进给运动是断续的,如刨削等。

**(2) 切削要素**

工件在切削过程中会形成三个表面。以外圆车削为例,形成的三个表面是待加工表面(工件上有待切除的表面)、已加工表面(工件上经刀具切削后产生的表面)、过渡表面(由切削刃形成的那部分表面),如图 5-80 所示。

切削要素包括切削用量和切削层几何参数,以车削外圆为例,介绍如下。

1) 切削用量

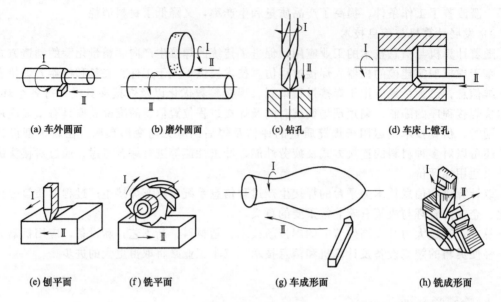

图 5-79 切削运动

Ⅰ—主运动；Ⅱ—进给运动

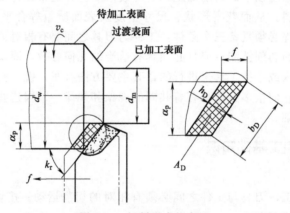

图 5-80 切削形成的表面

在一般的切削加工中，切削用量包括切削速度、进给量和背吃刀量（切削深度）。

① 切削速度 $v_c$。切削速度为在切削加工时，切削刃上选定点相对于工件主运动的瞬时速度，即在单位时间内工件和刀具沿主运动方向的相对位移，单位为 m/s。

当主运动为旋转运动（车、铣、刨、磨、钻削加工）时，切削速度为加工表面的最大线速度，即

$$v_c = \pi d_w n/(1000 \times 60)$$

当主运动为往复直线运动时，常以往复运动的平均速度作为切削速度：

$$v_c = 2Ln/(1000 \times 60)$$

式中　$n$——主轴转速或主运动每分钟的往复次数，r/min；

　　　$d_w$——工件待加工表面直径或刀具最大直径，mm；

　　　$L$——工件或刀具做往复运动的行程长度，mm。

提高切削速度能提高生产率和加工质量，但切削速度的提高受机床动力和刀具耐用度的限制。

② 进给量 $f$。在主运动的一个循环内，刀具在进给运动方向上相对工件的位移量，称为进给量，可用刀具或工件每转或每行程的位移量来表述和度量。如车削时，进给量 $f$ 为工件旋转一周，车刀沿进给方向移动的距离（mm/r）；刨削时，进给量 $f$ 为刨刀（或工件）每往复一次，工件（或刨刀）沿进给方向移动的距离（mm/r），称为每行程进给量；铣削时，由于铣刀是多齿刀具，还规定了每齿进给量 $f_z$（mm/z）及每转进给量 $f_r$（mm/r）。

进给量越大，生产率越高，但工件表面的加工质量也越差。

③ 背吃刀量（切削深度）$a_p$。待加工表面和已加工表面之间的垂直距离称为背吃刀量（切削深度）。车削圆柱面时，$a_p$ 为该次切除余量的一半。

背吃刀量增加，生产率提高，但切屑力也随之增加，故容易引起工件振动，使加工质量下降。

切削用量三要素反映的是机床切削运动及吃刀辅助运动的大小，是切削加工的基本参数。在切削加工中合理选择切削用量三要素，对保证加工质量，提高生产率有十分重要的意义。

2）切削层几何参数

切削层是指工件上正被刀具切削刃切削的一层金属。如图5-80所示，车外圆时，工件每转1r，车刀沿工件轴向移动一个进给量 $f$，车刀所切下的金属层即为切削量。切削层几何参数包括切削厚度 $h_D$、切削宽度 $b_D$ 和切削面积 $A_D$。

**(3) 切削刀具**

1）常用刀具材料

常用刀具材料分为工具钢（包括碳素工具钢、合金工具钢、高速钢）、硬质合金、超硬刀具材料（包括陶瓷材料、人造金刚石及立方氮化硼等）。

① 碳素工具钢。这种材料淬火后有较高的硬度（59~64HRC），容易磨得锋利，价格低，但热硬性差，在温度达到200~250℃时，硬度明显下降，因此它允许的切削速度很低（$v_c$<10m/min）。此外，它的淬透性差，热处理时变形大。这类钢主要用于切削速度很低、形状简单、尺寸较小的手动刀具，如锉刀、手用锯条、手用铰刀等。

② 合金工具钢。它比碳素工具钢有较高的热硬性和韧性，其热硬性温度可达300~350℃，故允许的切削速度比碳素工具钢高10%~40%。合金工具钢的主要优点是淬透性好，热处理变形小，主要用于制造形状比较复杂而要求热处理变形小的刀具，如拉刀、板牙等。

③ 高速钢。这种钢热处理后硬度可达62~65HRC，耐磨性好。它的热硬性温度达550~600℃，允许的切削速度比碳素工具钢高2~4倍。其抗弯强度和韧性比硬质合金好，能承受较大的冲击力。目前，高速钢是制造具有一定切削速度、形状复杂的刀具的主要材料，常用于制造钻头、铣刀、齿轮刀具、机用铰刀和丝锥等。

④ 硬质合金。这种材料具有高的硬度（87~92HRC），热硬性温度高达900~1000℃，因此它允许的切削速度比高速钢又高出4~10倍。但其性能较脆，怕振动，不宜制作形状复杂的刀具。

⑤ 陶瓷材料。这种材料主要成分为氧化铝（$Al_2O_3$），刀片硬度可达86~96HRA，热硬性温度达1200℃，能承受高的切削速度。$Al_2O_3$ 的价格低廉，原料丰富，很有发展前途。但性能较脆，不耐冲击，切削时易崩刃，目前主要用于精加工。

⑥ 人造金刚石。这种材料硬度极高（接近10000HV，硬质合金只有1000~2000HV），

热硬性温度为 700～800℃。人造金刚石分为单晶和聚晶两种，聚晶金刚石大颗粒可制成一般切削刀具，单晶金刚石主要制成砂轮。人造金刚石除可以加工高硬度而耐磨的硬质合金、陶瓷、玻璃外，还可以加工非铁材料（非铁金属及其合金）。

⑦ 立方氮化硼。这种材料是人工合成的高硬度材料，硬度达 7300～9000HV，热硬性温度达 1300～1500℃，切削性能好，适于难加工材料的加工。立方氮化硼和金刚石刀具脆性大，主要用于连续切削及精加工。

2) 车刀的组成和几何角度

金属切削刀具的种类很多，但其切削部分的几何形状却有许多共同特征，各种刀具的切削部分都可以看作是以车刀为基本形态演变而成。下面以最简单、最典型的外圆车刀为例，分析刀具切削部分的几何角度。

① 车刀的组成。如图 5-81 所示，车刀由刀头和刀杆组成。刀头承担切削工作，又称切削部分，刀杆固定在刀架上。刀头的形状由以下几部分组成：

a. 前刀面为刀具上切屑流过的表面。

b. 后刀面分主后刀面和副后刀面。与工件上过渡表面相对的刀面称为主后刀面，与工件上已加工表面相对的刀面称为副后刀面。

c. 切削刃分主切削刃和副切削刃。前刀面与主后刀面的交线为主切削刃，它可以是直线或曲线，承担主要的切削工作。前刀面与副后刀面的交线为副切削刃，一般情况下，它仅起微弱的切削作用。

d. 刀尖为主切削刃和副切削刃的交接处。为了强化刀尖，常将其磨成圆弧形。

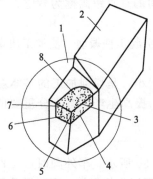

图 5-81 车刀的组成
1—刀头；2—刀杆；3—主切削刃；4—主后刀面；5—刀尖；6—副后刀面；7—副切削刃；8—前刀面

② 正交平面参考系。为了确定和测量刀具切削刃和切削面的几何形状及在空间的位置，设想以下三个辅助平面作为基准面，如图 5-82 所示。

a. 基面（$P_r$）是过切削刃选定点的平面，它平行或垂直于刀具在制造、刃磨及测量时适合于安装或定位的一个平面或轴线。通常其方位要垂直于假定的主运动方向。

b. 主切削平面（$P_s$）是通过主切削刃选定点与主切削刃相切并垂直于基面的平面。

c. 正交平面（$P_0$，图 5-82 未示出）是通过切削刃选定点并同时垂直于基面和主切削平面的平面。

基面、主切削平面和正交平面构成一个空间直角坐标系（$P_r$-$P_s$-$P_0$），称为正交平面参考系。规定了基准面后，便可确定主要的几何角度。

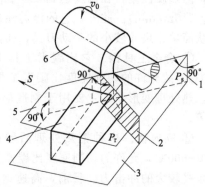

图 5-82 车刀上的三个辅助平面
1—主切削平面；2—正交平面；3—底平面；4—车刀；5—基面；6—工件

③ 在正交平面内测量的角度。在正交平面内车刀的角度如图 5-83 所示。

a. 前角 $\gamma_0$ 为前面与基面间的夹角，在正交平面中测量，表示前面的倾斜程度。前角越大，刀刃越锋利，切削越省力。但前角过大，会削弱刀刃的强度，影响刀具寿命。前角的大小与工件材料、刀具材料和加工性质有关。一般加工脆性材料时，前角可以相应取得小些；加工塑性材料时，前角应选择得较大些；采用高速钢车刀前角比硬质合金车刀前角可取得大些。另外，在粗加工时，宜选较小的前角；精加工时，前角可稍大些。

b. 后角 $\alpha_0$ 为后面与切削平面间的夹角，在正交平面中测量，表示后面的倾斜程度。后角增大能减小工件过渡表面和车刀后面的摩擦。后角越大，摩擦力越小，但后角过大会降低刀头强度。

c. 楔角 $\beta_0$ 为前面与后面的夹角，在正交平面中测量。前角 $\gamma_0$、后角 $\alpha_0$ 与楔角 $\beta_0$ 之间的关系为：

$$\gamma_0 + \alpha_0 + \beta_0 = 90°$$

④ 在基面内测量的角度。在基面内测量的角度如图 5-84 所示。

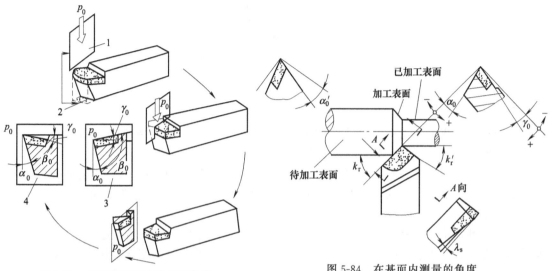

图 5-83 在正交平面内车刀的角度
1—正交平面；2—主切削刃在基面上的投影；
3—负前角时的剖面；4—正前角时的剖面

图 5-84 在基面内测量的角度

a. 主偏角 $k_r$ 为主切削平面与假定工作平面间的夹角，在基面中测量，它能改变刀刃与刀头的受力及散热情况。一般在加工强度、硬度较高的材料时，为延长刀具寿命，应选用较小的主偏角；加工细长轴时可取较大的主偏角，以减小振动和变形。

b. 副偏角 $k_r'$ 为副切削平面与假定工作平面间的夹角，在基面中测量，它影响已加工表面的表面粗糙度。增大副偏角能减小副切削刃与已加工表面之间的摩擦力。

c. 刀尖角 $\varepsilon_r$ 为主切削平面与副切削平面间的夹角，在基面中测量，它影响刀尖强度及散热性能。其大小决定于主偏角与副偏角。

主偏角 $k_r$、副偏角 $k_r'$ 与刀尖角 $\varepsilon_r$ 之间关系为：

$$k_r + k_r' + \varepsilon_r = 180°$$

**(4) 切削机床的分类与编号**

金属切削机床是对金属工件进行切削加工的机器，简称机床。机床的基本功能是为切削的工件和所使用的刀具提供必要的运动、动力和相对位置。

1) 机床的分类

机床主要按使用刀具和加工性质分类。例如，使用车刀，主要用于加工回转表面的车床；使用钻头、镗刀，主要用于加工内回转表面的钻床、镗床；使用刨刀、铣刀，主要用于加工平面和沟槽的刨床、铣床；使用砂轮，主要用于进一步提高工件加工质量的磨床等。

在同一类机床中，按照加工精度不同又分为普通机床、精密机床和高精度机床三个等级;按使用范围分为通用机床和专用机床;按自动化程度分为手动机床、机动机床、半自动机床和自动机床;按尺寸和质量可分为一般机床和重型机床等。

2) 机床型号编制方法

机床型号是用来表示机床类别、主要参数和主要特性的代号。按照 GB/T 15375—2008 规定,我国机床型号的编制采用汉语拼音字母和阿拉伯数字按一定规律组合的方式来表示。例如,CM6140B 精密卧式车床,其型号中的代号及数字的含义如下:

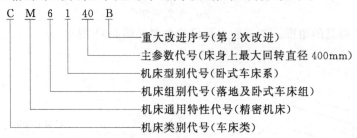

### 5.4.2 车削加工

车削是在车床上使用车刀切削工件的一种加工方法,主要用于工件回转表面的加工。车削时,工件旋转为主运动,车刀的移动为进给运动。

车削是切削加工中最基本的加工方法,汽车上轴、齿轮、螺栓等许多零件的回转表面大多数是通过车削加工成形的,所以它在汽车制造和维修机加工中占有很重要的地位。

**(1) 车床**

车床的种类很多,其中卧式车床应用最为普遍。卧式车床由主轴箱、进给箱、挂轮箱、溜板箱、刀架、溜板、尾座、光杠、丝杠和床身组成。常见的卧式车床如图 5-85 所示,其主要部件及作用如下。

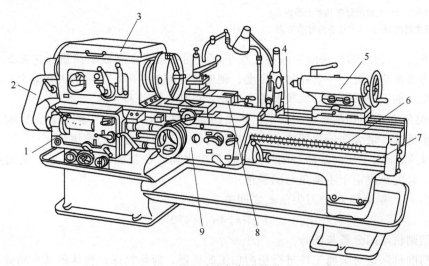

图 5-85 卧式车床外观图

1—进给箱;2—交换齿轮箱;3—主轴箱;4—床身;5—尾座;6—丝杠;7—光杠;8—溜板与刀架;9—溜板箱

① 主轴箱用来支承主轴并将电动机的旋转运动传递给主轴。箱内有主变速机构,变换箱外手柄位置可以使主轴获得各种不同转速。主轴前端可安装卡盘或其他附件,用以装夹并带动工件一同旋转。一旦主轴的旋转精度降低,将直接影响工件的加工质量。

② 挂轮箱把主轴的旋转运动传递给进给箱。调换箱内的齿轮,并与进给箱配合,可以

车削各种不同螺距的螺纹。

③ 进给箱用来实现车刀的进给运动。通过调整其变速机构，可得到所需的进给量或螺距，通过光杠或丝杠将运动传至刀架以进行切削。

④ 丝杠与光杠用以连接进给箱与溜板箱，并把进给箱的运动和动力传给溜板箱，使溜板箱获得纵向直线运动。光杠用于一般的车削加工，丝杠则用于螺纹车削。

⑤ 溜板箱是车床进给运动的操纵箱，把丝杠或光杠的旋转运动变为溜板和刀架的直线运动。变换溜板箱外的手柄位置可控制车刀做纵向或横向的进给运动。

⑥ 溜板分上、中、下三层。上层为小滑板，用于纵向调节车刀位置或手动纵向进给，也可转动一定角度，用于短锥面加工；中层为中滑板，用于车外圆时控制切削深度和车端面时横向进给；下层为床鞍，可带动小、中滑板做纵向进给。中滑板与床鞍的移动既可机动也可手动。

⑦ 刀架固定在小滑板上，用来装夹刀具并与溜板一起做进给运动。

⑧ 尾座安放在车床右端的导轨上。尾座上部有锥形套筒，可装顶尖支承工件，也可装钻头、丝锥等刀具进行孔的各种加工。尾座的位置可横向调整，常用于加工锥面较小的长圆锥面。

⑨ 床身为车床的基础件，用于支撑和连接车床的各个部件，并保证各部件在工作时有准确的相对位置。床身上有多条导轨，可为床鞍及尾座的移动导向。

**(2) 车床附件**

车床附件大多用于各种工件的装夹与支承，以扩大车床的使用范围。常备的附件主要有以下几种：

① 卡盘。卡盘是应用最广的夹具，安装在车床主轴上。常用的有三爪自定心卡盘和四爪单动卡盘两种，如图 5-86 所示。

三爪自定心卡盘有三个同步移动的卡爪，有较高的自动定心精度，装夹方便，但夹紧力较小，适用于装夹中小圆柱形、正三边形或正六边形的工件。

四爪单动卡盘有四个对称分布的卡爪，每个卡爪均可单独做径向移动，并有较大的夹紧力，但加工前必须对工件进行"找正"，常用于装夹形状不规则零件及偏心零件，或夹持较重的圆形截面的工件。

(a) 三爪自定心卡盘　　(b) 四爪单动卡盘

图 5-86　卡盘

② 花盘。花盘一般用于装夹一些形状复杂或无法用卡盘装夹的大而扁的零件。花盘的工作面有数条穿通槽和 T 形槽，用于安装螺栓和压板，如图 5-87 所示。由于工件形状不规则，使用花盘时会使重心偏移，产生振动，因此需要使用平衡块予以平衡。

③ 顶尖。在装夹轴类零件时，顶尖起支承与定位作用。顶尖分为固定式和回转式两种，其头部制成 60°锥角，如图 5-88 所示。车削长轴时，除用顶尖支持外，还必须使用中心架或跟刀架，以避免工件变形，降低加工精度。

**(3) 车刀种类及车床工作**

1) 车刀的种类

车刀的种类很多，按用途可分为外圆车刀、左偏刀、右偏刀、镗孔刀、切断刀、螺纹车刀、成形车刀等，如图 5-89 所示。

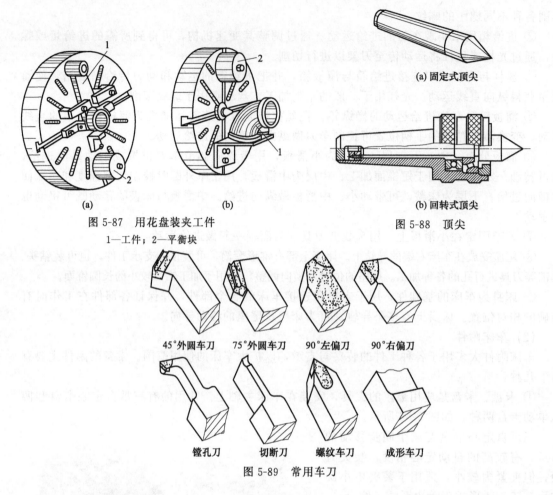

图 5-87 用花盘装夹工件
1—工件；2—平衡块

图 5-88 顶尖

图 5-89 常用车刀

2) 车床工作

在车床上能进行多种车削，如车外圆、车端面、钻孔、车孔、车断、车槽、切断、车锥体、车螺纹及车削其他成形表面等，此外，还可以滚花、盘绕弹簧等。

① 车外圆。车刀的运动方向与工件轴线平行时，加工出的工件表面为圆柱形。这是车床上最基本的一种加工，经常用来加工光轴和阶梯轴、套筒、圆盘形零件（如带轮、飞轮、齿轮）的外表面。

② 车端面。对工件端面进行车削的方法称为车端面。这时刀具进给运动方向与工件轴线垂直。粗车或加工大直径工件时，车刀自外向中心切削，多用弯头车刀；精车或加工小直径工件时，多用右偏车刀自中心向外切削。图 5-90 所示为常用的两种不同车刀车端面的情况。

③ 车断及车槽。在车床上切断工件时，是用切断车刀做横向进给来完成的，图 5-91 所示

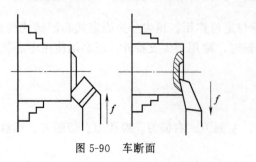

图 5-90 车断面

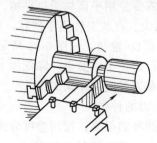

图 5-91 车断工件

示为切断装在卡盘上的短工件。切断刀除可切断工件外,还可车削沟槽。车槽与车断所用的切削速度和进给量都不宜太大。

④ 钻孔、车孔。在车床上可用钻头、扩孔钻、铰刀进行钻孔、扩孔、铰孔,也可以用车刀进行车孔。

在车床上钻孔时,通常将钻头装在尾座锥形孔中,用手转动尾座手轮使钻头移动进行加工,如图 5-92 所示,也可用夹具把钻头装夹在刀架上,或用床鞍拉动车床尾座进行自动进给钻孔。铸、锻或用钻头钻出来的孔,内孔表面很粗糙,还需要用内孔刀车削,加工方法同车外圆。

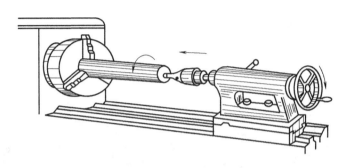

图 5-92 在车床上钻孔

⑤ 车圆锥面。车圆锥面是由工件做旋转运动,车刀做直线进给运动并与工件回转轴线成一定角度来完成的,如图 5-93 所示。圆锥面的车削有转动小滑板法、偏移尾座法、仿形法等。通常短小外圆锥面采用转动小滑板法加工,长圆锥面采用偏移尾座法、仿形法加工,内圆锥面的加工则采用转动小滑板法。

⑥ 车螺纹。车螺纹是由工件做旋转运动,螺纹车刀按规定螺距做纵向进给来完成的,如图 5-94 所示。车削小螺距螺纹常采用直进法的进刀方法,即用螺纹车刀的两条刀刃同时参加切削,切削深度由中滑板控制。车削大螺距螺纹则采用左右切削法的进刀方法,即用刀具左右刀刃分别切削,中滑板控制切削深度,小滑板控制进给方向。

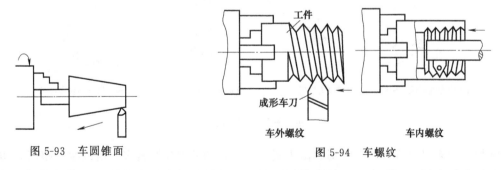

图 5-93 车圆锥面　　　　图 5-94 车螺纹

⑦ 车成形面。具有曲线轮廓的回转形面的零件,如圆球、手柄等,采用车削加工方法。车成形面是由工件做旋转运动,车刀做曲线进给运动来完成的,如图 5-95 所示。车削成形面常用双手控制法,若批量较大时,也可用仿形法加工。

## 5.4.3 铣削加工

铣削加工是在铣床上用旋转的铣刀对移动的工件进行切削加工的方法。铣刀的旋转是主运动,固定在铣床工作台上的工件运动是进给运动。铣削加工它可以加工平面、沟槽、螺旋槽、凸轮等，还可以加工成形表面及齿轮等，如图 5-96 所示。

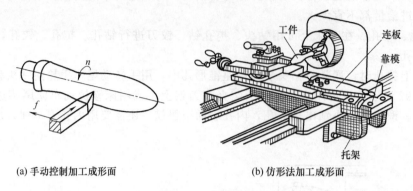

(a) 手动控制加工成形面　　　　(b) 仿形法加工成形面

图 5-95　车成形面

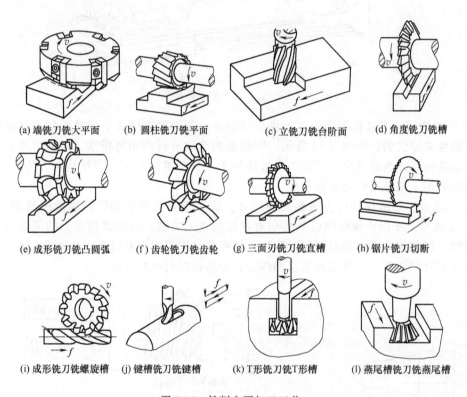

图 5-96　铣削主要加工工艺

铣削使用多刃刀具，间断切削。由于同时参加切削的刀齿数较多，所以生产率高，切削刃的散热条件也好。但刀齿每次切入和切离时产生的冲击及刀齿周期性工作时切削厚度的变化容易引起振动，使铣削生产率的进一步提高受到限制，同时也影响到铣削加工的精度和表面粗糙度。

**(1) 铣床**

铣床的种类很多，根据结构及用途不同可分为卧式铣床、立式铣床、龙门铣床、仿形铣床和工具铣床等，其中最常用的是卧式铣床和立式铣床。

1) 卧式铣床

卧式铣床的主轴与工作台台面平行，呈水平的位置。为了适应铣螺旋槽等工作，有的卧式铣床的工作台还可以在水平面内做±45°范围内的转动，这种铣床称为万能卧式铣床，以区别于一般卧式铣床。

图5-97所示为万能卧式铣床。万能卧式铣床由床身、主轴、悬梁、工作台、升降台、回转盘、床鞍和底座等组成。床身2固定在底座上，用于安装与支承机床各部件。在床身内装有主轴部件、主传动装置及其变速操纵机构等。床身顶部的导轨上装有悬梁4，可沿水平方向调整其前后位置，悬梁上的支架用于支承刀杆5的悬伸端，以提高刀杆刚性。主轴3是空心的，其前端为锥孔，与铣刀刀杆的锥柄配合，以带动装在刀杆上的铣刀旋转，完成切削工作。升降台9安装在床身前侧面的垂直导轨上，可上下移动。升降台内装有进给运动和快速移动传动装置，以及操纵机构等。升降台的水平导轨上装有床鞍，可沿平行于主轴的轴线方向移动。工作台6装在回转盘7的导轨上，可沿垂直于主轴轴线方向移动。固定在工作台上的工件，通过工作台、床鞍8及升降台9，可以在相互垂直的三个方向实现任一方向的调整或进给运动。

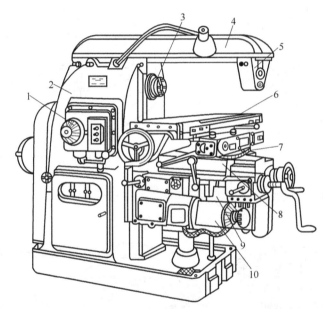

图5-97 万能卧式铣床
1—主轴变速机构；2—床身；3—主轴；4—悬梁；5—刀杆；6—工作台；
7—回转盘；8—床鞍；9—升降台；10—变速进给机构

2）立式铣床

立式铣床与卧式铣床的主要区别是它的主轴是直立的，与工作台垂直，图5-98所示为立式铣床。有的立式铣床的主轴还能在垂直面内旋转一定的角度，以扩大加工范围。立式铣床的其他部分与卧式铣床相似。

**（2）铣床附件**

铣床上常用的附件有机床用平口虎钳、回转工作台、万能铣头、万能分度头等。

1）机床用平口虎钳

在铣削工件时，常使用机床用平口虎钳夹紧工件，它通常用T形螺钉固定在铣床工作台上。机床用平口虎钳可分固定式和回转式两种，回转式机床用平口虎钳可以绕底座旋转360°，如图5-99所示。平口虎钳由于其钳口结构和尺寸的关系，多用于安装尺寸较小、形状较规则的零件。

2) 回转工作台

回转工作台又称圆形工作台，是卧式万能升降台铣床特有的附件，主要用于装夹中小型工件，进行圆周分度及做圆周进给，如对有角度、分度要求的孔或槽、工件上的圆弧槽。回转工作台分手动和机动两种，如图 5-100 所示。转台周围有刻度，用来观察和确定转台位置，手轮上的刻度盘也可读出转台的准确位置，用来辅助铣床完成各种曲面和分度零件的铣削加工。

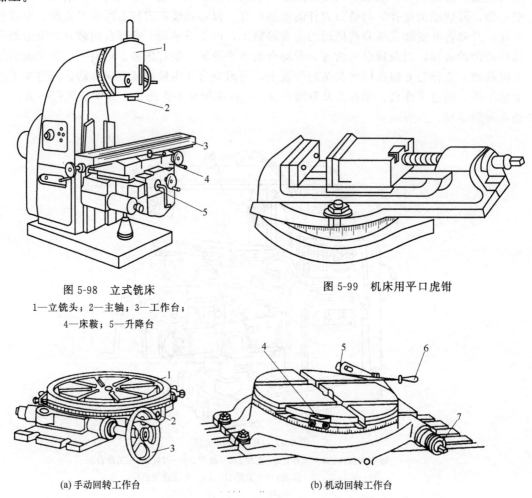

图 5-98 立式铣床
1—立铣头；2—主轴；3—工作台；
4—床鞍；5—升降台

图 5-99 机床用平口虎钳

(a) 手动回转工作台　　(b) 机动回转工作台

图 5-100 回转工作台
1—转盘；2—螺钉；3—手轮；4—挡铁；5—传动轴；6—手柄；7—手动进给手轮的连接方头

3) 万能铣头

在铣床上，为了扩大工作范围，可以装上万能铣头，其主轴可以在相互垂直的两个平面内旋转。它不仅能完成立铣、卧铣工作，同时还可以在工件的一次装夹中进行任何角度的铣削，如图 5-101 所示。

4) 万能分度头

万能分度头是万能铣床的精密附件，其外形结构如图 5-102 所示。在主轴的前端有一个锥孔，可以装入前顶尖。主轴前端外部有螺纹，用来安装三爪自定心卡盘。松开壳体上部的两个螺钉，主轴可以随回转体在环形导轨内转动。因此，主轴除安装成水平外，还能扳成倾斜位置（向上倾斜最大至 90°，向下倾斜最大至 6°）。当将主轴调到所需位置时，应拧紧壳体上的螺钉。主轴倾斜位置可以从刻度上看出。

在铣床上加工某些机器零件（如齿轮、花键轴、离合器、蜗轮、蜗杆等）和切削工具（如铰刀、麻花钻等）时，都要使用万能分度头。它可以使工件转动一定角度，把工件圆周分成任意等分。当铣削螺旋槽或螺旋齿轮时，能使工件的转动与工作台的移动以一定的传动比联系起来，并且可以把工件的轴心相对于机床工作台装置成所需要水平、垂直或倾斜的角度。

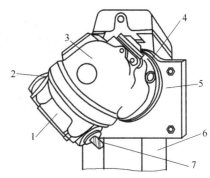

图 5-101 万能铣头
1—主轴壳体；2—刻度盘；3—壳体；4—垂直刻度盘；5—座体；6—铣床垂直导轨；7—铣刀

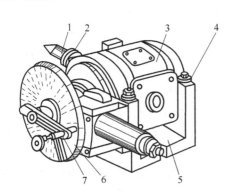 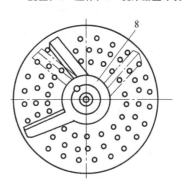

图 5-102 万能分度头外形图
1—顶尖；2—主轴；3—回转体；4—螺钉；5—壳体；6—分度盘；7—分度手柄；8—分度叉

**(3) 铣刀**

铣刀是多刃回转刀具，其几何角度与车刀极为相似，每个刀齿相当于一把车刀。

铣刀的种类很多，用途也各不相同。按材料不同，铣刀分为高速钢和硬质合金两大类。常用的铣刀有圆柱铣刀、端面铣刀、立铣刀、键槽铣刀、三面刃圆盘铣刀、角度铣刀、成形铣刀等，如图 5-103 所示。圆柱铣刀、端面铣刀常用于加工平面，立铣刀、锯片铣刀、键槽铣刀和三面刃铣刀常用于加工沟槽，角度铣刀、成形铣刀主要用于加工成形面。

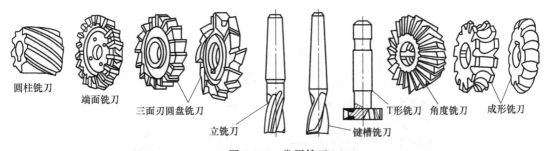

图 5-103 常用铣刀

**(4) 铣削方式**

铣削过程根据铣刀旋转方向和工件进给方向之间的关系可分为顺铣和逆铣两种。当铣刀旋转方向与工件进给方向相同时称顺铣，若相反时称逆铣，如图 5-104 所示。

顺铣与逆铣的特点对比如下：

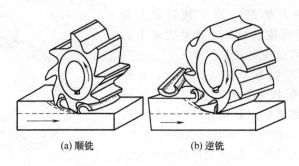

(a) 顺铣　　　　　　(b) 逆铣

图 5-104　铣削方式

① 铣刀寿命及磨损情况比较。顺铣时，因机床进给机构的丝杠与螺母之间存在间隙，而切削力与进给方向一致，在切削力的作用下铣刀会突然切入工件表面发生深啃，使铣刀受到冲击，甚至出现刀齿崩毁或工件飞出等现象。而逆铣时，铣削力与进给方向相反，丝杠和螺母总是保持紧密接触，不会出现以上的现象。故生产中广泛采用逆铣而少用顺铣。但逆铣时，在铣刀刀齿切入工件的初期，必须先在已加工表面上滑行一段距离后才真正切入工件，这样会破坏已加工表面的质量，还会加速刀具后面的磨损。

② 工作平稳性比较。顺铣时的切削力将工件压向工作台导轨，使工件装夹牢固，能够提高加工表面的质量。而逆铣时，铣削力有将工件及工作台上抬的趋势，加大了工作台与导轨的间隙，引起振动。

③ 工作效率比较。顺铣可以提高铣削速度，节省机床动力，较之逆铣的生产效率高。

由此可知，顺铣和逆顺各有特点，应根据具体情况予以选择。当工件表面有硬皮，切削厚度较大或工件硬度较高时采用逆铣较为适宜。在精加工时，切削力小，为了细化表面粗糙度才采用顺铣。

### 5.4.4　刨削加工

在刨床上用刨刀对工件进行切削加工称为刨削加工。刨削是以刀具和工件的相对往复直线运动进行金属切削的一种加工方式，它只在一个运动方向上切削，称为工作行程；返程时不切削，称为空行程。刨刀（或工件）的水平直线运动为主运动，工件（或刨刀）的间歇运动为进给运动。刨削常见的加工工艺如图 5-105 所示。

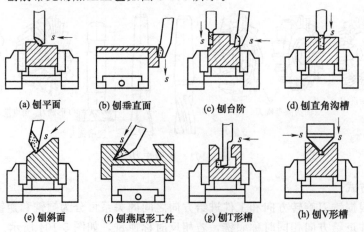

(a) 刨平面　(b) 刨垂直面　(c) 刨台阶　(d) 刨直角沟槽
(e) 刨斜面　(f) 刨燕尾形工件　(g) 刨T形槽　(h) 刨V形槽

图 5-105　刨削常见的加工工艺

按照切削时刀具与工件相对运动方向的不同,刨削可分为水平刨削和垂直刨削两种。水平刨削通称刨削,垂直刨削称为插削,如图 5-106 所示。因此,刨削与插削的加工特点相似,在此重点介绍刨削加工。

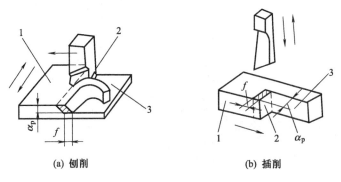

图 5-106  刨削与插削
1—待加工表面;2—过渡表面;3—已加工表面

**(1) 刨床**

刨床类机床主要有牛头刨床、龙门刨床和插床等。

1) 牛头刨床

牛头刨床主要用来刨削中、小型工件,在工具、机修车间进行单件或小批量生产时应用较广泛。

牛头刨床主要由床身、滑枕、摆杆机构、变速机构、刀架、工作台、横梁和进给机构等组成。这些机构可以使牛头刨床实现滑枕的往复运动（主运动）和工作台的横向间歇运动（进给运动）,这两种运动都是机动。此外,还可以实现工作台的垂向和横向的调整运动,以及刀架切削深度的调整和进给运动,这三种移动都是手动。有些较先进的牛头刨床工作台的垂直移动也可机动进给。图 5-107 所示为 B6065 型牛头刨床外观图。

2) 龙门刨床

龙门刨床因有一个大型的"龙门"式框架结构而得名,主要用来加工大型工件,或一次装夹加工几个中、小型工件。图 5-108 为 BM2015 型龙门刨床,两个垂直刀架可在横梁上分别做横向和

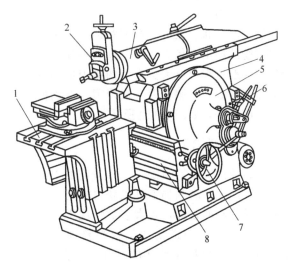

图 5-107  B6065 型牛头刨床外观图
1—工作台;2—刀架;3—滑枕;4—床身;
5—摆杆机构;6—变速机构;7—进给机构;8—横梁

垂向进给运动,还可以转动一定角度刨削斜面,两个侧刀架可以在立柱上做垂向或水平进给运动。横梁能在两个立柱上垂直升降,以加工不同高度的工件。

3) 插床

插床主要用来插削直线的成形内表面,图 5-109 所示为 B5032 型插床。插床的构造及传

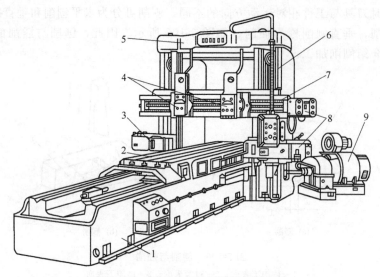

图 5-108　BM2015 型龙门刨床外观图

1—床身；2—工作台；3—侧刀架；4—垂直刀架；5—顶梁；
6—立柱；7—横梁；8—进给箱；9—电动机

动和牛头刨床相似，所不同的是插床的滑枕在垂直方向做直线往复运动，工作台做纵向、横向或回转进给运动。

**(2) 刨刀**

刨刀的形状、角度与车刀相似。由于刨削时所受的冲击力较大，因此刨刀刀体的截面尺寸一般比车刀要大。常用的刨刀主要有平面刨刀、偏刀、刨槽刀、成形刀、弯刨槽刀、角度刀等，如图 5-110 所示。

## 5.4.5　磨削加工

用砂轮或其他磨具加工工件表面的工艺称为磨削加工。磨削加工可以获得高精度和表面粗糙度小的表面，在大多数情况下，它是机械加工最后一道精加工或光整加工工序。磨削加工也用于毛坯的预加工（清理）或刀具的刃磨等。常见的磨削加工工艺类型如图 5-111 所示。

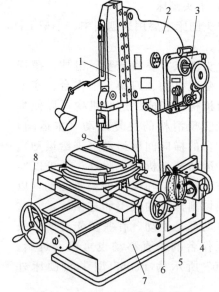

图 5-109　B5032 型插床外观图

1—滑枕；2—床身；3—变速箱；4—进给箱；
5—分度盘；6—工作台横向移动手轮；7—底座；
8—工作台纵向移动手轮；9—工作台

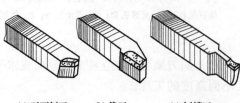   

(a) 平面刨刀　　(b) 偏刀　　(c) 刨槽刀　　(d) 成形刀　　(e) 弯刨槽刀　　(f) 角度刀

图 5-110　常用刨刀

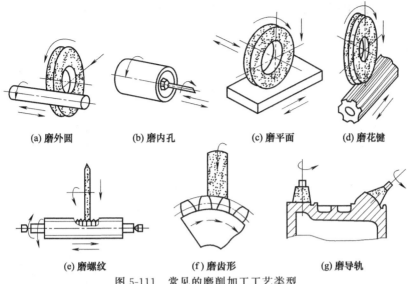

(a) 磨外圆　(b) 磨内孔　(c) 磨平面　(d) 磨花键

(e) 磨螺纹　(f) 磨齿形　(g) 磨导轨

图 5-111　常见的磨削加工工艺类型

**(1) 磨床**

磨床的种类很多，根据加工对象的不同可分为外圆磨床、内圆磨床、平面磨床、无心磨床、工具磨床及其他专用磨床（如曲轴磨床）等。目前生产中应用最多的是万能外圆磨床、内圆磨床和平面磨床。

1) 万能外圆磨床

万能外圆磨床和普通外圆磨床的主要区别是：万能外圆磨床不仅能磨削圆柱形工件的表面，同时还能磨削圆锥表面和内孔。

图 5-112 所示为 M1432A 型万能外圆磨床。磨床头架上的主轴通过顶尖或卡盘，可与尾座的顶尖配合夹持工件，带动工件旋转，头架的变速机构可以使主轴获得不同转速。头架和尾座可随工作台沿床身上的纵向导轨做直线往复运动，使工件实现纵向进给。在工作台前端面的 T 形槽内装有两个可调整纵向位置的换向撞块，用以控制工作台行程和自动换向。砂轮装在砂轮架上，由砂轮主轴箱带动高速旋转，摇动横向进给手轮，可以使砂轮架沿横向导轨前后移动。

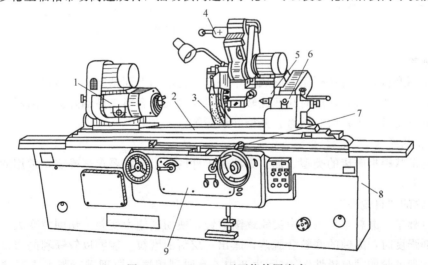

图 5-112　M1432A 型万能外圆磨床

1—头架；2—工作台；3—砂轮；4—内圆磨具；5—砂轮主轴箱；6—尾座；7—换向撞块；8—床身；9—液压操纵箱

在万能外圆磨床上还装有内圆磨具。内圆磨具装在可绕铰链回转的磨架上，不使用时翻在砂轮架上方，使用时翻下。

2) 内圆磨床

图 5-113 所示为 M2110A 型普通内圆磨床。内圆磨床的头架通过底板固定在工作台上，前端装有卡盘或其他夹具，用以夹持并带动工件旋转。头架可绕垂直轴线转动一定角度，以便磨削圆锥孔。

磨削时，由工作台带动头架沿床身的导轨做纵向往复运动。砂轮架上装有磨削内孔用的砂轮主轴，由电动机经传动带带动旋转，砂轮架可沿滑鞍横向运动或液压进给。

3) 平面磨床

图 5-114 所示为 M7120A 型平面磨床。平面磨床的工作台由液压传动，可做纵向直线往复运动，磨头可沿滑鞍做横向间隙进给运动（手动或液动），磨头还可沿立柱的导轨做垂直间歇切入进给运动（手动）。

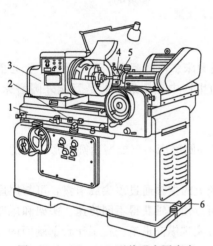

图 5-113 M2110A 型普通内圆磨床
1—工作台；2—换向撞块；3—头架；
4—砂轮修整器；5—内圆磨具；6—床身

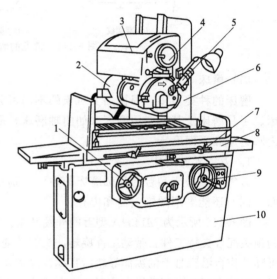

图 5-114 M7120A 型平面磨床
1—驱动工作台手轮；2—磨头；3—滑鞍；
4—横向进给手轮；5—砂轮修正器；6—立柱；
7—换向撞块；8—工作台；9—垂直进给手轮；10—床身

(2) 砂轮

砂轮是用磨料和结合剂树脂等制成的中央有通孔的圆形固结磨具。砂轮是磨具中用量最大、使用面最广的一种，使用时高速旋转，可对金属或非金属工件的外圆、内圆、平面和各种型面等进行粗磨、半精磨、精磨、开槽和切断等。

1) 砂轮的形状

砂轮的形状根据磨床的类型、加工方法及工件的加工技术要求来确定，常用的砂轮形状如图 5-115 所示。

2) 砂轮的"自锐性"

磨削过程中，磨粒本身也会由尖锐逐渐磨钝，使切削能力变差，切削力变大，当切削力超过黏结剂强度时，磨钝的磨粒会脱落，露出一层新的磨粒，能够以较锋利的刃口对工件进行磨削，此即砂轮的"自锐性"。实际生产中，有时利用这一原理进行强力连续磨削，以提高生产效率。

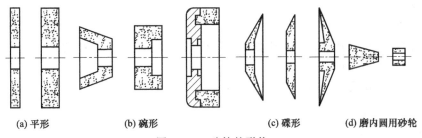

(a) 平形　　　(b) 碗形　　　(c) 碟形　　　(d) 磨内圆用砂轮

图 5-115　砂轮的形状

## 5.4.6　钻削加工

钻削是在钻床上用钻头在工件上加工孔的方法，用钻头在实体材料上加工孔称为钻孔。钻孔精度较低，为了提高精度和降低表面粗糙度，钻孔后还要继续进行扩孔和铰孔。

**(1) 钻床**

钻床主要用于加工尺寸不大、精度要求不高（一般在 IT10 级以下）的孔。工作时，主运动为刀具随主轴的旋转运动，进给运动是刀具沿主轴轴线的移动。工厂中常见的钻床主要有台式钻床、立式钻床和摇臂钻床等。

1) 台式钻床

台式钻床是一种小型钻床，简称台钻，常用来钻直径在 13mm 以下的孔，一般采用手动进给。台式钻床小巧灵活，使用方便，适用于加工小型零件上的各种小孔，如图 5-116 所示。它在仪表制造、钳工和装配中用得较多。

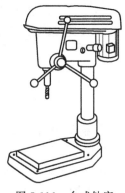

图 5-116　台式钻床

2) 立式钻床

立式钻床简称立钻。其主要规格用最大钻孔直径表示，常见的有 25mm、35mm、40mm、50mm 等几种类型。

如图 5-117 所示，电动机将动力经主轴箱 4 传给主轴 2，使主轴带动钻头旋转，同时把动力传给进给箱 3，使主轴沿轴向做机动进给运动。利用手柄也可以实现手动轴向进给。进给箱 3 和工作台 1 可沿立柱 5 上的导轨上下调整位置，以适应不同高度的工件。

立式钻床主轴的轴线位置是固定的，不能调整，所以加工完一个孔后，若需要加工另一个孔，则要移动工件，使钻头与另一个被加工孔的中心重合。这对大而重的工件来说，操作很不方便，因此只适用于单件、小批量生产中加工中、小型零件。

3) 摇臂钻床

如图 5-118 所示，钻床的摇臂 2 可在立柱 4 上做上下移动和做 360°回转，主轴箱 1 可沿摇臂 2 上的导轨做水平移动，所以摇臂钻床工作时可以很方便地调整主轴 3 的位置。为了使主轴在加工时能保持正确的位置，摇臂钻床上备有立柱、摇臂及主轴箱的锁紧机构，当主轴的位置调整好后，可以将它们快速锁紧。

摇臂钻床适用于笨重的大工件及多孔工件，在不移动工件的情况下，移动主轴对准工件上待加工孔的中心来进行钻孔，加工效率很高。

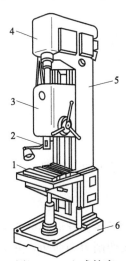

图 5-117　立式钻床
1—工作台；2—主轴；
3—进给箱；4—主轴箱；
5—立柱；6—底座

### (2) 钻头

1) 钻头的组成

钻头是钻孔用的主要刀具,其种类很多,有麻花钻、扁钻、深孔钻、中心钻等,其中麻花钻是最常用的钻头。麻花钻由柄部、颈部、工作部分组成,如图 5-119 所示。钻头常用高速钢制造,工作部分经热处理淬硬至 62~65HRC。

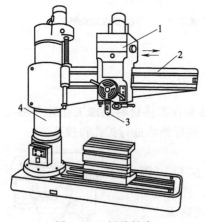

图 5-118 摇臂钻床
1—主轴箱;2—摇臂;3—主轴;4—立柱

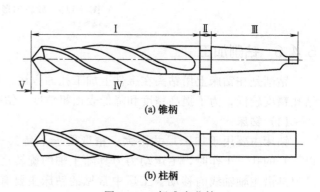

图 5-119 标准麻花钻
Ⅰ—工作部分;Ⅱ—颈部;Ⅲ—柄部;Ⅳ—导向部分;Ⅴ—切削部分

① 柄部用以传递动力和夹持定心。柄有锥柄和柱柄两种,一般直径小于 13mm 的钻头做成柱柄,如图 5-119(b)所示。钻削时用装在钻床主轴上的钻夹头将其夹紧。直径大于 13mm 的做成锥柄,如图 5-119(a)所示,可直接插入钻床主轴锥孔内,或插入钻套后再插入钻床主轴孔内。钻套和钻夹头如图 5-120 所示。

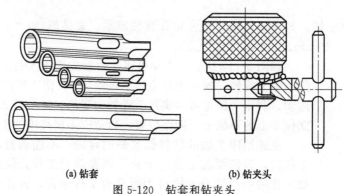

图 5-120 钻套和钻夹头

② 颈部指工作部分和钻柄之间的连接部分,是砂轮磨削钻头时退刀用的。一般钻头的规格和标号都刻在颈部。

③ 工作部分是钻头的主要部分,包括导向部分和切削部分。

导向部分在切削时起着引导钻头方向的作用,同时也是切削部分的后备。导向部分主要由两条对称的螺旋槽和刃带(棱边)组成。螺旋槽的作用是正确地形成切削刃和前角,并起着排屑和输送切削液的作用。刃带(棱边)的作用是引导钻头保持切削方向,使之不偏斜。为了减小钻头和孔壁间的摩擦,导向部分的直径略有倒锥,前大后小。

标准麻花钻的切削部分如图 5-121 所示,它有两个刃瓣,而每个刃瓣可看作是一把反向的外圆车刀。螺旋槽表面为钻头的前面,切屑沿此表面流出。切削部分顶端两曲面称为主后面，钻头两侧的刃带与已加工表面相对应的表面称为副后面。

钻头上有两个主切削刃、两个副切削刃和一个横刃，这是钻头的重要特点。前面与主后面的交线是主切削刃；前面和副后面的交线是副切削刃，即棱刃；两个主后面的交线是横刃。

2) 钻头的主要角度

标准麻花钻的主要切削角度由前角、后角、顶角等组成。

① 前角。基面与前面之间的夹角为前角。由于麻花钻的前面是一个螺旋面，因此沿主切削刃各点的前角是不同的，接近外缘处前角最大，越靠近中心前角越小。横刃附近为负前角，横刃上的前角为 $-54°\sim-60°$。

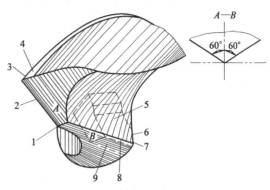

图 5-121 麻花钻的切削部分
1—横刃；2—主切削刃；3—棱边；4—副后面；5—前面；
6—副切削刃；7—刀尖；8—主切削刃；9—主后面

② 后角。切削平面与主后面之间的夹角为后角。切削刃各点上的后角也是不相同的。

③ 顶角。两条主切削刃之间的夹角称为顶角，又称锋角。顶角对钻头的切削性能影响很大，在使用时必须合理地选择顶角，一般加工钢料和铸铁的钻头顶角为 $116°\sim120°$。

标准麻花钻由于横刃较长，而且靠近横刃处前角为负值，因此钻削时的轴向阻力很大，加工质量和生产率都不很高。目前，生产中采用一些高效率的先进钻头，如"群钻"就是较典型的代表。图 5-122 所示是加工钢材的标准群钻的切削部分，其特点是在切削刃上磨出月牙形的圆弧槽，形成凹圆弧刃 1。修磨横刃 3，使横刃磨到只有原来长度的 1/7～1/5，新形成的内刃上负前角大大减小。磨出

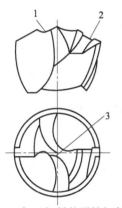

图 5-122 加工钢材的群钻切削部分
1—凹圆弧刃；2—分屑槽；3—修磨横刃

单边分屑槽 2，把整块切屑分散为几块，使排屑方便。

## 5.4.7 机加工工艺在汽车上的应用

汽车面世以来，发动机制造技术已经经历了两次变革，现在正酝酿着第三次革命。第一次革命发生在 20 世纪初，美国福特汽车公司发明了大量生产流水线，其主要方式是由组合机床和专用机床组成的自动生产线（TL），也称传统自动线，最大优点是生产效率高和价格低，最大缺点是柔性差。我国汽车行业从诞生起至 20 世纪 90 年代一直沿用 TL，一汽和东风的载货车发动机厂都是如此。目前我国轿车行业大多不采用 TL，但国外大量生产稳定产品的生产线中，TL 仍是最佳选择。

20 世纪 90 年代出现了高转速、高快移速度、高加速度、快速换刀的高速加工中心，由其组成的高速柔性生产线 FTL 是发动机制造技术的第二次革命，其突出特点是在一定程度上克服了高柔性和低效率的矛盾，缺点是投资大，效率受限，目前是轿车的热点生产线，商用车发动机生产厂也有局部采用，并采用有简单柔性的数控专用（可交换多轴头和夹具）机床组成 TL。

为进一步提高高速柔性生产线的生产效率，FTL 最新发展为敏捷高速柔性生产线 AFTL，其目标是对变化的市场需求快速做出反应，满足汽车发动机多品种、大中批量、高

效率、低成本生产的需要，符合"精益生产"原则。其主要特点是：由通用高速加工中心和专用组合机床组成混合型柔性生产线（HSMC+SPM/TM），按照工序流程排列设备并由自动输送装置连接，全部生产线上机床、输送和工件识别均在一个控制系统中；采用敏捷夹具（柔性夹具可控、可调），采用智能刀具——为特定工件加工设计的一系列专用高速刀具。这种生产线的优点是生产效率高，同时又具有相当的柔性，能够适应大批量生产和变形产品生产，投资较小。缺点是柔性受局限，不能加工不可预见的任意品种的零件。目前，混合型柔性生产线在国外应用广泛，国内一些发动机厂家通过引进国外设备，同时增加部分国产设备组成生产线的应用较多。

现在发动机研发越来越快，新产品开发周期越来越短（从 30 个月缩短到 13 个月），车型数量多，生产批量不确定。目前的柔性生产线价格昂贵，投资风险大，同时产能过剩矛盾越来越突出，尤其在我国更加突出。近年来，人们一直在探讨解决多样性与经济性日益突出的矛盾，以满足变品种、变批量的需要，且兼顾高柔性、高效率、低投资的要求和市场快速反应的能力。同时，也在探讨通过制造系统的革命来解决产能过剩的矛盾。

美国提出了可重构制造 RMS，原理是通过对制造系统中机床配置的调整和机床功能模块的增减，迅速适应新品生产和生产批量变化。为此，研制由标准化模块组成的可重构机床 RMS。RMS 的结构和布置可按需要在用户现场快速重组，其应用基础之一是柔性夹具。美国 GM 公司已经开发出柔性夹具系统，可以快速（在 15min 内把一种夹具变成另一种夹具配置）更换，以生产不同的发动机缸体或缸盖。日本 Mazak 公司开发出市场响应型自独立制造系统 MSM，其实质是"单台套件生产"。该项目是国际上的热门话题，我国已将其列入科技发展规划。RMS 和 MSM 投入发动机实际使用虽为时尚早，但却是未来发动机制造发展的方向。

目前，国内汽车发动机及总成工厂大多引进欧美及日本等厂商的数控生产自动线，处于国际 20 世纪 90 年代中后期水平，应用了较多、较突出的高速加工技术（高速加工机床及高速加工刀具技术）。高速加工技术的特点如下：

① 机械加工工艺流程反映了当代轿车制造业中最先进的水平，生产节拍 30~40s，生产线部分采用风冷干式切削加工技术。

② 刀具材料以超硬刀具材料为主，采用 CBN、SiN 陶瓷、Ti 基陶瓷、TiCN 涂层刀具材料加工高强度铸铁件，铣削速度达 2200m/min；采用 PCD、超细 Si-Al 铸造件，铣削速度达 2200m/min，钻、铰速度达 80~240m/min；采用 SiN 陶瓷、Ti 基陶瓷及 TiCN 涂层刀具加工精锻结构钢零件，车削速度达 200m/min；采用高 Co 粉末冶金表面涂覆 TiCN 的高速钢整体拉刀、滚刀、剃齿刀以及硬质合金机夹组成专用拉刀，加工各种精锻钢件、铸铁件，拉削速度为 10~25m/min，滚削速度为 110m/min，剃齿速度为 170m/min。

③ 刀具典型结构与加工工艺。零件孔加工刀具采用多刀复合式，以铰、挤削替代磨削，在一次性走刀过程中完成孔的精加工；平面铣削刀具采用具有密齿、过定位、重复夹紧结构、径、轴向双向可调的高速密齿面铣刀；曲轴颈加工采用双工位车-拉削专用刀具；缸体、缸孔镗削采用双工位、机床主轴内置式、轴向往复运动推拉杆结构，往走刀-精镗，复走刀-精镗，切削速度达 800m/min。

④ 高速专用数控机床。现用于加工轿车发动机变速器等关键零件的多数加工工艺，突破了传统的加工理念，机床也突破传统的结构形式。其机床结构设计以各种高速多刀、专用成形刀具和加工工艺为主导，以满足整条生产线各加工工位、加工工序生产节拍均衡及稳定的质量与精度要求，在一次往复走刀过程中，高速加工发动机、变速器各种零部件。对机床数控系统、质量与精度、零部件的材料性能等技术参数，根据各加工工位、工序的具体要

求,分解成各个单一的指标,因而机床的结构相对简捷,数控系统稳定可靠。其加工技术数据库固化在数控系统中,因而这些机床一般都具有动态刚度好、主轴回转和行程定位精度高的特性。机床主轴转速一般在 6000r/min 以下,快进速度在 20m/min 以内。

由于种种原因,我国一些高速加工技术基础共性技术研究没有优化、集成和推广应用,国内企业大都从外国引进高速加工设备(技术),存在一定差距,主要表现在零件毛坯制造技术、高速刀具技术、高速机床技术以及生产技艺数据库等方面的差距。目前,我国机加工新技术的研究应用发展很快,有一批设备厂家生产的装备已接近国际先进水平。同时,国内很多机床厂已经掌握了生产线集成技术,已生产出用于生产的接近国外水平的各种数控机床产品。

近几十年来,机械加工的技术发展很快,各种新技术在不断应用。目前,汽车零部件的生产大多采用高速加工中心组成的敏捷生产系统,欧美国家不仅掌握了设备制造的专用技术,而且都非常重视汽车制造工艺流程的开发,机床可靠性指标极为先进,制造成本不断降低,新产品投放周期大大缩短。

## 复习思考题

1. 铸造的分类及其各自特点有哪些?
2. 绘制砂型铸造的生产流程。
3. 影响合金流动性的因素有哪些?
4. 说出砂型铸造浇注位置选择原则。
5. 图 5-123 所示的锥齿轮的分型面选取方案哪一个合理,为什么?

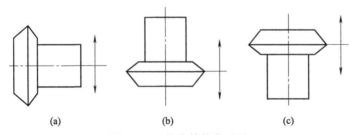

图 5-123 锥齿轮的分型面

6. 砂型铸造工艺参数的选择原则是什么?
7. 铸造上可能会出现什么缺陷?试分析原因。
8. 铸件质量对铸件结构的要求是什么?
9. 试说出汽车上哪些零部件采用铸造工艺。
10. 简述自由锻的工艺过程。
11. 模锻如何分类?各有何特点?
12. 在实践过程中制定出模锻工艺规程。
13. 说明冲压模具的分类及其特点。
14. 冲压模具组成及其作用是什么?
15. 在实践过程中制定出板料冲压的基本工序。
16. 试说出汽车工业中多种新型零件的成形工艺。
17. 何谓切削运动?试分析车、铣、刨、磨、钻切削加工中的切削运动。
18. 切削刀具常用的材料有哪些?
19. 以外圆车刀为例,试分析刀具切削部分的几何角度。

20. 卧式车床的主要组成及各部分的作用是什么？
21. 利用车床可以进行哪些加工？
22. 常用的铣床附件有哪些？
23. 常用的铣削方式有哪些，各自有什么特点？
24. 砂轮有哪些特性？
25. 说明钻头的组成及其各部分的作用。
26. 常用焊接方法如何分类？各自有什么特点？
27. 常用金属材料采用什么焊接方法？

# 第6章 汽车用非金属材料

1. 了解各种非金属材料的种类及组成。
2. 理解常见非金属材料的性能特点。
3. 掌握各种非金属材料在汽车上的应用部位及作用。
4. 能够根据汽车零件的工作条件正确选用适宜的非金属材料。
5. 了解汽车用非金属材料的发展趋势。

非金属材料是指除金属材料以外的其他材料。在汽车工业中,除了使用金属及其合金材料外,还使用很多非金属材料。各种仪表板壳、坐垫、转向盘、轮胎、各种传动皮带、连接软管、塑料齿轮等都是用各种非金属材料制作的,由于非金属材料的原料来源广泛,自然资源丰富,成形工艺简单,又具有许多优良性能和某些特殊性能,有许多金属材料不具备的特点,因而其应用日益广泛,已经成为汽车工业不可缺少的组成部分。

非金属材料种类繁多,主要包括高分子材料、陶瓷材料、玻璃、高分子复合材料、涂装材料等。

高分子材料又分为工程塑料、合成纤维、橡胶、胶黏剂、涂料。工程塑料有较好的强度、韧性和耐磨性,具有价廉、耐蚀、降噪、美观、质轻等特点,可用于汽车保险杠、汽车内饰件、高档车用安全玻璃、仪表板等零部件。合成纤维是指单体聚合而成的具有很高强度的高分子材料,如尼龙、聚酯等,用于汽车坐垫、安全带、内饰件等。橡胶具有高的弹性和回弹性,一定的强度,优异的抗疲劳性能,良好的耐磨、绝缘、隔声、防水、缓冲、吸振等特点,用于制造汽车的轮胎、内胎、防振橡胶、软管、密封带、传动带等零部件。各种胶黏剂用于汽车零件的粘接、密封。摩擦材料用于制造汽车各类摩擦片。

陶瓷材料分为传统陶瓷和精细陶瓷,陶瓷用于制造火花塞、爆振传感器、氧传感器等。

玻璃用于制造汽车前后门窗、侧窗等。

高分子复合材料包括非金属基复合材料、金属基复合材料,用于制造车身外装板件、汽车车顶导流板、风挡窗框等车身外装板件。

涂装材料对车身的防锈、美化及商品价值有不可忽视的作用。

各种非金属材料在汽车上均有不同程度的应用,且呈逐年增长的趋势。非金属材料在汽车的安全性、舒适性、经济性、轻量化、高性能等各个方面发挥了重要作用。

常见非金属材料见表6-1。

表6-1 常见非金属材料

| | | | |
|---|---|---|---|
| 常见非金属材料 | 高分子材料 | 工程塑料 | 按使用特性分类:通用塑料、工程塑料和特种塑料 |
| | | | 按物理化学特性分类:热固性塑料和热塑性塑料 |
| | | | 按加工方法分类:膜压、层压、注射、挤出、吹塑、浇注塑料等 |
| | | 合成化学纤维 | 按合成纤维分类:涤纶纤维、锦纶纤维、丙纶纤维、腈纶纤维 |
| | | | 按增强用纤维分类:玻璃纤维、碳纤维 |

续表

| | | | |
|---|---|---|---|
| 常见非金属材料 | 高分子材料 | 橡胶 | 按来源不同分类：天然橡胶、合成橡胶 |
| | | | 按用途分类：通用橡胶：丁苯橡胶、氯丁橡胶、丁腈橡胶 |
| | | | 特种橡胶：乙丙橡胶、硅橡胶、氟橡胶 |
| | | 胶黏剂 | 按基料组成分类：热固性树脂胶黏剂、热塑性树脂胶黏剂、橡胶型胶黏剂和混合型胶黏剂 |
| | | | 按使用性能和用途分类：结构型胶黏剂、非结构型胶黏剂（或称通用型胶黏剂）和特种胶黏剂 |
| | | 摩擦材料 | 按工作功能分类：传动摩擦材料、制动摩擦材料 |
| | | | 按产品形状分类：刹车片（盘式片、鼓式片）、刹车带、闸瓦、离合器片、异形摩擦片 |
| | | | 按产品材质分类：石棉摩擦材料、无石棉摩擦材料 |
| | 陶瓷材料 | 传统陶瓷 | — |
| | | 精细陶瓷 | 工程陶瓷：氧化铝、氧化锆、部分稳定氧化锆等 |
| | | | 功能陶瓷：氮化硅、碳化硅 |
| | 汽车玻璃 | | |
| | 复合材料 | 按基体材料分类 | 高聚物基复合材料（PMC）、金属基复合材料（MMC）、陶瓷基复合材料（CMC） |
| | | 按复合材料结构和增强材料形态分类 | 颗粒填料复合材料、纤维增强复合材料、层叠复合材料、骨架复合材料 |
| | | 按材料作用、性能分类 | 用于制造受力构件的结构复合材料，具有各种特殊性能的功能复合材料，同质复合材料 |
| | 涂装材料 | 按在汽车上的使用部位分类 | 汽车车身用涂料，货厢用涂料，车轮、车架等部件用耐腐蚀涂料，发动机部件用涂料，底盘用涂料，铸锻件、毛坯和冲压件半成品用涂料，车内装饰用涂料，特种用途涂料 |
| | | 按涂装工艺及在涂层中所起的作用分类 | 汽车用底漆、汽车用中间层涂料、汽车用面漆 |

## 6.1 高分子材料

高分子材料是以高分子化合物为基料的材料的总称，由分子量较高的化合物构成。高分子化合物简称高分子，又称为聚合物或高聚物，例如橡胶、塑料、纤维、涂料、胶黏剂和高分子基复合材料等。

**(1) 高分子材料的分类**

高分子材料种类较多，主要分类方法如下。

① 按材料来源分类分为天然、半合成（改性天然高分子材料）和合成高分子材料。

② 按材料特性分类分为橡胶、纤维、塑料、高分子胶黏剂、高分子涂料和高分子基复合材料等。

③ 按材料用途分类分为普通高分子材料和功能高分子材料。

高分子材料的性能由其结构决定，通过对结构的控制和改性可获得不同特性的高分子材料，其独特的结构和易改性以及易加工等特点，使其具有其他材料不可比拟、不可取代的优异性能。

**(2) 高分子材料性能的主要特点**

塑料、橡胶等高分子材料与金属材料、无机非金属材料一样，具备力学性能、电学性能、热学性能和化学性能等。高分子材料结构的特殊性，使其在性能上具有以下的特点：

① 质量较轻，许多高分子材料呈透明状。

② 可作为电的绝缘体。

③ 导热性能差。
④ 耐水，大多数耐酸、碱、盐、溶剂、油脂等介质腐蚀。
⑤ 摩擦系数小，易滑动。
⑥ 有缓冲作用，能吸收振动和声音。
⑦ 热膨胀较大，低温会发脆，耐热温度低。
⑧ 有蠕变、应力松弛现象的黏弹特性。
⑨ 多数具有柔软性，橡胶类或塑料材料具有高弹性。
⑩ 使用过程中会出现"老化"现象。

与金属材料、无机非金属材料相比较，高分子材料的性能，特别是机械性能变化范围最大。在上述诸多性能中，高弹性是其他材料所不具有的性能。高分子材料还能同时表现出黏性液体和弹性固体力学行为的黏弹性，所以又称黏弹性材料。黏弹性是高分子材料的又一重要机械性能，而且该性能对温度和时间的依赖特别强烈。

高分子材料不能大量作为结构材料使用的重要原因之一是高分子材料的实际强度、刚性与金属材料相比较低，但它可以通过改变性能或复合的方法来改善或提高性能，其使用范围必将随着材料科学的发展而扩大。

### 6.1.1 橡胶

橡胶是指在使用温度范围内处于高弹性状态的一种有机高分子弹性化合物，具有优良的伸缩性和储存能量的能力，并有良好的耐磨、隔音和绝缘性能，多用于制造轮胎、减振件、绝缘件和密封件等。

**(1) 橡胶的基本性能**

① 极高弹性。橡胶及橡胶制品的弹性极高，其延伸率可达500%～600%，是普通钢材的数百倍，并且开始受力时延伸率很大。同时，其又具有强有力的抵抗变形的能力。因此，橡胶是一种优良的减振、抗冲击材料。

② 良好的热可塑性。橡胶在一定温度条件下会暂时失去弹性，而转入黏流状态。在外力作用下发生变形，便于加工成不同形状和尺寸的橡胶制品，并可在外力停止作用后保持这种形状和尺寸。在橡胶中加入适当配合剂，经130～150℃的高温加压硫化处理，经过一定时间后，其黏流便会消失，重新恢复弹性。

③ 强黏着性。橡胶具有与其他材料黏成整体而不易分离的能力。橡胶特别能与毛、棉、尼龙等材料间接地黏结在一起，如橡胶和轮胎帘线可以牢固地黏结在一起，增加轮胎的抗冲击和抗振动强度。

④ 较好的耐热性。橡胶具备在高温下长期使用性能不下降的特性，如发动机和排气管部件的橡胶，因受到辐射、传导或对流的影响，要求有较好的耐热性。

⑤ 良好的耐候性。橡胶在恶劣的气候环境中具有适应性。如炎热地区太阳直射，寒冷地区结霜，以及光化学烟雾、臭氧的环境，要求橡胶的外装件有良好的耐候性。

⑥ 较好的耐油性。汽车橡胶制品与矿物油系中的润滑油、润滑脂类、燃料、乙二醇系等工作油接触时，不会发生性能的变化。

⑦ 其他性能。除以上特性外，橡胶还有较好的耐透气性、耐适水性、绝缘性、耐酸碱性、耐磨性和耐寒性等。

橡胶的主要缺点：

① 易老化。随使用时间的延长出现的变色、发黏或变硬、变脆龟裂，使用性能下降甚至不能使用的现象称为"橡胶老化"。橡胶老化主要是由大气中的氧化作用造成的，阳光、

高温和机械变形都会使氧化作用加快,老化过程加速。为了防止橡胶老化,提高橡胶制品的寿命,在使用中应注意不要把橡胶制品和酸、碱、油类物质放在一起,也不能用开水、热水长期浸泡,更不能用火焊或在阳光下暴晒。

② 抗拉强度及硬度低。在橡胶中加入某些配合剂以后,可以提高橡胶的机械性能。

### (2) 橡胶的组成

橡胶是在生胶的基础上加入适量的配合剂制成的高分子材料。橡胶主要由生胶、配合剂、增强材料等组成。

① 生胶。未加配合剂的天然或合成橡胶称为生胶,是橡胶制品的主要组成部分,它决定橡胶的性能,还能把各种配合剂和增强材料粘成一体。

生胶按来源不同分为天然橡胶与合成橡胶两大类。天然橡胶是来自热带橡胶树乳液,经凝固、干燥、加压制成的片状固态物质,其主要成分为异戊二烯。合成橡胶来源于石油、天然气,包括丁苯橡胶、顺丁橡胶、氯丁橡胶、丁腈橡胶、硅橡胶等多个品种。

生胶的性能不稳定,受热发黏、遇冷变硬,只能在 5~35℃ 的范围内保持弹性,而且强度低、耐磨性差、不耐溶剂,因此,生胶一般不能直接制作橡胶制品。

② 配合剂。为了提高橡胶制品的使用性能和工艺性能,在生胶中加入的辅助化学组分称为配合剂。按各种配合剂在橡胶中所起的作用,分为硫化剂及其促进剂、软化剂、防老化剂、增强填充剂、发泡剂、着色剂等。

橡胶必须经过硫化才能使用,硫化剂可改变橡胶分子结构,提高其力学性能,使其具有不溶解、不熔融的性质,并可消除橡胶因温度升高而变黏软的缺点。硫化剂和硫化促进剂使具有极大可塑性的胶料变为富有弹性的硫化胶。软化剂主要作用是增加橡胶的塑性和耐寒性,降低硬度,改善黏附力,常用的有硬脂酸、精制蜡、凡士林及某些油类、酯类。填充剂主要作用是增加橡胶制品强度,降低成本,常用的有炭黑、氧化硅、白陶土、滑石粉、硫酸钡等。增塑剂用以增强橡胶的塑性,使之易于加工和与配料配合。防老化剂用以防止橡胶老化,延长橡胶使用寿命。

③ 增强材料。常用天然纤维、人造纤维、金属材料等作为橡胶制品的骨架,以提高其力学性能,如强度、硬度、耐磨性和刚性等。

### (3) 橡胶的分类

为了使橡胶能满足不同的使用要求,在橡胶中配以种类繁多的配合剂,可以生产多种具有不同性能的橡胶制品,其种类见表 6-2。

表 6-2 橡胶分类

| 按来源分类 | 天然橡胶:由橡胶树乳液经采集和适当加工而成 | |
|---|---|---|
| | 合成橡胶:由某些分子化合物作原料,经过复杂的化学反应制取 | |
| 按用途分类 | 通用橡胶 | 丁苯橡胶 |
| | | 氯丁橡胶 |
| | | 丁腈橡胶 |
| | 特种橡胶:主要用于高温、低温、酸、碱、油和辐射介质条件下的橡胶制品 | 乙丙橡胶 |
| | | 硅橡胶 |
| | | 氟橡胶 |

### (4) 橡胶制品在汽车上的应用

橡胶制品在汽车工业中的应用非常广泛。汽车橡胶制品约 300 多种,分布于汽车发动机及附件、传动、转向、垫架、制动、电器仪表及车身等系统内,不仅用来制造轮胎,而且用来制作风扇皮条、各种皮管、缓冲垫、门窗密封胶条、制动皮碗、油管等,质量占车辆总重的 4%~5%。汽车上常用橡胶的特性和用途见表 6-3。

表 6-3 汽车常用橡胶的特性和用途

| 种类 | 特性 | 用途 |
| --- | --- | --- |
| 天然橡胶(NR) | 弹性大,耐磨性能良好,抗撕性强,加工性良好,易与其他材料黏合。耐候性差,耐油性不好,不耐热 | 制造轮胎、胶管、胶带等 |
| 丁苯橡胶(SBR) | 耐磨、耐老化性比天然橡胶好。耐热、耐寒、可塑性、黏着性不如天然橡胶 | 制造轮胎、胶管、胶带等 |
| 氯丁橡胶(CR) | 力学性能与天然橡胶相似,而且耐油、耐热、耐燃烧、耐腐蚀,黏着性、透气性好。耐寒性差,光照易褪色,加工性差,自黏性差,弹性差,生胶强度低 | 制造轮胎、胶管、胶带、内胎、密封胶条等 |
| 顺丁橡胶(BR) | 性能与天然橡胶相似,弹性好,耐磨,耐寒,易与金属结合 | 制造轮胎、三角带、橡胶弹簧、耐寒运输带 |
| 丁腈橡胶(NBR) | 耐油、耐磨、耐老化性良好,黏着力强,耐热性好。耐寒性差,电性能差,弹性低 | 制造油封、油管、膜片、减振元件、耐油胶垫条及垫圈 |
| 异戊橡胶(IR) | 弹性好,抗撕裂,耐磨,吸水性低,绝缘性好,耐老化、耐油、耐臭氧。成本较高,强度、硬度差,加工性差 | 轮胎的胎面胶、胎体胶、胎侧胶,胶管,胶带 |
| 丁基橡胶(IIR) | 性能稳定,耐热、耐老化、耐寒、耐候、绝缘性、减振性好。加工性差,耐油性差 | 充气轮胎内胎、电缆绝缘材料、减振橡胶 |
| 乙丙橡胶(ERM) | 弹性好,耐老化、耐候、耐腐蚀。加工性能差 | 蒸汽胶管、耐蚀密封件、垫片、密封条、散热器胶管 |

1) 汽车轮胎

汽车轮胎是汽车上橡胶用量最大的橡胶零件。制造轮胎的主要材料有生胶、骨架材料和炭黑等。轮胎的外胎普遍使用天然橡胶、丁苯橡胶、顺丁橡胶等,内胎一般用气密性好的材料来制造,如丁基橡胶。

2) 密封制品

汽车上使用的橡胶密封制品主要包括油封件、密封条、密封圈、皮碗、防尘罩、衬垫等。

密封条在汽车上的用量很大,如车门缓冲密封条、门窗玻璃密封条等。密封条主要采用氯丁橡胶、天然橡胶、三元乙丙橡胶等。我国汽车目前普遍使用三元乙丙橡胶密封条。

油封和 O 形圈是汽车上使用品种和数量最多的密封件,是汽车上最重要的密封件。制造油封普遍使用的材料是丁腈橡胶、硅橡胶、氟橡胶等。

皮碗也是一种密封元件,常用在往复轴和缸的密封中,形状有 V 形、U 形和 Y 形,普遍采用 Y 形。制动皮碗采用丁腈橡胶、丁苯橡胶、天然橡胶、乙丙橡胶等材料制作,以三元乙丙橡胶为最好。

### 6.1.2 塑料

**(1) 树脂和塑料**

树脂是分子量不固定的,在常温下呈固态、半固态或半流动态的有机物质。它们在受热时能软化或熔融,在外力作用下可呈塑性流动状态。树脂可分为天然树脂和合成树脂两大类。

合成树脂是由人工合成的一类高分子量的聚合物的总称,简称树脂,它的最重要的应用是制造塑料。合成树脂在加入某些添加剂后,可以得到各种各样的塑性制品。

塑料是以树脂为基础原料,加入(或不加)各种助剂、增强材料和填料,在一定温度、压力下加工成形或交联固化成形而得到的固体制品或材料。塑料的性能主要取决于合成树脂本身,但有时添加剂也能起到很大的作用。塑料与树脂的区别为:树脂是指加工前的原始聚合物,塑料则是指加工后的一种合成材料及制品。

**(2) 塑料的组成**

除个别塑料由纯树脂组成外,大多数塑料是由合成树脂和添加剂组成的。添加剂包括填料、增强材料、增塑剂、稳定剂、固化剂、着色剂、润滑剂、阻燃剂、发泡剂，以及根据不同用途而加的抗静电剂、紫外线吸收剂等。稳定剂和润滑剂是塑料中必须加入的添加剂，其他组分则根据塑料种类和用途的不同而有所增减。加入添加剂的目的是改善塑料的成形加工性能、制品的使用性能以及降低成本等。塑料的主要组成成分及作用如下。

① 合成树脂。合成树脂是塑料的最主要成分，其在塑料中的含量一般在40%～100%。其作用是将全部组分胶黏起来，并赋予塑料最重要的特性。由于树脂的含量大，而且其性质常常决定了塑料的性质，所以常把树脂看成是塑料的同义词，如聚氯乙烯树脂与聚氯乙烯塑料、酚醛树脂与酚醛塑料。

② 填料。填料又叫填充剂，它的作用是提高塑料的强度和耐热性能，并降低成本。常用的填料有高岭土、石膏、碳酸钙、石墨、石棉等。如：在塑料中加入石墨、纤维可以改善其力学性能，加入石棉粉可提高其耐热性。通常，填料在塑料中的含量为20%～50%。

③ 增塑剂。凡能增加树脂塑性的物质均可称为增塑剂。它的作用是增加塑料的可塑性和柔软性，降低脆性，使塑料易于加工成形。其一般能与树脂混合，无毒、无臭，最常用的增塑剂是邻苯二甲酸酯类。增塑剂用量一般不超过30%。

④ 增强材料。它是纤维性组织，是具有增加树脂能力的惰性材料，是制造增强塑料的主要原料之一。常用的增强材料有玻璃纤维、棉纤维、石棉布，以及在一些新型高强度塑料中应用的石墨纤维等。增强材料的作用除了提高塑料的物理性能外，还可以显著提高塑料的强度。

⑤ 稳定剂。为了防止合成树脂在加工和使用过程中受光和热的作用分解和破坏，延长使用寿命，要在塑料中加入稳定剂。常用的有硬脂酸盐、环氧树脂等。

⑥ 着色剂。着色剂可使塑料具有各种鲜艳、美观的颜色。常用有机染料和无机颜料作为着色剂。

⑦ 润滑剂。凡能改善塑料在加工成形时的流动性和脱模性的物质称为润滑剂，其作用是在塑料成形过程中附在塑料表面，以防止黏着设备和模具，增加流动性，同时使塑料制品表面光亮美观。

⑧ 抗氧剂。抗氧剂的作用是防止塑料在加热成形或在高温使用过程中受热氧化，而使塑料变黄、发裂等。

⑨ 固化剂。凡能与树脂中的不饱和键或反应基团起作用而使树脂固化的物质称为固化剂，又称硬化剂。固化剂的种类很多，主要有用于环氧树脂的胺类、酸酐类、聚酯类等。

⑩ 阻燃剂。大多数塑料是可以燃烧的，在塑料中加入含磷、氯、溴原子基团或$SbO_2$等物质，可提高塑料的阻燃能力，这样的物质称为阻燃剂。

⑪ 发泡剂。能够使塑料形成微孔结构或蜂窝状结构的物质称为发泡剂。常用的发泡剂有碳酸氢钠、碳酸铵、亚硝酸铵、亚硝基化合物等。

**(3) 塑料的分类**

1) 按使用特性分类

根据不同的使用特性，塑料可分为通用塑料、工程塑料和特种塑料三种类型。

① 通用塑料一般指产量大、用途广、成形性好、价格便宜的塑料。通用塑料有五大品种，即聚乙烯（PE）、聚丙烯（PP）、聚氯乙烯（PVC）、聚苯乙烯（PS）及丙烯腈-丁二烯-苯乙烯共聚合物（ABS），它们都是热塑性塑料。

② 工程塑料指能承受一定外力作用，具有良好的机械性能和耐高、低温性能，尺寸稳定性较好，可以用于工程结构的塑料，如聚酰胺。

工程塑料又可分为通用工程塑料和特种工程塑料两大类。其中，通用工程塑料包括：聚酰胺、聚甲醛、聚碳酸酯、改性聚苯醚、热塑性聚酯、超高分子量聚乙烯、甲基戊烯聚合物、乙烯醇聚合物等。

③ 特种塑料一般是指具有特种功能，可用于航空、航天等特殊应用领域的塑料。如：氟塑料和有机硅塑料具有突出的耐高温、自润滑等特殊功用；增强塑料和泡沫塑料具有高强度、高缓冲性等特殊性能。

2）按理化特性分类

根据不同的理化特性，塑料可分为热固性塑料和热塑性塑料两种类型。

① 热固性塑料。热固性塑料固化后保持原有性质，即使再加热也不再显示塑性。如酚醛塑料、环氧塑料等，具有耐热性高、受热不易变形等优点，但机械强度低，常通过添加填料，制成层压材料或模压材料来提高其机械强度。

以酚醛树脂为主要原料制成的热固性塑料，如酚醛模压塑料（俗称电木），具有坚固耐用、尺寸稳定、耐强碱等特点。以环氧树脂为主要原料制成的热固性塑料具有优良的粘接性、电绝缘性、耐热性和化学稳定性，收缩率和吸水率小，机械强度好。

② 热塑性塑料。热塑性指加热后熔化或变软表现为塑性，但冷却后又变硬，恢复固体的性质。热塑性塑料易于成形加工，但耐热性较低，易于蠕变，其蠕变程度随承受的负荷、环境温度、溶剂、湿度而变化。热塑性塑料还具有优良的电绝缘性，尤其是聚四氟乙烯（PTFE）、聚苯乙烯（PS）、聚乙烯（PE）、聚丙烯（PP）都具有极低的介电常数和介质损耗，宜于作高频和高电压绝缘材料。

聚硅醚结构形式的有机硅塑料在电子、电工技术中的应用较多。有机硅层压塑料多以玻璃布为补强材料。有机硅模压塑料多以玻璃纤维和石棉为填料，用以制造耐高温、高频或潜水的零部件等。

3）按加工方法分类

根据不同的加工方法，塑料可分为模压、层压、注射、挤出、吹塑、浇注塑料和反应注射塑料等多种类型。

模压塑料多为物性和加工性能与一般固性塑料相类似的塑料。层压塑料是指浸有树脂的纤维织物，经叠合、热压而结合成为整体的材料。注射、挤出和吹塑塑料多为物性和加工性能与一般热塑性塑料相类似的塑料。浇注塑料是指能在无压或稍加压力的情况下，倾注于模具中能硬化成一定形状制品的液态树脂混合料，如 MC 尼龙等。反应注射塑料是用液态原材料，加压注入模腔内，使其反应固化成一定形状制品的塑料，如聚氨酯等。

(4) **塑料的性能**

大多数塑料化学性能稳定，抗腐蚀能力强，不与酸、碱反应，具有较好的透明性和耐磨耗性，耐用、防水、质轻，耐冲击性好，绝缘性好，导热性低，成形性、着色性好，加工成本低。但大部分塑料耐热性差，热膨胀率大，易燃烧，尺寸稳定性差，容易变形，多数塑料耐低温性差，低温下变脆，容易老化，某些塑料易溶于溶剂。

(5) **塑料在汽车上的应用**

汽车用塑料量的多少是衡量一个国家汽车生产技术水平的标志之一。随着科技进步，汽车采用塑料是不可逆转的趋势，它对提高汽车效能、美观及轻量化的要求扮演愈来愈重要的角色。

1）塑料在汽车装饰件的应用

随着塑料工业的发展，各种新型树脂的出现，以及通过合金、共混、复合等改性手段得到的高性能材料，已经能够满足汽车行业对功能型塑料件和结构型塑料件及其应用材料提出的各种综合性能指标要求，塑料在汽车上的应用范围和用量将不断增加。主要的汽车塑料装饰件一般分为内饰件和外饰件，其中内饰件占整车塑料用量的 56%，以往的汽车内饰件使用较多的工程塑料有 ABS、PUR 和塑料合金等。

① 内饰件。汽车塑料内饰件主要有仪表板、内板、顶棚、门内手柄、装饰条等。

目前使用的仪表板可分为硬质仪表板和软质仪表板两种。硬质的一般在轻、小型货车上使用，经一次注射而成。这种仪表板尺寸很大，无蒙皮，表面质量要求很高，对材料要求耐湿，有刚性。由于多点注塑成形，易形成流痕和熔接痕，一般表面需经涂装才能使用，材料可用 MPPO、ABS 等。软质仪表板由表皮、骨架材料、缓冲材料等组成。不同厂家选用的骨架材料有所不同，有的采用 PC/ABS 合金，有的采用钢板作骨架材料，也有的采用 ABS、GFAS 等。如桑塔纳、捷达、富康等轿车仪表板的表皮材料采用 PVC/ABS 合金片材，并带皮纹，以骨架为内模，用真空吸塑法将表皮材料敷在骨架上，形成一层既美观又有良好手感的表面。

门内板的构造基本上类似于仪表板，由骨架材料、发泡材料和表皮材料构成。以小红旗轿车和奥迪轿车为例，门内板的骨架部分由 ABS 注塑而成，再把衬有 PU 发泡材料的涤纶表皮以真空成形的方法，复合在骨架上形成一体。

顶棚由基材和表皮材料构成。基材要求轻量、高刚性、尺寸稳定、易成形等，一般使用热塑性聚氨酯发泡内材、PP 发泡片材、玻璃纤维瓦楞纸、蜂窝状塑料带等。表皮材料可用织物、无纺布、TPO、PVC 等。

门内手柄不仅是启闭门的功能件，而且也是装饰件，一般以 ABS、改性 PP 等材料制成。每扇门有上、下两根门槛饰件，一般用 ABS 经注射而成，带皮纹。

② 外饰件。汽车塑料外饰件包括保险杠、散热器格栅、灯类、挡泥板及侧防撞条。

目前，国外中高档轿车的保险杠已采用 PC/PBT 合金制造，因为此材料机械性能高，特别是冲击强度比 PP 制保险杠高出许多。如 GE 公司的 Xenoy-XT 适合于制作汽车保险杠，其不仅能承受碰撞，保险杠与车体组装后一起涂装（以使保险杠与车体保持同一色泽）时，能耐 155℃/30min 的烘烤干燥。巴斯夫的 Ultrablend，不仅具有 PBT 的耐化学药品性、耐油性及流动性，而且具有 PC 的低温韧性、耐热性及高的机械性能（具有尤其突出的高抗冲击性），已经大量用于制造保险杠。

汽车散热器格栅是为了发动机冷却而设置的开口部件，位于车体最前面，往往把汽车的车标镶嵌其间，是表现一辆汽车风格的重要零件。目前轿车上的散热器格栅一般用 ABS 或 PC/ABS 合金，经注塑成形制成。也有采用耐候性较好的 ASA 材料，注塑成形后，表面可不经涂装。目前，还有用聚酯弹性体做的格栅，在表面溅射金属铬后使用。

车前大灯塑料应用方面，基于大灯玻璃的透明性、耐热性、耐冲击性以及易于成形性，多数采用表面涂覆硬膜的 PC，从而进一步提高了耐擦伤性和耐候性。前大灯反射镜壳一般用 BMC（团状模塑料）、PPS、PC、PBT 等制成。后排指示组合灯，其灯罩材料为 PMMA，灯壳为填充 PP，它们之间用热熔胶黏剂粘接。随着振动焊接技术的发展，灯壳材料开始采用耐热 ABS。

2) 塑料在汽车动力系统中的应用

目前，轿车、厢式汽车（面包车）、小卡车上使用的塑料，大约 25% 用于发动机室内，除了用塑料制造的翼子板内衬和蓄电池壳体外，发动机和燃油系统也越来越多地改用塑料件。

发动机进气歧管是最有可能用工程塑料、热固性塑料和酚醛塑料制造的部件。德国富吕登伯格公司用聚酯 BMC 制造的进气歧管，其内表面十分光滑，有助于空气进入，使得发动机效率比用金属进气歧管提高 15%，进气歧管质量减轻 1kg。

发动机气缸罩盖是汽车发动机室内最适合用工程塑料注塑制造的部件之一。许多公司都主要选用增强乙烯基酯和酚醛树脂模塑的热固性塑料结构，因其耐热性高，防火安全性能好。不过有部分汽车设计师倾向于采用尼龙。

3) 塑料在汽车轻量化设计中的应用

塑料应用是实现汽车轻量化的重要途径之一，轻量化的关键在于汽车车身，用塑料制作车身覆盖件可以一次成形，不需要进行后处理和机械加工，可降低成本。塑料车身覆盖件表面光滑，尺寸精确，质量稳定，NHV（噪声、振动、冲击）指标也比金属覆盖件小，所以汽车中顶盖、发动机罩、汽车保险杠、散热器格栅、挡泥板、侧防撞条、后导流板等大半都使用工程塑料配件。

以车身为例，采用纤维增强复合塑料材料制作的车身与钢制车身相比，可实现降重35%的目标；如果采用碳纤维增强复合材料，则可达到降重60%以上的效果。目前，国际上由塑料制成的车身已在小批量生产的汽车中或一些高档车型上得到了广泛应用。随着低压成形车身覆盖件制造技术研发的进一步深入，塑料车身部件将在未来的轻量化和个性化车型中具有广泛的应用前景。

近年来"轻量化"成为降低汽车排放，提高燃烧效率的有效措施，也是汽车材料发展的主要方向，因而塑料在汽车中的用量迅速上升。统计显示，汽车一般部件质量每减轻1%可节油1%，运动部件每减轻1%可节油2%。国外汽车自身质量同过去相比已减轻20%~26%。预计在未来的10年内，轿车自身质量还将继续减轻20%。一般塑料的比重在0.9~1.5，纤维增强复合材料的比重也不会超过2.0，而金属材料的比重，钢为7.6，黄铜为8.4，铝为2.7，这就使得塑料材料成为汽车轻量化的首选用材。

塑料在我国汽车行业的应用尚处于初级阶段。目前，塑料等非金属材料在国产车上的应用状况还比不上进口车。在欧洲，车用塑料的质量占汽车自重的20%，平均每辆德国车使用塑料近300kg，占汽车总质量的22%。与国外相比，国产车的非金属材料用量仍然偏少。国产车的单车塑料平均使用量为78kg，塑料用量仅占汽车自重的5%~10%。

目前，塑料在汽车上的应用十分广泛，塑料在汽车零部件中的应用情况见表6-4。

表6-4 塑料在汽车零部件中的应用情况

| 名称 | 符号 | 主要特点 | 应用举例 |
| --- | --- | --- | --- |
| 聚乙烯 | PE | 耐磨性、耐蚀性及绝缘性好，耐寒、耐高温 | 油箱、车厢内饰件、轮毂防尘件、发动机罩、空气导管 |
| 聚丙烯 | PP | 机械强度较高、耐热性、绝缘性、耐蚀性好，不耐磨，易老化 | 冷却风扇、风扇罩、蓄电池盖、接线板、转向盘、保险杠、分电器盖、调节器盖 |
| ABS树脂 | ABS | 较好的综合性能，耐冲击、耐蚀性好，绝缘性好，易成形和机械加工 | 散热器护栏、驾驶室仪表板、控制箱、装饰嵌条、灯壳、挡泥板、变速器 |
| 有机玻璃 | PMMA | 透光性好，强度高，耐蚀性和绝缘性好，易成形，性脆，易表面擦毛 | 油标、油杯、镜片、遮阳板、标牌、灯罩 |
| 聚酰胺（尼龙） | PA | 韧性、耐磨性好，耐疲劳、抗霉菌、耐冲击，硬度较高，吸水性大，尺寸不稳定 | 散热器副油箱、冷却风扇、横直拉杆衬套、滤网、半轴齿轮耐磨衬套、把手、凸轮轴正时齿轮、钢板弹簧销衬套 |
| 聚碳酸酯 | PC | 耐冲击性好，力学性能良好，尺寸不稳定 | 保险杠、刻度板、水泵叶轮、壳体 |
| 聚砜 | PSF/PSU | 耐温性好，抗蠕变，力学性能良好，具有高绝缘性和化学稳定性 | 分电器盖、仪表盘、阻流板、保险杠、挡泥板 |
| 聚甲醛 | POM | 良好的综合性能，耐磨性、吸水性好，优良的强度、刚性、抗冲击、耐疲劳、抗蠕变，尺寸稳定，收缩率大，成形困难 | 钢板弹簧销衬套及侧垫板、转向器衬套、万向节轴承、行星齿轮耐磨垫片 |
| 聚四氟乙烯 | PTFE | 优良的耐蚀性、耐老化、绝缘性好，自润性好，阻燃性好，机械强度低，易蠕变，尺寸不稳定 | 密封圈、垫圈、垫片、阀座 |
| 聚苯醚 | PPO | 良好的拉伸强度和刚性，抗蠕变，耐热性好，耐磨，绝缘性好 | 齿轮、轴承、凸轮及其他减磨传动件 |

续表

| 名称 | 符号 | 主要特点 | 应用举例 |
|---|---|---|---|
| 聚酰亚胺 | PI | 优良的综合性能，耐湿性好，耐磨性强 | 压缩机活塞环、密封圈、汽车液压系统轴承 |
| 聚氯乙烯 | PVC | 耐化学性，阻燃自熄，耐磨，消声减振，强度较高，电绝缘性好，热稳定性差 | 汽车仪表表皮、地板隔热垫、坐垫套、车门装饰条、方向盘、车门内衬、操纵杆盖板等 |
| 热塑性聚酯塑料 | PBT/PET | 力学性能好，耐热性、耐疲劳性好，耐摩擦、磨损，尺寸稳定，耐化学药品，良好的电绝缘性及加工性 | 点火装置零件、自动控制传感器、调节器、变速零件、燃料混合装置、熔断丝盒、刮水器、除箱装置等 |
| 聚苯硫醚 | PPS | 良好的耐热性，阻燃性，耐化学药品，尺寸稳定，综合力学性能好 | 信号灯座、接线端子、控制开关 |
| 聚芳酯 | PAR | 密度小，耐热性好，弹性好，难燃烧，韧性好，热膨胀系数小 | 点火系统、排放系统、前灯反射镜、熔断丝盒及透明仪表罩壳等 |
| 聚氨酯树脂 | PU | 弹性好，机械强度高，化学稳定性好，容易改变形态 | 仪表板、方向盘、车门扶手、座椅缓冲件、遮阳板、密封条 |

## 6.1.3 合成化学纤维

随着人们对汽车舒适性和美观性要求的提高和轻纺工业的发展，汽车装饰用纺织纤维材料的应用越来越丰富。

**(1) 合成纤维的性能及应用**

合成纤维主要有涤纶纤维、锦纶纤维、丙纶纤维、腈纶纤维等。

① 涤纶纤维强度不大，在湿态下强度不变。其弹性接近羊毛，当伸长5%~6%时，几乎可以完全恢复。耐皱性超过其他一切纤维，即织物不皱折，保形性好。耐热性较好，在150℃的空气中加热1h稍有变色，强度下降不超过50%。在标准大气条件下回潮率为0.4%~0.5%，因而电绝缘性良好，织物易于清洗。但其吸水率低，染色性差。涤纶纤维的耐光性与腈纶纤维不相上下。

② 锦纶纤维强度比天然纤维高，在合成纤维中是比较高的。耐磨性优于其他一切纤维。较易染色，但染色性不及天然纤维及人造纤维，可用酸性染料、分散性染料及其他染料染色。耐热性能不够好。耐光性能差，长期在光照射下颜色发黄，强度下降。

③ 丙纶纤维是所有合成纤维中最轻的一种，耐光性和耐热性均较差。

④ 腈纶纤维具有毛型手感，织物轻柔。有良好的保湿性能，耐热性好，在125℃条件下加热720h强力保持不变。耐光及耐候性良好，有较好的染色性能，染色后的颜色较羊毛更鲜艳。具有良好的防霉、防蛀性能。

合成纤维主要用于汽车内饰，制作汽车座椅、地毯、顶盖表皮、遮阳板表皮、安全带和车门内护板表皮等。这些部件要求纤维有良好的力学性能、色牢度、耐磨性以及耐光合化性。其中，涤纶纤维、丙纶纤维主要用于座椅蒙皮、顶盖表皮、遮阳板表皮和车门内护板表皮，锦纶纤维主要用于安全带，腈纶纤维主要用于纺织地毯。

**(2) 增强纤维**

① 玻璃纤维具有许多优越性能，作为增强材料的增强效果十分显著。它产量大、价格低廉，与其他增强材料相比具有明显优势。当前汽车上主要采用30%的玻璃纤维增强尼龙材料和聚丙烯材料制造结构零部件。

② 碳纤维与玻璃纤维相比，其特点是弹性模量高，在湿态下的力学性能保持良好，热导率大，导电性、蠕变性小，耐磨性好。碳纤维由有机纤维在高温下烧制而成，而有机纤维指的是人造丝、聚丙烯酯、沥青等。

高强度、高弹性模量的新型碳纤维的出现特别引人注目，它已进入商品化生产，在热固性增强塑料中，碳纤维已有相当规模的应用，尤其是在宇宙航空方面发展迅速。碳纤维增强的塑料材料目前也开始应用于汽车制造行业。

## 6.1.4 胶黏剂

胶黏剂又称黏合剂或黏结剂，俗称胶，是通过黏附作用，将两种物质粘接在一起的材料。它不但能把同种材料粘接在一起，而且也能将性质截然不同的两种材料粘接在一起，并使胶接面上有一定的强度，特别适用于粘接弹性模量与厚度相差较大，不宜采用其他连接方法连接的材料。

**(1) 胶黏剂的分类**

胶黏剂的种类很多，通常将胶黏剂分为天然胶黏剂、合成胶黏剂和无机胶黏剂三大类。天然胶黏剂是由天然有机物制成的，按来源分为植物胶黏剂、动物胶黏剂和矿物胶黏剂。天然橡胶虽来源于植物，但一般归入橡胶型胶黏剂。合成胶黏剂按其基料组成不同，可分为热固性树脂胶黏剂、热塑性树脂胶黏剂、橡胶型胶黏剂和混合型胶黏剂；按其使用性能和用途可分为结构型胶黏剂、非结构型胶黏剂（或称通用型胶黏剂）和特种胶黏剂。无机胶黏剂是由无机化合物为基料的胶黏剂，化学组分主要是无机盐和氧化物，其耐热性、耐老化性较好，并且不污染环境。

随着合成材料工业的迅速发展，合成胶黏剂因其良好的性能而得到广泛使用。目前，我国的合成胶黏剂有300多种，在汽车维修中常用的胶黏剂有环氧树脂、酚醛树脂、合成橡胶胶黏剂等。

① 环氧树脂胶黏剂。环氧树脂胶黏剂是以环氧树脂为基料，加入固化剂、稀释剂、促进剂和填料配制而成的工程胶黏剂。环氧树脂胶黏剂为热固性胶黏剂，温度升高也不再软化和熔化，同时也不溶于有机溶剂。它与酚醛树脂胶黏剂配合使用可提高黏结剂的耐热性及粘接强度，能在150℃的温度下长期使用。

环氧树脂胶黏剂具有优良的黏结强度，固化后的收缩率小，化学稳定性及绝缘性能较好，通用性强，可用于金属与金属、非金属与非金属、金属与非金属等材料的粘接，又称"万能胶"。

环氧树脂胶黏剂应用广泛，在汽车维修中，最适合粘接离合器摩擦片、制动蹄片等。环氧树脂加入苯二胺、邻苯二甲酸酐作固化剂后可以修补气缸，固化后热稳定性高，可在100℃温度下使用。

② 酚醛树脂胶黏剂。酚醛树脂胶黏剂具有耐热性好、粘接强度高、耐老化性能好及电绝缘性优良等特点。但脆性较大，易龟裂，固化时间较长，固化温度高，不耐冲击。它可以单独使用，也可以与环氧树脂胶黏剂混合使用。与环氧树脂混合使用时，其用量为环氧树脂质量的30%～40%，同时要加增塑剂和填料。为了加快固化可加入5%～6%乙二胺，这样既改善了耐热性，又提高了韧性。汽车的制动蹄片及离合器摩擦片都可用耐热性好的酚醛树脂胶黏剂粘接。

③ 合成橡胶胶黏剂。合成橡胶胶黏剂是以合成橡胶为基料制得的合成胶黏剂。其粘接强度不高，耐热性也差，属于非结构胶黏剂，但具有优异的弹性，使用方便，初黏力强，可用于橡胶、塑料、织物、皮革、木材等柔软材料的粘接，或金属-橡胶等热膨胀系数相差比较大的两种材料的粘接。这类胶除天然橡胶外，多数是将生胶与硫化剂、促进剂、补强剂、增黏剂等配合剂混炼后，再溶于有机溶剂得到。它根据硫化温度不同，可分为室温硫化型（如硅橡胶密封胶）和加热硫化型（如轮胎翻新用天然橡胶胶黏剂）两种。室温硫化型合成橡胶胶黏剂制造工艺简便，不需要加热设备，节省能量，所以发展更快。室温硫化型具有良好的耐老化和耐油性，并与金属有一定粘接力，一般可在-60～130℃下连续使用，也可在

燃油介质中130℃以下长期使用。它的粘接性高，富有柔韧性，适用于粘接承受弯曲应力的零件，作油箱衬里的涂层，机械齿轮箱面及门窗的密封条等。

**(2) 胶黏剂的组成**

胶黏剂除天然胶黏剂外，合成胶黏剂大多是由多成分混合配制而成。这些组成按其作用不同分为：基料、固化剂和硫化剂、填料、稀释剂及其他附加剂。

① 基料。基料又称黏料，是胶黏剂的基本成分，能使胶黏剂获得良好的黏附性能，其性质和用量对胶黏剂起决定作用。常用的基料包括天然聚合物、合成聚合物、无机化合物。

② 固化剂和硫化剂。固化剂和硫化剂又称胶联剂或硬化剂，是合成胶黏剂中最主要的配合材料，其作用是直接或者通过催化剂（或称促进剂）与基料进行化学反应，使热塑性的基料交联成坚韧的体型网状结构。

固化剂主要用于基料为合成树脂的胶黏剂中，主要有胺类、酸酐、聚酰胺、双氰胺等，不同种类的基料的用量也不同。硫化剂主要用于基料为橡胶的胶黏剂中，主要有硫、过氧化物、金属氧化物等。

③ 填料。胶黏剂加入填料后可降低成本，提高粘接强度、耐热性和尺寸稳定性，改善导电和导热性能。常用的填料有石棉纤维、玻璃纤维、瓷粉、铁粉、氧化铝等。

④ 稀释剂。稀释剂是用于降低胶黏剂黏度，改善施工性能的物质。稀释剂能提高浸透力，改善其工艺性能，并延长使用期限。稀释剂可分为活性和非活性两类。前者参与固化反应，常用的有环氧丙烷、环氧戊烷、二缩水甘油醚、环氧丙烷丁基醚等；后者不参与反应，常用的溶剂有丙酮、乙醇、甲苯、二甲苯等。

⑤ 其他附加剂。为增加胶黏剂某些方面的使用性能，需要加入各种附加剂。如：在高温条件下使用的胶黏剂要加入阻燃剂；加速胶黏剂中的树脂固化和橡胶硫化反应速率，可加入固化促进剂和硫化促进剂；防止胶层过快老化可加入防老化剂；提高黏结力可加入偶联剂；防止胶黏剂长期受热分解可加入稳定剂；改善色调可加入颜料等。

**(3) 胶黏工艺**

粘接是一门独立的边缘学科，在现代科学中包括粘接新技术、新材料、新工艺，具有快速、牢固、经济、节能等特点，可代替部分铆接、焊接和机械装配烦琐工艺，既节省时间、费用，又对提高产品质量和劳动生产率起很大作用。

1) 表面处理

表面处理是确保粘接质量的关键，不同的表面处理方法将获得不同的粘接效果。

① 金属材料的表面处理。该处理主要对金属材料表面进行除油和除锈处理。通常采用有机溶剂清洗、碱性溶液清洗或电化学法去除表面油污。除锈一般采用机械处理和化学处理两种方法。

对黏结接头强度要求高的零件，必须保证表面处理质量。常用水滴法检查表面处理质量，即用蒸馏水滴于被处理金属表面：若水形成连续水膜，则表明表面清洁；若水呈不连续珠状，说明表面处理不良，需再次处理。经处理后的金属表面应在 4~8h 内使用，超过 8h 应重新处理。

② 非金属材料的表面处理。其处理方法有机械处理法、物理处理法、化学处理法、辐射接技法和溶剂处理法等。

a. 机械处理法。对塑料等高分子材料，不仅要求去除表面油污，还必须清除表面漆膜、残存涂料和脱模剂等表面残留物。

b. 物理处理法。一般采用火焰、放电和等离子处理方法，因成本高，主要用于极性高分子材料。

c. 化学处理法。常用的是以酸等溶液清除表面油污杂质，或用强氧化剂进行强氧化，使表面生成一层含碳等元素的极性物质，以利于粘接。

d. 辐射接技法。对于某些非极性聚合物材料，使用极性单体经辐射接技（或放电接技、紫外线接技）可改善表面性质，增加极性，显著提高粘接力，但成本高。

e. 溶剂处理法。利用某些高分子材料具有在溶剂中可溶胀而不溶解的性质，进行溶胀处理后，可提高表面活性和增加分子活动能力，有利于被粘高分子材料与黏结剂分子之间的扩散，从而提高粘接强度。

2) 黏结剂的配制与涂胶

① 配制。黏结剂与固化剂（或橡胶与硫化剂）的比例必须适当，搅拌充分，才能获得性能优良、分布均匀的固化产物，否则将会降低粘接效果。如：环氧树脂和二乙烯三胺配制的黏结剂，搅拌不充分将使抗剪强度降低 1/2 左右。

② 涂胶。选用合适的工具将黏结剂涂敷在被粘材料表面。涂胶黏度、涂胶速度和涂胶量直接影响粘接强度与粘接效果。涂胶黏度小有利于涂覆，若过小将造成胶液的流失。涂胶速度应稍慢，若速度过快，吸附于被粘材料表面的气体和水分来不及排出而被覆盖，将产生隔离作用。胶黏层厚度取决于涂胶量，过厚、过薄均会影响粘接强度。每一被粘表面均应分别涂以适当厚度的黏结剂，才能保证各粘接表面的黏结剂获得充分润湿与扩散。

3) 黏合后的处理方式

黏合后被粘接件的处理方式，对于粘接质量具有重要作用。

① 黏合后胶层的晾置与环境。不同特性的黏结剂，所需晾置时间与环境亦不相同。

a. 不含惰性溶剂的黏结剂（环氧树脂胶等）不需晾置。

b. 需要微量潮湿环境催化、迅速聚合的胶黏剂（α-氰基丙烯酸酯等），晾置时间应越短越好。

c. 含有惰性溶剂的黏结剂（酚醛树脂胶等）应采用多层涂敷、逐层晾置的方式，即每涂一层晾置 20~30min，以保证溶剂得以充分挥发。否则，残存溶剂将降低黏结强度。

d. 晾置环境的湿度应是越低越好，特别是对湿气敏感的黏结剂（聚氨酯胶、氯丁胶等）。否则，将因水汽的凝聚降低黏结强度。

e. 要求高温固化的黏结剂，应按技术要求严格控制环境温度与加温时间，防止早期固化。

② 固化方式、固化温度、固化时间及加热方法。一般是采用电烘箱、红外线烘房、热风、工频或高频电流进行加热，并按要求严格控制固化温度和固化时间。

③ 加压方式。在固化过程中应对黏合件施加一定压力，使黏结剂在压力下增强塑性流动，提高润湿效果，同时挤出其间的气体，以保证黏结剂与黏合件的紧密结合。加压方式应依据黏结剂的特性进行选择。

a. 触压。对流动性好、只需触压即可获得牢固接头的黏结剂（如环氧树脂胶、聚氨酯胶、不饱和聚酯胶、α-氰基丙烯酸酯胶等），则无须另加压力，只需依靠制件自身质量将接头压紧即可。但要求接头较平整，摆放接头时不得错位。

b. 锤击施压。使用木锤或橡胶锤均匀敲实粘接部位，黏合时只需加压一次即可，固化过程中可不再加压。这种方法适用于氯丁胶等分子量高、初黏力较大的黏结剂。

c. 机械加压。对于形状复杂、进行固化的粘接接头，需要施加较高压力。一般采用机械方法加压，如台虎钳、专用夹具等工具。这类方法压力大，简便灵活。

d. 压力机加压。这种方法压力大而均匀，加压时还可加热，主要用于胶合板、复合材料或形状较简单的大型制件。

4) 安全与防护

黏结剂的主体成分一般为高分子化合物，常温下无毒或低毒，但其溶剂、交联剂、促进剂、防老化剂等含有毒性，在粘接过程及加热、固化时会释放出有毒物质，可通过呼吸、皮肤和食道进入人体，有损人体健康。

人体防护与安全措施为加强通风，配备个人防护用品，如口罩、手套、防毒面具、皮肤防护剂等；尽量选用无溶剂或水溶性等环保型黏结剂，或采用机械、机器人操作等。此外，因其属于易燃、易爆物品，使用与存储时必须采取严格的防火、防爆安全措施。

**(4) 胶黏剂在汽车上的应用**

汽车用胶黏剂已有很久的历史，车身涂密封胶起步于20世纪60年代。过去车身板接合部密封采用焊接和刮腻子方式，因此常产生漏风、透雨、焊缝容易生锈等质量事故。现代车身制造工艺中，凡有缝（车身板接合部位）都进行涂胶处理。汽车内饰件的复合或组合成形，通常都要求采用粘接工艺，要使用大量的胶黏剂。胶黏剂和密封胶在汽车工业中已成为粘接各种零部件和防止泄漏的重要材料，在汽车防振、隔热、防漏、防松等方面起着重要作用。我国每辆汽车上胶黏剂和密封胶用量约为30kg，其中，车身用胶量居首位。

1) 车身胶黏剂、密封胶

① 车身焊装用胶黏剂、密封胶

a. 折边胶黏剂。汽车的车门、发动机舱盖和行李箱盖板等隔板部件通常是将内、外盖板经折边后点焊连接的。但是由于焊点凹坑严重影响汽车车身的外观质量，如果在凹坑处涂腻子填补，不仅增加了成本，也不适应大批量生产的要求。因此，采用以胶粘取代焊接的方法来生产汽车的车门、发动机罩、行李箱盖的折边结构，所使用的胶黏剂称为折边胶黏剂。目前，汽车生产中使用的折边胶黏剂主要有环氧树脂类胶黏剂、聚氯乙烯类金属胶黏剂、聚丙烯酸酯类胶黏剂等。

b. 点焊密封胶。该胶是在焊接前，涂布在钣金件搭接处的一种密封胶。它对被密封冲压件的附贴性有较严格的要求，点焊后间隙不得超过0.3mm。点焊密封胶几乎可以用于所有的车身焊缝处，尤其适用于焊装之后被零件遮蔽的或不易涂布密封胶的竖立缝隙，可提高车身的抗腐蚀能力和密封性。

c. 膨胀型防振胶黏剂。车身覆盖件（如驾驶室顶盖、发动机罩、行李箱盖、车门、侧围等）的外板与加强梁之间存在着一定的缝隙，行车中可能因振动而产生噪声。为了克服以上缺点，可以在焊装前，将膨胀型防振胶黏剂涂布在冲压外板与加强梁结合处的缝隙中，经过涂装烘干设备加热固化后，胶层受热膨胀将加强梁与外板紧密地结合为一个整体，避免在行车中外板及加强梁振动而产生噪声。

d. 车身焊装指压密封胶。指压密封胶实际上是一种密封腻子，使用时用手指涂抹、压实在被密封工件的表面，特别是车身焊装后所形成的较大缝隙、工艺开口等处。指压密封胶通常以聚氯乙烯树脂为主体材料，加入增塑剂、填料等组成。

② 涂装线用车身胶。该胶分为焊缝密封胶和防振隔热阻尼胶两种。

a. 焊缝密封胶是在车身焊装之后涂在焊缝外表面的密封胶，既有密封防漏、增强车体防锈蚀能力的作用，又有填补焊缝、增加车体美观性的作用。通用的焊缝密封胶主要有PVC型焊缝密封胶、橡胶型焊缝胶、聚氨酯焊缝密封胶等。

b. 防振隔热阻尼胶是由合成橡胶、天然橡胶、再生橡胶、沥青、隔热无机填料等为主要原料制成的预成形片状材料。在轿车、旅行车、载货汽车驾驶室底板、前围、轮罩、行李箱等处均可放置隔热阻尼胶板，以减轻车身振动，阻止热量的传递，隔绝车外噪声。

2) 汽车装饰用胶黏剂、密封胶

近些年来，汽车装饰材料逐步采用能够吸收冲击能量，减缓撞击的塑料、泡沫、织物、橡胶等非金属材料替代皮革、合成革、纤维板、毛毡等材料，来制造车门扶手、靠背、枕垫、顶棚、仪表板、门内板等，这些材料的组合装配需要用不同的胶黏剂和密封胶。

① 车顶棚、后围、侧围等内饰件装配用胶主要有氯丁橡胶胶黏剂、丁腈橡胶胶黏剂等。

② 车内隔热毛毡、地毯的胶粘。汽车车内地板上部、前围、顶盖、仪表板下部等处，为了达到隔热、吸收振动噪声等目的，需要放置隔热毛毡。通常使用预涂压敏胶黏剂和热熔型压敏胶黏剂来粘接，多采用泡沫热熔胶工艺，即将普通热熔胶在熔化状态下加入 $N_2$ 或 $CO_2$ 惰性气体混合后再喷涂到隔热毛毡的背面。这种方法比通用方法减少用胶量50%左右。

③ 汽车风窗玻璃胶黏剂、密封胶。传统的汽车风窗玻璃装配方法是采用橡胶密封条将玻璃固定在窗框上。为了防止雨水渗入，在密封条与玻璃之间要填充不干型密封胶。这种车窗玻璃密封胶主要是以丁基橡胶为主体材料，添加少量的聚异丁烯橡胶制成的，使用时不会出现干固现象，保持鼓性，具有耐热、耐水、耐老化性，日晒雨淋不会流淌。

目前，高档汽车及轿车的风窗玻璃开始陆续采用直接胶粘的工艺来装配，做法是将玻璃直接用胶粘接在挡框上，这种结构能够增加车身整体刚性，提高密封效果，起到保证乘员安全的作用。

3) 发动机、底盘用胶黏剂、密封胶

胶黏剂、密封胶在发动机、底盘装配中主要用于平面（如油底壳、变速器、后桥壳等）的密封，孔盖的密封，装配螺栓的锁紧防松，各种管接头处的密封等，以防止润滑油、燃料油、水、气的泄漏及螺栓松动等。

① 带有垫片的平面部位的密封。后桥壳、变速器侧盖、水泵等有密封垫片的平面部位，为了提高密封效果，通常可以选用溶剂型干性或非溶剂型不干性密封胶与垫片配合使用。使用液态密封胶以后，可以降低对零部件接合面加工精度的要求。

② 无垫片平面的密封。无密封垫片接合平面的密封通常选用半干性黏弹型密封胶，常用的一种是单组分硫化聚硅氧烷。在发动机油底壳、变速器侧盖、后桥壳等平面涂这种胶，可以不使用垫圈而直接使用密封胶来密封。

③ 厌氧密封胶。该胶是发动机、底盘上常用的密封胶、锁固胶，其密封性、固持性、耐热性好，固化速度快，涂布工艺简便，可以用于螺栓的密封紧固、孔盖的固持以及平面的密封。厌氧密封胶分为低强度、中强度、高强度几类。

4) 汽车零部件用胶

① 浸渗堵漏剂。发动机缸体、变速器壳体、气缸盖、进气歧管、水泵体、制动管接头等零件都是铸件，在铸造过程中难免出现个别零件组织缺陷或疏松的现象，如砂眼、细小的裂纹等，为了减少浪费，可以用真空浸渗堵漏工艺弥补铸件缺陷。使用的浸渗堵漏剂有无机硅酸盐型、厌氧型和聚酯型。无机硅酸盐浸渗剂具有成本低、浸渗效果好、时间短等优点，对铸铁、铸铝及铝合金件浸渗堵漏效果良好。

② 车灯粘接密封胶。现在汽车大量采用塑料反射镜和聚碳酸酯等透明塑料制造灯栅，要求使用胶黏剂来装配车灯。车灯用胶黏剂主要有环氧树脂型、聚氨酯型、热熔型胶黏剂。热熔型胶黏剂不含溶剂，不破坏灯栅材料性能，耐振动、耐水，粘接速度快，有很好的应用前景。

③ 滤清器滤芯用胶。汽车发动机用燃油滤清器、机油滤清器、空气滤清器的滤芯，其滤纸与端盖之间必须通过胶黏剂来连接。所用胶黏剂主要有以聚氯乙烯树脂为主体的单组分滤芯胶、双组分聚氨酯胶黏剂、环氧树脂胶黏剂等。

④ 离合器片、制动器片胶黏剂。现代汽车采用铆接工艺生产制动器片、离合器片比传统方法成本低、能耗少，摩擦片的有效厚度利用率可提高20%~50%，而且由于胶黏剂具有阻尼、减振作用，以胶黏剂胶粘的制动片使用中噪声小。

⑤ 汽车油箱用密封胶。载货汽车的油箱由钢板冲压、折边组合制成，如果折边结构密

封不严，则可能出现燃油渗漏，既造成浪费又污染环境。为了解决这个问题，在生产油箱时，通常在油箱的折边咬口部位涂布耐油密封胶以密封缝隙。汽车油箱用密封胶必须经过耐汽油、柴油等试验，密封后要经过注水压力试验确保不漏。

5）汽车密封胶与车底涂层用的材料

PVC车身密封胶与PVC车底涂料二者在材料组成和特性方面几乎相同。车身密封胶的断裂强度、抗拉强度、伸长率等较高，而车底涂层的耐磨耗性、耐崩裂性能较好。此外，车身密封胶一般是手工涂布作业，要求刷涂和外观修饰的作业性良好，而车底涂料要求喷涂作业性良好。

无溶剂PVC塑溶胶原料来源广泛，生产工艺简单，设备投资少，施工工艺性好，密封、抗石击性优异。无溶剂PVC型抗石击涂料的组成与PVC焊缝密封胶相似，不含溶剂，固体含量高，触变性能好，易于涂布，一次喷涂的厚度大，涂后不流挂。其在130~160℃温度范围内可以塑化，而且与中涂或面漆涂层可以采取湿碰湿工艺施工，最终与油漆一起加热而不必单独设置烘干设备。PVC抗石击涂料塑化后与车身的附着力好，阻尼系数高，热导率小，弹性大，柔韧性好，抗石击效果好，防锈能力强。

### 6.1.5 摩擦材料

摩擦材料是一种高分子三元复合材料，是物理与化学复合体。它由高分子黏结剂（树脂与橡胶）、增强纤维和摩擦性能调节剂及其他配合剂经一系列生产加工而成。摩擦材料的特点是具有良好的摩擦系数和耐磨损性能，同时具有一定的耐热性和机械强度。

汽车用摩擦材料是汽车的消耗性材料之一，主要起到传递动力、制动减速、停车制动等作用，是汽车传动系统和制动系统的重要组成部分。采用摩擦材料制造的零部件主要包括汽车制动摩擦片、汽车离合器摩擦片等。汽车摩擦材料对汽车的安全性、使用性能及操纵稳定性起着十分重要的作用。

**(1) 摩擦材料的结构与组成**

摩擦材料以高分子化合物为黏结剂，以无机或有机纤维为增强组分，以填料为摩擦性能调节剂或配合剂。

① 有机黏结剂。摩擦材料所用的有机黏结剂为酚醛类树脂和合成橡胶（以酚醛类树脂为主），在一定加热温度下先呈软化状态而后进入黏流态，产生流动并均匀分布在材料中形成材料的基体，最后通过树脂固化作用的橡胶硫化作用，把纤维和填料黏结在一起，形成质地致密、有相当强度及能满足摩擦材料使用性能要求的摩擦片制品。

② 纤维增强材料。纤维增强材料构成摩擦材料的基材，它赋予摩擦制品足够的机械强度，使其能承受摩擦片在生产过程中的磨削和铆接加工的负荷力，以及使用过程中由于制动和传动而产生的冲击力、剪切力和压力。

③ 填料。填料主要由摩擦性能调节剂和配合剂组成。使用填料的目的主要是调节和改善制品的摩擦性能、物理性能与机械强度，控制制品热膨胀系数、导热性、收缩率，增加产品尺寸的稳定性，改善制品的制动噪声，提高制品的制造工艺性能与加工性能，改善制品外观质量及密度，降低生产成本。

**(2) 摩擦材料分类**

在大多数情况下，摩擦材料都是同各种对偶件起摩擦作用的。在干摩擦条件下，同对偶件摩擦因数大于0.2的材料称为摩擦材料。

材料按其摩擦特性分为低摩擦系数材料和高摩擦系数材料。低摩擦系数材料又称减摩材料或润滑材料，其作用是减少机械运动中的动力损耗，降低机械部件磨损，延长使用寿命。

高摩擦系数材料又称摩阻材料（称为摩擦材料）。

1）按工作性能分类

摩擦材料按工作性能分类，可分为传动与制动两大类摩擦材料。如起传动作用的离合器片，通过离合器总成中摩擦片的接合与分离将发动机产生的动力传递到驱动轮上，使车辆开始行走。起制动作用的制动片（分为盘式与鼓式制动片），通过车辆制动机构将制动片紧贴在制动盘（鼓）上，使行驶中的车辆减速或停车。

2）按产品形状分类

摩擦材料按产品形状分类，可分为制动片（盘式片、鼓式片）、制动带、闸瓦、离合器片、异形摩擦片。盘式片呈平面状，鼓式片呈弧形，闸瓦（火车闸瓦、石油钻机闸瓦）为弧形产品，但比普通弧形制动片要厚得多，厚度范围25～30mm。制动带常用于农机和工程机械上，属软质摩擦材料。离合器片一般为圆环形状制品。异形摩擦片多用于各种工程机械方面，如摩擦压力机等。

3）按产品材质分类

摩擦材料按产品材质分类，可分为石棉摩擦材料、无石棉摩擦材料两大类。石棉摩擦材料分为石棉纤维摩擦材料、石棉绒质摩擦材料、石棉布质摩擦材料。无石棉摩擦材料分为半金属摩擦材料、NAO摩擦材料、粉末冶金摩擦材料、碳纤维摩擦材料。

**(3) 摩擦材料的技术要求**

摩擦材料的特点是具有良好的摩擦因数和耐磨损性能，同时具有一定的耐热性和机械强度，能满足车辆或机械的传动与制动性能要求。

摩擦材料是车辆与机械的离合器总成和制动器中的关键安全零件，在传动和制动过程中，主要应满足以下技术要求。

① 稳定的摩擦因数。摩擦因数是评价任何摩擦材料的一个最重要的性能指标，关系着摩擦片执行传动和制动性能的好坏。它不是一个常数，受温度、压力、摩擦速度或表面状态及周围介质因素等影响而发生变化。温度是影响摩擦因数的重要因素，一般温度达200℃以上，摩擦因数就开始下降。当温度达到树脂和橡胶分解温度范围后，摩擦因数骤然降低，这种现象称为"热衰退"。严重的"热衰退"会导致制动效能变差和恶化。在摩擦材料中加入高温摩擦调节剂填料是减少和克服"热衰退"的有效手段。摩擦材料表面沾水、沾油时，摩擦因数也会明显下降。

② 良好的耐磨性。摩擦材料的耐磨性是其使用寿命的反映，也是衡量摩擦材料耐用程度的重要经济指标。耐磨性越好，表示它的使用寿命越长。摩擦材料在工作过程中的磨损主要是由摩擦接触表面产生的剪切力造成的。工作温度也是影响磨损量的重要因素。当材料表面温度达到有机黏结剂的热分解温度范围时，有机黏结剂（如橡胶、树脂）产生分解、碳化和失重现象。随温度升高，这种现象加剧，黏结作用下降，磨损量急剧增大，称为"热磨损"。

③ 具有良好的机械强度和物理性能。摩擦材料制品在装配使用之前，需进行钻孔、铆装装配等机械加工才能制成制动片总成或离合器总成。在工作过程中，摩擦材料在承受高温的同时，还要承受较大的压力与剪切力，因此要求摩擦材料必须具有足够的机械强度，以保证在加工或使用过程中不出现破损与碎裂。如：铆接制动片要求有一定的抗冲击强度、铆接应力、抗压强度等；盘式黏结制动片要具有足够的常温黏结强度与高温（300℃）黏结强度，以保证摩擦材料与钢背粘接牢固；离合器片要求具有足够的抗冲击强度、静抗弯强度最大应变值以及旋转破坏强度。

④ 制动噪声低。制动噪声会造成噪声污染，一般汽车制动时产生的噪声不应超过85dB。

⑤ 对偶面磨损较小。摩擦材料制品的传动或制动功能都要通过与对偶件［即摩擦盘

(鼓)]在摩擦中实现。摩擦材料除自身应尽量减小磨损外，对偶件的磨损也要小，同时在摩擦过程中不应将对偶件的表面磨成较重的擦伤、划痕、沟槽等过度磨损情况。

**(4) 摩擦材料在汽车上的应用**

1905年石棉制动带开始在汽车上应用，其摩擦性能和使用寿命、耐热性和机械强度均有较大的提高。1918年开始用石棉短纤维与沥青混合制成模压制动片。20世纪20年代初酚醛树脂开始工业化应用，由于其耐热性明显高于橡胶，所以很快就取代了橡胶而成为摩擦材料中主要的黏结剂材料。由于酚醛树脂与其他各种耐热型的合成树脂相比价格较低，故从那时起，石棉-酚醛型摩擦材料被世界各国广泛使用至今。

摩擦材料在汽车上主要用于制动摩擦衬片（制动片）和离合器面片（离合器片），制动片用于制动，离合器片用于传动。

## 6.2 陶瓷材料

陶瓷是现代工业中很有发展前途的一类材料，是以天然或人工合成的各种无机化合物为基本原料，经原材料处理、成形、干燥、烧制等工序制成的无机非金属固体材料。

传统的陶瓷材料是指硅酸盐类材料，主要用于制造陶瓷和瓷器。这些材料都是用黏土、石灰石、长石、石英等天然硅酸盐类矿物质制成的。现代的陶瓷材料已经有了很大的变化，许多新型陶瓷已经远远超出硅酸盐的范畴，主要为高熔点的氧化物、碳化物、氮化物、硅化物等烧结材料，它们在性能上有了重大突破，并应用到各个领域。近年来，还发展了金属陶瓷，主要指用陶瓷生产方法制取的金属与碳化物或其他化合物的粉末制品。

### 6.2.1 陶瓷的分类及性能

**(1) 陶瓷的分类**

陶瓷产品的种类繁多，通常分为普通陶瓷和精细陶瓷两大类。

1) 普通陶瓷

普通陶瓷又称传统陶瓷，由天然的硅酸盐矿物（如黏土、长石、石英）为原料高温烧结制成，又称硅酸盐陶瓷。其质地坚硬，有良好的抗氧化性、耐蚀性和绝缘性，能耐一定高温，成本低，生产工艺简单。但其结构疏松，强度较低，在一定温度下会软化，耐高温性能较差，一般最高使用温度为1200℃左右。普通陶瓷产量大，品种多，广泛用于日用、建筑、卫生陶瓷制品，以及低压、高压电瓷，耐酸、过滤陶瓷。

2) 精细陶瓷

精细陶瓷又称现代陶瓷或特种陶瓷，是采用高强度、超细粉末原料，经过特殊的工艺加工得到的结构精细且具有各种功能的无机非金属材料。其在化学组成、内部结构、性能及使用效能各方面均不同于普通陶瓷，强度可与金刚石相媲美，柔韧如铸铁，透明如玻璃，且敏感、智能，已成为高技术领域不可缺少的关键材料。按其用途可分为工程陶瓷和功能陶瓷，见表6-5。

表6-5 精细陶瓷分类

| 工程陶瓷 | | | 功能陶瓷 |
| --- | --- | --- | --- |
| 氧化陶瓷 | 非氧化陶瓷 | | |
| 氧化铝陶瓷 | 氮化硅陶瓷 | 碳化硅陶瓷 | 高强度陶瓷、高温陶瓷、压电陶瓷、电介质陶瓷、半导体陶瓷、磁性陶瓷、光学陶瓷、生物陶瓷 |
| 氧化锆陶瓷 | 氮化铝陶瓷 | 碳化硼陶瓷 | |
| 氧化镁陶瓷 | 氮化硼陶瓷 | | |

① 工程陶瓷。工程陶瓷具有良好的综合性能，用它代替耐热合金可大幅度提高热机效率，降低能耗，节约贵重金属，达到轻量化效果。它广泛用于发动机和热交换零件，特别是采用 $SiN_4$、$SiC$ 的柴油机的活塞、气缸套、预燃烧室等零件。用于燃气轮机的陶瓷，可使热循环的最高温度从 950℃ 升高到 1350℃，热效率提高 25%。

② 功能陶瓷。汽车电子技术的发展使功能陶瓷在汽车上的应用不断增加，尤其是陶瓷传感器的开发已成为汽车电子化的重要环节。此外，功能陶瓷还应用于各种执行元件，如陶瓷加热器、导电材料、显示装置等。

**(2) 陶瓷材料的性能**

① 力学性能。陶瓷材料弹性模量比金属高，硬度大，抗压强度高，但脆性大，抗拉强度低，塑性和韧性也很小。

② 热学性能。陶瓷材料熔点高，一般高于 2000℃ 以上，抗蠕变能力强，热膨胀系数和热导率小，1000℃ 以上仍然能够保持室温下的性能。

③ 电学性能。陶瓷材料一般是优良的绝缘体，个别特殊陶瓷具有导电性和导磁性，属新型功能材料。

④ 化学性能。陶瓷材料化学性能非常稳定，能耐酸、碱、盐等腐蚀，不老化，不氧化。

## 6.2.2 常用精细陶瓷

**(1) 氧化铝陶瓷**

氧化铝陶瓷又称高铝陶瓷，主要成分是 $Al_2O_3$ 和 $SiO_2$，其中 $Al_2O_3$ 的含量在 45% 以上。其按 $Al_2O_3$ 含量分为 75 瓷、95 瓷和 99 瓷。根据结构不同，氧化铝陶瓷可分为刚玉瓷、刚玉-莫来石瓷及莫来石瓷等。其中常用的刚玉瓷性能最优，硬度高（莫氏硬度为 9），机械强度比普通陶瓷高 3~6 倍，抗化学腐蚀能力和介电性能好，且耐高温（熔点为 2050℃）。但其脆性大，抗冲击性和抗热振性差，不能承受环境温度的剧烈变化。新型陶瓷材料，如氧化铝-微晶刚玉瓷、氧化铝金属等，进一步提高了刚玉瓷的性能。氧化铝陶瓷的主要性能见表 6-6。

表 6-6 氧化铝陶瓷的主要性能

| 项目 | 刚玉-莫来石瓷 | 刚玉瓷 | |
|---|---|---|---|
| 牌号 | 75 瓷 | 95 瓷 | 99 瓷 |
| $Al_2O_3$ 含量/% | 75 | 95 | 99 |
| 密度/(g/cm³) | 3.2~3.4 | 3.5 | 3.9 |
| 抗拉强度/MPa | 140 | 180 | 250 |
| 抗弯强度/MPa | 250~300 | 280~350 | 370~450 |
| 抗压强度/MPa | 1200 | 2000 | 2500 |
| 热膨胀系数/($10^{-6}$/℃) | 5~5.5 | 5.5~7.5 | 6.7 |
| 介电强度/(kV/mm) | 25~30 | 15~18 | 25~30 |

氧化铝陶瓷具有很好的高温性能，可用作高温实验仪器、熔化金属的坩埚以及高温热电偶套管等。其具有良好的耐蚀性，可以制作化工零件，如化工用泵的密封滑环、机轴套和叶轮等。由于绝缘性能较好，常用于制造内燃机火花塞。其耐磨性好，可用于制造轴承、活塞，且可以得到相当高的加工精度和很低的粗糙度。

**(2) 氮化硅陶瓷**

氮化硅陶瓷是将硅粉经反应烧结法或将 $Si_3N_4$ 粉经热压烧法制成的，前者称为反应烧结氮化硅，后者则称为氮化硅。其化学稳定性高，除氢氟酸外，能耐各种无机酸、王水、碱液的腐蚀，也能抵抗熔融的有色金属的侵蚀，且电绝缘性能优异、硬度高、耐磨性好，并具有自润滑性能，其抗高温蠕变性和抗热振性是其他任何陶瓷材料不能相比的。

反应烧结氮化硅常用于耐磨、耐腐蚀、耐高温和绝缘的零件，如用于制作泵的机械密封环，可比普通陶瓷寿命延长 6～7 倍。其可用于制作高温轴承、热电偶套管、输送铝液电磁泵的管道、阀门和炼钢生产上的铁液流量计等，还可用于制作燃气轮机零件，如转子叶片等。热压氮化硅制作的刀具不仅可加工淬火钢、冷硬铸铁，也可以加工硬质合金、镍基合金等，成本比金刚石和立方氮化硼刀具低。

近年来，在 $Si_3N_4$ 中加入 $Al_2O_3$ 制成新型陶瓷材料，称为赛纶（Sialon），是目前强度最高的陶瓷材料，用于制作发动机部件、轴承和密封圈等耐磨部件及刀具等。表 6-7 列出了氮化硅陶瓷和赛纶陶瓷的性能。

表 6-7 氮化硅陶瓷和赛纶陶瓷的性能

| 性能指标 | | 热压 $Si_3N_4$ | 反应烧结 $Si_3N_4$ | 赛纶陶瓷 |
|---|---|---|---|---|
| 密度/(g/cm³) | | 3.12～3.22 | 1.8～2.7 | 2.9 |
| 抗弯强度/MPa | | 490～590 | 166～206 | 350 |
| 硬度(努氏硬度 2.9kg) | | 1489 | 786 | 1313 |
| 热膨胀系数/($10^{-6}$/℃) | | 3.28 | 2.99 | 3 |
| 体积电阻率 /$10^2\Omega\cdot m$ | 20℃ | $10^{13}$ | $10^{13}$ | — |
| | 1050℃ | $10^6$ | — | — |

**（3）碳化硅陶瓷**

碳化硅是把石英、碳和木屑装入电弧炉中，在 1900～2000℃ 高温下合成的，有反应烧结和热压烧结两种生产工艺。其最大特点是高温高强度，一般陶瓷材料在温度达 1200～1400℃ 时强度显著降低，而碳化硅在 1400℃ 时抗弯强度仍高达 500～600MPa，故用于制作火箭尾喷嘴、浇注金属用的喉嘴、热电偶套管、炉管、燃气轮机的叶片、轴承等零件。其热传导性、热稳定性、耐磨性、耐腐蚀性及抗蠕变性能均较好，可用作高温下热交换器材料、核燃料的包封材料，也可以用于制作各种泵的密封圈。

**（4）功能陶瓷**

功能陶瓷种类繁多，利用其特性可制成各种功能元件。如：氧化锂陶瓷为高温材料，氧化锆陶瓷为高频绝缘材料，氧化钛陶瓷为介电材料，钛酸钡陶瓷为光电材料，硼化物、氮化物、硅化物等金属陶瓷为超高温材料，铁氧体陶瓷为永久磁铁、记忆磁铁、磁头等材料，稀土钴陶瓷为存储器材料，半导体陶瓷为压敏元件、太阳电池等材料。

## 6.2.3 精细陶瓷在汽车上的应用

**（1）工程陶瓷在汽车结构件上的应用**

随着新型陶瓷的开发，陶瓷在汽车上的应用也越来越广泛。氮化硅陶瓷可用于制作气门、气门座、摇臂等零件，以充分发挥其耐热性、耐磨性优良的特性。日本五十铃公司研究开发的发动机用氮化硅材料制成气门，三菱公司采用陶瓷制成发动机摇臂，在使用中效果良好。工程陶瓷耐腐蚀性强，在高温下有良好的热稳定性，被广泛地用作汽油机点火系统火花塞的基体。

为了提高发动机的热效率，利用陶瓷耐热、耐磨、耐腐蚀、热膨胀系数小的特点可以制作陶瓷绝热发动机。日野汽车公司开发的陶瓷发动机的气缸套、活塞、气门等燃烧室零件有 40% 为陶瓷零件，取消了散热器和冷却装置，可以提高功率 10%，燃烧消耗降低 30%。工程陶瓷在汽车结构件上的应用见表 6-8。

表 6-8 工程陶瓷在汽车结构件上的应用

| 零件 | 要求的性能 | | | | | | 适用的工程陶瓷 |
|---|---|---|---|---|---|---|---|
| | 耐热 | 耐磨 | 低摩擦 | 轻量 | 腐蚀 | 膨胀小 | |
| 活塞 | * | | | * | * | * | $Si_3N_4$、PSZ、TTA |
| 活塞环 | | * | * | | | | SSN、PSZ 涂层 |
| 气缸套 | * | * | * | | * | * | $Si_3N_4$、PSZ 涂层 |
| 预燃烧室 | * | | | | * | | PSZ、$Si_3N_4$ |
| 气门头 | * | * | | * | * | | SSN、PSZ 复合材料 |

续表

| 零件 | | 要求的性能 | | | | | | 适用的工程陶瓷 |
|---|---|---|---|---|---|---|---|---|
| | | 耐热 | 耐磨 | 低摩擦 | 轻量 | 腐蚀 | 膨胀小 | |
| 气门座 | | * | * | | | | | PSZ、SSN |
| 气门挺柱 | | * | * | | * | | | PSZ、$Si_3N_4$ |
| 气门导管 | | * | | * | | | | PSZ、SSN、SiC |
| 进排气管 | | * | | | | | * | $ZrO_2$、$Si_3N_4$、$TiO_2$、$Al_2O_3$ |
| 排气口/进气口 | | * | | | | | * | $ZrO_2$、$Si_3N_4$、$TiO_2$、$Al_2O_3$ |
| 机械密封 | | | * | * | | | | SiC、$Si_3N_4$、PSZ |
| 涡轮增压器 | 叶片 | * | | | * | * | * | $Si_3N_4$、SiC |
| | 涡轮壳 | * | | | | * | * | LAS |
| | 隔热板 | * | | | | * | * | $ZrO_2$、LAS |
| | 轴承 | * | * | * | | * | * | SST |

注：*代表要求的性能。

**(2) 功能陶瓷在汽车上的应用**

功能陶瓷主要用于制作汽车调控系统的敏感元件，其功能特性及在汽车上的应用见表6-9。

表6-9 功能陶瓷的功能特性及在汽车上的应用

| 对象 | 输出 | 效果 | 材料举例 | 汽车上应用实例 |
|---|---|---|---|---|
| 温度 | 电阻变化 | 载流子浓度引起的温度变化 | | 温度计、测辐射热计、液面传感器 |
| | | | | 过热保护传感器、进气加热传感器 |
| | | 半导体-金属相转变CRT | | 温度传感器 |
| | 磁性变化 | 铁氧体磁性-常磁性转换 | | 温度传感器 |
| 气体 | 电阻变化 | 接触可燃性气体的燃烧反应 | | 可燃性气体温度计、报警器 |
| | | 由氧化物半导体气体吸附引起的电荷迁移 | | 排气传感器（HC、CO、$NO_x$） |
| | | 气体热传导放热导致的热敏电阻的温度变化 | 热敏电阻 | 高浓度气体专用传感器 |
| | | 氧化物半导体的化学量的变化 | $TiO_2$、CoO、MgO | 氧（空燃比）传感器 |
| | 电动势 | 高温固体电解质氧浓差电池 | 稳定氧化锆（$Zn-O_2$、CaO-MgO等） | 氧（空燃比）传感器、不完全燃烧传感器、CO传感器 |
| | 电量 | 库仑滴定、临界电流 | 稳定氧化锆 | 不完全燃烧氧传感器 |
| 湿度 | 电阻变化 | 吸湿离子传导 | LiG、$P_2O_5$、ZnO、$LiO_3$ | 温度计 |
| | 容量变化 | 吸湿引起的电容率变化 | $Al_2O_3$、$Tb_2O_5$ | 集成湿度传感器 |
| 压力振动 | 电动势 | 压力效应 | PZT、$PbTiO_3$、$BaTiO_3$ | 撞击传感器、加速度传感器、油面传感器、雨滴传感器 |
| | 电阻变化 | 压电电阻效果 | Si、$ZnO_2$ | 进气压力传感器 |
| 位置速度 | 反射波波形变化 | 压电效应 | PZT、$PbTiO_3$、$SiO_2$、(Na, K)$NbO_3$ | 超声波传感器（路面障碍物检测、防撞车）、进气量传感器 |
| | 电动势 | 热电效应 | $LiNbO_3$、PZT、$LTaO_3$ | 红外线传感器（车速、障碍物）|
| 光 | 光吸收 | 光色效应 | $SiO_2$-CdO 光色玻璃 | 显示元件 |
| | 电阻变化 | 光导电性 | CdS、CdTe、PbS、As-Se-Te 玻璃 | 光电管（光控制、防眩目倒车灯）|

具有绝缘性、介电性、压电性、半导体性、导磁性等特异功能的陶瓷在汽车上作为诸多调控敏感元件的应用范围越来越广，品种和规格日趋繁多，如温度传感器、气体传感器、湿度传感器、压电性传感器、硅压力传感器等。

1) 热敏陶瓷的应用

汽车上利用热敏陶瓷输出电阻变化的特性制作传感器等零件。

① NTC负压电陶瓷热敏电阻。该陶瓷使用温度可达1000℃，用于制作排气净化催化剂传感器，也可制作温度传感器等，如进气温度传感器、水温传感器。

② PTC正压电陶瓷热敏电阻。PTC正压电陶瓷热敏电阻用于制作过热保护传感器、进

气加热器、自动阻风门、温度补偿器等。Mn-Zn 系铁氧体利用其磁性变化的特性,用于制作温度转换器。例如 PTC 加热器(热敏电阻)即利用温度变化实现自动控制,较传统电加热器可流过大电流并快速加热升温。又如柴油温度(密度)调整、汽油机进气加热及手动加温装置等。

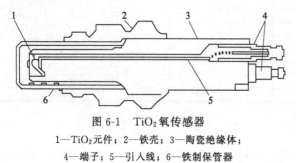

图 6-1 TiO$_2$ 氧传感器

1—TiO$_2$ 元件;2—铁壳;3—陶瓷绝缘体;
4—端子;5—引入线;6—铁制保管器

2) 气敏陶瓷的应用

气敏陶瓷材料按其效应分为电阻变化效应和电动势效应两类。

① 电阻变化效应类。这类陶瓷材料又可分为三类:

a. 接触可燃性气体燃烧反应类采用的材料为 Pt 催化剂/氧化铝/Pt 线材,用于制作可燃性气体温度计、报警器等。

b. 氧化物半导体吸附气体引起电荷迁移类可采用热敏电阻材料,制作高浓度气体传感器。

c. 氧化物半导体的化学量变化类采用的材料为 TiO$_2$、CoO、MgO,用于制作氧/空燃比传感器,如图 6-1 所示的 TiO$_2$ 氧传感器。

② 电动势效应类。该效应类可制作高温固体电解质氧浓差电池,采用的材料为稳定氧化锆。在氧化锆管(ZrO$_2$ 中固溶少量 Y$_2$O$_3$ 的试管型同体电解质元件)表面装上多孔质的铂金电极(铂金作为催化剂),可用于制作氧/空燃比传感器、不完全燃烧传感器和 CO 传感器等,如图 6-2、图 6-3 所示。

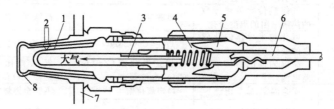

图 6-2 ZrO$_2$ 氧传感器

1—氧化锆;2—排放气体;3—套管(电极);4—弹簧;5—接线端支架;6—引线;7—排气管;8—散热器

3) 湿敏陶瓷的应用

湿敏陶瓷按效应分为电阻变化效应和容量变化效应两类。

① 电阻变化效应类具有吸湿离子传导效应,材料为 LiCl、P$_2$O$_5$、ZnO、LiO$_2$,可制作温度计等。

② 容量变化效应类具有吸湿引起的电容率变化效应,材料为 Al$_2$O$_3$、Ta$_2$O$_5$,用于制作集成温度传感器。

4) 压敏陶瓷的应用

压敏陶瓷按效应分为三类:

① 电动势/压电效应类。这类材料为锆钛酸铝(PZT)、PbTiO$_3$、BaTiO$_3$,用于制作碰撞传感器、爆燃传感器、加速度传感器、油面传感器、雨滴传感器等,图 6-4 所示为发动机爆燃传感器。

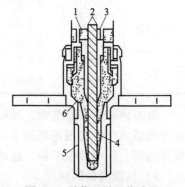

图 6-3 稀薄空燃比传感器

1—外侧电极引线;2—加热体引线;
3—内侧电极引线;4—陶瓷加热体;
5—保护罩;6—元件

② 电阻变化/压电电阻效应类。这类材料为 SiO$_2$、ZnO$_2$,用于制作进气压力传感器。

③ 位置速度效应类

a. 反射波波长变化/压电电阻效应类。这类材料为 PZT、$PbTiO_3$、$SiO_2$、$(Na、K)NbO_3$，用于制作进气量传感器或超声波传感器，如路面、障碍物检测、防撞车等传感器。

b. 电动势变化/热电效应类。这类材料为 $LiNbO_3$、PZT、$LiTaO_3$，用于制作红外线传感器，如车速、障碍物检测等传感器。

5) 光敏陶瓷的应用

① 光吸收/光色效应类。这类材料为 $SiO_2$、CdO 光色玻璃，应用于显示元件。

② 电阻变化/光导电性效应类。这类材料为 CdS、CdTe、PbS、As-Se-Te 玻璃，用于制作光电管（光控制、防眩倒车灯）。

6) 磁致伸缩陶瓷的应用

磁致伸缩陶瓷用于制作发动机爆燃传感器，如图 6-5 所示。

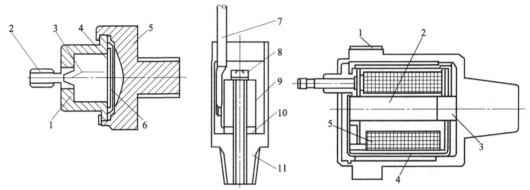

图 6-4 共振压电型和非共振压电型发动机爆燃传感器
1—罩；2—终端；3—引线；4—压电体；5—外壳；6—金属圆板；
7—引线电缆；8—固定螺栓；9—载体；10—压电元件；11—壳

图 6-5 磁致伸缩型爆燃传感器
1—外壳；2—磁致元件（高 Ni 合金）；
3—永久磁铁；4—内罩；5—线圈

7) 其他功能性陶瓷的应用

① 用于制作陶瓷促动器。陶瓷压电体具有沿电极化方向施加电压产生压电效应，并使其沿极化方向伸张的特性。利用这一特性制作的发动机用促动器可向多个薄板状压电陶瓷叠层施加电压，使其迅速产生位置伸缩变化，并将输入的电能转变为机械能，从而实现促动作用，如图 6-6 所示。

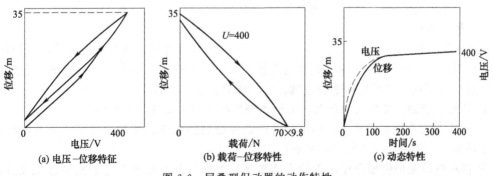

图 6-6 层叠型促动器的动作特性

该类陶瓷用于柴油机可作为燃油喷射促动器，具有结构简单、喷雾切断好、可自由控制喷射量和喷射时间的特点；用于汽油机可作为燃油喷射阀，其升程具有极优良的响应性。

② 用于制作显示元件，制作汽车仪表电子显示元件。

a. 荧光显示管（VFD）。利用电子冲撞被涂覆荧光物质的阳极表面，从而产生出在阳光下也可辨认的荧光。其工作温度为 $-30\sim80℃$，具有多种色彩，升高电压即可提高亮度，用于制作数字计时、收音机、断路开关、时钟和各种仪表的显示灯。

b. 发光二极管。制作的发光二极管为半导体，具有小型化、价廉、寿命长、色彩多样的特点，但亮度低，在阳光下不易看清。在汽车上用于制作小型报警灯、图像扫描器等。

c. 液晶 LCD。由于液晶为固体与液体的中间相，一旦施加电场即可改变液晶相的取向，从而改变光的折射率。利用此原理，将其夹在两张透明电极极板玻璃之间，施加电压时即可改变光的折射率。只需在液晶中掺入色素，即可实现多色化。液晶 LCD 工作电压低（$3\sim4V$），工作温度为 $-20\sim70℃$，显示形态为吸光型显示元件，在阳光直射下亦清楚可见。用于汽车数字显示，形状可供选择，并能大面积显示。

d. 布朗管 CRT。该元件是利用信息显示的互换性所制成的最优异的荧光体元件，如丰田汽车 FX-1 彩色 CRT 显像仪表的全部信息显示均由 CRT 集中完成。

## 6.3 汽车玻璃

玻璃是将各种原料熔融、冷却、固化的非结晶（特定条件下也可成为晶态）的无机非金属材料。制作玻璃时加入各种氧化物原料，如硅砂、石灰石、长石、强碱、硼酸等，使玻璃获得某些必要的性质，以及加入加速熔制过程的原料，如脱色剂、乳浊剂、氧化剂、助熔剂等。

### 6.3.1 玻璃的性能特点

① 力学性质。玻璃是一种脆性材料，有较好的抗压强度，较高的硬度。由于其抗弯强度和抗拉强度都不高，使一般玻璃的应用受到一定限制。

② 热稳定性。玻璃的热稳定性是指温度突然改变时抵抗破坏的能力。玻璃的膨胀系数越小，热稳定性越大。

③ 透光性。该性能是玻璃的重要使用性能。

④ 耐蚀性。玻璃具有抵抗水和空气以及酸、碱、盐等溶液腐蚀的性能。

### 6.3.2 玻璃的种类及应用

玻璃的种类繁多，常用的主要有板型玻璃、钢化玻璃、区域钢化玻璃、夹层玻璃、夹丝玻璃等。

**(1) 板型玻璃**

一般板型玻璃的主要成分是 $SiO_2$、$NaO$、石灰，有较好的透明性和耐候性，其脆性大，质量为塑料的 $1.5\sim2.5$ 倍。因在频繁的交通事故中极易造成人身伤亡，故汽车上已淘汰了板型玻璃。板型玻璃主要包括平板玻璃、磨砂玻璃、浮法玻璃等。

① 平板玻璃通常指生活中随处可见的窗用平板玻璃，又称镜片玻璃。

② 磨砂玻璃是对平板玻璃表面进行磨砂处理得到的玻璃，又称毛玻璃。其主要特点是透光不透明，一般用于卫生间、浴室的门窗。

③ 浮法玻璃是经锡槽浮抛成形的高质量平板玻璃，其主要特点是表面平整无波纹，光学性质优于一般的平板玻璃，多用于橱窗及高级建筑的门窗。

**(2) 钢化玻璃**

将普通玻璃加热到一定温度后急剧冷却就能大大提高玻璃的强度，这种将普通玻璃经过高温淬火进行特殊钢化处理得到的特种玻璃称为钢化玻璃。钢化玻璃的性能特点如下。

① 力学性能。钢化玻璃比普通玻璃的抗弯强度大 5～6 倍，挠度大 3～4 倍，并具有较高的冲击强度和耐热性，其热稳定性比同样化学成分的普通退火玻璃高得多，能经受 120～130℃的温度差而不炸裂。

② 安全性。由于热处理后玻璃晶粒发生变化，钢化玻璃破碎后，其碎片的形状呈现蜂窝状小块，碎片小而无棱角，不会造成人体伤害，所以钢化玻璃破碎时具有相当的安全性。

如图 6-7（a）所示，钢化玻璃破损后沿晶界产生裂纹，大大影响了视野，可能引发二次交通事故，因此仅用于汽车后窗和侧窗玻璃。

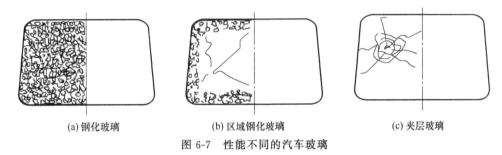

(a) 钢化玻璃　　　　(b) 区域钢化玻璃　　　　(c) 夹层玻璃

图 6-7　性能不同的汽车玻璃

③ 使用持久性。钢化玻璃无论在低温或高温季节都可长期使用而不改变其抗弯强度和抗冲击性能。

**（3）区域钢化玻璃**

区域钢化玻璃又称局部钢化玻璃，其采用特殊的热处理方法，控制玻璃碎片的大小、形状和分布，以克服普通钢化玻璃经受撞击后会形成一层稠密的裂缝网的缺陷。处理时，中间部分不进行淬火，只对玻璃外边缘部分进行局部淬火。如图 6-7（b）所示，当玻璃受到冲击时，其局部碎裂为细小的碎片，而中部破碎成大块，使玻璃在破碎之前保持一定的透明度，保住视线，避免二次事故的发生。区域钢化玻璃一般用于汽车后窗和侧窗玻璃。

**（4）夹层玻璃**

夹层玻璃是将两片以上的平板玻璃用聚乙烯醇缩丁醛塑料衬片黏合而成，具有较高的强度。当玻璃受到冲击破坏时，会产生辐射状或蜘蛛网状裂纹，如图 6-7（c）所示，碎片不易脱落，而且不影响透明度，不产生折光现象。

汽车上的普通夹层玻璃中间夹有一片安全膜，将两层玻璃牢固地结合起来。当汽车碰撞时，即使玻璃破碎，其碎片仍能黏附在安全膜上。因此，夹层玻璃的安全性比区域性钢化玻璃又有进一步提高，所以夹层玻璃又称为安全玻璃。

HPR（high penetration resistance）夹层玻璃又称高抗穿透性夹层玻璃，中间塑料膜的厚度为普通夹层玻璃厚度的 2 倍（0.76mm），提高了对破裂的抗力。其特点是乘客头部在二次冲撞时，有不使其穿透的抗力，导致 HPR 夹层玻璃破裂的冲撞速度约为 35km/h，而区域钢化玻璃破裂的冲撞速度约为 20km/h，二者冲撞时破损状态对比如图 6-8 所示。

夹层玻璃常用于汽车前窗玻璃、高层建筑的门窗及航空安全玻璃。轿车的前窗必须安装夹层玻璃。

**（5）夹丝玻璃**

夹丝玻璃是在玻璃中间夹有一层金属网，其强度高，不易破碎。即使破碎，也会附在金属网上而不脱落,因此夹丝玻璃又称为防碎玻璃。通常,夹丝玻璃用于需要采光及对安全性要求较高的场合,如防火门窗、地下采光窗等。

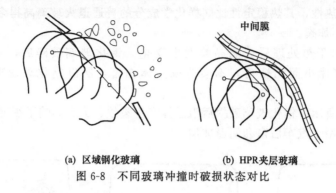

(a) 区域钢化玻璃　　　　　(b) HPR夹层玻璃

图 6-8　不同玻璃冲撞时破损状态对比

### 6.3.3　汽车玻璃的应用与发展

**(1) 玻璃在汽车上的应用**

玻璃是汽车上具有重要功能的外装件,其使用量占汽车总重的 3% 左右(轿车)。汽车玻璃主要包括前门窗玻璃、前角窗玻璃、后门窗玻璃、后角窗玻璃、后侧窗玻璃、前窗玻璃、后窗玻璃等,对玻璃的透明性、耐候性、强度及安全性都有很高的要求。根据玻璃的性能,汽车玻璃必须使用安全性能高的夹层玻璃、区域钢化玻璃或钢化玻璃。

**(2) 新型汽车玻璃**

随着汽车技术的发展,汽车玻璃的发展也显现出高性能、多功能、新技术的特点,在保证安全性的前提下,不断追求多用途和外形美观的新品种。为了吸收紫外线和红外线,常常采用蓝色、茶色、褐色等有色玻璃。此外,还发展了一些新型玻璃,如天线夹层玻璃、调光夹层玻璃、热线反射玻璃、除霜玻璃、印刷陶瓷电热玻璃、着色钢化玻璃、导电膜夹层玻璃、顶篷玻璃等。

① 天线夹层玻璃在玻璃夹层中装置天线。该天线采用印制电路线,即利用含银发热线的导电性,可直接用于接收电视、AM、FM 收音机及电话和导航的信息。

② 调光夹层玻璃采用一种光的透射率和散射度可变的玻璃,达到遮挡太阳能、适当采光、隐藏保护等功能,提高了玻璃的控制环境功能及汽车的舒适性和居住性。

③ 热线反射玻璃用喷镀或其他方法使金属薄膜镀在玻璃表面,或把喷镀了金属薄膜的聚酯薄膜夹在夹层玻璃中间,使玻璃具有反射功能。喷镀电解质使汽车玻璃在确保规定的可见光透射的前提下,充分反射近红外线,可减轻空调的负荷,辅助空调控制车室内温度。

④ 除霜玻璃采用网板印刷法将导电性胶印刷在玻璃上,印刷电路能加热玻璃起到除霜作用,我国汽车合资品牌的帕萨特、奥迪、福特、通用车系应用较多。还可利用微丝电加热原理和喷涂金属薄膜法制作除霜玻璃,如图 6-9 所示。

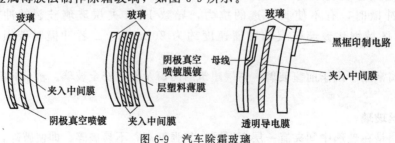

图 6-9　汽车除霜玻璃

## 6.4 复合材料

随着现代科学技术的发展，单一材料已无法满足工业生产的全面需要。另外，自然资源日益贫乏，需要替代的新材料。由于复合材料具有质量轻、强度高、加工成形方便、弹性优良、耐化学腐蚀和耐候性好等特点，在航空航天、汽车、电子电气、建筑、健身器材等领域得到了飞速发展。

复合材料是由两种或两种以上物理和化学性质不同的材料经人工合成的多相固体材料，通常由起粘接作用的基体材料和提高材料强度及韧性的增强材料两部分构成。常见的基体材料有非金属的合成树脂、碳、石墨、橡胶、陶瓷等和金属的铝、镁、钢及其合金等。

### 6.4.1 复合材料的分类

复合材料可以由金属、高分子材料和陶瓷材料中的两种或两种以上任意人工合成，因此复合范围很广，种类繁多。

① 按基体材料分类，可分为高聚物基复合材料 PMC（如纤维增强塑料、轮胎等）、金属基复合材料 MMC（如纤维增强金属等）、陶瓷基复合材料 CMC（如夹网玻璃等）、石墨基复合材料和混合土基复合材料。

② 按复合材料结构和增强材料形态分类，可分为颗粒填料复合材料（如金属陶瓷等）、纤维增强复合材料（如玻璃钢等）、层叠复合材料（如胶合板）、骨架复合材料（如填充泡沫塑料等）。复合材料结构和增强材料形态见图 6-10。

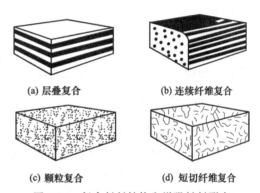

图 6-10 复合材料结构和增强材料形态

③ 按材料作用、性能分类，可分为用于制造受力构件的结构复合材料，具有各种特殊性能（如阻尼、导电、导磁、智能、摩擦、屏蔽等）的功能复合材料，同质复合材料与异质复合材料等。

### 6.4.2 复合材料的性能特点

复合材料是现代材料技术的一个突破，它综合了各种材料，如纤维、树脂、橡胶、金属、陶瓷等的优点，按需要设计、复合成综合性能优异的新型材料。复合材料与单一材料比较，具有以下一些特点。

① 比强度和比模量高。如，碳纤维增强环氧树脂复合材料的比强度是钢的 7 倍，比模量是钢的 4 倍，玻璃钢比强度可达 530MN。又如，用高强度、高模量的硼纤维、碳纤维增强铝基、镁基复合材料，既保留了铝、镁合金的轻质、导热、导电性好的特点，又充分发挥了增强纤维的高强度、高模量，获得了高比强度、高模量、导热、导电、热膨胀系数小的金属基复合材料，在航天飞机和人造卫星上应用，取得了巨大成功。

② 疲劳强度高。由于纤维复合材料对缺口应力集中的敏感性小，而且纤维和基体界面

能够阻止和改变裂纹扩展方向,因此碳纤维的聚酯类复合材料疲劳强度远远高于某些金属材料,具有较高的疲劳极限。多数金属的疲劳极限为抗拉强度的40%~50%,而碳纤维增强复合材料可达70%~80%。

③ 阻尼大、减振性好。由于复合材料的比模量大,自振频率很高,不易产生共振。纤维与基体界面具有吸振能力,故振动阻尼大。

④ 高温性能优良。增强纤维的熔点很高,且在高温下还能保持较高的强度,因此增强复合材料具有较高的高温强度和弹性模量,抗疲劳性能好,热稳定性也较好。尤其是金属基复合材料,其性能更佳。例如,欧洲动力公司推出的碳纤维增强碳化硅基体陶瓷基复合材料,用于航天飞机高温区,在1700℃下保持20℃时的抗拉强度,并且具有较好的抗压性能,以及较高的层间抗剪强度。又如,一般铝合金在400℃时弹性模量大幅度降低,强度显著下降,而碳(或硼)纤维增强铝合金制成的复合材料在此温度下强度和模量基本不变,是高温状态下工作零件的理想材料。

⑤ 过载安全性好。纤维复合材料中有大量独立的纤维,其构件由于超载使少数纤维断裂时,载荷会迅速重新分配到未破坏的纤维上,使整个构件在短期内不至于完全失去承载能力而突然破坏。

⑥ 独特的成形工艺。复合材料可以整体成形,减少了零部件紧固和接头数目,材料利用率也高很多。例如,硼纤维增强复合材料,100kg的原料可获得80kg的零件。

另外,有些复合材料还有良好的减摩性、电绝缘性、光学及磁学特性等。金属基复合材料还具有导热、导电性能,尺寸稳定性,气密性等。

### 6.4.3 常用复合材料

**(1) 纤维增强复合材料**

纤维增强复合材料是目前使用最多的复合材料。材料中承受载荷的主要是增强相纤维,而增强相纤维处于基体之中,彼此隔离,其表面受到基体的保护,因而不易遭受损伤。塑性和韧性较好的基体能阻止裂纹的扩展,并对纤维起到黏结作用,复合材料的强度因而得到很大的提高。用作增强相的纤维种类很多,但现代复合材料中的增强相纤维主要是指高强度、高模量的玻璃纤维、碳纤维、石墨纤维、硼纤维等。

1) 玻璃纤维增强复合材料

玻璃纤维增强复合材料是由玻璃纤维与热固性树脂或热塑性树脂复合的材料,通常又称为玻璃钢。玻璃钢可分为热塑性和热固性玻璃钢两类。

① 热塑性玻璃钢是以玻璃纤维为增强剂,以热塑性树脂为黏结剂制成的复合材料。二氧化硅和其他氧化物的共熔体以极快的速度抽拉成细丝状玻璃,直径一般为$5\sim9\mu m$,玻璃纤维柔软如丝,比玻璃的强度和韧性高得多。而且纤维越细,强度越高,其抗拉强度可高达1000~3000MPa,比高强度钢还高出两倍,且耐热性和化学稳定性均较好。其主要缺点是脆性较大。但若与合成树脂结合在一起,便能形成具有较佳性能的玻璃钢。目前应用较多的热塑性树脂是尼龙、聚烯烃类、聚苯乙烯类、热塑性聚酯和聚碳酸酯五种,其中以尼龙的增强效果最好。

热塑性玻璃钢同热塑性塑料相比,基本材料相同时,强度和疲劳性能可提高2~3倍以上,冲击韧性提高2~4倍以上,蠕变强度提高2~5倍,达到或超过了某些金属的强度。例如,40%玻璃纤维增强尼龙的强度超过了铝合金而接近于镁合金的强度。因此,其可作为金属的替代材料。常见热塑性玻璃钢的性能和用途见表6-10。

表 6-10 常见热塑性玻璃钢的性能和用途

| 材料 | 密度/(g/cm³) | 抗拉强度/MPa | 弯曲模量/10²MPa | 特性及用途 |
|---|---|---|---|---|
| 尼龙 66 玻璃钢 | 1.37 | 182 | 91 | 刚度、强度、减摩性好,用作轴承、轴承架、齿轮等精密件,以及电工件、汽车仪表、前后灯等 |
| ABS 玻璃钢 | 1.28 | 101 | 77 | 化工装置、管道、容器等 |
| 聚苯乙烯玻璃钢 | 1.28 | 95 | 92 | 汽车内装、收音机外壳、空调叶片等 |
| 聚碳酸酯玻璃钢 | 1.43 | 130 | 84 | 耐磨、绝缘仪表等 |

② 热固性玻璃钢是以玻璃纤维为增强剂,以热固性树脂为黏结剂制成的复合材料。常用的热固性树脂为酚醛树脂、环氧树脂、不饱和聚酯树脂和有机硅树脂等四种,酚醛树脂出现最早,环氧树脂性能较好,应用较普遍。

热固性玻璃钢集中了其组成材料的优点,即质量轻,比强度高,耐腐蚀性好,介电性能优越,成形性能良好。其比强度比铜合金和铝合金高,甚至比合金钢还高。但其刚度较差,仅为钢的 1/15~1/10,耐热性不高(低于 200℃),易老化,易蠕变等。

玻璃钢的性能主要决定于基体树脂的类型,如:酚醛树脂玻璃钢质地坚硬,耐烧蚀;环氧树脂玻璃钢强度高,黏着牢固,抗蚀性高;聚酯树脂玻璃钢成形工艺性好,可在常温下固化;有机硅树脂玻璃钢耐热性较高等。常见热固性玻璃钢的性能和用途见表 6-11。

表 6-11 常见热固性玻璃钢的性能和用途

| 性能特点 | 材料类型 | | | |
|---|---|---|---|---|
| | 环氧树脂玻璃钢 | 聚酯树脂玻璃钢 | 酚醛树脂玻璃钢 | 有机硅树脂玻璃钢 |
| 密度/(g/cm³) | 1.73 | 1.75 | 1.80 | — |
| 抗拉强度/MPa | 341 | 290 | 100 | 210 |
| 抗压强度/MPa | 311 | 93 | — | 61 |
| 抗弯强度/MPa | 520 | 237 | 110 | 140 |
| 特点 | 耐热性较好,150~200℃下可长期工作,耐瞬时超高温;价格低,工艺性较差,收缩率大,吸水性大;固化后较脆 | 强度高,收缩率小,工艺性好,成本高;某些固化剂有毒性 | 工艺性好,适用各种成形方法,可做大型构件,可机械化生产;耐热性差,强度较低,收缩率大,成形时有异味,有毒 | 耐热性较高,200~250℃下可长期使用;吸水性低,耐电弧性好,防潮,绝缘,强度低 |
| 用途 | 主要受力构件、耐蚀件,如飞机、宇航器等 | 一般要求的构件,如汽车、船舶、化工件 | 飞机内部装饰件、电工材料 | 印制电路板、隔热板等 |

玻璃钢的应用极为广泛,可用来制造游船、舰艇,各种车辆的车身及配件,各种耐腐蚀的管道、阀门、储罐、高压气瓶、撑杆、防护罩,以及轴承、法兰圈、齿轮、螺钉、螺母等各种机械零件和机械设备。玻璃钢作为一种优良的工程材料,已成为工程上不可缺少的重要材料之一。

2) 碳纤维增强复合材料

碳纤维增强复合材料是以碳纤维或其织物为增强相,以树脂、金属、陶瓷等为黏结剂而制成的。目前有碳纤维/树脂、碳纤维/碳、碳纤维/金属、碳纤维/陶瓷等复合材料,其中,碳纤维/树脂复合材料应用最为广泛。碳纤维/树脂复合材料中采用的树脂有环氧树脂、酚醛树脂、聚四氟乙烯树脂等,与玻璃钢相比,其强度和弹性模量高,密度小。因此,它的比强度、比模量高,还具有较高的冲击韧度和疲劳强度,以及优良的减摩性、耐磨性、导热性、耐蚀性和耐热性。其缺点是价格高,结合力不强。碳纤维树脂复合材料广泛应用于制造要求比强度、比模量高的飞行器结构件,还可制造重型机械的轴承、齿轮,化工设备的耐蚀件等。

**(2) 层叠复合材料**

层叠复合材料是由两层或两层以上不同性质的材料复合而成,以达到增强的目的。

① 三层复合材料是以钢板为基体,烧结铜为中间层,塑性为表面层制成的。它的物理、化学性能主要取决于基体,而摩擦、磨损性能取决于表面塑性层。中间多孔性青铜使三层之间获得可靠的结合力。表面塑性层通常为聚四氟乙烯(如 SF-1 型)和聚甲醛(如 SF-2 型)。这种复合材料比单一塑性材料提高承载能力 20 倍,热导率提高 50 倍,热膨胀系数降低 75%,从而改善了尺寸稳定性,常用作无油润滑轴承、机床导轨、衬套、垫片等。

② 夹层复合材料是由两层薄而强的面板或蒙皮与中间夹一层轻而柔的材料构成。面板一般由强度高、弹性模量大的材料组成,如金属板、玻璃等。心料结构有泡沫塑料和蜂窝格子两大类。其特点是密度小,刚性和抗压稳定性好,抗弯强度高,常用于航空、船舶、化工等工业,如飞机、船舱隔板等。

**(3) 颗粒增强复合材料**

颗粒增强复合材料中承受载荷的主要是基体,颗粒增强的作用在于阻碍基体中位错或分子链运动,从而达到增强的效果。增强效果与颗粒的体积分数、分布、粒径、料间距有关。粒径为 $0.01\sim0.1\mu m$ 时,增强效果最好;粒径小于 $0.01\mu m$ 时,位错容易绕过,难以对位错运动起阻碍作用;粒径大于 $0.01\mu m$ 时,会造成附近基体应力集中,或者使颗粒本身破碎,反而导致材料强度降低。常见的颗粒增强复合材料有两类:一类是颗粒增强树脂复合材料,如添加颗粒状填料塑料、炭黑增强橡胶等;另一类是颗粒增强金属复合材料,如陶瓷颗粒增强金属复合材料。

## 6.4.4 复合材料在汽车上的应用及前景

在汽车上所采用的复合材料主要是纤维增强塑料(FRP)和纤维增强金属(FRM)复合材料。

**(1) 纤维增强塑料在汽车上的应用**

纤维增强塑料的密度低,比强度高,可减轻汽车自重,降低发动机负荷,提高燃料利用率。这种材料的流动性和层压性好,可制成形状各异的曲面,有利于设计空气阻力小的车身形状,满足美观要求,并可一体成形,减少装配工序。其着色方便,在树脂中混入颜料可达到任意着色的目的。其可随时根据设计要求调整纤维配比及排列,以便在不同取向上得到合理的强度和刚度,从而制成轻量的不等向性、不等厚度的制件。其耐冲击性好,可大量吸收冲击能,有利于提高安全性。但其生产率低,可靠性差,接合强度低(只能铆接或化学粘接)、阻热性、耐燃性、表面涂装性差。

1) 玻璃纤维增强复合材料(玻璃钢)

玻璃钢是汽车上应用最广的复合材料,目前在轿车、吉普车以及卡车上使用的玻璃钢部件逐步增多。随着研究和开发的不断深入,将更多地用玻璃钢替代金属材料,以达到节能的目的。今后玻璃钢在汽车上所占的比例将会越来越大,其具体应用如下。

① BMC 材料(即块状模压塑料)生产的汽车零件有:轻型车进气罩下体、护风圈、前照灯、前端电枢、空调器壳、发动机壳等。

② SMC 材料(片状模压塑料复合材料)生产的汽车零件有:车顶导流板、翼子板、前照灯箱、车轮盖、车门、侧板、车身装饰物嵌饰条、风窗窗框、顶盖、发动机罩及通风空气口等。

③ 树脂注入法(RTM)生产的汽车零件有:护风罩、前后保险杠、导流罩、后尾门、

顶盖、后举升门等。

④ 拉制成形法（PP）生产的汽车零件有：大型货车用集装箱内外板的隔板（与铝板共用）、保险杠横梁、推杆、车架等。

⑤ 增强反应注射成形法（RRIM）生产的汽车零件有：保险杠、挡泥板、车门外蒙皮等。

2）碳纤维增强塑料（CFRP）

碳纤维增强塑料由人造丝、石油沥青、聚丙烯为原料制成，具有高的比强度和比弹性模量，密度低，抗压强度比玻璃纤维增强塑料高一倍左右，还具有较好的耐疲劳特性、耐蠕变性能和耐腐蚀性能。其热伸缩性小，能导电，X射线穿透性好，耐磨性高，磁电屏蔽性好，振动衰减快，振动传导小，是一种理想的汽车材料。

采用碳纤维增强塑料生产的汽车零件有：发动机挺柱、保险杠骨架、传动轴、大梁、横梁、悬挂板簧等。

3）芳纶（kevlar）纤维复合材料

这是一种有机合成纤维，具有高强度、高弹性、低密度等特点。其强度与碳纤维相同，而质量比碳纤维轻10%～15%，比玻璃纤维轻45%。其具有高的抗拉强度及压缩模量，耐破坏性、振动衰减性及抗疲劳性强，但成本高。

采用芳纶纤维复合材料生产的汽车零件有：缓冲器、门梁、托架、铰链、变速器支架、压簧、传动轴等。

为了降低成本和提高复合材料的耐冲击性，开发了高性能的混合纤维，即碳纤维和芳纶纤维利用交错层压或交织增强方法获得的纤维，随着汽车用FRP零件在可靠性、安全性、高质量和成本方面的进一步开发和实验，其用途会越来越广泛。

**(2) 纤维增强金属（FRM）在汽车上的应用**

纤维增强金属材料的比强度、比刚度高，耐磨性好，耐热性、导热性和导电性优良。采用这种复合材料的汽车零件有：活塞、活塞销、连杆、气门摇臂、挺柱、气缸体等。由于纤维增强金属材料成本高，制造工艺复杂，其应用不如玻璃钢广泛。如果只追求轻量化效果，无须采用纤维增强金属材料。只有同时要求良好的耐热性、耐磨性以及导热性和导电性时，才有必要采用纤维增强金属材料。

**(3) 复合材料的应用前景**

近几年欧美复合材料产需均持续增长，国内复合材料的市场发展迅速。复合材料在欧美主要用于航空航天、汽车等行业，而日本的复合材料主要用于住宅建设。从全球范围看，汽车工业是复合材料最大的用户，今后的发展潜力仍十分巨大，目前还有许多新技术正在开发中。例如：为降低发动机噪声，增加轿车的舒适性，正着力开发两层冷轧板间黏附热塑性树脂的减振钢板；为满足发动机向高速、增压、高负荷方向发展的要求，发动机活塞、连杆、轴瓦已开始应用金属基复合材料。为满足汽车轻量化要求，必将会有越来越多的新型复合材料被应用到汽车制造业中。

## 6.5 汽车涂装材料

随着汽车工业的飞速发展，汽车已从单纯的客货运输工具，转变为人们追求舒适性、展现个性审美的时尚产品，其装饰性已成为决定汽车商品价值的重要因素。除依靠车型设计和车内装饰外，汽车的装饰性主要靠涂装。汽车的涂装不是简单的"油漆"，其目的是通过对各种类型的汽车车身、底盘、车架、车厢和零部件的涂装，赋予汽车漂亮的外观和优良的防护性能。

涂装材料是一种流动或粉末状态的有机物质，可采用不同的工艺涂覆在物体表面，形成黏附牢固，具有一定强度的连续固态薄膜，统称为涂膜，又称为漆膜或涂层。涂料是涂膜的半成品，涂料只有经过使用，即施工到被涂物件的表面形成涂膜后才能发挥作用。

汽车用涂料是指汽车制造涂装和汽车修理涂装使用的涂料，其品种多、用量大，并且需要具备独特的施工性能和漆基性能，因而早已成为一种专用涂料。为适应汽车的现代涂装工艺的需要和满足汽车涂层的高装饰性及防腐蚀性能的要求，近些年来开发了不少涂料新品种，实现了多次更新换代。

### 6.5.1 涂料的作用及组成

#### (1) 涂料的作用

根据汽车的使用条件和汽车涂装的特点，要求汽车用涂料具有较高的性能。涂料的作用如下。

① 保护作用。涂料在物件表面形成一层保护膜，能阻止或延迟材料在大气等各种介质中的锈蚀、腐朽和风化等破坏现象的发生和发展，使材料的使用寿命延长。

② 装饰作用。涂料可以改善材料表面的外观形象，起到美化的作用。

③ 特殊功能作用。涂料能够提供多种不同的特殊功能，如改善材料表面的力学、物理、化学和微生物学等方面的性能。

由于汽车涂装大部分是多层涂装，再加上涂装部位不同，对于某一品种来说并不强调都满足上述要求。例如，轿车车身用涂料侧重于装饰性、耐久性，对于载货汽车车身用涂料则侧重于力学性能和耐久性，对于汽车底盘用涂料要求防锈、耐水、耐沥青、耐冲击等。

#### (2) 涂料的组成

涂料的类型较多，构成也比较复杂，有可以转化为固态涂层的液体，也有固体材料。早期使用的涂料主要是以植物油为原料制成的，又称油漆（如清漆）。随着科学技术的发展，涂料的原料基本上被合成树脂所代替，而且不断有新的品种产生。现代汽车喷涂所用涂料的品种有很多，各种涂料的性能及成分存在着较大的差异。涂料由成膜物（树脂）、颜料、溶剂和添加剂四部分组成，各组分的作用不同。

1) 成膜物

成膜物是涂料的主要成膜物质，是涂料的基础，因此也称为基料或漆基。成膜物通常由天然树脂（如松香）、干性油（如亚麻仁油、棉籽油）或人工合成树脂（如异丁烯酸甲酯、聚氨基甲酸乙酯、聚苯乙烯、聚氯乙烯等）制成。目前的成膜物以树脂为主，因此有时也直接将成膜物称为树脂。成膜物决定了涂料的类型，其作用是使涂料具有一定的硬度、耐久性、弹性、附着力等，使色素保持均布状态，并能持久地附着于车身表面上，形成一定的保护装饰作用，如耐水、耐酸碱、耐各种介质、抗石击、抗划伤、光泽好等。

2) 颜料

颜料是有颜色的涂料（即色漆）的重要组成部分之一，一般为白色或有色固体粉末，它不溶于水及有机溶剂，只能均布于涂料中。其作用是赋予涂料颜色，以遮盖基底，增强装饰及保护效果。在涂料中加入颜料，还可以明显地改善涂料的性能，如增强漆膜的装饰性，提高漆膜的机械强度、附着力、防腐、防蚀、耐候及其他性能，延缓漆膜的老化，延长其使用寿命。

颜料有天然颜料和合成颜料之分。按其在涂料中所起的作用又可分为着色颜料、体质颜料和防锈颜料等。其中,防锈颜料具有优良的防锈性能,可以防止金属的锈蚀,其主要种类有铝粉、红丹、锌粉、铬黄等。

3) 溶剂

溶剂(稀释剂)是涂料的重要组成部分,它是涂料中的挥发性物质,其主要作用是溶解成膜物质。大多数溶剂都是由天然油制成的,其主要功能是辅助成膜,在基层材料上形成附着性能良好的光滑漆膜,使涂料具有良好的使用特性。

常见的溶剂有:烃类溶剂,如汽油、松香水、苯、二甲苯等;醇类溶剂,如乙醇、丁醇等;酯类溶剂,如醋酸乙酯、醋酸丁酯等;酮类溶剂,如丙酮、环己酮、甲乙酮等;醇醚类溶剂,如乙二醇、单乙醚等;以及氯化烃和水。

4) 添加剂

添加剂又称为助剂,虽然在汽车涂料中所占的比例很小(一般不超过5%),但它对涂料的性能却起着非常重要的作用,可以加快涂料的干燥,增加漆膜的光泽,控制色素的沉淀,防止发白,减少涂层的皱纹,改善漆膜干燥后的韧性及提高汽车涂层的抗腐蚀能力等。

不同成分的成膜物质组成种类、性能及用途不同的涂料。工业上金属设备的常用涂料主要有:酚醛树脂涂料,如纯酚醛清漆(F01-15)、各色酚醛磁漆(F04-1);酚醛树脂涂料,如醇酸清漆(C04-48)、各色醇酸磁漆;氨基树脂涂料,如氨基烘干清漆(A01-10)、各色氨基烘干磁漆(A04-11、A04-15);环氧树脂涂料,如各色环氧磁漆(H04-8);防锈涂料,如红丹醇酸防锈漆(C53-31)等。

## 6.5.2 汽车涂装材料的类型及应用

**(1) 汽车涂料的类型**

1) 按在汽车上的使用部位分类

① 车身用涂料。车身用涂料是汽车涂料的主要代表性涂料。从狭义上来讲,所谓汽车用涂料主要是指车身用涂料。车身涂层一般是由底层、中间层和面层三层或者由底层和面层两层构成。

② 货厢用涂料。其质量要求比车身用涂料要求低,一般为底、面两层涂层。

③ 车轮、车架等部件用的耐腐蚀涂料。这些部件主要要求漆膜坚韧耐磨,抗石击,耐腐蚀性好。

④ 发动机部件用涂料。因发动机不能高温烘烤,故要求涂料能常温快干,漆膜耐汽油、耐机油、耐热性应较好。

⑤ 底盘用涂料。因车桥、传动轴等总成不能高温烘烤,所以涂料应能常温干燥,漆膜耐水、耐机油、耐石击、抗腐蚀等性能应良好。

⑥ 铸锻件、毛坯和冲压件半成品用涂料。这些件涂装的目的是防锈和打底,所用涂料一般属防锈底漆类,要求具有较好的防锈和力学性能。

⑦ 车内装饰件用涂料。这些部件主要要求涂料具有较好的装饰性,良好的附着力和耐磨性。

⑧ 特种用途涂料。该类涂料包括蓄电池固定架用耐酸涂料,汽油箱内表面用耐汽油涂料,消声器、排气管用耐热涂料,以及密封涂料、防声绝热涂料等。

2) 按涂装工艺及在涂层中所起的作用分类

① 汽车用底漆。底漆是直接涂装在经过表面预处理的工件表面上的第一道涂料,是整个涂层的基础。底漆必须具有良好的附着力,防锈、防腐蚀,与中间层、面层有良好的配套性和施工性。

随着化学工业和汽车工业的发展，近60年来底漆的演变过程大致为：油性底漆→硝基底漆→醇酸树脂底漆或酚醛树脂底漆→环氧树脂底漆→浸用水性底漆-阳极电泳用底漆→阴极电泳用底漆→粉末底漆。

② 汽车用中间层涂料。这是介于底漆涂层和面漆涂层之间的涂层所用的涂料，包括通用底漆（又称为底漆）、二道浆（又称为喷用腻子）、腻子（俗称填密）、封底漆四种不同作用的涂料，其主要作用是改善底层的平整度，为面漆涂层提供良好的基底，以提高整个涂层的装饰性。对于装饰性要求不太高、表面又很平整的载货汽车涂装，在流水线生产的场合有时不采用中间层以简化工艺。对于装饰性要求高的中、高级轿车则几乎都采用中间层涂。中间层涂料应与底、面层配套良好，结合力强，具有填平性和良好的打磨性、耐潮湿性，不应引起涂层起泡。

③ 汽车用面漆。面漆是涂装施工中最后涂层用的涂料，直接影响汽车涂装的装饰性、外观和耐候性等。

随着化学工业的发展，面漆涂料的演变过程大致为：油性漆→硝化纤维磁漆→醇酸磁漆→氨基醇酸磁漆和丙烯酸漆→粉末涂料和非水分散体涂料等。常用的面漆有氨基醇酸树脂系漆、丙烯酸系漆、聚氨酯系漆、醇酸树脂系漆、硝基漆和过氧乙烯系漆等。

**(2) 常用的汽车涂料**

车身涂膜修复用的材料种类很多，包括涂装前处理材料、涂料（面漆、底漆、中间涂料）、涂装后处理材料以及其他辅助材料等。在此重点介绍汽车上常用的涂料。

1) 底漆

底漆是直接涂覆于施工物体表面的涂料，它是工件表面的基础用料，既是腻子层中间的用料，又是底层涂料与面漆连接用料。底漆根据其使用目的不同可分为：头道底漆、头二道合用底漆、二道底漆、表面封闭底漆等。

① 头道底漆颜料含量最低，填充性能较弱，具有较强的附着力，较难被砂纸打磨。

② 头二道合用底漆颜料含量比头道底漆多，胶黏剂含量相对较少，附着力不如头道底漆强，但具有较强的填充性能，往往被用作单独的底漆，也可以称为头道底漆。

③ 二道底漆具有最高的颜料含量，其功能是填塞针孔、细眼等，具有良好的打磨性。

④ 表面封闭底漆含颜料成分较低，主要用于填平打磨痕迹，给面层涂料提供最大光滑度，使面层涂料丰满，并可防止产生失光、斑点等现象。

2) 面漆

面漆不但要有优良的装饰性（涂膜色彩鲜艳、光亮丰满），还要有良好的保护性，如耐化学介质、耐热性、耐湿热性、耐候性、耐黄变性、耐花粉性、耐划伤性、耐酸雨性和耐鸟粪性等。因此，在选择汽车面漆时应从以下几方面来考虑。

① 外观。色彩鲜艳，光泽醒目，色差小，丰满度强和鲜艳。

② 耐划伤性、硬度和抗石击性。面漆涂膜应坚硬耐磨，具有足够的硬度和抗石击性，以保证在汽车行驶中受到路面砂石冲击和摩擦时，涂膜不产生划痕。

③ 耐候性和耐老化性。耐候性和耐老化性是选择面漆的重要指标之一。如果耐候性和耐老化性差，在使用一段时间后，漆面会失去光泽、变色及粉化，直接影响汽车的美观。因此，要求汽车用面漆应具有良好的耐候性和耐老化性。

④ 耐鸟粪性。汽车面漆耐鸟粪性能也是近年来提及较多的面漆防护性能之一。耐鸟粪性的测试方法是：取一定量规定浓度的鸡蛋蛋白质水溶液滴至试板上，试板水平置入湿热箱。完成规定时间的湿热试验后，取出试板水洗、擦净，室温下放置24h后，观察漆膜表面是否出现漆膜溶胀、收缩或开裂等。

3) 罩光漆

罩光漆采用有机硅改性丙烯酸树脂乳液为基料，通过添加多种助剂精心加工而成，具有极优异的耐候性、耐水性及耐沾污性，具有较高的硬度和良好的附着力，以及优异的保色、保光性，透明度极佳，绿色环保，防霉菌滋生。

4) 腻子

腻子是由大量的填充料以各种涂料为黏结剂所组成的一种带稠的浆状涂料，用来填嵌工件表面的凹陷、气孔、裂纹、擦伤等缺陷，以取得均匀平整的表面。

5) 二道底漆

二道底漆又称喷涂腻子或二道浆，其功能介于通用底漆和腻子之间，对被涂工件表面的微小缺陷（不平之处）有一定的填平能力，颜料和填料含量比底漆多，比腻子少，颜色一般为灰色。其可采用手工喷涂和自动静电喷涂，具有良好的湿打磨性，打磨后可得到非常平滑的表面。

6) 封闭底漆

封闭底漆是涂面漆层前的最后一道中间层涂料，其漆基含量在底漆和面漆之间，涂膜光亮。封闭底漆的漆基一般由底、面漆所用的树脂配成，故应按所采用的底漆和面漆的特性来选择，颜色与面漆配套衬托面漆颜色，漆膜呈光亮或半光亮。它的作用是显现底漆层的缺陷，便于修整，消除底漆层各处对面漆的不同吸收性，以提高面漆层光泽的均匀性和丰满度，起到封闭底漆层的作用，提高面漆对底漆层的结合力，减少价格较贵的面漆消耗量。

封闭底漆一般仅用于装饰性要求较高的汽车，有时用喷一道面漆来代替封底漆，有时用同一体系的底、面漆按比例调配代用。

7) 汽车用特殊涂料

汽车用特殊涂料主要有耐热涂料、防声涂料等。

① 耐热涂料主要用于高温下工作的零件，如消声器进气管、发动机进气管、排气歧管、取暖设备等。

② 防声涂料是为了防止和减弱汽车在行驶中由于振动而产生的噪声，在车门、驾驶室、轿车和客车车身内壁涂布。除防声外，防声涂料还有很好的耐腐蚀、耐磨和绝缘作用，也可用作轿车车身底板、翼子板表面的耐磨耐腐蚀涂层。

**(3) 涂料在汽车上的应用**

目前，人们对乘用车辆的车身式样和涂装技术要求较高。虽然汽车可见部件的美观程度与实用性联系不大，但往往影响到其观赏性和商品价值，因而汽车厂家对车身的防锈及涂料的褪色、调色、光泽度等非常重视，对涂装予以特别的关注。

汽车需要涂装的部位有车身外板、底盘各部位、箱形结构内部、保险杠、仪表板等，通过涂装可达到防锈、美观、耐候、隔声、隔振、耐冲击、防尘、防水等目的。涂料在汽车上的应用见表 6-12。

表 6-12 涂料在汽车上的应用

| 项目 | 涂料 | 用途 |
| --- | --- | --- |
| 车身外板 | 底漆 | 钢板的接缝、箱形结构内部及车身外板的防锈 |
| | 中间涂料（二道底漆） | 提高面漆精度及一般涂膜性能 |
| | 面漆涂料 | 确保美观、耐候性及一般涂膜性能 |
| 行驶系统 | 底盘各部涂料 | 汽车底部防锈 |
| | 隔音耐冲击涂料 | 汽车底部的隔声、防振、耐冲击 |
| 其他 | 自然干燥型修补用涂料 | 修补用 |
| | 防锈涂料 | 车底部、箱形结构内部的防锈 |
| | 涂膜保护剂 | 涂膜的保护 |
| | 密封涂料 | 钢板接缝的防渗、防锈、防水 |
| | 塑料用涂料 | 保险杠、仪表板、其他部件的美观、耐候性及一般涂膜性能 |

### (4) 汽车涂装工序

通常，汽车涂装工序分为三个步骤：以防锈为目的的底涂，为保证面涂精度的中涂，为形成色彩和平滑涂装表面的面涂。其中，底涂的涂装从最早的刷漆、喷涂发展到电泳涂装，电泳涂装也由阴离子型改进为涂层密实性更好的阳离子型。目前，轿车几乎完全采用阳离子涂装。中涂和面涂一般是自动静电涂装后，用手动静电涂装喷枪再进行补喷，现在已经广泛采用机器人涂装。

### 复习思考题

1. 汽车非金属材料包括哪些？
2. 高分子化合物结构的特点与其性能有什么关系？
3. 塑料由哪几部分组成？一般有哪些特性？
4. 选用塑料时应考虑哪些因素？
5. 汽车上常用的塑料有哪些？哪些零件选用塑料制成？
6. 天然橡胶与合成橡胶各有何特性？在应用上有何区别？
7. 汽车上常用的橡胶有哪些？
8. 胶黏剂有几种？举例说明汽车上哪些部位使用了哪类胶黏剂。
9. 陶瓷材料是如何分类的？
10. 陶瓷材料具有哪些特性？
11. 汽车上常用的陶瓷材料有哪些？
12. 举例说明陶瓷材料在汽车上的应用情况。
13. 摩擦材料具有哪些性能要求？
14. 汽车上常用的摩擦材料有哪些？
15. 什么叫复合材料？它有什么特点？
16. 常见的复合材料增强结构有哪几种？
17. 汽车上常用的复合材料有哪些？
18. 举例说明复合材料在汽车上的应用。
19. 汽车涂装的作用是什么？如何分类？
20. 常见的汽车涂装材料有哪些？
21. 分析说明涂装材料在汽车上的应用部位、作用及效果。

# 第7章 汽车运行材料

1. 了解汽车运行材料现状及发展方向。
2. 理解并正确运用汽车运行材料的各种基础知识。
3. 掌握各种运行材料的类型、特点及应用。
4. 能够正确选用汽车运行材料。

汽车运行过程中使用的燃料、润滑油料、特种液和橡胶轮胎等统称为汽车运行材料。目前，汽车使用的燃料主要有汽油、柴油及一些新型代用燃料；汽车润滑油料主要有发动机润滑油、齿轮油、自动变速器油、润滑脂等；汽车用特种液主要有制动液、冷却液、空调制冷剂等。汽车使用性能的发挥与运行材料的质量及正确使用有非常密切的关系，因此对汽车各种运行材料的性能和质量提出了更高的要求。

## 7.1 汽车燃料

燃料通常是指能够将自身储存的化学能通过化学反应（燃烧）转变为热能的物质。燃料的种类繁多，目前汽车所用燃料主要是汽油和柴油。此外，还有一些代用燃料，如甲醇、乙醇、液化石油气、天然气等。

### 7.1.1 汽油

汽油是汽油发动机的主要燃料，是最重要的石油产品。汽油从石油中提炼而来，含有200多种烃类化合物，密度小，易挥发，自燃温度为415~530℃。

根据用途不同，汽油可分为车用汽油、航空汽油、工业汽油和溶剂汽油等。航空汽油用于飞机发动机，工业汽油用于工业加工，溶剂汽油用于洗涤机件及污染物。这三种汽油与车用汽油的性能不同，不能作为汽车发动机的燃料使用。通常将车用汽油简称为汽油。

**(1) 汽油的主要使用性能及评定指标**

汽油的使用性能直接影响发动机的经济性、动力性、可靠性和使用寿命，其评定指标有蒸发性、抗爆性、氧化安定性、耐腐蚀性和清洁性等。

1）蒸发性。汽油由液体状态转化为气体状态的性质称为蒸发性。

汽油发动机在工作时形成可燃混合气过程的时间很短，一般只有百分之几秒。因此，汽油蒸发性对混合气品质有很大影响。蒸发性越好，越容易汽化，可燃混合气越均匀，越有利于发动机在各种工况下的燃烧。但汽油的蒸发性太强，易使汽油在储存、运输中的蒸发损失加大，特别是在炎热夏季或高原地区，会导致汽油机油路出现"气阻"，供油不畅甚至中断，造成发动机熄火。因此，要求汽油具有适宜的蒸发性。评定汽油蒸发性的指标有馏程和饱和蒸气压。

① 馏程。馏程是指油品在规定条件下蒸馏所得到的，以初馏点和终馏点表示其蒸发特征的温度范围。

馏程的测定常用图 7-1 所示装置进行，其测定过程大致如下：将 100mL 试样油倒入烧瓶中，按一定的条件加热，汽油受热蒸发成蒸气，进入冷凝管，经冷凝器冷却后又变为液体汽油流入量筒中。从冷凝管流出第一滴汽油的温度称为初馏点，馏出量为 10mL、50mL、90mL 时的各个温度分别称为 10%、50%、90% 馏出温度。汽油蒸馏结束时的温度称终馏点或干点，烧瓶中最后剩下的少量不蒸发物称为残留物。

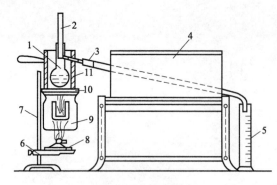

图 7-1　馏程测定装置
1—烧瓶；2—温度计；3—冷凝管；4—冷凝器；
5—量筒；6—托架；7—支架；8—喷灯；
9—下罩；10—石棉垫；11—上罩

馏程是汽油的重要质量指标，根据汽油的馏程可以大致判断出汽油中所含轻质馏分和重质馏分的比例。

a. 馏点为 100mL 汽油在规定条件下蒸馏时，得到第一滴汽油馏分的温度。

b. 10% 馏出温度为 100mL 汽油在规定条件下蒸馏时，得到 10% 汽油馏分的温度。它是衡量汽油机冬季冷启动性能及夏季气阻的指标，过高将导致汽油机冷启动困难，过低则汽油的蒸发性太强，容易形成"气阻"。国标规定，10% 馏出温度不高于 70℃，一般不低于 60~65℃。

c. 50% 馏出温度为 100mL 汽油在规定条件下蒸馏时，得到 50% 汽油馏分的温度。它表示汽油中间馏分蒸发性的好坏，对汽油机的暖机性能和加速性能影响较大。此温度低，汽油蒸发性好，汽油机的暖机性能和加速性能都较好。国标规定，车用汽油（Ⅴ）的 50% 馏出温度不高于 120℃，车用汽油（Ⅵ）的 50% 馏出温度不高于 110℃。

d. 90% 馏出温度为 100mL 汽油在规定条件下蒸馏时，得到 90% 汽油馏分的温度。它表示汽油中重质馏分的含量：其值越低，表明汽油重质馏分含量越少，越有利于完全燃烧；其值越高，表明重质馏分含量越多。因重质馏分不易蒸发，燃烧不完全，排放污染大，积炭也多，未蒸发的汽油易进入气缸，沿缸壁流入曲轴箱稀释润滑油，破坏润滑油膜，加剧零件的磨损，在冬季尤为明显。因此，国标规定 90% 馏出温度不高于 190℃，终馏点温度不高于 205℃。

② 饱和蒸气压。饱和蒸气压指在一定温度下，汽油的液、气两相达到平衡状态时，汽油蒸气所产生的压力，单位为 kPa。其值高，说明汽油轻质馏分含量高，蒸发性好，发动机易于启动。但过高则易产生"气阻"，蒸发损失也越大，所以国标限制了其最大值。

2）抗爆性

汽油在发动机气缸内燃烧时防止爆燃的能力称为抗爆性。抗爆性好的汽油不易产生爆燃，可用于压缩比较高的发动机，以提高其动力性和经济性。评定汽油抗爆性的指标用"辛烷值"表示，辛烷值越高，汽油的抗爆性越好。车用汽油的牌号也是根据汽油的辛烷值来规定的。

① 辛烷值的测定。汽油的辛烷值是指在规定测试条件下，与被测汽油具有相同抗爆性能的异辛烷与正庚烷所组成的标准燃料中，异辛烷所占的体积分数。辛烷值的具体测试方法如下：

按规定选用抗爆性悬殊的异辛烷和正庚烷作为标准液。异辛烷抗爆性好，定其辛烷值为100 单位，而正庚烷抗爆性很差，定其辛烷值为 0 单位。把这两种标准液按不同体积比混合，可得到各种不同抗爆性的标准混合液（标准燃料）。在一定的测试条件下，用这些不同比例的标准混合液与被测汽油做对比试验，当其中某一比例标准混合液的抗爆强度正好与被测汽油的抗爆强度相同时，这一标准混合液中异辛烷所占的体积分数即为被测汽油的辛烷值。如 92 号汽油的辛烷值为 92 单位，它的抗爆性与含 92% 异辛烷的标准混合液相同。

汽油辛烷值的测定有马达法（MON）和研究法（RON）。由于两种方法测试条件不同，研究法比马达法测定的辛烷值高 7～9 个单位。目前，车用汽油的规格均采用研究法辛烷值来划分牌号。

我国还采用了抗爆指数作为汽油抗爆性的评价指标，它是同种汽油研究法辛烷值与马达法辛烷值的平均值。抗爆指数表示了在一般条件下汽油的平均抗爆性能。

② 提高汽油抗爆性的主要方法和措施。提高汽油抗爆性的主要方法和措施如下：

a. 采用先进的汽油炼制工艺，如催化裂化、加氢裂化和催化重整等工艺，生产高辛烷值的汽油。用常压蒸馏法获得的汽油组分，其辛烷值只有 40～55；用热裂化和焦化法获得的汽油组分，其辛烷值达到 50～65；用催化裂化、加氢裂化和催化重整等工艺获得的汽油组分，其辛烷值高达 70～85。

b. 在汽油中加入抗爆添加剂。常用的抗爆添加剂是四乙基铅，向直馏汽油中加入约 0.13% 的四乙基铅，辛烷值可提高 20～30 单位。但四乙基铅有剧毒，这种加铅汽油对人体毒害很大，其燃烧铅化物对大气会产生严重污染，各国已先后取消了含铅汽油，现在汽车均采用无铅汽油。

c. 在汽油中加入辛烷值改善组分——含氧系燃料组分。无铅汽油常用的提高抗爆性的添加剂有甲基叔丁醚（MTBE）或叔丁醇（TBA），把它们调入汽油中，具有辛烷值高，油耗低（调入 10% 后，油耗下降 4%～7%），可改善发动机的低温启动性和加速性，降低有害物质排放等优点。同时，其生产成本不高，具有较高的应用价值。

3) 氧化安定性

氧化安定性是指汽油在储存使用过程中抵抗氧化生胶的能力，用于判定汽油能否使用或继续储存。由于受到空气中的氧、光和温度的影响，安定性差的汽油容易发生氧化反应，生成酸性物质和胶状物质，使汽油颜色变深、酸值增加、辛烷值降低。这种汽油易造成汽油机燃油系统阻塞、气门关闭不严、积炭增加、气缸散热不良、容易爆燃等现象，因此汽油必须具有良好的氧化安定性。评定汽油氧化安定性的指标有实际胶质和诱导期。

① 实际胶质是指在规定条件下测得的燃料的蒸发残留物，用 100mL 试样中所含胶质质量（以毫克计）表示，主要用于判断汽油生成胶质的倾向。国标规定，车用汽油的实际胶质不大于 5mg/100mL。

② 诱导期是指在规定的加速氧化条件下，油品处于稳定状态所经历的时间周期，其单位为 min。它用于判断汽油氧化变质的倾向，诱导期越长，汽油越不易被氧化。国标规定，车用汽油的诱导期不小于 480min。

为了提高汽油的氧化安定性，除在石油炼制时采用催化重整和加氢精制等精炼工艺外，通常在汽油中加入抗氧防胶剂和金属钝化剂。

4) 耐腐蚀性

汽油在储存、使用过程中，不可避免地要与各种金属接触，汽油对储油容器和机件不应产生腐蚀作用。汽油中的各种烃类物质本身并不腐蚀金属，引起金属腐蚀的物质是汽油中的硫及硫化物、有机酸、水溶性酸或碱等物质。评定汽油耐腐蚀性的指标有以下几项：

① 硫含量。硫含量表示油品中硫及其衍生物的含量，用质量分数表示。汽油中的硫经燃烧后可生成硫的氧化物，遇水即形成亚硫酸和硫酸，对金属有强烈的腐蚀作用，而且一旦流入发动机的曲轴箱，还会使润滑油过早老化变质。因此，国标规定车用汽油的硫含量不大于10mg/kg。硫含量可用铜片腐蚀试验来测定。

② 硫醇含量。汽油中的硫醇和硫化氢属活性硫化物，对金属有强烈的腐蚀作用，其中硫醇还会促进胶质生成，影响汽油的氧化安定性，因此应严格控制。国标规定，车用汽油的硫醇含量不大于0.001%。通常采用博士试验法测定硫醇含量。

③ 酸度。酸度是指中和100mL油品中的酸性物质所需要的氢氧化钾质量（以毫克计），以mgKOH/100mL表示。它用于确定油品中有机酸的总含量。国标规定，车用汽油的酸度不大于3mgKOH/100mL。

④ 水溶性酸或碱。水溶性酸或碱用于判定油品中是否存在无机酸、低分子有机酸或水溶性氢氧化物，这些物质是石油炼制过程中残留下来的，有很强的腐蚀性。国标规定，车用汽油中不允许含有水溶性酸或碱。通常采用酸碱指示剂或用酸度计测定水溶性酸或碱。

⑤ 无害性。随着环境污染的加剧和人们环保意识的提高，对无铅汽油中其他有害物的含量也有一定限制。我国《车用汽油有害物质控制标准》规定了苯、烯烃、芳烃、锰、铁、铜、铅、磷、硫含量的控制限值。

此外，汽油还有清洁性要求，即不允许汽油中含有机械杂质和水分。否则，会加剧发动机机件的磨损，并严重影响发动机的正常工作。通常将汽油注入清洁干燥的100mL玻璃量杯中目测机械杂质和水分。

**(2) 车用汽油的规格和牌号**

汽油的牌号是以汽油的抗爆性（辛烷值）表示的，牌号越大，则辛烷值越高，抗爆性越好。我国汽油牌号按研究法辛烷值（RON）划分，GB 17930—2016《车用汽油》中规定，车用汽油（Ⅳ）分为90号、93号、97号3个牌号，车用汽油（Ⅴ）、车用汽油（ⅥA）和车用汽油（ⅥB）分为89号、92号、95号和98号4个牌号。车用汽油（ⅥA）/（ⅥB）技术要求和试验方法如表7-1所示。

表 7-1 车用汽油（ⅥA）/（ⅥB）技术要求和试验方法

| 项目 | | | 质量指标 | | | | 试验方法 |
|---|---|---|---|---|---|---|---|
| | | | 89号 | 92号 | 95号 | 98号 | |
| 抗爆性 | 研究法辛烷值(RON) | 不小于 | 90 | 93 | 95 | 98 | GB/T 5487 |
| | 抗爆指数(RON+MON)/2 | 不小于 | 85 | 88 | 90 | 93 | GB/T 503、GB/T 5487 |
| 铅含量/(g/L) | | 不大于 | 0.005 | | | | GB/T 8020 |
| 馏程 | 10%馏出温度/℃ | 不高于 | 70 | | | | GB/T 6536 |
| | 50%馏出温度/℃ | 不高于 | 110 | | | | |
| | 90%馏出温度/℃ | 不高于 | 190 | | | | |
| | 终馏点/℃ | 不高于 | 205 | | | | |
| | 残留量体积分数/% | 不大于 | 2 | | | | |
| 蒸气压/kPa | 11月1日~4月30日 | | 45~85 | | | | GB/T 8017 |
| | 5月1日~10月31日 | | 40~65 | | | | |
| 胶质含量/(mg/100mL) | 未洗胶质含量(加入清净剂前) | 不大于 | 30 | | | | GB/T 8019 |
| | 溶剂洗胶质含量 | 不大于 | 5 | | | | |
| 诱导期/min | | 不小于 | 480 | | | | GB/T 8018 |
| 硫含量/(mg/kg) | | 不大于 | 10 | | | | SH/T 0689 |
| 硫醇(博士试验) | | | 通过 | | | | NB/SH/T 0174 |
| 铜片腐蚀(50℃,3h)/级 | | 不大于 | 1 | | | | GB/T 5096 |
| 水溶性酸或碱 | | | 无 | | | | GB/T 259 |
| 机械杂质及水分 | | | 无 | | | | 目测 |

续表

| 项　目 | | 质量指标 | | | | 试验方法 |
|---|---|---|---|---|---|---|
| | | 89号 | 92号 | 95号 | 98号 | |
| 苯含量(体积分数)/% | 不大于 | 0.8 | | | | SH/T 0713 |
| 芳烃含量(体积分数)/% | 不大于 | 35 | | | | GB/T 30519 |
| 烯烃含量(体积分数)/% | 不大于 | 15 | | | | GB/T 30519 |
| 氧含量(质量分数)/% | 不大于 | 2.7 | | | | NB/SH/T 0663 |
| 甲醇含量(质量分数)/% | 不大于 | 0.3 | | | | NB/SH/T 0663 |
| 锰含量/(g/L) | 不大于 | 0.002 | | | | SH/T 0711 |
| 铁含量/(g/L) | 不大于 | 0.01 | | | | SH/T 0712 |
| 密度(20℃)/(kg/m³) | | 720～775 | | | | GB/T 1884、GB/T 1885 |

**(3) 车用汽油的选用**

汽油的选用对发动机的动力性和经济性有很大影响。对于一定压缩比和燃烧室结构的发动机，若汽油的牌号选择过低，会使发动机产生爆燃，功率下降，油耗上升；若汽油牌号选择过高，不仅造成经济上的浪费，还会使发动机过热，严重时甚至烧坏排气门和排气门座。因此，必须正确选用汽油的牌号。

汽油牌号的选用首先应根据汽车使用说明书的要求来确定。在没有说明书时，可参考发动机压缩比来选择汽油牌号。一般来说，压缩比高的发动机应选用辛烷值较高的汽油；反之，应选用辛烷值较低的汽油。汽油牌号的选用见表7-2。在正常条件下，以不发生爆燃为原则来确定合适的牌号。目前，国内汽车多选用92号或95号汽油。

**表7-2 汽油牌号的选用**

| 发动机的压缩比 | 7.0～8.5 | 8.5～9.5 | 9.5以上 |
|---|---|---|---|
| 可选用汽油牌号 | 89号 | 92号 | 97号 |

此外，根据发动机的工作条件和使用时间，可适当调整汽油牌号。如高原地区空气稀薄，汽油机爆燃倾向减小，可视情况选择低一级牌号的汽油；发动机长时间使用后，爆燃倾向增大，可视情况选择高一级牌号的汽油。

**(4) 车用汽油使用注意事项**

① 汽油具有一定毒性，平时不要用汽油作溶剂洗手或清洁机械零件、工具、工作服和其他油污用品，严禁用嘴吸汽油，也尽可能少吸少闻汽油蒸气。

② 车辆长时间不使用时，油箱内不可存油，以防汽油储存过久造成氧化，生成难溶胶质阻塞油路。一般而言，储存汽油最好不超过三个月，气候较热地区酌情予以缩短。

③ 为防止汽车在夏季高温地区行驶中可能发生气阻，特别是载货汽车和大型客车等要加强对发动机的冷却、通风，必要时对进油管采取隔热、滴水等措施。

④ 不盲目添加来路不明、成分可疑的添加剂，以免损伤车辆。

⑤ 汽油、柴油不能混用，溶剂汽油不能与车用汽油混用。

## 7.1.2 柴油

柴油是从石油中提炼得到的，由碳、氢元素组成的烃类化合物。柴油有轻柴油和重柴油之分。汽车柴油机属高速柴油机，所用柴油是轻柴油。通常将轻柴油简称为柴油。

**(1) 柴油的主要使用性能及评定指标**

车用柴油应具有良好的燃烧性和低温流动性，适宜的黏度和蒸发性，无腐蚀性，不含机械杂质和水分，以保证柴油机的正常工作。

1) **燃烧性**

柴油的燃烧性表示柴油的自燃能力，衡量燃烧性的评定指标是十六烷值和十六烷指数。

① 十六烷值。发火性好的柴油，着火延迟期短，着火燃烧后气缸内压力上升平缓，柴油机工作柔和（抗粗暴性能好）。若着火延迟期过长，则在燃烧准备期内集聚的燃油数量增多，造成大量柴油同时燃烧，使气缸压力急剧上升，发动机运转不平稳，发出异响（敲缸），这种不正常燃烧现象叫工作粗暴。柴油机工作粗暴的后果与汽油机爆燃一样，在燃烧室及曲柄连杆机构引起冲击作用，产生强烈的金属敲击声，加速零件磨损，使发动机功率下降，油耗增加。

十六烷值是代表柴油在柴油发动机中燃烧性能的一个约定量值。测定十六烷值的标准燃料是用两种燃烧性能相差悬殊的烃掺配而成的。一种是燃烧性能很好（自燃点低、发火性能好）的正十六烷（$C_{16}H_{34}$），规定其十六烷值为100；另一种是燃烧性能很差（自燃点高、发火性能差）的α-甲基萘（$C_{11}H_{10}$），规定其十六烷值为0，它们按不同的比例掺和，即可得到0～100标准燃料的十六烷值。将待测的柴油与标准燃料在同样的压缩比条件下试验，二者同期着火，则待测燃料的十六烷值与标准燃料相同。

十六烷值的测定是在一台可调压缩比（7～23）的供试验用的标准单缸柴油机上完成的，试验时调节柴油机压缩比，确定被测燃料的闪火时间。如果被测燃料和某一标准燃料在同样条件下同期闪火，所选用的压缩比又相同，则它们的十六烷值相同，标准燃料中正十六烷的体积分数即为被测柴油的十六烷值。

柴油的十六烷值对柴油机的工作影响很大，柴油十六烷值对燃烧的影响如图7-2所示。十六烷值越高，燃烧性能越好，着火延迟期短，速燃期内压力升高率不会过大，燃烧平稳；因自燃点低，低温容易启动。十六烷值低，燃烧性能差，着火延迟期长，易产生工作粗暴，低温启动性也较差。但十六烷值不宜过高，因其分子量将随之过大，使柴油低温流动性、喷雾性和蒸发性变差，致使燃烧不完全，柴油机功率降低，油耗增加。国标规定，轻柴油的十六烷值不小于48。

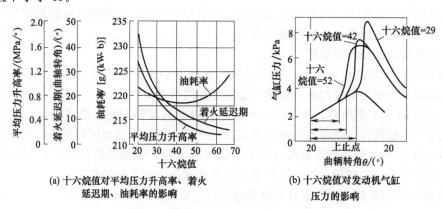

(a) 十六烷值对平均压力升高率、着火延迟期、油耗率的影响

(b) 十六烷值对发动机气缸压力的影响

图7-2 柴油十六烷值对燃烧的影响

选择柴油十六烷值的主要依据是柴油机的转速。高速柴油机因燃料在气缸中的燃烧时间短，对十六烷值有较高的要求。

② 十六烷指数。十六烷指数是表示柴油在发动机中燃烧性的一个计算值。

GB 11139—1989《馏分燃料十六烷指数计算法》适用于计算直馏馏分、催化裂化馏分和这两种混合燃料的十六烷指数。

$$十六烷指数 = 431.29 - 1586.88\rho_{20} + 730.97(\rho_{20})^2 + 12.392(\rho_{20})^3 + 0.0515(\rho_{20})^4 - 0.554B + 97.803(\lg B)^2$$

式中，$\rho_{20}$ 为柴油在 20℃时的密度，$g/cm^3$；$B$ 为柴油的沸点，℃。

2）低温流动性

低温流动性是指柴油在低温条件下具有一定流动状态的性能，它对柴油的正常供给有直接影响。其评定指标为凝点、浊点、冷滤点。

① 凝点。柴油在规定试验条件下，冷却至停止流动时的最高温度称为凝点，单位为℃。油品的凝点使用凝点测定仪测定，如图 7-3 所示。测定时，将试样装在规定的试管内，并冷却至预期温度，把试管倾斜 45°，经过 1min，观察试样液面，读出其液面停止移动的最高温度，此时的温度即为测试油品的凝点。

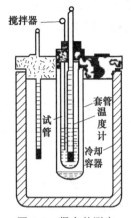

图 7-3 凝点的测定

柴油的凝点直接影响着柴油在各种气候条件下的使用特性，我国轻柴油就是按其凝点的不同来划分牌号的。

② 浊点。柴油的浊点是指在规定的条件下，由柴油中开始析出石蜡体而呈雾状或浑浊，失去透明性时的最高温度，单位为℃。柴油达到浊点后，虽未失去流动性，但在燃料供给过程中易造成油路堵塞，导致供油故障。

美国、俄罗斯、法国等国家采用浊点作为柴油低温流动性的评价指标。柴油虽已达到浊点，但仍能有效地通过柴油滤清器的滤网，保证正常供油，只有冷却到浊点下某一温度时，才影响柴油机的正常工作。因此，浊点不是柴油的最低使用温度。

③ 冷滤点。柴油的冷滤点是指在规定的冷却条件下，当柴油冷却到通过过滤器流量小于 20mL/min 的最高温度。具体来说，在规定的冷却条件下，柴油在 1.96kPa 压力下进行抽吸试验，1min 内通过缝隙为 $5\mu m$ 金属滤网的柴油体积少于 20mL 的最高温度。

冷滤点是选择柴油低温流动性的依据，因为冷滤点的测定条件是模拟发动机工作情况确定的，近似于实际使用条件。根据冷滤点可以较好地判断轻柴油能使用的最低温度，一般来说，柴油的冷滤点相当于最低使用温度。例如，-50 号柴油的冷滤点为 -44℃，则可在最低气温为 -44℃以上的地区使用。

3）蒸发性

为保证发动机的动力性和经济性，可燃混合气必须在压缩行程上止点附近迅速完成燃烧过程，要求喷油时间极短，只有 15°～30°的曲轴转角，可燃混合气形成时间仅为汽油机的 1/30～1/20。因此，要求柴油必须具有良好的雾化和蒸发性能，其评定指标主要有馏程和闪点。

① 馏程。柴油馏程的测定方法与汽油大致相同，但柴油测定的项目为 50%、90% 和 95% 馏出温度。

50% 馏出温度是指 100mL 柴油在规定条件下蒸馏时，得到 50% 柴油馏分的温度。它表示柴油中轻馏分的含量。此温度低，则馏分轻，蒸发和燃烧速度快，发动机容易启动。但柴油馏分不能过轻，因为馏分过轻的柴油十六烷值低，滞燃期长，易于蒸发，使发动机工作粗暴。

90% 和 95% 馏出温度是指 100mL 柴油在规定条件下蒸馏时，得到 90% 和 95% 柴油馏分的温度。它表示柴油重质馏分的含量。此温度高，重馏分多，喷射雾化不良，蒸发慢，燃烧不完全，高温下发生热分解而生成积炭，使发动机排气冒黑烟，油耗量增加，同时使零件磨损增加。

由此可知，柴油馏分的选择要适当，不能过轻或过重。一般的柴油机选用馏分较宽的轻柴油，而直喷柴油机则选用馏分较窄（200～300℃）的柴油。

② 闪点。在规定条件下，加热油品所逸出的蒸气和空气组成的混合气与火焰接触发生瞬间闪火的最低温度称为闪点，单位为℃。闪点是控制柴油蒸发性指标和保证柴油安全性的指标。闪点低，则轻质馏分多，蒸发性好。但闪点过低，则轻质馏分过多，蒸发过快，使得气缸压力骤然上升，导致工作粗暴，且柴油的储存和使用也不安全。为此规定，50%馏出温度不高于 300℃。

4) 黏度

黏度是液体流动时内摩擦力的量度，黏度的大小体现了液体流动的难易程度。黏度受温度影响较大，其值随温度升高而降低。

柴油的黏度是表征柴油使用性能的重要指标，直接影响柴油的流动性和雾化性能。柴油黏度对柴油机工作的影响主要有：

① 影响供油量。柴油黏度过小，在供油系统中流动时，因内部泄漏量较多使柴油的有效供油量减少；反之，黏度过大则会使有效供油量超过标准，虽然提高了功率，但会造成燃烧不完全，排气冒黑烟及油耗上升。

② 影响雾化质量。黏度过小的柴油，油束易扩散，细微度好，但其透穿距小，油柱射程短、锥角大，只能在喷口附近形成混合气，致使燃烧不完全；黏度过大则会阻止油柱的分散作用，使油滴有效蒸发面积减小，雾化不良，燃烧不完全，油耗增加。因此，要求柴油黏度应适宜，以利于形成均匀的可燃混合气。

③ 影响供油系统精密偶件的润滑。柱塞偶件、针阀与针阀体等精密配合的运动偶件，主要靠柴油润滑，柴油黏度若过小，则会使上述偶件相对运动阻力增大，磨损加剧。

5) 安定性

安定性是指柴油在运输、储存和使用过程中，保持其颜色、组成及使用性能不变的能力。柴油安定性差的明显特征是颜色变深和生成胶质。柴油机的安定性差容易导致柴油滤清器堵塞，喷油器喷孔、针阀黏结堵塞，燃烧室、活塞组零件严重积炭，影响柴油机的正常工作。

6) 防腐性

柴油中含有硫化物、水分及酸性物质，对零件具有腐蚀作用，并促进沉积物的生成。其评定指标包括：含硫量、硫醇含量、酸度、铜片腐蚀试验、水溶性酸或碱等。国标对各项评定指标均有明确规定。

7) 清洁性

柴油的清洁性可用灰分、水分和机械杂质等指标进行评定。国标对各项指标均有严格规定。灰分是油中不能燃烧的粒状矿物质，非常坚硬，是磨料磨损中的磨粒，且对金属有侵蚀作用，是造成气缸壁与活塞环磨损的重要原因。柴油中存在的水分将降低柴油燃烧时的发热量，在冬季还易于堵塞油路，溶解可溶性盐类，使柴油灰分增大，并增加硫化物对金属零件的腐蚀作用。柴油机的燃料供给系统中有许多精密配合的偶件，如果柴油中存在机械杂质，除可能造成油路堵塞外，还可能加剧精密零件的磨损，严重时甚至造成供油系统故障。

(2) 车用柴油的规格和牌号

轻柴油按质量分为优级品、一级品和合格品三个等级，每个等级的柴油按凝点分为 5 号、0 号、-10 号、-20 号、-35 号和-50 号 6 个牌号。如：5 号柴油表示其凝点不高于 5℃的柴油。国（Ⅵ）柴油技术要求和试验方法如表 7-3 所示。

(3) 车用柴油的选用

选用柴油的主要依据是环境温度，应根据不同的季节和不同的区域选用不同牌号的柴油。气温低的地区选用凝点低的柴油；反之，气温高的地区则选用凝点高的柴油。由于低凝点柴油的生产工艺复杂，价格高，因此在季节气温允许的条件下，尽可能选用凝点高的柴油，并尽量延长高凝点柴油的使用时间。

表7-3 国（Ⅵ）柴油技术要求和试验方法

| 项目 | | 国（Ⅵ） | | | | | | 试验方法 |
|---|---|---|---|---|---|---|---|---|
| | | 5号 | 0号 | −10号 | −20号 | −35号 | −50号 | |
| 氧化安定性（以总不溶物计）/(mg/100mL) | 不大于 | 2.5 | | | | | | SH/T 0175 |
| 硫含量/(mg/kg) | 不大于 | 10 | | | | | | SH/T 0689 |
| 酸度（以KOH计）/(mg/100mL) | 不大于 | 7 | | | | | | GB/T 258 |
| 10%蒸余物残炭（质量分数）/% | 不大于 | 0.3 | | | | | | GB/T 17144 |
| 灰分（质量分数）/% | 不大于 | 0.01 | | | | | | GB/T 508 |
| 铜片腐蚀（50℃，3h）/级 | 不大于 | 1 | | | | | | GB/T 5096 |
| 水含量（体积分数）/% | | 痕迹 | | | | | | GB/T 260 |
| 润滑性：校正磨痕直径（60℃）/μm | | 460 | | | | | | SH/T 0765 |
| 多环芳烃含量（质量分数）/% | 不大于 | 7 | | | | | | SH/T 0806 |
| 总污染物含量/(mg/kg) | | 24 | | | | | | GB/T 33400 |
| 运动黏度（20℃）/(mm²/s) | | 3.8～8.0 | | 2.5～8.0 | | 1.8～7.0 | | GB/T 265 |
| 凝点/℃ | 不高于 | 5 | 0 | −10 | −20 | −35 | −50 | GB/T 510 |
| 冷滤点/℃ | 不高于 | 8 | 4 | −5 | −14 | −29 | −44 | SH/T 0248 |
| 闪点（闭口）/℃ | 不低于 | 60 | | 50 | | 45 | | GB/T 261 |
| 十六烷值 | 不小于 | 51 | | 49 | | 47 | | GB/T 386 |
| 十六烷指数 | 不小于 | 46 | | 46 | | 43 | | SH/T 0694 |
| 馏程 50%馏出温度/℃ | 不高于 | 300 | | | | | | GB/T 6536 |
| 馏程 90%馏出温度/℃ | 不高于 | 355 | | | | | | |
| 馏程 95%馏出温度/℃ | 不高于 | 365 | | | | | | |
| 密度（20℃）/(kg/m³) | | 810～845 | | | 790～840 | | | GB/T 1884 GB/T 1885 |
| 脂肪酸甲酯含量（体积分数）/% | 不大于 | 1.0 | | | | | | NB/SH/T 0916 |

一般情况下，为保证柴油机的正常工作，应选用凝点较环境温度低5℃以上的柴油，各地风险率为10%的最低气温（表示最低气温低于该值的概率为10%），通常按下列情况选用：

① 5号车用柴油：适用于风险率为10%的最低气温在8℃以上的地区使用。
② 0号车用柴油：适用于风险率为10%的最低气温在4℃以上的地区使用。
③ −10号车用柴油：适用于风险率为10%的最低气温在−5℃以上的地区使用。
④ −20号车用柴油：适用于风险率为10%的最低气温在−14℃以上的地区使用。
⑤ −35号车用柴油：适用于风险率为10%的最低气温在−29℃以上的地区使用。
⑥ −50号车用柴油：适用于风险率为10%的最低气温在−44℃以上的地区使用。
⑦ 不同牌号的柴油可掺兑使用，以改变其凝点。如0号柴油按比例加入一些低凝点柴油可使其能在−5～−10℃的温度条件下使用；在0号柴油中加入40%的裂化煤油，可得到−10号左右的柴油。

**(4) 车用柴油使用注意事项**

① 不同牌号的柴油可掺兑使用，以降低柴油的凝点，季节转换时无须专门换油。如某地最低气温为0℃，不宜使用0号柴油，但使用−10号柴油又增加了成本，可按一定比例将0号柴油与−10号柴油掺兑，使其凝点降低后再使用。

② 不能在柴油中掺入汽油，因汽油自燃性能差，致使汽车启动困难，甚至不能启动。

③ 柴油加入油箱前，应经过沉淀和过滤，沉淀时间不少于48h，以去除杂质，确保柴

油清洁性。

④ 寒冷季节柴油凝固后,不得使用明火加热升温,以免出现安全事故。

### 7.1.3 代用燃料

随着汽车产量的激增,加剧了石油资源的短缺和生态环境的恶化。因此,石油代用燃料的重要性越来越突出。目前,已应用的代石油燃料主要有天然气、液化石油气、醇类燃料(甲醇汽油、乙醇汽油)、乳化燃料等。代石油燃料的主要优缺点及应用现状见表7-4。

表 7-4 代石油燃料的特点及应用现状

| 代石油燃料 | 主 要 优 点 | 主 要 缺 点 | 应 用 现 状 |
|---|---|---|---|
| 氢气 | 来源非常丰富,污染很小,辛烷值高,热值高 | 生产成本高;气态氢能量密度小且储运不方便,液态氢技术难度大,成本高;需要开发专用发动机 | 仍处于基础研究阶段,制氢及储运技术有待突破 |
| 天然气 | 资源丰富,污染小,辛烷值高,价格低廉 | 建加气站网络要求投资大;气态天然气的能量密度小,影响续航里程等性能;与汽油车比动力性差;储运不方便 | 在许多国家获得广泛使用并被大力推广 |
| 液化石油气 | 来源较为丰富,污染小,辛烷值较高 | 面临与天然气汽车类似问题,但程度较轻 | 在世界范围内获得广泛使用并被大力推广 |
| 甲醇(乙醇) | 来源较为丰富,辛烷值高,污染较小 | 甲醇的毒性较大;需解决分层问题;对金属及橡胶件有腐蚀性;冷启动性能较差 | 已获得一定程度的应用,可以作为能源的一种补充 |
| 二甲醚 | 来源较为丰富,污染小,十六烷值高 | 面临与液化石油气类似的储运方面的问题 | 正在研究开发 |
| 生物质能 | 来源丰富,可再生,污染小 | 供油系统部件易堵塞;冷启动性能较差 | 作为能源的一种补充,应用于某些国家或地区 |

**(1) 液化石油气**

液化石油气(LPG)是由含三个或四个碳原子的烃类,如丙烷($C_3H_8$)、丙烯($C_3H_6$)、丁烷($C_4H_{10}$)、丁烯($C_4H_8$)为主的一种混合物,分为油气田和炼油厂液化石油气两类。油气田产的液化石油气主要由丙烷、丁烷组成,可直接用作汽车燃料。炼油厂产的液化石油气为不饱和烃,含有大量的烯烃,燃烧后结胶、积炭严重,会损坏发动机火花塞、气门、活塞环等零件,影响汽车使用寿命,不适于直接作汽车燃料。

液化石油气作为内燃机燃料的特点:

① 体积低热值和质量低热值略高于汽油。

② 辛烷值高(研究法辛烷值在94~110之间),抗爆燃性能好。

③ 着火界限宽。

④ 与空气混合均匀,燃烧温度低,燃烧完全。燃烧后比汽油清洁,排出的CO下降50%,HC下降约50%,但$NO_x$排放与汽油持平或略高于汽油。

⑤ 着火温度比汽油高,火焰传播速度慢,因此需要较高的点火能量。

汽车用液化石油气的技术要求按照中国石油天然气总公司制定的《汽车用液化石油气》规定的指标执行,如表7-5所示。

表 7-5 汽车用液化石油气的技术指标

| 项 目 | | 质量指标 | | 测定方法 |
|---|---|---|---|---|
| | | 车用丙烷 | 车用丙丁烷混合物 | |
| 37.8℃蒸汽气压(表压)/kPa | | ≤1430 | ≤1430 | GB/T 6602① |
| 组分(%) | 丙烷/% | — | ≤60 | SH/T 0230 |
| | 丁烷及以上组分/% | ≤0.25 | — | |
| | 戊烷及以上组分/% | — | ≤2 | |
| | 丙烯/% | ≤5 | ≤5 | |

续表

| 项 目 | | 质量指标 | | 测定方法 |
|---|---|---|---|---|
| | | 车用丙烷 | 车用丙丁烷混合物 | |
| 残留物 | 100mL 蒸发残留物/mL | ≤0.25 | ≤0.25 | SH/T 7509 |
| | 油渍观察 | 通过 | 通过 | |
| 密度(25℃或15℃)/(kg/m³) | | 实测 | 实测 | SH/T 0221[②] |
| 铜片腐蚀/级 | | ≤1 | ≤1 | SH/T 0232 |
| 总硫含量/(mg/m³) | | ≤123 | ≤140 | SY/T 7508 |
| 游离水 | | 无 | 无 | 目测 |

① 蒸汽气压容许用 GB/T 12576 规定方法计算,但在仲裁时必须用 GB/T 6602 规定方法。
② 密度容许用 GB/T 12576 规定方法计算,但在仲裁时必须用 SH/T 0221 规定方法。

**(2) 天然气**

天然气的主要成分是甲烷（$CH_4$）,含量在83%～99%之间。天然气在常压下深冷到 -162℃即成为液化天然气（LNG）,其体积为气态时的1/600,便于跨洋运输,但作为汽车燃料还处于小量试用阶段,未得到广泛应用。天然气经干燥、净化、压缩等处理后,呈气态的压缩天然气（CNG）已作为汽车清洁燃料得到广泛应用,在城市汽车上发展很快。国家标准 GB 18047《车用压缩天然气》规定的技术指标如表7-6所示。

**表7-6 车用压缩天然气技术指标**

| 项目 | 技术指标 | 测定方法 |
|---|---|---|
| 高位发热量/(MJ/m³) | >31.4 | GB/T 11062 |
| 硫化氢/(mg/m³) | ≤15 | GB/T 11060.1<br>GB/T 11060.2 |
| 总硫/(mg/m³) | ≤200 | GB/T 11061 |
| 二氧化碳/% | ≤3.0 | SY/T 7506 |
| 氧气/% | ≤0.5 | |
| 水露点/℃ | 在汽车驾驶的特定地理区域内,在最高操作压力下,水露点不应高于-13℃;当最低气温低于-8℃时,水露点应比最低气温低5℃ | SY/T 7507(计算确定) |

注：1. 为确保压缩天然气的使用安全,要求压缩天然气应有特殊气味,必要时可加入适量加臭剂,保证天然气在空气中达到爆炸下限的20%前能被察觉。
2. 气体体积为在 101.325kPa、20℃状态下的体积。

天然气辛烷值高（研究法辛烷值达到130）,抗爆燃性能好,冬季启动容易。天然气与空气混合后具有很宽的着火极限,有利于发动机的稀燃技术,能燃烧完全,发动机运转噪声低,热效率高,不冲刷和稀释润滑油（节约润滑油）,不积炭,燃料价格低（约为汽油的一半）,维修费用低,汽车使用寿命延长。天然气最大的优点是环境污染少,几种不同燃料尾气排放物比较如表7-7所示。

**表7-7 不同燃料尾气排放物比较**

| 测试项目 | 燃料种类 | | |
|---|---|---|---|
| | 汽油 | 液化石油气 | 压缩天然气 |
| CO/g | 153 | 2.9 | 0 |
| HC/g | 2.2 | 1.7 | 1.6 |
| $NO_x$/g | 1.7 | 1.3 | 1.2 |

**(3) 醇类燃料**

醇类燃料主要是甲醇和乙醇。

甲醇是一种无色易挥发的液体,有毒,人饮后能致失明。甲醇自燃点为464℃,热值较汽油低,辛烷值较高。甲醇作为汽车燃料可单独使用,也可与汽油混合使用。如果单独使用,需要对发动机做某些改进,用提高压缩比的办法来提高发动机性能。在实际应用中,通常是甲醇与汽油混合使用，甲醇可占 15%～20%，发动机无须做大的改动。

乙醇俗称酒精，常温下是液体，很容易挥发燃烧。乙醇相对密度为 0.789，自燃点为 423℃，热值较汽油低，辛烷值较高。乙醇的使用方法与甲醇类似，混合使用时，乙醇约占 10%～15%。

甲醇与乙醇均可由植物发酵得到，甲醇还可以从天然气和煤中制取，因此醇类燃料来源广泛，价格较低。其辛烷值高，抗爆性好。醇类燃料热值较低，但配制成的混合气与汽油混合气的热值差不多；其低温雾化不良，发动机启动困难，冰点低，使用安全；燃烧速度快，排气污染小；与汽油混合易分层，需添加助溶剂。因为醇类易吸水，破坏润滑，发动机腐蚀和磨损较严重。

(4) 氢燃料

氢可以燃烧，而且它在地球上的蕴藏量极为丰富，是一种极有前途的能源。氢用作汽车燃料具有热值高、热效率高、排气污染小、发动机磨损小等特点。用氢气作燃料存在的主要问题是生产成本极高，而且携带和储存非常困难。因此，氢目前尚难用作汽车代用燃料，仅是一种未来可用的燃料。

(5) 生物燃料

生物燃料是指从农作物或动物的脂肪中提取的可再生燃料。目前，已研制成功并投入使用的植物油型燃料有菜籽油、棉籽油、棕榈油、豆油、甲醇酯混合油等。将植物油和动物脂肪与乙醇反应，脱去甘油三酸酯转变成甲酯或乙基酯之后就可以在柴油机上使用，这些酯类物称为生物柴油。

生物燃料是一种可再生能源，特别在环境效益上，生物质生产过程中会吸收大气中的 $CO_2$，有助于减轻地球温室效应。生物柴油中的富氧可以加快燃烧速度，减少 CO、HC 和微粒排放。一般的酯化燃料十六烷值较高，燃料的性质与轻柴油接近，但发动机喷油系统的金属会受到甲酯的腐蚀。

(6) 二甲醚

二甲醚（DME）是一种含氧燃料，它无毒性，常温常压下为气态，常温时可在 506.625kPa（5atm）下液化，具有与液化石油气相似的物性。二甲醚的十六烷值大于 55，具有优良的压燃性，非常适合于压燃式发动机，可作为柴油机的代用燃料。

国内外相关研究表明，燃用二甲醚燃料的发动机，在对原柴油机的燃油系统进行必要改造后，在保持原柴油机高热效率前提下，可使氮氧化物排放大幅度降低，碳烟排放为零，没有任何加速烟度，发动机燃烧噪声可降低 10dB（A）左右。二甲醚可使发动机氮氧化物、微粒、CO、非甲烷碳氢和醛类有害排放达到世界上最严格的美国加利福尼亚州超低排放车（ULEV）标准的潜力，显示了其可十分理想地作为洁净代用燃料，实现柴油机汽车高效率、低噪声、超低排放的前景。由于二甲醚燃料的超低排放特性，二甲醚燃料汽车技术已引起国内外专家高度重视，各国纷纷开始研制开发燃用二甲醚燃料的车用柴油机和汽车。

二甲醚燃料的制取可以煤、天然气、生物有机物等为原料产生合成气 CO、$CO_2$ 和 $H_2$，然后通过常规二步法先制得甲醇，进一步脱水制成二甲醚。近年来，丹麦 Topsoe 公司等成功地开发出了以天然气为原料产生合成气，由合成气一步法高效制备二甲醚的工艺，大大降低了二甲醚的生产成本。

## 7.2　汽车润滑油料

汽车在正常行驶过程中，许多零部件将产生相对运动，加之受载荷和温度的作用，会引起零部件的磨损。磨损是车辆发生故障和损坏的主要原因之一，为减缓零部件的磨损，减少故障，延长车辆的使用寿命，最大限度地发挥车辆的应有功率，必须正确使用润滑油料。

根据组成及润滑部位的不同，汽车润滑油料可分为发动机润滑油、齿轮油、液力传动油和润滑脂等。

## 7.2.1 发动机润滑油

发动机润滑油又称机油，是由石油中的重油经精制加工，并加入各种添加剂而制成的。发动机润滑油是润滑油料中用量最大、品种最多，且性能要求较高、工作条件异常苛刻的一种油品。

**(1) 润滑油的作用**

1) 润滑作用

润滑油的主要作用是润滑。发动机在高速运转时，许多机件相互摩擦，若摩擦部位得不到合适润滑，就会使金属之间形成干摩擦。干摩擦不仅引起摩擦表面剧烈磨损，消耗动力，而且其产生的热量在很短时间内便可使摩擦表面金属熔化，造成机件损坏。润滑油通过自流、飞溅和压力循环等方式能够在摩擦表面形成牢固的油膜，使金属间的干摩擦变成润滑油层间的液体摩擦，显著减小摩擦力，从而减少机件的磨损。

2) 冷却作用

发动机在工作时，发动机润滑油在单位时间内流出很大的流量进行循环。当润滑油流过各个摩擦表面时，能将摩擦表面生成的热量导出，使机件保持正常的工作温度。

3) 清洁作用

润滑油在机件摩擦表面快速流动时，除冷却以外，还能携带走磨损的金属和其他杂质，并把它们送到集油盘中沉淀或由滤清器滤除。通过反复循环，使干净的润滑油不断清洗摩擦表面，保持机件清洁和正常运转。

4) 密封作用

发动机各机件之间都有一定的间隙，有些间隙对发动机正常工作影响很大，如气缸、活塞和活塞环之间的间隙。这些间隙会造成漏气，降低发动机功率，并使废气和燃料下窜曲轴箱污染润滑油。润滑油能在这些间隙形成油膜，起到密封作用，从而阻断漏气。

此外，发动机润滑油还具有防锈作用，它能吸附在金属表面，防止水和酸性气体对金属的腐蚀。润滑油还具有缓冲作用，能在冲击载荷传递中起缓冲和消振作用。

**(2) 润滑油的工作环境**

润滑油的工作环境十分恶劣，主要体现在以下方面：

① 高温环境。润滑油在发动机中经常与高温机件接触，如气缸上部的平均温度为180～270℃，曲轴箱中平均油温为85～95℃。在这样高的温度下工作，润滑油极易氧化变质。

② 金属及催化剂的影响。润滑油在发动机内的循环次数可达每小时100次以上，高温的润滑油不断地与各种金属机件及空气接触，在金属的催化下与氧反应，使润滑油不断老化变质。尤其是在一些装有废气净化装置的发动机中，净化装置内的催化剂对发动机润滑油的催化作用更为强烈，加速了润滑油老化。

③ 燃烧废气和燃料的侵蚀。发动机在工作中，燃烧的废气和未完全燃烧的混合气，在气缸密封不良时会窜入曲轴箱。这些气体冷凝后将形成水和酸性物质，稀释、腐蚀润滑油，尤其燃料中的硫和铅对润滑油的腐蚀更甚，使润滑油严重变质。

④ 其他杂质的污染。发动机在运转中，由于吸入空气时带入尘埃，机件磨损产生的金属屑以及燃烧生成的积炭等都会进入润滑油，从而对润滑油造成严重污染。

**(3) 润滑油的主要使用性能**

由于发动机润滑油的工作环境非常恶劣，为保证发动机在工作中得到正常润滑，对发动机润滑油的性能要求是具有适当的黏度，良好的黏温性能，良好的清净分散性能，良好的抗氧化性能，良好的抗腐蚀性能，良好的抗磨性能，良好的抗泡沫性能。

① 适当的黏度。润滑油黏度不仅是润滑油分类的依据之一，而且对发动机的工作有重要影响，如表7-8所示。

表7-8　润滑油黏度对发动机工作的影响

| 黏 度 过 小 | 黏 度 过 大 |
| --- | --- |
| ①在高温高压条件下，润滑油容易自摩擦表面流失，不能形成有效的油膜，使机件的摩擦与磨损加剧。<br>②密封作用不好，气缸易漏气，有效功率下降，润滑油易被稀释与污染。<br>③蒸发性较大，润滑油易上窜，增大润滑油消耗量 | ①低温启动困难，油的泵送性差，易出现干摩擦与半液体摩擦。<br>②润滑油循环阻力增大，致使功率损失和燃料消耗增加。<br>③润滑油的循环速度慢，循环频率降低，冷却与洗涤作用变差 |

② 良好的黏温性能。黏温性能即润滑油的黏度要兼顾较好的高温和低温性能，黏度受温度变化的影响较小。在低黏度基础油中加入黏度指数改进剂可提高油品的黏温性能，形成稠化润滑油，也称为多（黏度）级润滑油。这种稠化润滑油能同时满足低、高温使用要求。

润滑油黏温性能的评价指标是黏度指数，它是润滑油黏度随温度变化程度与标准油黏度随温度变化程度比较所得的相对值。

③ 良好的清净分散性能。清净分散性能即能及时将气缸、活塞和活塞环等发动机零件上的胶状物与沉淀物（积炭、漆膜、油泥等）清洗下来，悬浮在润滑油中，使之通过机油滤清器除去，以保持活塞环等零件的清洁。润滑油的基础油本身不具备清净分散性能，而是通过添加清净剂和分散剂获得。常用的清净分散剂有高碱性磺酸盐、酚盐、水杨酸及丁二酰亚胺等。

④ 良好的抗氧化性能。润滑油在使用过程中由于温度、空气以及金属的催化作用，往往容易氧化变质，产生酸性化合物，腐蚀发动机部件。氧化产物又进一步氧化缩合生成大分子胶质和沥青质，使油品黏度增加，影响正常使用。在高温区这些胶质和沥青质受烘烤还会形成类似漆膜的硬树脂状物，沉积在零件表面。生产中使用抗氧化剂来捕获或破坏氧化反应中的活性游离基，以控制油品的氧化。采用的抗氧化剂主要有：二烷基二硫代磷酸锌、屏蔽酚、硫化物、芳胺类等。

⑤ 良好的抗腐蚀性能。因为有机酸会对金属产生腐蚀作用，因此要求润滑油能阻止或延缓氧化过程，抑制有机酸的生成，并能在金属表面形成保护膜。润滑油腐蚀性大小一般与润滑油被氧化的程度一致，因此影响润滑油腐蚀性的因素与氧化的因素类似，提高发动机润滑油抗腐蚀性能的途径也类似，即加深润滑油的精制程度，减小酸值，添加抗腐蚀剂。

⑥ 良好的抗磨性能。要求润滑油润滑性能良好，黏度适宜，使发动机零件磨损较小，并对气缸起到冷却与密封作用。

⑦ 良好的抗泡沫性能。润滑油受到激烈搅动，空气就会混入油中，形成泡沫。泡沫如果不及时消除，会发生气阻、供油不足、溢油、漏油等故障。因此，要求润滑油具有良好的抗泡沫性能，且出现泡沫后能及时消除，以保证发动机正常工作。

**(4) 润滑油的分类**

1) 国产润滑油的分类

按照发动机的类型，我国将发动机润滑油分为汽油机润滑油（简称汽油机油）和柴油机润滑油（简称柴油机油）。

根据 GB 11121—2006《汽油机油》及 GB 11122—2006《柴油机油》的规定,汽油机润滑油按用途分为 SC、SD、SE、SF 四类,柴油机润滑油按用途分为 CC、CD 两类。每一类润滑油又根据黏度分为若干个牌号,其中,以字母 W 表示冬季润滑油品种。此外,双重号码表示全天候润滑油(又称多级润滑油),如 5W/30 指高温时该润滑油具有与 30 号润滑油相同的黏度,而在低温时其黏度不超过冬用润滑油 5W 的黏度值。各类润滑油的代号、特性和使用场合、牌号如表 7-9 和表 7-10 所示。

表 7-9 汽油机润滑油的代号、特性和使用场合、牌号

| 代号 | 特性和使用场合 | 牌号 |
|---|---|---|
| SC | 用于中等条件下工作的货车或客车汽油机和其他汽油机,也可用于国外要求使用 SAE J183 SC 级油的汽油机。具有较好的清净性、分散性、抗氧化性、抗腐蚀性和防锈性 | 5W/20、5W/30、10W/30、15W/40、20W/40、20/20W、30 和 40 |
| SD | 用于较苛刻条件下工作的货车或客车和某些轿车的汽油机,并能满足装有曲轴箱强制换气装置的汽油机的要求以及国外要求使用 SAE J183 SD 和 SC 级油的汽油机,比 EQC 级油具有更好的性能 | 10W、5W/30、10W/30、10W/40、15W/40、20W/40、20、30、40 |
| SE | 用于苛刻条件下工作的轿车和某些货车的汽油机,并能满足装有尾气转化装置的汽油机以及类似国外要求使用 SAE J183 SE 和 SC 级油的汽油机,比 EQD 级油具有更好的性能 | 5W/30、10W/30、20W、30 |
| SF | 用于更苛刻条件下工作的轿车和某些货车的汽油机,也可用于国外要求使用 SAE J183 SP、SE、SO 和 SC 级油的汽油机,比 EQE 级油具有更好的性能 | 5W/30、10W/30、20W、30 |

表 7-10 柴油机润滑油的代号、特性和使用场合、牌号

| 代号 | 特性和使用场合 | 牌号 |
|---|---|---|
| CC | 用于中等条件下工作的低增压的柴油机,工作条件苛刻(或热负荷高)的非增压的高速柴油机,以及国外要求使用 SAE J183 CC 级油的柴油机。具有好的高温清净性、抗氧化性、抗腐蚀性和抗磨性 | 5W/20、10W/30、15W/40、20W/40、20/20W、30、40 |
| CD | 用于高速、高负荷条件下工作的增压柴油机,以及国外要求使用 SAE J183 CO 级油的柴油机。具有更好的高温清净性、抗氧化性、抗腐蚀性和抗磨性 | 10W、5W/30、10W/30、15W/30、40、15W/40、20W/40、20/20W、30 |

2)国际润滑油的分类

国际上广泛采用美国汽车工程师协会(SAE)黏度分类和美国石油学会(API)使用分类法。

根据 SAE 黏度分类法,冬用润滑油分为 0W、5W、10W、15W、20W、25W 六个级别;夏用润滑油分为 20W、30W、40W、50W、60W 五个级别;全天候复合级别润滑油分为 5W/20、10W/30、15W/40、20W/40 等级别。SAE 黏度分类如表 7-11 所示。

表 7-11 SAE 黏度分类

| SAE 黏度等级 | 在一定温度下的最大黏度/Pa·s | 最大边界泵送温度/℃ | 最大稳定倾点/℃ | 100℃运动黏度/(mm²/s) | |
|---|---|---|---|---|---|
| | | | | 最小 | 最大 |
| 0W | 3.25(−30℃) | −35 | | 3.8 | — |
| 5W | 3.5(−25℃) | −30 | −35 | 3.8 | |
| 10W | 3.5(−20℃) | −25 | −30 | 4.1 | |
| 15W | 3.5(−15℃) | −20 | — | 5.6 | |
| 20W | 4.5(−10℃) | −15 | — | 5.6 | |
| 25W | 6.0(−5℃) | −10 | — | 9.3 | |
| 20 | — | — | — | 5.6 | 9.3 |
| 30 | — | — | — | 9.3 | 12.5 |

续表

| SAE黏度等级 | 在一定温度下的最大黏度/Pa·s | 最大边界泵送温度/℃ | 最大稳定倾点/℃ | 100℃运动黏度/(mm²/s) | |
|---|---|---|---|---|---|
| | | | | 最小 | 最大 |
| 40 | — | — | — | 12.5 | 16.3 |
| 50 | — | — | — | 16.3 | 21.9 |
| 60 | — | — | — | 21.9 | 26.1 |

API使用分类也称性能分类或用途分类。该分类法把内燃机润滑油分为S系列（汽油机润滑油系列）和C系列（柴油机润滑油系列）。S系列分为SA、SB、SC、SD、SE、SF、SG和SH八个级别，C系列分为CA、CB、CC、CD、CD-Ⅱ、CE、CF-4七个级别。目前，我国内燃机润滑油的使用分类与API分类方法相同，选用时可参照表7-12。

表7-12 内燃机润滑油API使用分类

| 类型 | 级别 | 使用年份 | 油品使用性能特点 | 使用机型结构和工作条件特点 | 使用车型 |
|---|---|---|---|---|---|
| 汽油机润滑油使用分类 | SA | 早期 | 无添加剂 | 老式汽油机和柴油机 | 已不使用 |
| | SB | 20世纪30~50年代 | 有一定的防护性能，抗擦伤氧化、腐蚀 | 老式汽油机 | 已不使用 |
| | SC | 1964~1967年 | 能控制高低温沉积物、磨损、锈蚀氧化 | 热机械负荷高于老式汽油机 | 北京B11040、东风EQ1090、解放CA15 |
| | SD | 1968~1979年及某些1971年车型 | 能控制高低温沉积物、磨损、锈蚀和腐蚀，且优于SC级油 | 闭式曲轴箱通风（PVC阀）易产生低温沉积物和腐蚀 | 解放CA1091 |
| | SE | 1971~1979年 | 抗氧化和控制高温沉积物、锈蚀、腐蚀的性能优于SC级和SD级油 | 有EGR，油污染严重，高速行驶油温高，氧化加剧 | 20世纪80年代中外合资生产的轿车及改进型492Q发动机相同阶段的进口汽车 |
| | SF | 1980~1988年 | 在抗氧化、磨损性能上优于SE级油 | 有废气催化转换器，要求无灰或低灰分添加剂 | 同SE级油 |
| | SG | 1989年后 | 改进控制沉积物、氧化和磨损，还具有CC级油的性能 | 电喷燃油系统高性能汽油机 | 20世纪90年代后进口的新型轿车及合资生产的改进型轿车 |
| | SH | 1994年后 | 优于SG级且有CD级的性能 | 电喷燃油系统高性能汽油机 | 新型汽车 |
| 柴油机润滑油使用分类 | CA | 20世纪40~50年代 | 能防止轴瓦腐蚀和活塞环区高温沉积物 | 轻型中负荷非增压柴油发动机，限用优质燃料 | 现已不用 |
| | CB | 1949年后 | 同CA级油，并具有酸中和能力 | 轻型中负荷非增压柴油机，使用高硫燃料 | 我国无该级油 |
| | CC | 1961年后 | 改进控制高温沉积物和轴瓦腐蚀 | 中、重负荷低增压柴油机 | 黄河JN162 跃进N1131 |
| | CD | 1965年后 | 能有效地控制磨损和沉积物 | 高速重负荷增压柴油机，可用各种燃料 | 斯太尔重型汽车及东风EQ1141 |
| | CD-Ⅱ | — | 能高效控制磨损和沉积物，且有CD级性能 | 重负荷二冲程柴油机 | — |
| | CE | 1983年后 | 在各种条件下高效控制磨损和沉积物 | 低速高负荷和高速低负荷增压柴油机 | — |
| | CF-4 | 1990年后 | 在油耗和沉积物控制方面优于CE级油 | 高速公路行驶的重负荷柴油车，与S系列结合，经推荐也可用于汽油车 | — |

**(5) 润滑油的选用**

选择润滑油时，通常从两个方面考虑：一是使用级的选择，二是黏度级的选择。

① 润滑油使用级的选择。润滑油使用级的高低是按级别代号的第 3 个字母排序区别的，从 A 开始越往后等级越高。使用级的选择主要考虑发动机机型，不同机型发动机功率和活塞平均速度不同，所产生的气缸有效压力和发动机转速也不同。气缸有效压力越高，发动机转速越高，对润滑油的使用级要求越高。

目前市场上出售的润滑油有国产的或进口小容器包装的，在容器的一侧标有 API 使用级号，进口汽车使用说明书也按 API 使用分类推荐用油，有的汽车生产厂家要求使用其专用润滑油。如果没有特别要求，不论是国产车还是进口车，也不论是国产润滑油还是进口润滑油，都可按表 7-13 所示的对应关系进行选择。

表 7-13 润滑油详细分类与 API 使用分类（SAE J183）的对应关系

| 汽油机润滑油 | | 柴油机润滑油 | |
|---|---|---|---|
| GB 详细分类 | SAE J183 分类 | GB 详细分类 | SAE J183 分类 |
| — | SB | — | — |
| SC | =SC | — | — |
| SD | =SD | CC | =CC |
| SE | =SE | DD | =CD |
| SF | =SF | — | — |

② 润滑油黏度级的选择。润滑油黏度级主要依据环境温度的高低来选择。根据季节、气温及使用地区不同，相应选择不同牌号的润滑油，如表 7-14 所示。为避免冬夏季换油，可选用多级油，如表 7-15 所示。选用润滑油的黏度级时还必须考虑发动机的负荷、转速和磨损情况。如果发动机负荷大、转速低或磨损严重时，应选用黏度较大的润滑油；反之，则应选择黏度较小的润滑油。

部分汽车汽油机润滑油和柴油机润滑油选择举例如表 7-16 和表 7-17 所示。

表 7-14 根据气温与使用地区选择润滑油黏度等级

| 气温（或月份） | 地区 | 润滑油黏度等级 |
|---|---|---|
| 4～9 月 | 全国大部分地区 | 20、30、40 |
| 0～10℃ | 长江以南，南岭以北 | 25W |
| −5～−15℃ | 黄河以南，长江以北 | 20W |
| −15～−20℃（−20～−25℃） | 华北、中西部及黄河以北的严寒地区 | 15W 或 10W |
| −25～−30℃ | 东北、西部等严寒地区 | 5W |
| −30℃以下 | 严寒地区 | 0W |

表 7-15 不同黏度级润滑油适用范围

| 黏度级或名称 | 适用气温范围/℃ | 黏度级或名称 | 适用气温范围/℃ |
|---|---|---|---|
| 5W/20 | −45～20 | 10W/40 | −30～40 以上 |
| 10W/30 | −30～30 | 15/40 | −25～40 以上 |
| 15W/30 | −25～30 | 20W/40 | −20～30 以上 |
| 20W/30 | −20～30 | | |

表 7-16 汽油机润滑油选择举例

| 汽车型号 | 功率/kW (r/min) | 转矩/N·m (r/min) | 排量/L | 压缩比 | 润滑油使用级 |
|---|---|---|---|---|---|
| 桑塔纳 2000GSi | 74 (5200) | 155 (3800) | 1.8 | 9.5 | VW50000 或 SJ |
| 奥迪 A6 | 92 (5800) | 168 (3500) | 1.8 | 10.1 | VW50000、VW50200 |
| 捷达 GT | 74 (5800) | 150 (3800) | 1.595 | 8.5 | SC |

续表

| 汽车型号 | 功率/kW (r/min) | 转矩/N·m (r/min) | 排量/L | 压缩比 | 润滑油使用级 |
| --- | --- | --- | --- | --- | --- |
| 雅阁 2.0Exi | 108 (6000) | 186 (5000) | 2.0 | 9.1 | SG |
| 上海别克 GL、GLX | 126 (5200) | 250 (4400) | 2.98 | 9.0 | SJ |

表 7-17　柴油机润滑油选择举例

| 汽车型号 | 发动机型号 | 功率/kW (r/min) | 转矩/N·m (r/min) | 排量/L | 压缩比 | 润滑油使用级 |
| --- | --- | --- | --- | --- | --- | --- |
| 解放 CA1092K2 | CA6110A | 103 (2900) | 392 (2000) | 6.842 | 17 | CC |
| 北汽福田奥铃 | CY4100ZLQ | 66 (3200) | 230 (1800) | 3.707 | 17 | CD |
| 南京依维柯 | 8140.27 | 764 (3800) | 230 (2200) | 2.499 | 18 | CD |

**(6) 润滑油的检测**

润滑油换油指标的检测最好使用专门设备和仪器，但在实际应用中很难做到，通常是凭经验进行判断。下面介绍几种应用较广的快速检测方法。

① 外观与气味检测。润滑油比较清澈，保持或接近新润滑油颜色，表明污染不严重；颜色浑浊或呈灰白色，表明油中含水量较大；颜色变黑，表明润滑油受到未燃燃料的污染（多级油在使用中也会变黑，应注意区别）；润滑油出现刺激气味是高温氧化后的特征；有燃料味则表明润滑油被燃料严重稀释。

② 油滴斑点检测。将油样滴一滴在滤纸上，油滴扩散后，滤纸上便形成颜色不同的晕环似的斑痕。观察斑痕的颜色、外形并对照有关图谱，可判断油的氧化程度和污染情况。

③ 爆裂检测。将油样滴在加热至 110℃以上的金属片上，若产生爆裂，表明油中含有水分。这种方法简单灵敏，能检验出油中 0.1% 以上的含水量。

**(7) 润滑油使用注意事项**

① 正确选用润滑油的使用等级。必须使用质量等级合适的润滑油，这是保证发动机正常工作的关键。一般使用等级较高的油可代替等级较低的油，但等级低的润滑油不能代替等级高的润滑油使用，否则会导致发动机的早期磨损或损坏。在某些特殊工况下，如汽车长时间低温、低速行驶，长时间高温、高速运行，长时间满载并拖挂车行驶等，可视情况选用高一等级的润滑油。

② 选用适当黏度的润滑油。润滑油并非黏度越大越好，黏度过大，刚启动时润滑油流动太慢，导致机件磨损加剧。且润滑油黏度大，摩擦阻力也大，动力损失增加，油耗上升。国外有资料表明，润滑油黏度降低 $1mm^2/s$，大约节约燃料 1.5%。

③ 保持正常的油面高度。润滑油油量不足会加速润滑油变质，甚至会因缺油而引起零部件的黏结与异常磨损。但润滑油太多，将导致润滑油从气缸和活塞间隙中窜进燃烧室产生积炭，同时增大了曲轴连杆的搅拌阻力，使燃油消耗增加。实验表明，加油量超过标准 1% 时，燃油消耗会增大 1.2%。

④ 定期或按质换油。任何质量的润滑油，在使用到一定的里程后，一些理化指标发生变化，所以要根据油的变化情况，按规定定期或按质及时换油。

⑤ 不同牌号的润滑油不能混合使用。汽油机润滑油与柴油机润滑油不能混合使用；普通润滑油与增压润滑油不能混合使用；不同黏度等级的润滑油不能混合使用；全年通用润滑

油或冬季使用稠化润滑油，不能添加普通润滑油。

⑥ 在换油时要将废油放净。为延长发动机的使用寿命，在换润滑油时要将旧润滑油彻底放净，以免污染新加入的润滑油，导致新油迅速变质，引起发动机腐蚀性磨损。一般情况下，在高温时放净废润滑油，然后加注洗油（由85%的普通润滑油和15%的汽油混制而成），启动后怠速运转10min，再放净，最后重新加入洁净的新润滑油即可。

## 7.2.2 齿轮油

汽车齿轮油通常是指用于汽车手动变速器、驱动桥齿轮传动机构以及转向机构的润滑油，与其他润滑油一样，汽车齿轮油主要作用是减少齿轮及轴承的摩擦与磨损，加强摩擦表面的散热作用，防止机件发生腐蚀和锈蚀。但由于其工作条件与发动机润滑油不同，因而对汽车齿轮油的性能要求也不相同。

**(1) 齿轮油的工作条件及其要求**

汽车齿轮油与发动机润滑油相比，其工作条件有两大特点：一是承受压力大；二是工作温度不高。

① 承受压力大。齿轮在啮合过程中，齿与齿间的接触为线接触，接触面小，齿面啮合部位的接触压力很高，一般汽车齿轮的接触压力达2000~3000MPa，而双曲面齿轮因相对滑动速度大，齿面接触压力就更高，可达3000~4000MPa。因此，齿轮啮合部位的油膜易破裂，导致摩擦和磨损，甚至引起擦伤和胶合。

② 工作温度不高。齿轮油基本不受发动机热源影响，油温的升高主要是传动机构摩擦产生的热量引起的，并且随周围环境气温和行驶中外部空气冷却强度的变化而变化。一般齿轮工作油温最高不超过100℃，准双曲面齿轮由于滑动速度大，工作油温相对高些，通常国产车（如EQ1090）的油温为120℃，进口车因速度大，油温可达160~180℃。

**(2) 齿轮油的主要使用性能**

为保证齿轮传动的良好润滑和正常运转，对齿轮油的性能要求是：具有良好的抗磨性；适宜的黏度和良好的黏温性；良好的热氧化安定性；良好的防腐蚀、防锈性能和抗泡沫性等。

① 抗磨性。抗磨性是指齿轮油在运动部件的摩擦表面形成和保持牢固油膜，防止金属之间相对接触的能力。齿轮油的抗磨性主要取决于其油性和极压性。

油性是指齿轮油能吸附在零件的摩擦表面上，形成油膜，以减少摩擦和磨损的性能。齿轮油的油性好，其吸附油膜的能力就强，能防止金属间直接接触，减小摩擦系数，提高抗磨性能。

极压性是指在摩擦表面接触压力非常高，油膜容易产生破裂的极高压力润滑条件下，防止对摩擦表面产生烧结、胶合等损伤的性能，也称承载能力。汽车中准双曲面齿轮等高负荷齿轮，经常处于苛刻的极压润滑条件下工作，要求齿轮油必须具有良好的极压抗磨性。

通常在油中加入油性添加剂和极压抗磨添加剂来提高齿轮油的抗磨性。常用的油性添加剂有高级脂肪酸、酯醇和硫化动植物油等。极压抗磨添加剂主要是含硫、磷、氯的有机化合物，它们能在摩擦表面形成一层耐压、耐高温的固体非铁膜，把金属表面隔开，阻止金属间发生胶合。

② 黏度和黏温性。齿轮油和发动机润滑油一样，必须有适宜的强度和良好的黏温性能。一般来说，使用高黏度齿轮油可防止齿轮及轴承损伤，减小噪声及防止漏油，而低黏度的齿轮油有利于提高传动效率，增强冷却作用及油的传送。

齿轮油虽无发动机润滑油那么大的温度变化范围，但因齿轮的齿面压力很大，特别是车辆在寒冷地区使用时,要求有良好的黏温性能,否则易使磨损加剧,增大燃油消耗。

③ 热氧化安定性。齿轮油在使用中,由于持续受热及受齿轮的强烈搅动,在氧气和金属催化的作用下,发生氧化而生成氧化物。这些氧化物使油的外观与理化性能发生变化,导致抗磨性变差,腐蚀性增加,换油期缩短。因此,为延长齿轮油的使用期限,油中要添加抗氧化剂,以改善其热氧化安定性。

④ 防腐蚀、防锈性能。在汽车传动机构中,由于空气中的湿气在壳体中冷凝而有水存在,使金属产生锈蚀。另外,油中的酸性物质,如各种有机酸、硫化物等会引起金属的腐蚀。因此,齿轮油中要添加防锈剂和防腐剂,使之在金属表面形成一层保护膜,以阻止对金属的侵蚀。

⑤ 抗泡沫性。齿轮油在空气存在的情况下受到强烈搅动会产生泡沫,若泡沫不能很快地消除,不仅会产生溢流,使油料减少,而且还会破坏油膜,加剧磨损,严重时造成齿轮烧结、胶合等损伤。因此,为使齿轮油泡沫生成少、消散快,需添加抗泡剂。

**(3) 齿轮油的分类、规格**

1) 国外齿轮油的分类

目前各国多采用美国汽车工程师学会(SAE)的黏度分类和美国石油学会(API)的使用性能分类作为标准。

① SAE 分类。按车辆齿轮油的黏度将其分为七个牌号,如表 7-18 所示,带 W 的为低温用油(冬季用油)。动力黏度小于 150Pa·s 时,使齿的磨损加大;超过 200Pa·s 时又不易启动。近年来,国外已使用标上两个黏度等级的多级齿轮油,如 SAE 80W-90 齿轮油的低温流动性能符合 SAE 80W 的黏度要求,正常操作条件下符合 SAE 90 的黏度要求。

表 7-18 汽车齿轮油黏度分类 (SAE J306a)

| SAE 黏度等级 | 动力黏度达到 150Pa·s 时的最高温度/℃ | 100℃时的运动黏度/(mm²/s) | | SAE 黏度等级 | 动力黏度达到 150Pa·s 时的最高温度/℃ | 100℃时的运动黏度/(mm²/s) | |
|---|---|---|---|---|---|---|---|
| | | 最小 | 最大 | | | 最小 | 最大 |
| 70W | −55 | 4.1 | — | 90 | — | 13.5 | <24.0 |
| 75W | −40 | 4.1 | — | 140 | — | 24.0 | <41.0 |
| 80W | −26 | 7.0 | — | 250 | — | 41.0 | — |
| 85W | 12 | 11.0 | — | | | | |

② API 使用性能分类。根据齿轮类型和工作条件的苛刻程度分为 GL-1~GL-6 共 6 个等级,如表 7-19 所示。其中,GL-6 曾一度使用于高速冲击负荷下运转的大偏置的准双曲面传动齿轮的润滑,但按照福特汽车公司(Ford)的规定进行试验后被废除。目前,车辆齿轮油使用最多的是 GL-1 和 GL-5 两种齿轮油。

表 7-19 API 车辆齿轮油使用分类

| 分类 | 使用说明 | 用途 |
|---|---|---|
| GL-1 | 低齿面压力、低滑动速度下运行的汽车弧齿锥齿轮后桥,以及各手动变速器规定用 GL-1 齿轮油。可以加入抗氧剂、防锈剂和消泡剂改善其性能,但不加摩擦改进剂和极压剂 | 汽车手动变速器,包括拖拉机和载货汽车手动变速器 |
| GL-2 | 汽车涡轮后桥齿轮,由于其负荷、温度和滑动速度的状况,使得 GL-1 齿轮油不能满足要求的涡轮齿轮规定用 GL-2 类的齿轮油。通常都加有脂肪类物质 | 涡轮蜗杆传动装置 |
| GL-3 | 速度和负荷比较苛刻的汽车手动变速器和弧齿锥齿轮后桥规定用 GL-3 齿轮油。这种使用条件要求润滑剂的负荷能力比 GL-1 和 GL-2 高,比 GL-4 低 | 苛刻条件下的手动变速器和弧齿锥齿轮后桥 |

续表

| 分类 | 使用说明 | 用途 |
|---|---|---|
| GL-4 | 在低速高转矩、高速低转矩下操作的各种齿轮,特别是客车和其他各种车用的准双曲面齿轮规定用 GL-4 齿轮油。其抗擦伤性能等于或优于 CRCRGO-105 参考油。该油已做过各种试验,证明具有 1972 年 4 月 ASTMSTP 说明的性能水平 | 手动变速器、弧齿锥齿轮和使用条件不太苛刻的准双曲面齿轮 |
| GL-5 | 在高速冲击负荷、高速低转矩下操作的各种齿轮,特别是客车和其他车辆用的准双曲面齿轮规定用 GL-5 齿轮油。其抗擦伤性能等于或优于 CRCRGO-110 参考油。该油已做过各种试验,证明具有 1972 年 4 月 ASTMSTP 说明的性能水平 | 使用于操作条件缓和或苛刻的双曲面齿轮及其他各种齿轮,也可用于手动变速器 |
| GL-6 | 高速冲击负荷条件下运转的小客车和其他车辆的各种齿轮,特别是高偏置准双曲面齿轮,偏置大于 5cm 或接近大齿圈直径的 25% 规定用 GL-6 齿轮油。符合这种使用条件的润滑剂,其抗擦伤性能应等于或优于参考油 L-1000。该油已做过试验,证明具有 1972 年 4 月 ASTMSTP 说明的性能水平 | — |

2) 我国车辆齿轮油的分类、规格

根据 SAE 的黏度分类,并参照 API 的使用分类,我国齿轮油分为普通车辆、中负荷车辆和重负荷车辆齿轮油三种,其性能要求、使用说明以及与 API 的对应关系如表 7-20 所示。表 7-21 所示为我国车辆齿轮油的规格。

表 7-20 国内车辆齿轮油的分类

| 类别 | 使用说明 | 性能要求 | 相当于 API |
|---|---|---|---|
| 普通车辆齿轮油 | 以精制润滑油为基础油,加入少量硫磷极压抗磨剂和其他多种添加剂调和而成,适用于 NJ130、NJ150 等汽车后桥齿轮及变速器 | 通过解放车台架及行车试验 | GL-3 |
| 中负荷车辆齿轮油 | 添加剂量较多,适用于手动变速器、转向器、弧齿锥齿轮、使用条件不太苛刻的准双曲面齿轮及要求用 GL-4 齿轮油的进口车 | 通过抗极压和高速低扭、低速高扭试验 | GL-4 |
| 重负荷车辆齿轮油 | 添加剂量更多,适用于操作条件苛刻的准双曲面齿轮及其他要求用 GL-5 齿轮油的进口车 | 较中负荷齿轮油增加冲击负荷试验 | GL-5 |

表 7-21 我国车辆齿轮油规格

| 项目 | | | 质量指标 | | | | |
|---|---|---|---|---|---|---|---|
| | | | 80W-90 | 85-90 | 90 | 90(重) | 140 |
| 运动黏度(100℃)/(mm²/s) | | | 15~19 | 15~19 | 15~19 | 13.5~24 | 24~41 |
| 黏度指数 | | 不小于 | | | 90 | 90 | 90 |
| 倾点/℃ | | 不高于 | −28 | −18 | −9 | −12 | −9 |
| 闪点/℃ | | 不低于 | 170 | 200 | 200 | 200 | 210 |
| 水分/% | | 不大于 | 痕迹 | | | | |
| 机械杂质/% | | 不大于 | 0.05 | | | 0.01 | |
| 液相锈蚀试验 | | | 无锈 | | | 通过 | |
| 抗泡沫试验(倾向性/稳定性)/mL | (24.0±0.5)℃ | | 100/10 | | | 2% | |
| | (93.0±0.5)℃ | | 100/10 | | | 5% | |
| | (24.0±0.5)℃ | | 100/10 | | | 2% | |
| 腐蚀试验(铜片,3h) | | | 100℃,1 级 | | | 121℃,3 级 | |
| 承压能力和极压性(L-37) | | | | | | 通过 | |
| 氧化安定性(163℃,50h) | 100℃黏度增大/% | 不大于 | | | | 100 | |
| | 戊烷不溶物/% | 不大于 | | | | 3 | |
| | 苯不溶物/% | 不大于 | | | | 2 | |

**(4) 车辆齿轮油的选择**

1) 根据齿轮的类型和使用条件选择不同的齿轮油

在汽车上用齿轮油来润滑的部位有变速器、主减速器、转向器、分动器、前（中）桥齿轮箱等。齿轮油种类的选择主要根据齿轮的类型和使用时的负荷、速度来定。通常变速器和分动器内部的齿轮都为直齿轮或斜齿轮，且负荷和滑移速度都不很大，可用普通车辆齿轮油或有一定极压性能的150号工业齿轮油；对准双曲面齿轮、蜗杆传动，且又处于大负荷、高速运转的齿轮，需选用中负荷车辆齿轮油（GL-4）；进口、国产高级轿车，因其转速高，齿轮表面滑移速度大，且齿轮小，承受的负荷大，故应选用重负荷车辆齿轮油（GL-5）。

汽车如在山区和经常满载拖挂行驶，并常处于高负荷状态，操作条件苛刻，油温较高，应选用高一级的齿轮油。

2) 依据气温选择不同的黏度

对于齿轮油黏度的选择，是以地区季节的气温情况来定的。气温高时，选择黏度大一点的齿轮油；反之则选用黏度小一些的齿轮油。如长江以南全年可选用 90 号齿轮油，北方寒区全年可选用 80W-90 齿轮油，其他可选用 8SW-90 齿轮油。

**(5) 齿轮油使用注意事项**

① 采用准双曲面齿轮传动的装置，应用准双曲面齿轮油（GL-4 或 GL-5）来润滑，绝不可用普通车辆齿轮油来代替。实验表明，主减速器采用准双曲面齿轮传动的汽车，如选用普通车辆齿轮油，行驶 3000km 后齿轮就出现擦伤现象，最后完全损坏。

② 严防水分的混入，以免极压添加剂失效。

③ 不可掺兑柴油或裂化煤油来降低齿轮油的凝点，这样会使齿轮油的极压性能急剧下降，从而失去润滑性能，导致齿轮的损坏。

④ 不同产地的齿轮油不能混用，即使是同类、同牌号的齿轮油，某些指标也不完全相同。

⑤ 齿轮油在使用过程中，即使热负荷和氧化条件较缓和，随着运行时间的延长，其理化指标也会逐渐恶化，需重新换油。一般按行驶里程、时间定期换油（5 万千米换油一次）。通常各汽车制造厂推荐的换油周期较保守，使用中最好能定期检测，摸清衰变规律，再根据使用性能决定换油期。

## 7.2.3 液力传动油

液力传动油是液力传动装置的工作介质。现代轿车及工况变化较大的大型客车、重型货车和工程车辆上广泛采用液力变矩器，有的车辆则采用液力耦合器，它们都是依靠液力来传递动力，其工作介质就是液力传动油，又称为汽车自动变速器油（automatic transmission fluid，ATF）。液力传动油具有传递动能及控制、润滑和冷却等多种功能。

**(1) 液力传动油的使用性能**

1) 黏度和黏温性

自动变速器不仅对液力传动油的黏度十分敏感，而且其零部件对液力传动油黏度的要求也不相同。黏度低则液力变矩器传动效率高，且控制系统动作灵敏。但黏度过低不能满足传动零件的润滑要求，液压控制系统的泄漏增加，导致油压降低。因此，要求液力传动油的黏度在 100℃时为 $7mm^2/s$ 左右，并具有较大的温度使用范围。液力传动油的使用温度为 $-40 \sim 170$℃，因其最高使用温度达 170℃，则要求有很高的黏温性，黏度指数应达 170 左右。

因此，液力传动油应当具备适当的黏度和良好的黏温性。为此，规定了液力传动油在 100℃、-23℃和-40℃时的黏度，并要求进行稳定性试验，即测定耐久性试验 99℃时的黏度。

2) 热氧化安定性

液力传动油使用温度很高,对热氧化安定性的要求极为严格,多采用"氧化试验"进行评定。若热氧化安定性差,生成油泥、漆膜和沉淀物将影响液压控制机构管路及阀门的正常工作。氧化生成的酸和过氧化物对轴承及橡胶件也有损害。

3) 抗磨性或极压抗磨性

液力传动油必须具有良好的润滑性能,以确保自动变速器内的行星齿轮机构、轴承、垫圈、油泵等零部件长期正常工作。其评定方法有四球机磨损试验、梯姆肯磨损试验和叶片泵试验。

4) 与橡胶材料的适应性

自动变速器的液力和液压传动系统中安装有许多橡胶密封件,液力传动油不得使丁腈橡胶、丙烯橡胶和硅橡胶等密封材料过分膨胀、收缩和硬化,否则将会产生漏油、油压降低等危害。其适应性通过橡胶浸泡试验来评定。

5) 抗泡沫性

液力传动油在高速流动中会产生可压缩的气泡,导致系统压力波动,油压下降,破坏自动控制系统的准确性,并使液力变矩器效率下降,离合器打滑或烧损等。因此,液力传动油必须具备良好的抗泡沫性。通常通过 GMDTD 泡沫试验或 ASTMD892 程序试验来评定。

**(2) 液力传动油的分类、牌号和规格**

1) 国外液力传动油的分类、牌号和规格

国外液力传动油多采用美国 ASTM 和 ATI 共同提出的 PTF 使用分类,分为 PTF-1、PTF-2 和 PTF-3 三类,如表 7-22 所示。欧洲的个别汽车制造商也有其特殊规格的专用液力传动油(如宝马车系等),是由其指定的油品商贴牌生产的。

表 7-22 国外液力传动油分类

| 分类 | 符合的规格 | 适用范围 |
| --- | --- | --- |
| PTF-1 | 通用汽车公司 GM Dexron Ⅱ、福特汽车公司 Ford M2C33-F、克莱斯勒汽车公司 CHRYSLER MS-4228 | 轿车、轻型货车 |
| PTF-2 | 通用汽车公司 GM Track、Coach、阿里森 C-3(GM Allison C-3) | 重型货车和越野汽车 |
| PTF-3 | 约翰·狄尔 J-20A、福特 M2C 41A、玛赛-费格森 M-1135 | 农业和建筑机械 |

① PTF-1 类油主要用于轿车、轻型货车,其特点是低温启动性好,低温黏度及黏温性很高。典型品种是美国通用汽车公司的 GM Dexron 或 GM Dexron Ⅱ 液力传动油(其前身是 A 型油)。二者相比,后者低温黏度要求更严,氧化安定性及耐久试验条件也比前者苛刻。轿车、轻型货车用液力传动油的典型规格是 GM Dexron Ⅱ 型油。

福特汽车公司的 ATE-F 型油的产品牌号为 Ford M2C33-F。ATE-F 型油的静摩擦系数较大,不加油性剂。使用时,对进口轿车所推荐的 ATE-A 型油或 ATE-F 型油,必须区别使用。

② PTF-2 类油主要用于重负荷的液力传动系统,如重型载货车、大型客车、越野车和工程机械的自动变速器。其特点是适于在重负荷下工作,极压抗磨性高。典型品种为通用公司的阿里森 C-3(GM Allison C-3)。

③ PTF-3 类油主要用于全液压拖拉机的传动、差速器和最终驱动齿轮的润滑,并作为液压转向、制动、分动器和悬架装置的工作介质。典型品种有约翰·狄尔 J-20A、福特 M2C41A、玛塞-费格森 M-1135。这类油的特点是:适用于中、低速运转的拖拉机以及野外作业的工程机械液力传动系统,其极压抗磨性和负荷承载能力比 PTF-2 类油高。

2) 国产液力传动油的品种、牌号和规格

我国目前只有两种企业规格，按 100℃ 运动黏度分为 8 号、6 号两种，采用精制基础油加入油性剂、抗磨剂、抗氧化剂、黏度指数改进剂、抗泡沫剂等。8 号油相当于国外的 PTF-1 类油中的 GM Dexron Ⅱ 规格，主要用于轿车自动变速器；6 号油相当于国外 PTF-2 类油中的 PTF-2 规格，主要用于内燃机车、载货汽车及工程机械的液力传动系统。

**(3) 液力传动油的选择与使用**

我国现在使用的液力传动油除国产的 6 号、8 号油外，还有美国通用汽车公司的 Dexron、Dexron Ⅱ、Dexron Ⅲ 型油，以及福特汽车公司的 ATE-F 型油，使用时必须正确选择。

① 严格按照使用说明书的规格选用适当的品种。轿车、轻型货车及其他车用自动变速器应使用 8 号油，也可用 Dexron Ⅱ 型油，如红旗 CA7560。日本、欧洲车系自动变速器推荐使用 Dexron 型或 Dexron Ⅱ 型油。凡是要求使用 GM-A 型、A-A 型或 Dexron 型液力传动油的车均可用 8 号油代替。重型货车、工程机械动力传动系统则应选用 6 号油。

② 美国车系多推荐使用 Dexron Ⅱ 型油，福特牌轿车通常使用 ATF-F 型油，或按制造厂要求使用特殊的自动变速器油。

③ ATF-F 型与 Dexron Ⅱ 型油不可相互替代。若将 ATF-F 型油用于指定使用 Dexron Ⅱ 型油的车上，则会产生换挡制动器和离合器突然啮合或换挡冲击现象；反之，将使自动变速器中的制动器与离合器接合时间延长，离合器打滑，加速制动器及离合器摩擦材料磨损。

## 7.2.4 润滑脂

润滑脂俗称黄油，主要是由润滑油和稠化剂按适当比例组合而成，并根据需要加入各种添加剂。实际上润滑脂是稠化了的润滑油，常温下呈半固体膏状。

润滑脂具有固体和液体的双重性能，在低负荷时呈现固体的性质，当超过某个临界负荷时，润滑脂开始出现塑性变形（类似于液体那样的流动），卸荷或减载后又恢复固体性质。这一性能使得润滑脂对金属表面有良好的黏附能力而不滑落，并可抵抗流失，防止甩落，同时具有良好的润滑性。因此，采用润滑脂润滑不需要像润滑油、齿轮油那样的润滑系统和防漏结构。此外，它可以对某些特殊工作面进行润滑，如：摩擦部位难以密封，不能将油及时有规律地送到的摩擦面，或因离心力作用使润滑油无法存留的摩擦面；低速、重负荷、冲击力较大的摩擦部位或高温部位；工作环境潮湿，水、灰尘较多又难以密封隔离的部位；同酸性气体、腐蚀性气体接触的部位等。

**(1) 润滑脂的组成**

润滑脂由基础油、稠化剂和添加剂（包括填料）组成。一般润滑脂中稠化剂含量约为 10%～20%，基础油含量约为 75%～90%，添加剂及填料的含量在 5% 以下。

① 基础油。它是润滑脂中含量最多的组分，是起润滑作用的主要物质。矿物油和合成油都可作基础油。矿物油是制造普通润滑脂的主要基础油，其价格低，但使用温度范围较窄，不能同时满足高、低温要求。合成油用于制造高、低温或某些特殊用途的润滑脂。基础油的黏度必须根据润滑脂的使用条件决定，低温、轻负荷、高转速应选低黏度油，反之，则应选中黏度或高黏度油。

基础油对润滑脂的性能有较大影响。一般润滑脂多采用中等黏度及高黏度的石油润滑油作为基础油，也有一些为适应在苛刻条件下工作的机械润滑及密封的需要，采用合成润滑油作为基础油，如酯类油、硅油等。

② 稠化剂。它在润滑脂中的含量约占 10%～30%，其作用是使基础油被吸附和固定在

结构骨架之中。稠化剂有烃基、皂基、有机和无机稠化剂四类，90%的润滑脂是用皂基稠化剂制成的，其分为单皂基（如钙基脂）、混合皂基（如钙钠基脂）、复合皂基（如复合钙基脂）三种。

③ 添加剂与填料。一类添加剂是润滑脂所特有的，叫胶溶剂，如甘油与水等。它使油皂结合更加稳定，又称稳定剂。钙基润滑脂一旦失去水分，其结构就完全被破坏，造成严重的油皂分离，不能成脂，因而钙基脂常用微量水（1%～2%）作稳定剂。甘油在钠基润滑脂中可以调节润滑脂的稠度。

另一类添加剂与润滑油添加剂的作用相同，如抗氧、抗磨和防锈剂等，但用量一般较润滑油中为多。为了提高润滑脂抵抗流失和增强润滑的能力，常添加一些石墨、二硫化钼和炭黑等作为填料。

**(2) 润滑脂的性能**

润滑脂的性能基本上与它所含有的基础油的性能相同，主要有稠度、高温性能、低温性能、抗水性、防锈性和防腐性、胶体安定性。

① 稠度指润滑脂的稀稠程度，是润滑脂最重要的性质。适当的稠度可使润滑脂易于加注并保持在摩擦表面，以保持持久的润滑作用。稠度的衡量单位可用锥入度（1/10mm）表示。锥入度是在规定的时间和温度条件下，标准锥体沉入润滑脂的深度。根据规定，润滑脂的稠度分为9个等级：000、00、0、1、2、3、4、5、6，数字越大表示稠度等级越高。

② 高温性能指润滑脂的耐热性能。耐热性好可使其在较高工作温度下不变软、不会流失而失去润滑作用，以及不出现蒸发损失过大、氧化变质和分油现象。高温性能可用滴点、分油量、蒸发损失和漏失量等指标评定。

③ 低温性能指润滑脂在低温条件下仍保持其良好润滑性能的能力，取决于在低温条件下的相似黏度及黏温性。相似黏度是指在一定温度和一定剪切速率下，润滑脂流动时的切应力与剪切速率的比值。

④ 抗水性指润滑脂在大气湿度条件下的吸水性能，即遇水后结构和稠度改变的性能。抗水性用水淋流失量来评定。抗水性差的润滑脂遇水后稠度会下降，甚至乳化而流失。汽车底盘各润滑部位可能与水接触，因而要求有良好的抗水性。

⑤ 防锈性和防腐性指润滑脂阻止与其相接触的金属被腐蚀和生锈的能力。评定润滑脂的防锈、防腐性能的方法是进行防腐蚀性试验、腐蚀试验和测定游离碱。

⑥ 胶体安定性指润滑脂在储存和使用中避免胶体分解，防止液体润滑油析出的能力。胶体安定性反映了润滑脂基础油与稠化剂结合的稳定性，即抵抗温度和压力影响而保持胶体结构的能力。实际工作中要求胶体安定性要适当，因为如果润滑脂不能在压力作用下分离出一部分油，就不能保证润滑作用。评定胶体安定性的指标是分油量。

**(3) 润滑脂的代号**

国标规定，我国润滑脂采用与国际标准（ISO）相同的分类方法，按照润滑脂使用时的操作条件（温度、水污染和负荷等）进行分类。润滑脂属于L类（润滑脂和有关产品）的X组，每一种润滑脂用一组五个大写字母组成的代号表示，见表7-23和表7-24。

**表7-23 润滑脂标记的字母顺序**

| L | X(字母1) | 字母2 | 字母3 | 字母4 | 字母5 | 稠度等级 |
|---|---|---|---|---|---|---|
| 润滑剂类 | 润滑剂组别 | 最低操作温度 | 最高操作温度 | 水污染(抗水性、防锈性) | 极压性 | 稠度号 |

例如，某种润滑脂的使用条件为：最低操作温度：-30℃。最高操作温度：120℃。环境条件：水洗。防锈性：淡水存在下防锈。负荷条件：低负荷。稠度等级：2。该种润滑脂

的代号为：L-XCCHA2。

表 7-24　润滑脂代号 (X)

| 总的用途 | 对应的字母1 | 使用条件及对应的字母 ||||||||
|---|---|---|---|---|---|---|---|---|---|
| | | 操作温度范围 |||| 水污染 | 对应的字母4 | 负荷 | 对应的字母5 |
| | | 较低温度①/℃ | 对应的字母2 | 较高温度②/℃ | 对应的字母3 | | | | |
| 使用润滑脂的场合 | X | 0 | A | 60 | A | 在水污染的情况下，润滑脂的润滑性与抗水性和防锈性有关的符号 | A | 低负荷下，表示润滑与极压性能的符号；A 为非极压型脂，B 为极压型脂 | A |
| | | −20 | B | 90 | B | | B | | B |
| | | −30 | C | 120 | C | | C | | |
| | | −40 | D | 140 | D | | D | | |
| | | <−40 | E | 160 | E | | E | | |
| | | | | 180 | F | | F | | |
| | | | | >180 | G | | G | | |
| | | | | | | | H | | |
| | | | | | | | I | | |

① 设备运转或启动时，或者泵送润滑脂时，所经历的最低温度。
② 在使用时，被润滑部件的最高温度。

**(4) 润滑脂的分类**

国际上，SAE 燃料和润滑剂技术委员会 ASTM（美国材料与试验协会）于 1989 年颁布了 ASTMD 4950《汽车用脂标准分类规格》，规定了公交车、轿车、货车的底盘系统以及轮毂轴承定期再润滑所适用的润滑脂，具体分类如下。

① 底盘润滑脂（俗称黄油）代号为 L，划分为 LA、LB 两种档次。其中，LA 用于低负荷公交车、货车和其他车辆的底盘部件和万向节；LB 用于高负荷公交车、货车及其他车辆的底盘和万向节。底盘润滑脂的具体使用条件见表 7-25。

表 7-25　底盘润滑脂的使用条件（根据 ASTMD 4950）

| 等级 | 适用车型 | 工作条件 | 推荐的稠度号 |
|---|---|---|---|
| LA | 低负荷公交车、货车和其他车辆的底盘部件和万向节 | 在不苛刻的条件下运行，且经常进行再润滑（3200～3218km 内进行再润滑）的轿车 | 2号或1号、3号 |
| LB | 高负荷公交车、货车及其他车辆的底盘和万向节 | 再润滑间隔长，或者承受高负荷、振动，暴露于水或其他污染物。可满足在−40～120℃温度范围工作，润滑间隔长（3200～3218km） | 2号或1号、3号 |

② 轮毂轴承脂（俗称轴承脂、轴承油）代号为 G，划分为 GA、GB、GC 三个档次。其中，GA 用于在低负荷运转的轿车、货车及其他车辆的轮毂轴承；GB 用于在低负荷到中负荷下运转的轿车、货车的轮毂轴承；GC 用于在中等苛刻负荷条件下运转的轿车、货车及其他车辆的轮毂轴承。轮毂轴承脂的具体使用条件见表 7-26。

表 7-26　轮毂轴承脂的使用条件（根据 ASTMD 4950）

| 等级 | 适用车型 | 工作条件 | 推荐的稠度号 |
|---|---|---|---|
| GA | 低负荷运转的轿车、货车和其他车辆的轮毂轴承 | 可频繁润滑，在非苛刻负荷条件下运转。承受温度范围为−20～70℃ | 2号或1号、3号 |
| GB | 在低负荷到中负荷下运转的轿车、货车的轮毂轴承 | 大部分在都市、公路或非公路行驶。可承受温度范围为−40～120℃，偶尔可达到160℃ | 2号或1号、3号 |
| GC | 在中等苛刻负荷条件下运转的轿车、货车及其他车辆的轮毂轴承 | 适用于车辆频繁停止、启动（如公共汽车、出租车、城市警车等）或苛刻的制动、牵引、重负荷、爬坡等的高温度车辆轴承。温度范围可达−40～160℃，偶尔可达 200℃ | 2号或1号、3号 |

**(5) 润滑脂的种类及其应用**

常用汽车润滑脂的种类有钙基润滑脂、钠基润滑脂、钙钠基润滑脂、复合钙基润滑脂、通用锂基润滑脂、汽车通用锂基润滑脂、极压锂基润滑脂、石墨钙基润滑脂等，其特性及应用如下：

① 钙基润滑脂。抗水性好，耐热性差，使用寿命短，最高使用温度范围为－10～60℃。适用于汽车轮毂轴承、底盘拉杆球节、水泵轴承、分电器凸轮等部位。

② 钠基润滑脂。耐热性好，抗水性差，有较好的极压减磨性能，使用温度可达120℃。只适用于低速高负荷轴承，不能用在潮湿环境或与水接触部位。

③ 钙钠基润滑脂。耐热性、抗水性介于钙基和钠基脂之间，使用温度不高于100℃，不宜于低温下使用。适用于不太潮湿条件下的滚动轴承，如底盘、轮毂等处的轴承。

④ 复合钙基润滑脂。较好的机械安定性和胶体安定性，耐热性好。适用于较高温度及潮湿条件下润滑大负荷工作的部件，如汽车轮毂轴承等处的润滑，使用温度可达150℃左右。

⑤ 通用锂基润滑脂。具有良好的抗水性、机械安定性、防锈性和氧化安定性。适用于－20～120℃温度范围内各种机械设备的滚动和滑动轴承及其他摩擦部位的润滑，是一种长寿命通用润滑脂。

⑥ 汽车通用锂基润滑脂。良好的机械安定性、胶体安定性、防锈性、氧化安定性、抗水性。适用于－30～120℃下汽车轮毂轴承、水泵、发电机等各摩擦部位润滑，国产和进口车辆普遍推荐用此润滑脂。

⑦ 极压锂基润滑脂。有极高的极压抗磨性。适用于－20～120℃下高负荷机械设备的齿轮和轴承的润滑，部分国产和进口车型推荐使用。

⑧ 石墨钙基润滑脂。具有良好的抗水性和抗碾压性能。适用于重负荷、低转速和粗糙的机械润滑，可用于汽车钢板弹簧、起重机齿轮转盘等承压部位。

**(6) 润滑脂使用注意事项**

① 润滑脂的选择应根据车辆使用说明书的规定，选用与润滑部位的操作条件相适应的润滑脂品种和牌号。

② 加注的润滑脂量要适当。加脂量过大，会使摩擦力矩增大，温度升高，耗脂量增大；而加脂量过小，则不能获得可靠润滑而产生干摩擦。一般来讲，适宜的加脂量为轴承内总空体积的1/3～1/2。但应根据具体情况确定加脂量，有时则应在轴承边缘涂脂而实现空腔润滑。

③ 不同种类、牌号的润滑脂不能混用，新旧润滑脂不能混用。避免装脂容器和工具交叉使用，在更换新脂时，应先清除废润滑脂，将部件清洗干净。

④ 定期加换润滑脂。润滑脂的加换时间应根据具体使用情况而定，既要保证可靠的润滑，又不至于引起润滑脂的浪费。

⑤ 不要用木制或纸制容器包装润滑脂，防止失油变硬、混入水分或被污染变质，并且应存放于阴凉干燥的地方。注意容器和工具的清洁，严防机械杂质、尘埃和砂粒混入。

## 7.3 汽车工作液

汽车制动液、发动机冷却液、汽车减振器油及汽车空调制冷剂等统称为汽车工作液。

### 7.3.1 汽车制动液

汽车制动液是在汽车液压制动系统中传递压力，使车轮制动器实现制动作用的液体，俗称刹车油。当驾驶员踩下制动踏板时，踏板力传至制动主缸（又称刹车总泵）活塞，再通过制动液传到各车轮工作缸（又称轮缸或分泵），使制动器工作，产生制动作用。

**(1) 汽车制动液工作特点**

汽车制动液必须保证车辆在严寒和酷暑的气温条件下，以及高速、重负荷、大功率及频繁制动的操作条件下的制动灵敏、有效、可靠，保障行驶安全。汽车制动液工作条件和工作特点如下：

① 工作压力较高。液压制动系统的最大允许油压一般为 5～8MPa。

② 工作温度高。一般在 65～75℃，现代汽车多采用盘式制动器，温度将更高。

③ 接触材料多。接触材料主要有铸铁、铝合金、铜、钢、橡胶皮碗等。

**(2) 汽车制动液的使用性能**

由于制动液的工作性能直接影响到行车安全，因此要求汽车制动液的凝固点低，低温流动性好；沸点高，高温下不产生气阻；使用过程中品质变化小，且不引起金属件和橡胶件的腐蚀和变质。

① 高温抗气阻性。汽车行驶时制动液的温度可达 100～130℃，最高可达 150℃。行驶于多坡道山间公路的汽车，由于制动频繁，制动液温度会更高。而现代高速汽车的制动强度大、温度高，如果使用沸点低、易蒸发的制动液，受热时容易在管道内蒸发，产生气阻，引起制动失灵。因此，为保证制动安全可靠，要求制动液具有优良的高温抗气阻性。

② 吸湿性。制动液吸收周围的水分会使沸点下降，如原来平衡回流沸点为 193℃ 的制动液，当吸湿后含水量达 0.2% 时，其沸点会下降至 150℃。因此，要求制动液不仅沸点要高，而且吸湿性要小。即使有水分进入制动液，也能形成微粒而和制动液均匀混合，不产生分离和沉淀现象。

③ 低温流动性。制动液工作温度变化很大，冬季接近最低气温，而在制动过程中温度可高达 150℃。为保证制动液在低温下制动油缸活塞能随踏板的动作灵活移动，在高温时又有适宜的黏度，不影响油缸的润滑和密封，要求制动液的黏度随温度的变化小，有良好的低温流动性和黏温性。为此，在使用技术条件中规定了制动液在 −40℃ 时的最高黏度和 100℃ 时的最低黏度。

④ 橡胶匹配性。制动系统采用皮碗、密封圈等橡胶制品用于密封。若制动液对这些橡胶制品有溶胀作用，则其体积和质量会发生变化，出现渗漏，制动压力下降，严重时导致制动失灵，因此要求制动液能通过皮碗试验，即皮碗在 120℃ 下经 70h、在 70℃ 下经 120h 浸泡后，其外观无皮黏，无鼓泡，不析出炭黑，根径增值在规定范围内。

⑤ 抗腐蚀性。液压制动系统的传动零部件多数是由铸铁、铜、铝等金属制成，长期与制动液接触，极易产生腐蚀，使制动失灵。为减少对金属的腐蚀，在制动液使用技术条件中，要求制功液能通过金属腐蚀试验。其方法是将镀锡铁皮、钢、铝、铸铁、黄铜、铜等金属片置于温度为 100℃ 的制动液中浸泡 120h，然后观察其质量变化，要求不超过各自的规定值。

⑥ 氧化安定性和稳定性。工作温度变化时，制动液的物理化学性质应不发生明显变化。因此，制动液应具有良好的氧化安定性和稳定性，以避免在使用中产生胶质、沉积物和腐蚀性物质。

**(3) 制动液的类型**

配制制动液的原料较多，通常分为三种类型：醇型、矿物油型及合成型。

① 醇型制动液是由 45%～55% 精制草麻油和 55%～45% 低碳醇（乙醇或丁醇）调配而成，经沉淀获得无色或浅黄色清澈透明的液体。其合成工艺简单，润滑性好，成本低廉；沸

点低，易产生气阻；低温时性质也不稳定，有沉淀、分层现象，使制动沉重，甚至失灵。因此，在严寒的冬季和炎热的夏季，汽车不宜使用醇型制动液。醇型制动液已被淘汰。

② 矿物油型制动液是以精制的轻柴油馏分经深度脱蜡得到的 $C_{12}\sim C_{19}$ 异构烷烃和烷烃组分，添加稠化剂和抗氧剂与助剂调和而成，具有良好的润滑性、无腐蚀性，但对橡胶零件有溶解作用。采用矿物油型制动液必须换用耐矿物油的橡胶零件。

③ 合成型制动液是以有机溶剂中醇、醚和酯为基础，加入添加剂调制而成。国内外厂家多采用乙二醇醚、二乙二醇醚、三乙二醇醚、水溶性聚醚等作为基础溶剂，其工作温度范围较宽，高温抗气阻性能好，黏度随温度的变化平稳，对橡胶零件的溶胀率小，对金属有微弱的腐蚀性。该型制动液适用于高速、大功率、重负荷和制动频繁的汽车。

目前，国内外的汽车制动液基本为合成型制动液，包括醇醚型制动液、醇醚硼酸酯型（简称酯型）制动液和硅油型制动液（如聚硅氧烷型制动液）三种类型。

**(4) 制动液标准与规格**

① 美国联邦政府安全局（DOT）的标准。该标准具体是 FMVSS No.116《机动车辆制动液》。1972 年后，美国联邦政府安全局对机动车辆制动液标准进行多次修订，将制动液分为 DOT3、DOT4、DOT5（硅油型）和 DOT5.1（醇醚硼酸酯型）四个牌号。DOT3 和 DOT4 会吸收水分，而 DOT5 不会。

② 美国汽车工程师学会（SAE）标准。美国汽车工程师学会的制动液标准是 SAE J1703—2016《机动车辆制动液》、SAE J1704—2014《硼酸酯型制动液》和 SAE J1705—2007《低溶水型制动液》。与 DOT 制动液标准对应关系是：SAE J1703、SAE J1704、SAE J1705 分别与 DOT3、DOT4、DOT5 相对应。

③ 国际标准化组织（ISO）标准。国际标准化组织的制动液标准是 ISO 4925—2005《道路车辆非石油基制动液》。

④ 我国制动液标准。我国现行的制动液标准是 GB 12981—2012《机动车辆制动液》，按机动车辆安全使用要求分为 HZY3、HZY4 和 HZY5 三种产品，它们分别对应国际通用产品 DOT3、DOT4、DOT5 或 DOT5.1。

**(5) 制动液的选用**

汽车制动液的选用应注意以下问题：

① 选择合成型制动液，性能级别与 DOT 规格一致。

② 按车辆使用说明书和规定选择制动液，所选用的制动液产品类型与车辆制造厂规定使用的制动液类型一致。

③ 在低温条件、高温条件、山区或高原条件使用的车辆，要特别注意制动液的低温性能或高温性能。

④ 如果制动系统的橡胶零件是耐油的，应优先选用矿物油型，它不受地区、季节和车型的限制，润滑性好，无腐蚀作用，换油周期长。若橡胶零件不耐油，则不能使用。

⑤ 不同规格的制动液不能混用。不同类型的制动液由于成分不同，混合后可能发生反应、分层或沉淀，堵塞制动系统，以致制动失灵。

⑥ 按车辆制造厂规定，适时更换制动液。

⑦ 制动液都是由有机溶剂制成的，易挥发、易燃；灌装和保存时应远离火源，防止日晒雨淋；用后把瓶盖拧紧，防止吸水变质。

### 7.3.2 发动机冷却液

发动机冷却液是一种含有特殊添加剂的液体，主要用于汽车液冷式发动机的冷却系统。

发动机冷却液除具有散热冷却作用之外，还具有防冻作用，防止冬天因冻结而损坏缸体、散热器等，因而又称防冻液。对发动机冷却液的基本要求是：有较低的冰点；有良好的传热性能；低温湿度不宜太大；对金属、橡胶无腐蚀作用；有良好的化学安定性；泡沫少，蒸发损失少等。

**(1) 发动机冷却液的种类与性能**

发动机冷却液主要由防冻剂与水按一定比例混合而成。根据防冻剂的不同，汽车常用的冷却液分为酒精型、甘油型、乙二醇型等。

① 酒精型冷却液是用酒精作为防冻剂，与水配制而成。酒精与水可按各种比例混合成不同冰点的防冻液。酒精含量越高，冷却液的冰点越低。其特点是：流动性好、散热快，但易燃、易挥发，而且挥发后冰点容易回升。

② 甘油型冷却液是以甘油（丙三醇）为防冻剂，与水配制而成。由于甘油的沸点、闪点高，这类防冻液的沸点高，不易蒸发和着火，但降低冰点的效率低，甘油用量大，成本高。

③ 乙二醇型冷却液是用乙二醇作为防冻剂，与水配制而成。乙二醇的沸点高，与水混合后，可使混合液的冰点显著降低，最低可达－68℃。用不同比例的乙二醇和水可配制成不同冰点的冷却液。这类冷却液的优点是：沸点高、冰点低、冷却效率高、黏度较小等。但乙二醇有毒性，对金属有腐蚀作用。因此，常用的乙二醇型冷却液，多加有防腐剂和染色剂。

乙二醇型冷却液是目前国内外使用最广的一种防冻液，约有95%的汽车使用这类冷却液。我国乙二醇型冷却液的产品已商品化，石化行业专门制定了该类产品的生产和使用标准。

**(2) 乙二醇型防冻液的牌号和规格**

我国乙二醇型防冻液按石化行业标准分为冷却液和浓缩液两大类。冷却液可直接加车使用，按其冰点分为－25、－30、－35、－40、－45、－50共六种牌号。浓缩液便于储运，使用时需加水稀释，它与蒸馏水各以50%（体积分数）混合，冰点不高于－37℃。冷却液和浓缩液按质量又分为一级品和合格品，一级品的防腐性能优于合格品。

冷却液可以制成浓缩液，由用户加清洁水稀释后使用，也可以制成一定冰点的产品直接加注使用。冷却液的冰点与乙醇、甘油或乙二醇所占的比例有关，改变冷却液的成分和所占比例，可得到不同冰点的冷却液，见表7-27。

**表7-27 冷却液冰点与其成分比例的关系**

| 冰点/℃ | 酒精型酒精的质量分数/% | 甘油型甘油的质量分数/% | 乙二醇型乙二醇的质量分数/% |
| --- | --- | --- | --- |
| －5 | 11.3 | 21 | — |
| －10 | 19.7 | 32 | 28.4 |
| －15 | 25.5 | 43 | 32.8 |
| －20 | 31.0 | 51 | 38.5 |
| －25 | 35.5 | 58 | 45.3 |
| －30 | 41.1 | 61 | 47.8 |
| －35 | 48.1 | 69 | 50.9 |
| －40 | 54.8 | 73 | 54.7 |
| －45 | 62.2 | 76 | 57.0 |
| －50 | 70.0 | — | 59.9 |

**(3) 冷却液使用注意事项**

① 根据使用地区冬季的最低气温选用适当冰点的冷却液，其冰点应比使用地区的最低气温低10℃左右。

② 按照发动机的负荷性质选用汽车制造商规定的冷却液。例如：桑塔纳轿车选用

052774 BO/CO（G11 冷却添加剂与水的混合液）冷却液；奥迪 A6 轿车选用 G12A8D 冷却添加剂与水的混合液；别克君威轿车选用 50% 清洁水与 50% GM Goodwrench DEX-COOL 或 Havoline DEX-COOL 冷却液的混合液；东风日产汽车要求选用 30% 或 50% 的日产防冻冷却液（12N）或同类产品与去离子水或蒸馏水的混合液。

③ 环境温度不同时冷却液混合液的比例应做适当调整，应经常用密度计检查冷却液成分。使用酒精型冷却液时，乙醇蒸发快，应及时添加适量乙醇和少量的水；乙二醇型和甘油型冷却液一般只需添加适量的水。不同类型的冷却液不能混装。要经常注意冷却液颜色、气味的变化，按期更换。

④ 冷却液表面张力小，因而易泄漏，加注前应检查冷却系统的密封性。冷却液膨胀系数大，一般只应加到储液罐标记范围，不可过多，以免升温膨胀后溢出。

⑤ 现代轿车高速发动机设计工作温度往往会高于 100℃，要求冷却液的沸点较高，因此不论冬、夏都要加注浓度适当的冷却液。例如，奥迪 A6 轿车要求夏季 G12A8D 冷却添加剂的体积分数必须不小于 40%。

⑥ 乙二醇有毒，在使用中要防止中毒。

## 7.3.3 汽车减振器油

为了减少汽车在行驶中的振动与冲击，在载货汽车的前轮和轿车前后轮都安装有减振器。汽车减振器利用液体不易压缩的性质，通过油的流动阻尼力来吸收冲击和振动能量，并转化为油的热量散发掉，以此来缓冲汽车在行驶中的振动。汽车减振器所使用的工作介质即为减振器油。

**(1) 减振器油的工作性能**

减振器油在各种车辆的减振装置中长期使用，要适合不同的气候条件。既要受行驶中汽车振动的影响，还要经受各种剪切作用。因此，减振器油要求具有如下性能：

① 具有优良的黏温性能和较高的黏度指数。阻尼力与油的黏度有密切关系，而油的黏度是随温度变化的。当环境温度发生变化或随着工作时间的延长，减振器油本身温度变化时，其油的黏度变化应很小。

② 具有良好的低温流动性。减振器油的凝点要低，一般不得低于 -40℃，汽车在严寒冬季运行时，应不失去流动性。

③ 工作稳定性好，具有抗氧化稳定性和抗油气混合稳定性。

④ 具有良好的润滑性、抗磨性、抗泡性和防锈性能。

**(2) 减振器油的选用**

选用减振器油时，应按照减振器油规格选用合适的油品。一般情况下，温暖地区可使用凝点不高于 -8℃ 的牌号，寒冷地区选用凝点不高于 -55℃ 的牌号。使用中应注意保持减振器密封良好，无渗漏现象。

## 7.3.4 汽车空调制冷剂和冷冻润滑油

**(1) 汽车空调制冷剂**

1) 制冷剂对大气环境的影响

在制冷系统中用于转换热量并且循环流动的物质称为制冷剂。空调制冷系统中主要是采用卤代烃制冷剂，其中不含氢原子的称为氯氟烃（CFC），含氢原子的称为氢氯氟烃（HCFC），不含氯原子的称为氢氟烃（HFC）。

空调制冷剂对大气环境的破坏性很大，主要有两个方面：一是对大气臭氧层的破坏，二是产生使全球气候变暖的温室效应。在卤代烃中,随着氯原子数的增加,其对大气臭氧层的破坏变得严重,因此,CFC 对大气臭氧层的破坏最严重,HCFC 对大气臭氧层的破坏程度相对较小,HFC 不破坏大气臭氧层。制冷剂对臭氧层的破坏程度用破坏臭氧层潜值 ODP(ozone depletion potential)表示,其对温室效应的影响程度用全球变暖潜值 GWP(global warming potential)表示。

在比较长一段时期内,汽车空调系统大多采用 $CFC_{12}$(即 R12,R 代表 refrigerant)作为制冷剂。R12 属于氟利昂系制冷剂,学名为二氯二氟甲烷($CF_2Cl_2$),具有优异的综合性能,且易于制造,原料来源丰富,价格相对低廉,且可以回收重复使用,是非常理想的制冷剂。但其致命缺陷是 ODP 值较高,对大气臭氧层有很强的破坏作用。据统计资料表明,大气层中 CFC 物质的 75% 来自汽车空调系统泄漏的 R12。因此,1987 年国际上制定了控制破坏大气层的蒙特利尔协议,$CFC_{12}$ 是一级被禁制冷剂。我国于 1991 年加入该协议,并决定从 1996 年起,汽车空调的制冷剂开始使用 R134a,2000 年全部使用 R134a。R12 早已不在汽车上使用。

2) R134a 汽车制冷剂的性能

R134a(HFC134a)制冷剂的分子式为 $CH_2FCF_3$,不含氯原子,ODP 值为零,GWP 值仅 0.29,且无明显毒性,因而在制冷空调,尤其是汽车空调系统中得到广泛应用。目前,全球 R134a 制冷剂产量的 50% 用于汽车空调。

R134a 物理性能与 R12 比较接近,其热物理性能见表 7-28。

表 7-28 R134a 与 R12 的热物理性能比较

| 项目 | R134a | R12 | 项目 | R134a | R12 |
| --- | --- | --- | --- | --- | --- |
| 分子式 | $CH_2FCF_3$ | $CF_2Cl_2$ | 0℃时的汽化潜热/(kJ/kg) | 197.89 | 154.87 |
| 分子量 | 102.031 | 120.92 | 60℃时的饱和蒸气压/kPa | 1680.47 | 1518.17 |
| 沸点/℃ | -26.18 | -29.80 | ODP 值(臭氧破坏潜能值) | 0 | 1.0 |
| 临界温度/℃ | 101.14 | 111.8 | GWP 值(全球变暖潜能值) | 0.11 | 1.0 |
| 临界压力/MPa | 4.065 | 4.125 | 与矿物油的融合性 | 不溶 | 互溶 |
| 临界密度/(kg/m³) | 1206 | 1311 | 溶态热导率 | 大 | 小 |
| 0℃时的饱和蒸气压/kPa | 293.14 | 308.57 | | | |

从表 7-28 中可以看出,R134a 具有如下特性:

① R134a 的热力学性能,包括分子量、沸点、临界参数、饱和蒸气压和汽化潜热等,均与 R12 相近,具有无色、无臭、不燃烧、不爆炸、基本无毒的特性。

② R134a 制冷剂的传热性能优于 R12,当冷凝温度为 40~60℃、质量流量为 45~200kg/s 时,R134a 蒸发和冷凝传热系数比 R12 高出 25% 以上,传热损失降低。

③ 分子直径比 R12 略小,易通过橡胶向外泄漏,也较易被分子筛吸收。

④ R134a 的吸水性和水溶解性高。

3) 制冷剂使用注意事项

① 装制冷剂的钢瓶应储存在阴凉、干燥、通风的库房中,防止受潮而腐蚀钢瓶,在运输过程中要严防振动和撞击。

② 要远离热源,避免日光直射。在充灌制冷剂时,不可将其直接放在火上烘烤,否则会导致容器发生爆炸。

③ 避免接触皮肤,以免造成局部冻伤。尤其危险的是,制冷剂进入眼球会冻结眼球中的水分,造成失明。因此,在处理制冷剂时,应戴上防护眼镜和手套。若制冷剂触及眼睛,应尽快用冷水冲洗;如有痛感,可用稀硼酸溶液或 2% 以下的食盐水冲洗;如触及皮肤,应立即用大量清水冲洗,并马上涂敷凡士林,面积大时应立即到医院治疗。

④ 要避开明火。制冷剂不会燃烧和爆炸，但与明火接触时，会分解出对人体有害的气体（光气）。

⑤ 要注意通风良好。当制冷剂排到大气中含量超过一定量时，会使大气中的氧气浓度下降而使人窒息。

4）汽车空调制冷剂的发展趋势

根据欧盟已通过的含氟温室气体控制法规的要求，自 2017 年 1 月 1 日起，欧盟禁止新生产的汽车空调使用 GWP 值大于 150 的制冷剂。由于以前使用的 HFC-134a 的 GWP 值为 1300，故将被禁用；在 2011 年 1 月 1 日至 2017 年 1 月 1 日的 6 年间，在用汽车空调按比例逐步淘汰 GWP 值大于 150 的制冷剂；自 2017 年 1 月 1 日起，禁止所有汽车空调使用 GWP 值大于 150 的制冷剂。因而，汽车空调使用低 GWP 值的制冷剂成为趋势和必然，$CO_2$、烃类化合物、HFC-152a 以及一些可作为汽车空调制冷剂的混合物成为研究热点。

目前，杜邦公司在新一代汽车空调制冷剂的研制及推动其商业化方面取得重大进展。新型制冷剂 HFO-1234yf 的 GWP 值远远低于目前所使用的 R134a 制冷剂的 GWP 值。如果在 2017 年全球所有新生产的汽车空调都采用新的制冷剂，那么每年将节省 22 亿升燃料，相当于约 150 万辆汽车每年的总耗油量。该新型制冷剂还具有良好的环境特性，与现有在用的汽车空调技术相匹配，能够使汽车制造商应对欧盟自 2017 年起实施的有关禁止汽车空调采用 HFC 技术的时间要求。

**(2) 冷冻润滑油**

冷冻润滑油是制冷压缩机的专用润滑油，用来保证压缩机正常运转，并延长其使用寿命。

1）冷冻润滑油的作用

① 润滑作用。压缩机是高速运动的机器，轴承、活塞、活塞环、曲轴、连杆等机件表面需要润滑，以减小阻力和磨损，延长使用寿命，降低功耗，提高制冷系数。

② 密封作用。汽车使用的压缩机传动轴需要油封来密封，防止制冷剂泄漏。有润滑油，油封才起密封作用。同时，活塞环上的润滑油，不仅起减摩作用，而且起密封压缩机的作用。

③ 冷却作用。运动的摩擦表面会产生高温，需要用冷冻油来冷却。冷冻油冷却不足，会引起压缩机温度过热，排气压力过高，降低制冷系数，甚至烧坏压缩机。

④ 降低压缩机噪声。

2）对冷冻润滑油的性能要求

冷冻润滑油在空调制冷系统中完全溶于制冷剂中，并随制冷剂一起在制冷系统中循环。因此，冷冻润滑油的温度有时会超过 120℃，而制冷剂的蒸发温度范围为 -30~10℃，使冷冻润滑油工作在高温与低温交替的条件下。为保证其工作正常，对冷冻润滑油提出以下性能要求。

① 冷冻润滑油的凝固点要低，在低温下具有良好的流动性。若低温流动性差，则冷冻润滑油会沉积在蒸发器内影响制冷能力，或凝结在压缩机底部，失去润滑作用而损坏运动部件。

② 冷冻润滑油应具有一定的黏度，且受温度的影响要小。温度升高或降低时，其黏度随之变小或增大。与冷冻润滑油完全互溶的制冷剂会使冷冻润滑油变稀，因此应选用黏度较高的冷冻润滑油。但黏度也不宜过高，否则需要的启动转矩增大，压缩机启动困难。因此，冷冻润滑油的黏度要选择适当。

③ 冷冻润滑油与制冷剂的溶解性能要好。在汽车空调制冷系统中，制冷剂与润滑油是

混合在一起的。当制冷剂流动时，润滑油也随之流动，这就要求制冷剂与润滑油能够互溶。若二者不互溶，润滑油就会聚集在冷凝器和蒸发器的底部，阻碍制冷剂流动，降低换热能力，并使润滑油不能随制冷剂返回压缩机，压缩机将会因缺油而加剧磨损。

④ 冷冻润滑油的闪点温度要高，具有较高的热稳定性，即在高温下不氧化、不分解、不结胶、不积炭。

⑤ 冷冻润滑油应无水分。若润滑油中的水分过多，则会在膨胀阀节流口处结冰，造成冰堵，影响系统制冷剂的流动。同时，油中的水分会使冷冻油变质分解，腐蚀压缩机材料。

3）常用冷冻润滑油及其特性

冷冻润滑油在不同的空调系统中（如 R134a、R12）不能混用，目前 R134a 空调系统中使用的冷冻润滑油为 PAG 及 ESTER。

① PAG。PAG（聚烃乙二醇）是一种人工合成油，由 C、H 及聚合物链所组成，有两种基本型，虽已进入实用阶段，但存在如下问题：

a. 具有高吸湿力，易使制冷系统的节流元件（毛细管或膨胀阀）发生"冰堵"，因此要加大系统中干燥剂的装入量或提高其吸湿能力。一般空调系统蒸发温度均在 0℃ 以上，不会出现"冰堵"，而汽车空调的蒸发温度设计在 0℃ 左右，就可能受其影响。

b. 高温下与 R134a 的互溶性降低，甚至不可溶，因此要特别注意改善系统的冷凝条件，勿使其冷凝温度（或压力）过高，这对汽车空调尤为重要。

c. 润滑性比矿物油稍差。

d. 对制冷系统的橡胶密封件及制冷剂输送软管有渗透作用。

② ESTER。ESTER（聚酯类润滑油）是一种合成多元醇酯，由多元醇酯基油和添加剂配制而成，主要成分是季戊四醇、三甲基丙酮和各种直链或支链型酯酸。

聚酯油与 R134a 互溶性好，不会出现低温沉积现象。其吸水性比矿物油强，但水分与油是牢固结合的，在膨胀阀处不会结冰。原系统内残留的矿物油等物质对其性能影响不明显。由于在聚酯油中加了添加剂，故其耐磨性能良好。它与聚丁腈橡胶、氧丁橡胶等弹性材料相容性较好，与绝缘材料也有比较好的相容性。

表 7-29 为 PAG 油与 ESTER 油、矿物油性能比较，从表中可以看出，ESTER 油与 R134a 油的互溶性比 PAG 油与 R134a 油的互溶性好。

表 7-29　PAG 油与 ESTER 油、矿物油性能比较

| 性　能 | | 冷冻润滑油 | | |
|---|---|---|---|---|
| | | PAG 油 | ESTER 油 | 矿物油 |
| 互溶性 | 与 R134a | 较好 | 很好 | 不溶 |
| | 与 R12 | 不溶 | 很好 | 很好 |
| | 与矿物油 | 不兼容 | 少量兼容 | 很好 |
| 热稳定性 | | 差 | — | 好 |

4）冷冻润滑油使用注意事项

① 必须严格使用原车空调压缩机所规定的冷冻润滑油牌号，或换用具有同等性能的冷冻润滑油，不得使用其他油来代替，否则会损坏压缩机。

② 冷冻润滑油吸收潮气能力极强，所以在加注或更换冷冻润滑油时，操作必须迅速，不能立刻加油时，不得打开油罐；在加注完后应立即将油罐的盖子封紧储存，不得有渗透现象。

③ 不能使用变质的冷冻润滑油。冷冻润滑油变质的主要原因如下：

a. 混入水分后，在氧气作用下会生成一种油酸性质的絮状酸性物质，腐蚀金属零部件。

b. 当压缩温度过高时，油被氧化分解而炭化变黑。

c. 不同牌号的油混合使用时，由于不同牌号的冷冻油所加的氧化剂不同而产生化学反应，引起变质。

④ 冷冻润滑油没有制冷作用，加注过量会妨碍热交换器的换热效果，所以只允许加到规定的用量，绝不允许过量使用，以免降低制冷量。

⑤ 在排放制冷剂时要缓缓进行，以免冷冻润滑油和制冷剂一起喷出。

## 7.4 汽车轮胎

轮胎是汽车行驶系统的主要组成部分之一，其主要功用是承载汽车总质量，吸收与缓和汽车行驶时所受到的路面冲击和振动，保证轮胎与路面的良好附着性能。轮胎费用约占汽车成本的10%以上，其技术状况可使油耗在10%~15%范围内变化。因此，轮胎的合理使用不仅关系到汽车的安全行驶，而且对汽车运输成本的降低有很大影响。1990年3月，我国交通部发布的第13号部令《汽车运输业车辆技术管理规定》，明确提出要求加强汽车轮胎管理，提高轮胎使用维修技术水平。

### 7.4.1 轮胎的结构组成

轮胎主要由胎冠、胎肩、胎侧和胎圈等部分组成，如图7-4所示。

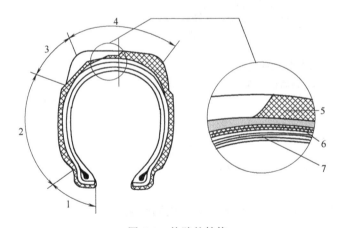

图7-4 轮胎的结构
1—胎圈；2—胎侧；3—胎肩；4—胎冠；5—胎面；6—缓冲层（带束层）；7—帘布层

① 胎冠指外胎两胎肩夹的中间部位，包括胎面、缓冲层（带束层）和帘布层等。

② 胎面指胎冠最外层与路面接触带有花纹的外胎胶层，其作用是保护胎体，防止早期磨损和损伤。

③ 缓冲层指斜交轮胎胎面和胎体之间的胶布层，其作用是缓和并部分吸收路面对轮胎的冲击。

④ 带束层指在子午线轮胎和带束斜交轮胎的胎面基部下，沿胎面中心线圆周方向箍紧胎体的材料层。它的主要作用是增强轮胎的周向刚度和侧向刚度，并承受大部分胎面的应力。

⑤ 帘布层指胎体中由覆胶平行帘线组成的布层，它是胎体的骨架，支撑外胎各部分。

⑥ 胎侧指胎肩到胎圈之间的胎体侧壁部位上的橡胶层，其主要作用是保护胎体，承受侧向力。

⑦ 胎体是由一层或数层帘布与胎圈组成整体的充气轮胎的受力结构。斜交轮胎的胎体帘布线彼此交叉排列，子午线的胎体帘线互相平行。

⑧ 胎圈指轮胎安装在轮辋上的部分，由胎圈芯和胎圈包布等组成。它的作用是防止轮胎脱离轮辋。

汽车上常用的轮胎是充气轮胎，分为有内胎和无内胎两种。图 7-5 所示为有内胎充气轮胎，主要由外胎、内胎、垫带组成。内胎中充满压缩空气，外胎用来保护内胎不受损伤且具有一定弹性；垫带放在内胎下面，防止内胎与轮辋硬性接触而受损伤。图 7-6 所示为无内胎充气轮胎，这种轮胎外观上与普通轮胎相似，但胎圈外侧上有若干道同心环形槽纹，在轮胎内空气压力作用下，槽纹能使胎圈紧贴在轮辋边缘上，使之与轮辋保证良好的气密性。

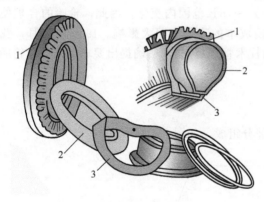

图 7-5 充气轮胎的组成
1—外胎；2—内胎；3—垫带

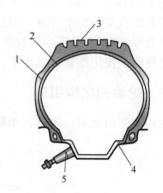

图 7-6 无内胎充气轮胎的组成
1—橡胶密封层；2—自黏层；3—槽纹；
4—轮辋；5—气门嘴

## 7.4.2 轮胎的分类

轮胎的分类方法很多，主要分类如下：

1) 按结构组成分类

轮胎按结构组成，可分为有内胎轮胎和无内胎轮胎。

2) 按充气压力分类

轮胎按胎内充气压力大小可分为高压胎、低压胎和超低压胎三种。

① 高压胎气压为 0.49~0.69MPa，刚度大，缓冲性能差，已很少采用。

② 低压胎气压为 0.47~0.49MPa，随着帘布强度和轮胎承载能力的提高，有些轮胎的充气压力超过此范围，但其缓冲性能与低压胎接近，仍属低压胎。如国产 9.00-20 为 14 层级尼龙胎，负荷 2185kg，气压 0.657MPa；国产 11.00-20 为 18 层级尼龙胎，负荷 3050kg，气压 0.687MPa，从气压上看已超出低压胎范围，但仍属于低压胎。

由于低压胎弹性好，断面宽，与路面接触面积大，胎壁薄，散热性好，轮胎寿命长。因此，载货汽车、轿车大都采用低压胎。

③ 超低压胎气压在 0.147MPa 以下。

3) 按胎面花纹分类

轮胎按胎面花纹可分为普通花纹轮胎、越野花纹轮胎、混合花纹轮胎。常见汽车轮胎的胎面花纹如图 7-7 所示。

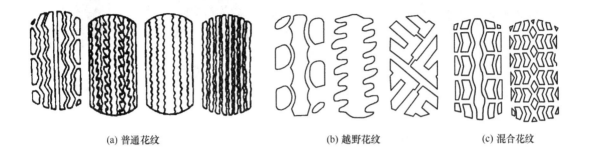

(a) 普通花纹　　　　　　(b) 越野花纹　　　　　　(c) 混合花纹

图 7-7　汽车轮胎的胎面花纹

① 普通花纹轮胎花纹细而浅，适用于比较好的硬路面。它有纵向、横向和两向兼有的许多式样。其中，横向花纹轮胎适合在较差的碎石路面上使用；纵向花纹轮胎适合在较好路面上使用；兼有纵横向花纹的轮胎适合在一般路面及在较差路面上使用。

② 越野花纹轮胎花纹凹部深而且粗，在软路面上与地面附着性好，越野能力强，适合于矿山、工地、沙漠、松土地面和雪泥路使用。

③ 混合花纹轮胎花纹介于普通花纹和越野花纹之间，中部为菱形、纵向锯齿形或烟斗形花纹，两边为横向越野花纹，适于城市、乡村之间的路面行驶的汽车。

4）按帘布层结构分类

轮胎按帘布层结构可分为普通斜交轮胎和子午线轮胎，如图 7-8 所示。

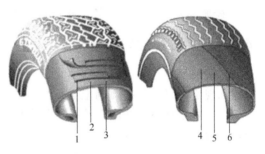

(a) 子午线轮胎　　(b) 普通斜交轮胎

图 7-8　子午线及普通斜交轮胎的结构

1,5—外胎面；2,4,6—胎体；3—束带

① 普通斜交轮胎。帘布层的帘线以交叉形式层叠胶接，胎体坚固，侧向刚性好，但缓冲性能较差。

② 子午线轮胎。胎体的帘线以子午线形式排列，与外胎周围成正交，强度得到充分发挥。子午线轮胎比普通斜交轮胎滚动阻力小，缓冲性能好，行驶里程长。

5）按用途分类

轮胎按用途可分为乘用轮胎和载重轮胎。

① 乘用轮胎为充气压力在 0.4MPa 以下的低压轮胎，帘布层一般为 4~6 层，胎圈直径一般在 16in（40.6cm）以下，用于轿车和轻型载货汽车。乘用轮胎正向超低压方向发展。

② 载重轮胎为充气压力在 0.4MPa 以上的低压轮胎，帘布层一般为 10~16 层，胎圈直径一般为 16 ~32in（40.6~81.2cm），用于中型和重型载货汽车、客车和无轨电车。

6）按帘布材料分类

轮胎按帘布材料可分为棉帘布轮胎、人造线轮胎、尼龙轮胎、钢丝轮胎、聚酯轮胎、玻璃纤维轮胎、无帘布轮胎。

7）按断面分类

轮胎按断面可分为窄基轮胎、宽基轮胎、普通断面轮胎、低断面轮胎和超低断面轮胎。

## 7.4.3 轮胎的主要尺寸

轮胎的主要尺寸是轮胎断面宽度（$B$）、轮辋名义直径（$d$）、轮胎断面高度（$H$）、轮胎外直径（$D$）、负荷下静半径和轮胎滚动半径等，如图7-9所示。

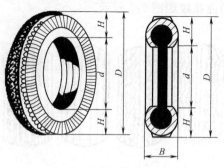

图7-9　轮胎主要尺寸

① 轮胎断面宽度 $B$ 是指轮胎按规定气压充气后，轮胎外侧面间的距离。

② 轮辋名义直径 $d$ 是指轮辋规格中直径大小的代号，与轮胎规格中相对应的直径一致。

③ 轮胎断面高度 $H$ 是指轮胎按规定气压充气后，轮胎外直径与轮辋名义直径之差的一半。

④ 轮胎外直径 $D$ 是指轮胎按规定气压充气后，在无负荷状态下胎面最外表的直径。

⑤ 负荷下静半径是指轮胎在静止状态下只承受法向负荷作用时，由轮轴中心到支承平面的垂直距离。

⑥ 轮胎滚动半径是指车轮旋转运动与平移运动的折算半径。

## 7.4.4 轮胎的标志与规格

### (1) 轮胎标志

国标规定，每条外胎两侧上必须模压上规格、制造厂商和厂名（或地址）、轮辋标准、生产编号、骨架材料及结构代号；轿车轮胎还需要标有速度级别代号和胎面磨损标志位置的符号；载货汽车轮胎还需标有层级；胎面花纹有行驶方向要求的，还需有行驶方向标记。

① 轮胎规格。规格是轮胎几何参数与物理性能的标志数据。轮胎规格常用一组数字与字母的组合表示，数字表示轮胎断面宽度、轮辋直径等，均以英寸为单位。中间的字母或符号有特殊含义："X"表示高压胎；"R""Z"表示子午线胎；"-"表示低压胎。

② 层级。层级指轮胎橡胶层内帘布的公称层数，与实际帘布层数不完全一致，是轮胎强度的重要指标。层级可用中文标志，如12层级；可用英文标志，如"14P.R"即14层级。

③ 帘线材料。有的轮胎单独标示，如"尼龙"(NYLON)，一般标在层级之后；有的轮胎厂家标示在规格之后，用汉语拼音的第一个字母表示，如9.00-20N、7.50-20G等，N表示尼龙，G表示钢丝，M表示棉线，R表示人造丝。

④ 负荷及气压。一般在轮胎上标示出最大负荷及相应气压。负荷以"kg"为单位，气压即轮胎胎压，单位为"kPa"。

⑤ 轮辋规格。该规格表示与轮胎相配用的轮辋规格，便于实际使用，如"标准轮辋5.00F"。

⑥ 平衡标志。该标志用彩色橡胶制成标记形状，印在胎侧，表示轮胎此处最轻，组装时应正对气门嘴，以保证整个轮胎的平衡性。

⑦ 滚动方向。轮胎上的花纹对行驶中的排水防滑特别关键，所以花纹不对称的越野车轮胎常用箭头标志装配滚动方向，以保证设计的附着力、防滑等性能。如果装错，则适得其反。

⑧ 磨损极限标志。轮胎一侧用橡胶条、块标示轮胎的磨损极限，一旦轮胎磨损达到这一标志位置应及时更换，否则会因强度不够中途爆胎。

⑨ 生产日期。在轮胎外面一边的轮胎壁上有一组数字，从该标志的最后四位数可以得知生产日期的信息。它共由四位数字组成，前两位表示一年中的第几周，后两位表示年份。

轿车上一个轮胎的生产日期如图 7-10 所示。图中，1606 表示 2006 年第 16 周生产的，也就是 2006 年 4 月中旬生产的。

⑩ 商标。商标是轮胎生产厂家的标志，包括商标文字及图案，一般比较突出和醒目，易于识别，大多与生产企业厂名相连标示。

图 7-10 轿车上轮胎生产日期标志

⑪ 其他标记。如产品等级、生产许可证号及其他附属标志，可作为选用轮胎时的参考资料和信息。

**(2) 轮胎规格**

1) 斜交轮胎规格

我国斜交轮胎的规格用 $B\text{-}d$ 表示，$B$ 为轮胎名义断面宽度，$d$ 为轮辋名义直径。载货汽车、轿车轮胎的尺寸 $B$ 和 $d$ 均使用英寸（in）为单位。例如，9.00-20 表示轮胎名义断面宽度为 9.00in（1in＝0.0254m），轮辋名义直径为 20in。

2) 子午线轮胎规格

我国子午线轮胎规格用 $B\text{R}d$ 表示，其中 R 表示子午线轮胎（"radial"的第一个字母）。国产轿车子午线轮胎的断面宽度 $B$ 全部改用米制单位"mm"，载货汽车断面宽度 $B$ 有英制单位和米制单位两种，轮辋直径 $d$ 的单位为"in"。

随着轮胎扁平化的发展，轮胎断面高度越来越小，一般用扁平率表示其高宽比。轮胎规格中增加一项表示其所属的扁平率系列。国产轿车轮胎有 80、75、70、65 和 60 五个系列，数字分别表示断面高 $H$ 是断面宽 $B$ 的 80%、75%、70%、65% 和 60%。显然，数字越小，轮胎越扁平，即轮胎越矮。

**(3) 轮胎规格的表示方法示例**

1) ISO 国际质量认证表示方法

例如 250/60R15 89H：250——轮胎宽度 250mm；60——扁平率 60%；R——子午线轮胎；15——轮辋直径 15in；89——负荷指数；H——速度级别。

2) ECE 欧洲标记表示方法

例如 185/R14 90S：185——轮胎宽度 185mm；R——子午线轮胎；14——轮辋直径 14in；90——负荷指数；S——速度级别。

注意：扁平率未标明，实为 82 只是省略不写，其余扁平率均有标明。

3) DOT 美国表示方法

例如 P215/65R15 89H：P——轿车（客车为 PC）；215——轮胎宽度 215mm；65——扁平率 65%；R——子午线轮胎；15——轮辋直径 15in；89——负荷指数［最高载重为 1279lb（约 580kg）］；H——速度级别［最高时速为每小时 130mile（约 208km）］。

4) 我国轿车轮胎规格表示方法

例如 185/70R13 86T：185——轮胎名义断面宽度（185mm）；70——轮胎系列（70 系列，扁平率 70%）；R——子午线轮胎代号；13——轮辋名义直径（13in）；86——负荷指数（轮胎负荷能力为 5.3kN）；T——速度级别（轮胎最高速度 190km/h）。

5) 我国载货汽车轮胎规格表示方法

① 微型载货汽车普通断面斜交轮胎。例如 4.50-12ULT：4.50——轮胎名义断面宽度（4.5in）；12——轮辋名义直径（12in）；ULT——微型载货汽车轮胎代号。

② 轻型载货汽车普通断面子午线轮胎。例如 6.50 R15 LT：6.50——轮胎名义断面宽度（6.5in）；R——子午线轮胎代号；15——轮辋名义直径（15in）；LT——轻型载货汽车轮胎代号。

③ 轻型载货汽车子午线公制系列轮胎。例如 215/70R14LT：215——轮胎名义断面宽度（215mm）；70——轮胎系列（70系列，扁平率70%）；R——子午线轮胎代号；14——轮辋名义直径（14in）；LT——轻型载货汽车轮胎代号。

④ 中型、重型载货汽车普通断面斜交轮胎。例如 9.00-20：9.00——轮胎名义断面宽度（9.00in）；-——低压轮胎代号；20——轮辋名义直径（20in）。

⑤ 中型载货汽车斜交无内胎公制系列轮胎。例如 245/75 22.5：245——轮胎名义断面宽度（245mm）；75——轮胎系列（75系列，扁平率75%）；22.5——无内胎轮辋名义直径（22.5in）。

### 7.4.5 常用汽车轮胎

常用汽车轮胎有子午线轮胎、普通斜交轮胎、无内胎充气轮胎等。

**(1) 普通斜交轮胎**

普通斜交轮胎的结构如图7-11所示，其特点是帘布层和缓冲层各相邻层帘线交叉排列，各帘布层与胎冠中心线成35°~40°的交角，因而叫斜交轮胎。

帘布层是外胎的骨架，使胎体具有必要的强度，并固定轮胎外缘的形状和尺寸。帘布层数越多强度就越大，但弹性会下降。帘布层的帘线可采用不同的材质，棉线帘布价格低，但强度差，需要多层帘布，在受热后强度下降，不能很好地承受轮胎工作时产生的交变载荷。采用人造丝做帘布可以减少层数，因为人造丝有较好的抗变形能力，耐久性比棉布层轮胎高60%~70%，其不足之处是吸湿性较大，此时强度会下降，残余伸长变形而使其不能与橡胶更好地结合。采用尼龙线或钢丝帘线做帘布，在轮胎承载能力一样时，层数可减少，减轻轮胎质量。缓冲层位于胎面与帘布层之间，用胶片和数层挂上胶的稀帘布做成，具有较大的弹性，可缓和汽车行驶时的冲击载荷，并防止汽车在紧急制动时胎面与帘布层脱离。

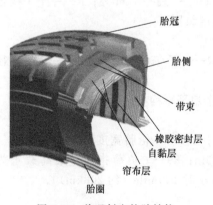

图7-11 普通斜交轮胎结构

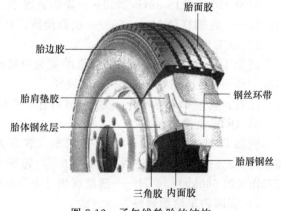

图7-12 子午线轮胎的结构

**(2) 子午线轮胎**

子午线轮胎的结构如图7-12所示，其胎体帘布层与胎面中心线呈90°或接近90°排列，帘线分布如同地球的子午线，因而称为子午线轮胎。

子午线轮胎帘线强度得到充分利用，它的帘布层数小于普通斜交轮胎帘布层数，使轮胎质量可以减轻，胎体较柔软。子午线轮胎采用了与胎面中心线夹角较小（10°～20°）的多层缓冲层，用强力较高、伸张力小的结构帘布或钢丝帘布制造，可以承担行驶时产生的较大的切向力。带束层像钢带一样，紧紧箍在胎体上，极大地提高了胎面的刚性和驱动性及耐磨性。

子午线轮胎与普通斜交轮胎相比有许多优点，因而在现代汽车上的应用越来越广泛。其优点主要如下：

① 滚动阻力小，节约燃料。由于子午线轮胎帘布层少，行驶温度低，散热好，滚动阻力比斜交轮胎低 25%～30%，油耗降低 6%～8%。

② 耐磨性好，寿命长。轮胎滚动时胎面变形会产生滑移，从而加剧轮胎磨损。子午线轮胎胎冠刚度大，胎面宽，接地面积大，单位压力小，因而减少胎面磨损，延长寿命，行程比斜交轮胎高 30%～50%。

③ 安全性能好。子午线轮胎高速旋转时变形轮升温低，产生驻波的临界速度比斜交轮胎高，提高了行驶中的安全性。

④ 具有减振性好、附着性能高等特点。其承载能力高于斜交轮胎 14%。子午线轮胎胎面耐穿刺，在恶劣条件下行驶，轮胎不易爆破。

子午线轮胎也存在某些缺陷：胎侧薄，变形大，胎侧与胎圈受力比普通斜交轮胎大很多，容易在胎侧和与轮辋接触处产生裂纹；因胎侧变形大，其侧面稳定性较差，成本也较高。

**(3) 无内胎充气轮胎**

有的充气胎没有内胎，因此叫无内胎充气轮胎。空气通过气门嘴直接压入外胎中，因此要求轮辋和外胎之间密封性要好。

无内胎轮胎在外观上与普通轮胎相似，所不同的是无内胎轮胎的外胎内壁上附加了一层厚约 2～3mm 的专门用来封气的橡胶密封层，它是用硫化的方法黏附上去的。密封层正对着胎面下面，贴着一层用硫化橡胶的特殊混合物制成的自黏层。当轮胎穿孔时，自黏层能自行将刺穿的孔黏合，因此又叫有自黏层的无内胎轮胎。胎圈上有若干道同心环形槽纹，在轮胎内空气压力作用下，槽纹能使胎圈紧贴在轮辋边缘上，使之与轮辋保证良好气密性。气门嘴直接固定在轮辋上，其间垫以密封用的橡胶衬垫。铆接轮辋和辐板的铆钉自内向外塞入，并涂上一层橡胶。

无内胎轮胎在穿孔时，压力不会急剧下降，有利于安全行驶。无内胎轮胎不存在内外胎之间的磨损和卡住，气密性好，可直接通过轮辋散热，温升低，使用寿命长，结构简单，质量轻。

无内胎轮胎的自黏层只有在穿孔小时才可黏合。天气炎热时，自黏层易软化而向下流动，从而破坏车轮平衡，因此多采用无自黏层无内胎轮胎。这种轮胎的外胎内壁上只有一层密封层，当轮胎穿孔时，由于其本身处于压缩状态而紧裹着穿刺物，能长期不漏气。即使穿刺物拔出，亦能暂时保持气压，这就部分起到了自黏层的作用。

## 7.4.6 轮胎的选用原则

轮胎是汽车的主要部件之一，正确选用轮胎可以延长轮胎寿命，提高汽车的行驶性能。

**(1) 轮胎类型的选择**

轮胎类型主要根据汽车类型和行驶条件来选择。货车普遍采用高强度尼龙帘布轮胎，使轮胎承载能力提高；越野车选用胎面宽、直径较大的超低压胎；轿车宜选用直径较小的宽轮辋低压胎,以提高行驶稳定性。由于子午线轮胎具有优异的结构特点,应优先选择。

**(2) 轮胎花纹的选择**

轮胎花纹主要是根据道路条件、行车速度和道路远近来进行选择。高速行驶的汽车不宜采用加深花纹和横向花纹的轮胎,不然会因过分生热引起早期损坏。低速行驶的汽车应采用加深花纹或超深花纹的轮胎,可提高轮胎使用寿命。

**(3) 轮胎尺寸和气压的选择**

轮胎尺寸和气压主要是根据汽车承受载荷情况和行驶速度来选择,所选轮胎承受静负荷值应等于或接近轮胎的额定负荷。这些可通过查阅国家标准获得。值得注意的是,在设定轮胎的实际使用气压时,应综合考虑汽车的运动性能、燃油经济性、振动和噪声等,以延长轮胎的使用寿命。

### 7.4.7 轮胎的合理使用

轮胎的使用寿命不仅与其本身的质量有关,还与其合理使用有很大关系。在使用和保管中如果做到科学合理,将会大大增加其运行里程。

① 行车中严格控制轮胎温度。轮胎在汽车运行中因各种摩擦而生热。长途行驶或在炎热的夏季行驶时,轮胎的温度将会不断升高,使轮胎材料的力学性能下降,磨损增加,并且容易造成帘布脱层、帘线松散折断,如果胎温升至95℃就有爆裂的危险。通常,轮胎温度由0℃上升到100℃时,轮胎的卡普伦帘线强度大约降低20%,而橡胶的强度及其与帘线的吸附力大约降低50%,所以要保证轮胎温度不超过90℃。

② 保持气压正常。应掌握轮胎的充气标准,保证轮胎气压在规定值内。轮胎气压过高或过低都将使磨损增加,行驶里程减少。当轮胎气压低于标准值时,轮胎的磨损急剧增大。轮胎气压高于标准值时,因轮胎接地面积减小,单位压力增大,使轮胎胎面中部磨损增加,同时增大了轮胎刚性,使车轮受到的动载荷增加,容易产生胎体爆裂。在不平道路或高速行驶时,影响更为严重。

③ 禁止轮胎超载。严格控制轮胎所受负荷,禁止超载。超载将使轮胎变形,胎体承受的压力加大,胎面与路面的接触面积增大,相对滑移加剧,加速轮胎磨损。

④ 合理选用和搭配轮胎。轮胎尺寸应与车型相适应,尺寸过大,会降低汽车的推进力;尺寸过小,会使轮胎超负荷。在良好的沥青、混凝土路面行驶时,应选用较小花纹的轮胎;在土路或其他恶劣路面行驶时,应选用大花纹轮胎。要综合考虑轮胎的花纹形状、花纹高度、新旧程度以及道路情况等各种因素,按照同外径、同花纹、同商标、同规格、同限速、同轮辋等原则进行合理选配。

⑤ 定期换位。由于前、后桥的负荷分配不同,驱动轮与从动轮的工作条件及受力不同,车辆各个轮胎的磨损状况也存在差异。多数轿车发动机前置,前轮负荷较大,而同时又是转向、驱动轮,通常比后轮磨损严重。为了使轮胎磨损尽量一致,一般轿车每行驶10000km后要进行轮胎换位,具体换法有四种,如图7-13所示。

⑥ 严格遵守驾驶规则。起步不可过猛,要避免频繁使用制动和紧急制动;在转弯和坏路面行驶时,要适当减速;超越障碍物时,要防止轮胎局部变形或刮伤胎面;不要将车停在有油污和钢渣的地方;不要在停车后转动方向盘。

### 7.4.8 新型轮胎

随着汽车工业的迅速发展,人们对轮胎的要求越来越高。为了满足人们日益增长的需求,世界各国主要轮胎公司相继推出各式各样的新型轮胎。

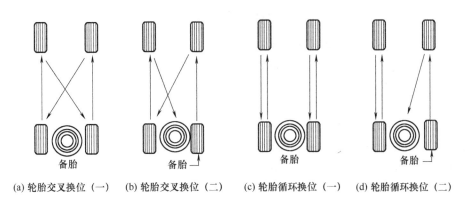

图 7-13 轿车轮胎的换位方法

**(1) 绿色轮胎**

绿色轮胎一般是指滚动阻力低（节油性好），使用寿命长，翻新性好（减少废胎生成量），质量轻（降低石油资源消耗），以及噪声小和防滑等性能好的轮胎。与普通轮胎相比，绿色轮胎的滚动阻力降低 22%～35%，因而节油 3%～8%，这也是绿色轮胎很快得到广泛推广的重要原因。以法国米其林公司为例，其推出的第一代绿色轿车轮胎有 MXT 和 MXV3-A 两种型号。MXT 胎面有 3 条较宽的纵向花纹沟，沟边部与底部垂直，从而确保轮胎在各种条件下保持同样性能。MXV3-A 胎面也有 3 条纵向花纹沟，在干、湿路面上都能表现出优良的附着性。它们的主要特点是：滚动阻力低（比一般子午线轮胎低 35%），因而可节油 3%～6%，还具有附着性、加速性及行驶稳定性好，行驶里程高和噪声低等优点。

**(2) 智能轮胎**

智能轮胎内装有计算机芯片，能够自动监测轮胎行驶温度与气压，并及时予以调整，从而使轮胎始终保持良好的使用性能，既提高了安全系数，又节约了开支。美国固特异公司推出 Unisteel 系列"会说话"载重轮胎。智能轮胎如图 7-14 所示，在轮胎壁里埋设一小块单片集成电路，自动测量轮胎的温度、气压、转速、行驶里程和其他一些数据，并用特定代码发送出去，由手提式解码器译成数字显示在液晶显示屏上。这种"会说话"的轮胎，使驾驶员能及时了解轮胎状况，做好维护保养，延长使用寿命。

图 7-14 智能轮胎

**(3) 超高行驶里程轮胎**

20 世纪 80 年代美国市场轿车轮胎的保证行驶里程为 6 万～9 万千米，保证行驶里程在 13 万千米以上的称为超高行驶里程轮胎。但在美国终身保用轿车轮胎大战中，固特异的 Infinitred 轮胎和普利司通的 Turanza T 界线胎的保用期为 3 年，米其林的 X Oen 轮胎的保用期为 6 年。而要真正终身保用（也就是与轿车等寿命），轮胎寿命大约应达 10 年（相当于行驶 16 万千米）。米其林公司的 X Oen 轿车轮胎设计中采用纵向花纹，沟宽而深，还有众多的横向花纹窄沟及全深刀槽细沟，并将 XSE 轮胎中采用的技术移植于设计中，同时胎面胶配有新一代白炭黑。因此，它不仅特别耐磨，而且具有滚动阻力低、平稳性和舒适性好、噪声小等优点。

## 复习思考题

1. 对车用汽油的使用性能有什么要求？
2. 我国车用汽油有几种牌号？如何划分？
3. 如何选用汽油？使用时有哪些注意事项？
4. 对车用柴油有哪些要求？
5. 车用柴油有哪些评定指标？
6. 轻柴油的规格是如何划分的？如何选用？
7. 汽车代用燃料有哪些品种？各有何性能特点？
8. 汽车润滑材料有几种类型？其主要作用是什么？
9. 发动机润滑油是如何分类的？主要有哪些品种？
10. 润滑油的黏度对发动机有何影响？
11. 润滑油变质的主要原因是什么？
12. 如何选用润滑油？
13. 怎样检验润滑油质量？
14. 汽车齿轮油的 SAE 黏度级别是如何划分的？
15. 汽车齿轮油的 API 质量级别是如何划分的？
16. 根据车辆负荷不同，齿轮油分为几种？
17. 如何选用汽车齿轮油？
18. 润滑脂有哪些工作性能？
19. 汽车上常用的润滑脂有哪几大类？如何选用？
20. 汽车制动液应具有哪些性能？
21. 合成型制动液有哪些特性？如何选用？
22. 说明制动液使用注意事项。
23. 液力传动油应具有哪些性能？
24. 液力传动油有哪些品种？其适用范围如何？
25. 如何选用液力传动油？
26. 防冻液的作用是什么？对防冻液有哪些要求？
27. 常用汽车防冻液有哪几类？其性能如何？
28. 使用防冻液应注意什么？
29. 减振器油的作用是什么？有哪些性能要求？
30. 空调制冷剂的作用是什么？对大气环境有何影响？
31. 使用空调制冷剂时应注意哪些事项？
32. 对冷冻润滑油有什么要求？
33. 轮胎由几部分组成？各有什么作用？
34. 轮胎有哪几种类型？各有何特点？
35. 通常轮胎上应有哪些标志？如何识别？
36. 子午线轮胎和普通斜交轮胎各有何特点？
37. 举例说明汽车轮胎代号的含义。
38. 如何选择轮胎？
39. 使用轮胎时应注意什么？
40. 如何进行轮胎换位？

## 参 考 文 献

[1] 蒲永锋. 汽车工程材料 [M]. 重庆：重庆大学出版社，2007.
[2] 凌永成. 汽车运行材料 [M]. 第 2 版. 北京：北京大学出版社，2013.
[3] 丁宏伟. 汽车材料 [M]. 北京：中国劳动社会保障出版社，2007.
[4] 李明惠. 汽车材料 [M]. 北京：机械工业出版社，2010.
[5] 王大鹏，王秀贞. 汽车工程材料 [M]. 北京：机械工业出版社，2016.
[6] 张彦如. 汽车材料 [M]. 合肥：合肥工业大学出版社，2006.
[7] 孙凤英. 汽车运行材料 [M]. 北京：人民交通出版社，2007.
[8] 郭春洁，韩淑杰. 金属工艺学简明教程 [M]. 西安：西北工业大学出版社，2017.
[9] 侯书林，于文强. 金属工艺学 [M]. 北京：北京大学出版社，2012.
[10] 张兆隆，李彩风. 金属工艺学 [M]. 北京：机械理工大学出版社，2013.
[11] 嵇伟. 汽车运行材料 [M]. 北京：人民交通出版社，2007.
[12] 陈纪钦. 汽车工程材料 [M]. 重庆：重庆大学出版社，2010.
[13] 高卫明. 汽车材料 [M]. 北京：北京航空航天大学出版社，2015.
[14] 周超梅. 汽车工程材料 [M]. 北京：机械工业出版社，2012.
[15] 李炜新. 金属材料与热处理 [M]. 北京：机械工业出版社，2008.
[16] 王英杰. 金属材料及热处理 [M]. 北京：中国铁道出版社，2007.
[17] 丁仁亮. 金属材料及热处理 [M]. 北京：机械工业出版社，2009.
[18] 陈志毅. 金属材料与热处理 [M]. 北京：中国劳动社会保障出版社，2007.
[19] 张蕾. 汽车材料 [M]. 北京：科学出版社，2009.
[20] 潘建农，朱智文. 金属材料与热处理 [M]. 长沙：湖南大学出版社，2009.
[21] 邓文英，郭晓鹏. 金属工艺学 [M]. 第 5 版. 北京：高等教育出版社，2008.